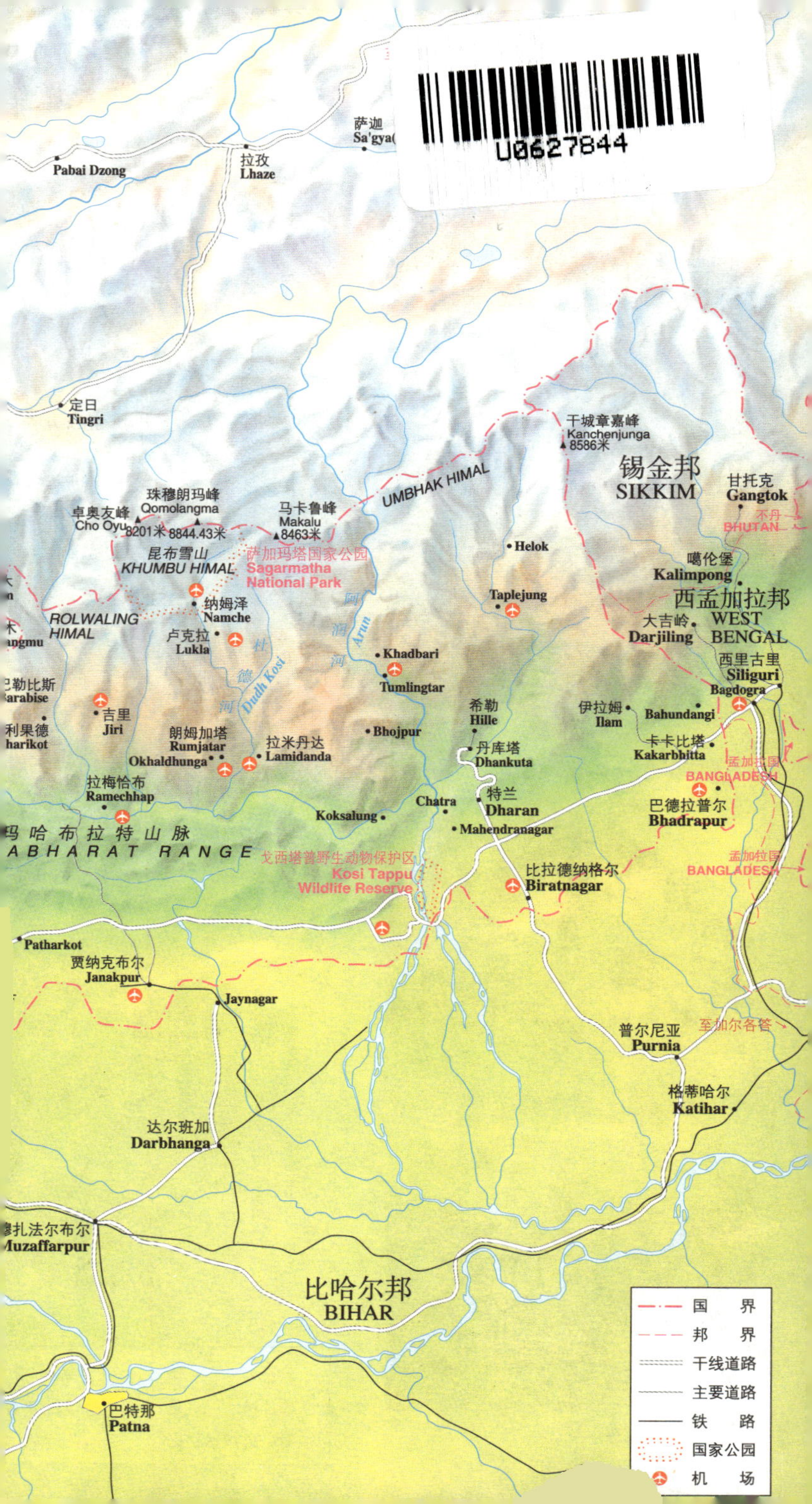
萨迦
Sa'gya
Pabai Dzong
拉孜
Lhaze
定日
Tingri
干城章嘉峰
Kanchenjunga
8586米
锡金邦
SIKKIM
甘托克
Gangtok
不丹
BHUTAN
UMBHAK HIMAL
珠穆朗玛峰
Qomolangma
8844.43米
卓奥友峰
Cho Oyu
8201米
马卡鲁峰
Makalu
8463米
昆布雪山
KHUMBU HIMAL
萨加玛塔国家公园
Sagarmatha
National Park
Helok
噶伦堡
Kalimpong
Taplejung
西孟加拉邦
WEST
BENGAL
纳姆泽
Namche
ROLWALING
HIMAL
卢克拉
Lukla
阿润河
Arun
大吉岭
Darjiling
杜德河
Dudh Kosi
Khadbari
Tumlingtar
西里古里
Siliguri
Bagdogra
吉里
Jiri
希勒
Hille
伊拉姆
Ilam
Bahundangi
朗姆加塔
Rumjatar
拉米丹达
Lamidanda
Bhojpur
丹库塔
Dhankuta
卡卡比塔
Kakarbhitta
Okhaldhunga
孟加拉国
BANGLADESH
拉梅哈布
Ramechhap
Chatra
特兰
Dharan
巴德拉普尔
Bhadrapur
Koksalung
Mahendranagar
玛哈布拉特山脉
ABHARAT RANGE
戈西塔普野生动物保护区
Kosi Tappu
Wildlife Reserve
比拉德纳格尔
Biratnagar
孟加拉国
BANGLADESH
Patharkot
贾纳克布尔
Janakpur
Jaynagar
至加尔各答
普尔尼亚
Purnia
格蒂哈尔
Katihar
达尔班加
Darbhanga
穆扎法尔布尔
Muzaffarpur
比哈尔邦
BIHAR
巴特那
Patna
国界
邦界
干线道路
主要道路
铁路
国家公园
机场

在对面的重峦叠嶂之中，喜马拉雅山峰闪耀着白色的光芒
●杜利凯尔

围绕谷地的山丘上也住着当地居民 ●谷地郊外

距离城市不远处，就能看到宁静祥和的风景 ●巴克塔普尔

小村子里居然有座拥有完美木雕装饰的寺院 ●帕瑙提

AHALE DARA
湿婆波利山
SHIVARURI KEKH
Bagdwar Gompa
湿婆波利
Shivapuri
布达尼尔干塔
Budhanilkantha
Bhimsen Temple
Nage Gompa & Temple
Dharamthali
Sundarijal
Gokarna Mahadev Temple
纳嘉郡
Nagarjun
环路
Ring Road
Kopan
Gokarna
Maharajganj
巴拉珠
Balaju
戈卡纳森林
Gokarna Safari Park
巴格马蒂河
Bagmati River
加德满都
KATHMANDU
博达哈大佛塔
Boudhanath
Jorpati
Lazimpat
Chabhil Stupa
泰米尔区
Thamel
Naxal
Ghujeshwari Temple
Kimdol
维施努马蒂河
Vishnumati River
帕斯帕提那神庙
Pashupatinath
Bishwarup Mandir
杜巴广场
Durbar Square
Baneswar
特里布万国际机场
Tribhuvan International Airport
Mahalakshma Temple
Kalanki
Kopundol
Thapathali
Koteshore
Koteshwar
希米
Thimi
杜巴广场
Durbar Square
帕坦
Patan
Koteshwar Mahadev
Jawalakhel
Chobar
Adinath Lokeswar
Sanagaon
Lubhu
Shekali Mai Temple
Khokana
Bringareshwar Mahadev Temple
布加马提
Bungamati
巴格马蒂河
Bagmati River
Baregaon
Lakhure Banjy
Vajra Varahi Temple
戈达瓦里植物园
Royal Godavari Botanical Garden
戈达瓦里
Godavari
Phulchoki Shrine
TILESWAR DARA
Tikabhairav
布恰吉山
Phulchoki
Phulchoki Mai Shrine

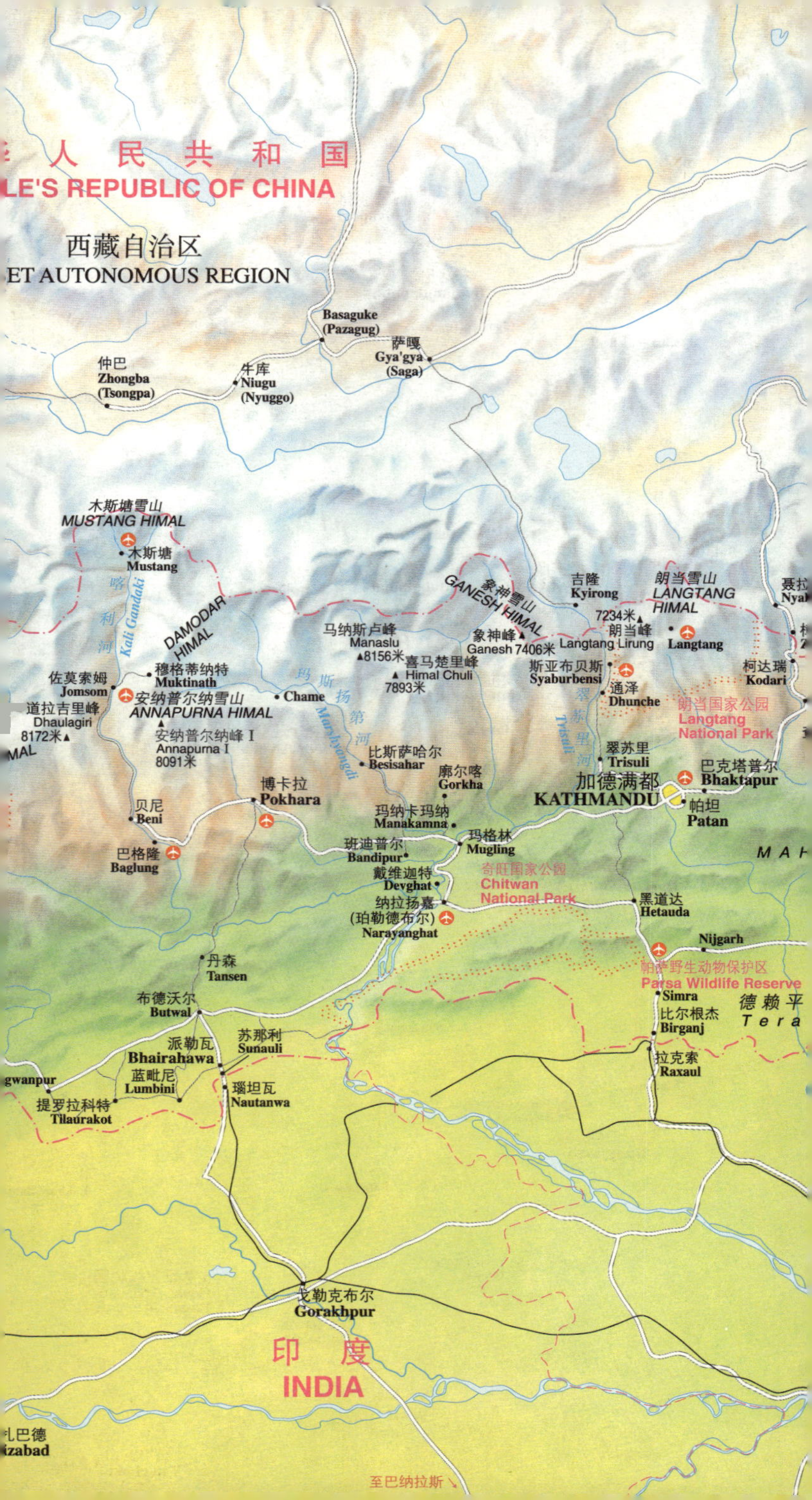

人 民 共 和 国
LE'S REPUBLIC OF CHINA
西藏自治区
ET AUTONOMOUS REGION
Basaguke
(Pazagug)
萨嘎
Gya'gya
(Saga)
仲巴
Zhongba
(Tsongpa)
牛库
Niugu
(Nyuggo)
木斯塘雪山
MUSTANG HIMAL
木斯塘
Mustang
喀利河
Kali Gandaki
DAMODAR HIMAL
佐莫索姆
Jomsom
穆格蒂纳特
Muktinath
安纳普尔纳雪山
ANNAPURNA HIMAL
Chame
道拉吉里峰
Dhaulagiri
8172米
MAL
安纳普尔纳峰 I
Annapurna I
8091米
马纳斯卢峰
Manaslu
8156米
喜马楚里峰
Himal Chuli
7893米
玛斯扬第河
Marshyangdi
比斯萨哈尔
Besisahar
廓尔喀
Gorkha
象神雪山
GANESH HIMAL
象神峰
Ganesh 7406米
吉隆
Kyirong
朗当雪山
LANGTANG HIMAL
7234米
朗当峰
Langtang Lirung
Langtang
斯亚布贝斯
Syaburbensi
通泽
Dhunche
翠苏里河
Trisuli
朗当国家公园
Langtang National Park
柯达瑞
Kodari
聂拉
Nyal
翠苏里
Trisuli
加德满都
KATHMANDU
巴克塔普尔
Bhaktapur
帕坦
Patan
博卡拉
Pokhara
贝尼
Beni
巴格隆
Baglung
玛纳卡玛纳
Manakamna
班迪普尔
Bandipur
玛格林
Mugling
戴维迦特
Devghat
纳拉扬嘉
(珀勒德布尔)
Narayanghat
奇旺国家公园
Chitwan National Park
黑道达
Hetauda
MAH
Nijgarh
帕萨野生动物保护区
Parsa Wildlife Reserve
丹森
Tansen
布德沃尔
Butwal
苏那利
Sunauli
派勒瓦
Bhairahawa
蓝毗尼
Lumbini
gwanpur
提罗拉科特
Tilaurakot
瑙坦瓦
Nautanwa
Simra
比尔根杰
Birganj
拉克索
Raxaul
德赖平
Tera
戈勒克布尔
Gorakhpur
印度
INDIA
扎巴德
izabad
至巴纳拉斯

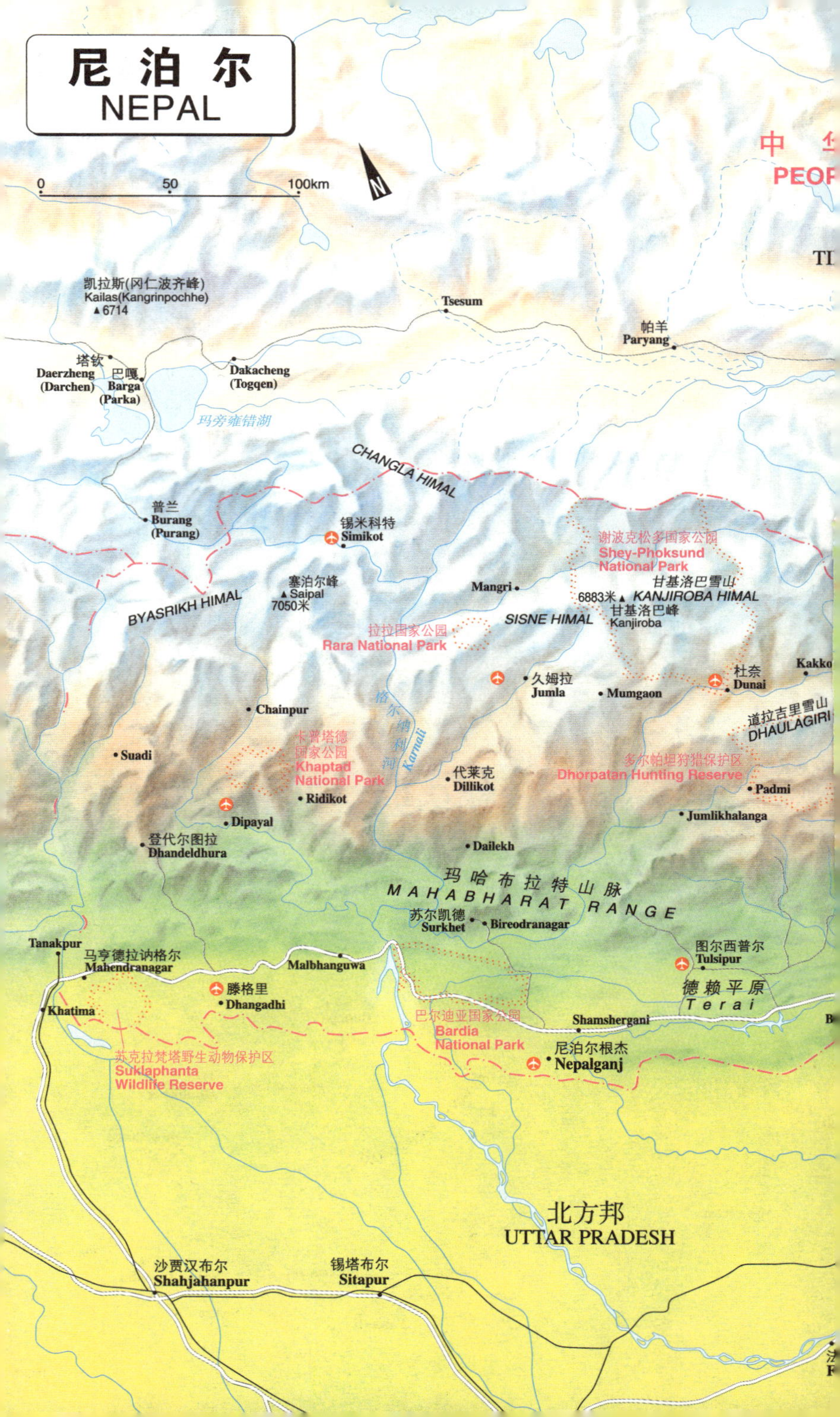
尼泊尔
NEPAL
0 50 100km
N
中
PEOP
TI
凯拉斯(冈仁波齐峰)
Kailas(Kangrinpochhe)
▲6714
Tsesum
帕羊
Paryang
塔钦
Daerzheng
(Darchen)
巴嘎
Barga
(Parka)
Dakacheng
(Togqen)
玛旁雍错湖
CHANGLA HIMAL
普兰
Burang
(Purang)
锡米科特
Simikot
谢波克松多国家公园
Shey-Phoksund
National Park
甘基洛巴雪山
KANJIROBA HIMAL
6883米▲
甘基洛巴峰
Kanjiroba
Mangri
塞泊尔峰
▲Saipal
7050米
BYASRIKH HIMAL
SISNE HIMAL
拉拉国家公园
Rara National Park
久姆拉
Jumla
Mumgaon
杜奈
Dunai
Kakko
道拉吉里雪山
DHAULAGIRI
Chainpur
格尔纳利河
Karnali
卡普塔德
国家公园
Khaptad
National Park
Suadi
代莱克
Dillikot
多尔帕坦狩猎保护区
Dhorpatan Hunting Reserve
Padmi
Ridikot
Dipayal
Jumlikhalanga
登代尔图拉
Dhandeldhura
Dailekh
玛哈布拉特山脉
MAHABHARAT RANGE
苏尔凯德
Surkhet
Bireodranagar
图尔西普尔
Tulsipur
Tanakpur
马亨德拉讷格尔
Mahendranagar
Malbhanguwa
滕格里
Dhangadhi
德赖平原
Terai
Khatima
巴尔迪亚国家公园
Bardia
National Park
Shamshergani
尼泊尔根杰
Nepalganj
苏克拉梵塔野生动物保护区
Suklaphanta
Wildlife Reserve
北方邦
UTTAR PRADESH
沙贾汉布尔
Shahjahanpur
锡塔布尔
Sitapur

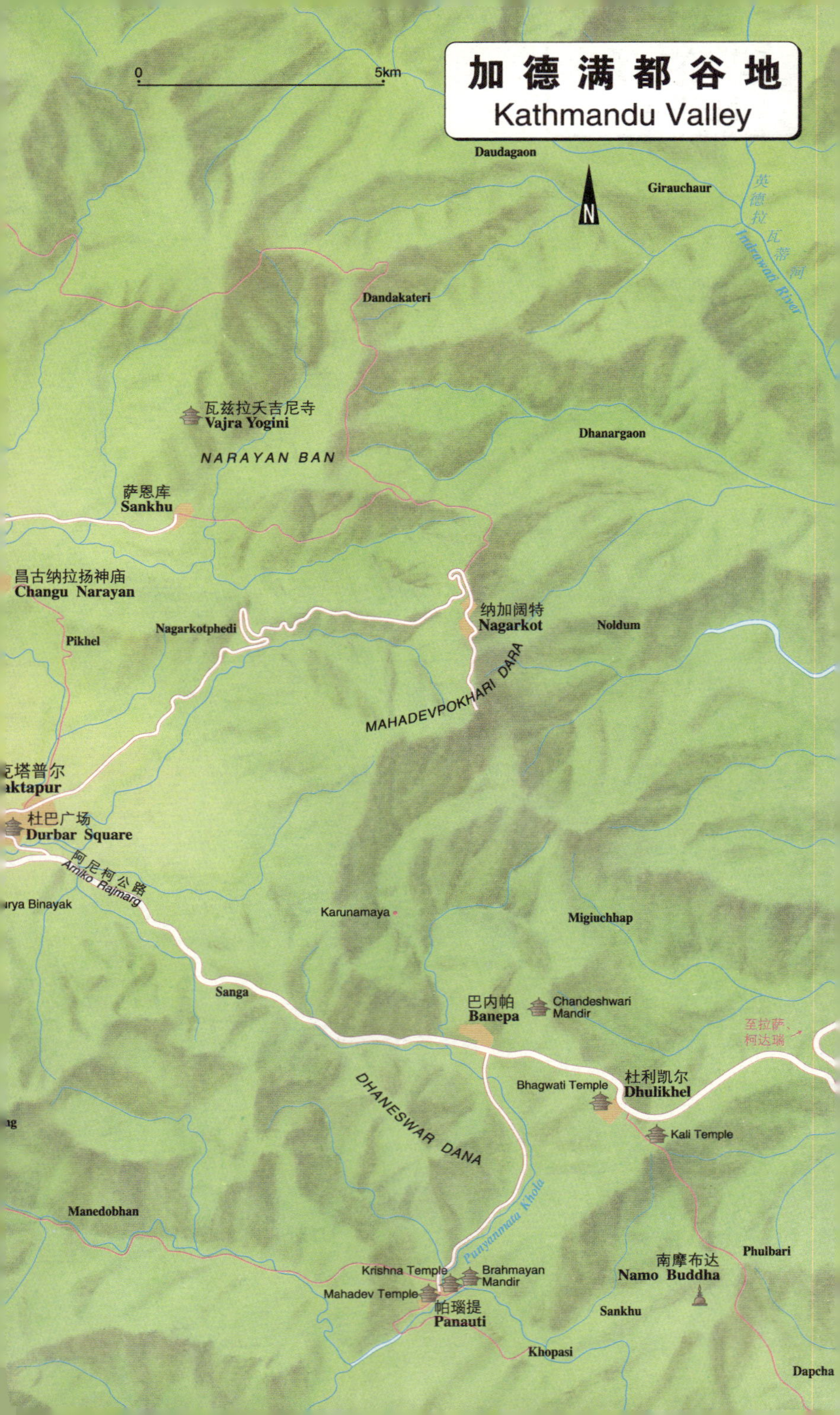
加德满都谷地
Kathmandu Valley
0
5km
N
Daudagaon
Girauchaur
英德拉瓦蒂河
Indrawati River
Dandakateri
瓦兹拉夭吉尼寺
Vajra Yogini
NARAYAN BAN
Dhanargaon
萨恩库
Sankhu
昌古纳拉扬神庙
Changu Narayan
纳加阔特
Nagarkot
Noldum
Nagarkotphedi
Pikhel
MAHADEVPOKHARI DARA
塔普尔
aktapur
杜巴广场
Durbar Square
阿尼柯公路
Arniko Rajmarg
rya Binayak
Karunamaya
Migiuchhap
Sanga
巴内帕
Banepa
Chandeshwari Mandir
至拉萨、柯达瑞
杜利凯尔
Dhulikhel
Bhagwati Temple
Kali Temple
DHANESWAR DANA
Punyamata Khola
Manedobhan
Phulbari
南摩布达
Namo Buddha
Krishna Temple
Brahmayan Mandir
Mahadev Temple
帕瑙提
Panauti
Sankhu
Khopasi
Dapcha

走遍全球

TRAVEL GUIDEBOOK

尼泊尔

日本大宝石出版社 编著

Nepal

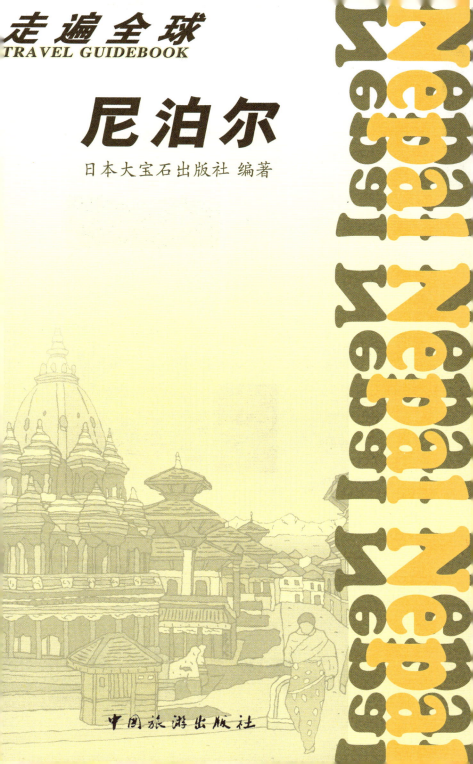

中国旅游出版社

本书中使用的记号·简称　文中以及地图中出现的标记如下。

地名（中文/罗马字/尼泊尔语）

城市位置

长途区号

去该城市的方法
※ 根据巴士所需的时间、道路情况等会有变化，仅供参考。

主要景点的符号

MAP 该页在地图上的位置
☎ 电话号码
URL 网址（省略了 http://）
开 开放时间
营 营业时间
休 闭馆时间·定期休息时间
费 入场费、参观参拜费

美容

餐馆、咖啡馆

餐馆

酒店

地图上的图例

- Ⓗ 酒店、公寓等
- Ⓖ 旅馆、小木屋等
- Ⓡ 餐馆
- Ⓒ 咖啡馆
- Ⓢ 商店
- Ⓔ 美容沙龙、按摩店
- ⓘ 旅游咨询处
- 公共汽车总站、汽车站
- 印度教神庙
- 佛教寺院、佛塔
- 清真寺
- 邮局
- 医院

文中的图例

- MAP 该页在地图上的位置
- 住 地址
- ☎ 电话号码
- FAX 传真号码
- URL 网址（省略了 http://）
- E-mail 电子邮箱
- 营 营业时间
- 休 定期休息时间
- 费 住宿价格
- 税 税金
- 服 服务费
- 卡 可以使用的信用卡
- A 美国运通卡
- D 大莱卡
- J JCB 卡
- M 万事达卡（Master Card）
- V 维萨卡（Visa Card）
- 房间数 酒店的客房数量
- NET 上网环境

酒店房间的种类

C/B（Common Bath）= 浴室 / 淋浴、卫生间公用

A/B（Attached Bath）= 带浴室 / 带淋浴、卫生间的客房

Ⓓ = 多人间客房（大房间里每个人的住宿费用）

Ⓢ = 单人间（单人间一个房间的住宿费用）

Ⓦ = 双人间（双人间一个房间的住宿费用）

■本书的特点

本书主要以前往尼泊尔旅游的读者为对象，为了个人旅行者能够更好地体验多种多样的旅行乐趣，书中介绍了各个城市的交通、酒店、餐馆、商店等信息。当然，参加旅行团旅游的读者朋友们也可以充分参考本书内容。

■如何使用本书介绍的信息

本书尽量做到介绍最新、最准确的信息，但是当地规定以及手续办理等内容经常会发生变化，再加上对于相同的内容不同读者会有不同的理解，因此在本出版社没有重大过失的前提下，使用本书所发生的损失以及所带来的不便等出版社概不负责。另外，在使用本书内容时，请读者根据自己的情况和立场来判断书中介绍的信息及建议是否适合自己采用。

■关于本书的信息数据

如果没有特别说明，本书的内容都是以 2013 年 2~5 月取材及调研所得到的信息和数据为基础编写而成。虽然我们力求以“提供既具体又实用的信息”为宗旨编写本书，但是随着时间的推移，记述的内容越具体，它与实际情况发生的出入会越大。特别是酒店、餐馆的价格，以及交通设施的抵离时间和运营情况等，在大家实际出行时有可能发生变化。所以奉劝读者朋友们只把本书的数据作为一个参照，同时注意确认当地的最新信息。

■关于读者投稿

虽然读者投稿多少有些主观，但是编辑部还是尽可能地忠实于投稿原文，让读者更真切地体会到其他游客的感受，同时编辑部也对其中出现的数据做了跟踪调查。

走遍全球 第2版

尼泊尔

Contents

基本信息

加德满都 KATHMANDU 31

加德满都谷地 KATHMANDU VALLEY 85

尼泊尔中部 CENTRAL NEPAL 119

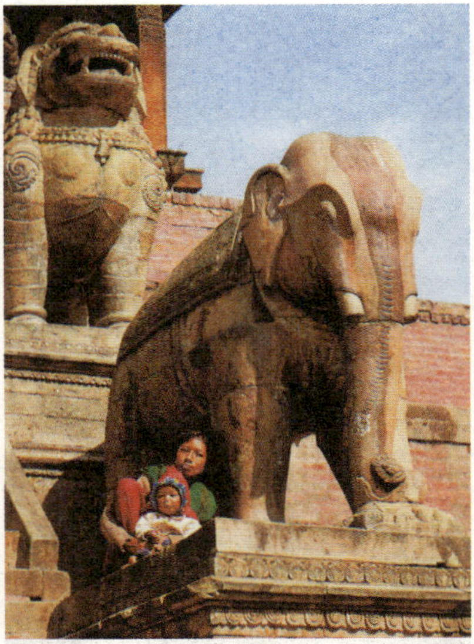

尼泊尔西部 WEST NEPAL 161

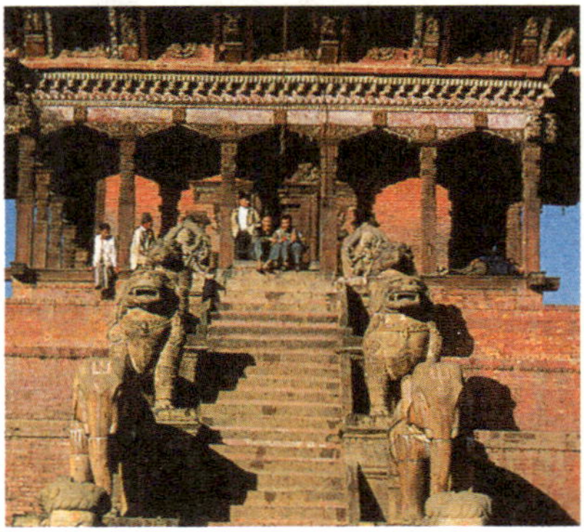

尼泊尔百科 ENCYCLOPEDIA OF NEPAL 305

专栏信息

尼泊尔
Nepal

国旗

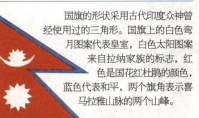

国旗的形状采用古代印度众神曾经使用过的三角形。国旗上的白色弯月图案代表皇室，白色太阳图案来自拉纳家族的标志，红色是国花红杜鹃的颜色，蓝色代表和平，两个旗角表示喜马拉雅山脉的两个山峰。

► 政治和经济→ p.310
► 民族及其生活状况→ p.314
► 宗教和信仰→ p.320
► 旅行中有用的尼泊尔用语→ p.333

正式国名

尼泊尔联邦民主共和国
Federal Democratic Republic of Nepal

国歌

国歌歌名《唯一百花盛开的国度》

2006 年 5 月废除了赞美君主制的旧国歌，2007 年 4 月选定了新国歌。国歌作词者是诗人拜库路·玛依拉。

面积

约 14.7 万平方公里

人口

约 2668 万人（2013 年）

首都

加德满都

国家元首

拉姆·巴兰·亚达夫总统

国家政体

议会制共和制

民族构成

印欧语系的人大约占据人口的一半，此外还有包括藏缅语系的各民族等，总计有 30 个以上的民族。

宗教

尼泊尔曾经是世界上唯一一个以印度教为国教的国家，2006 年 5 月 18 日转变成为“世俗国家”。印度教和佛教在这个国家和谐共存。

语言

印欧语系的母语尼泊尔语是该国的官方语言。此外各民族还有 50 多种自己的语言和方言。

货币和汇率

尼泊尔的货币单位是卢比（Rupee），辅助货币单位是派沙（Paisa）。卢比用 Rs 表示，派沙用 P 表示。Rs1=100P，但是派沙几乎已经不流通了。

银行的 ATM 机提供 24 小时服务。使用信用卡或国际通用的储值卡就可以从 ATM 机上提取尼泊尔卢比的现金

流通的硬币有：1、2、5、10、20、50 派沙及 1 卢比。

纸币的种类有：1、2、5、10、20、50、100、500、1000 卢比。酒店和旅游纪念品商店也大多可以使用美元结账。

Rs100 ≈ 6.18 元人民币（2014 年）

尼泊尔的货币。从左上角开始依次是 Rs1、Rs2、Rs5、Rs10、Rs20、Rs50、Rs100、Rs500、Rs1000。

► 货币和外币兑换→ p.283
► 邮政和电信→ p.285

出入境

签证

以旅游为目的进入尼泊尔需要取得旅行签证。可以在位于北京的尼泊尔驻华大使馆，位于上海、拉萨和香港的尼泊尔驻华领事馆申请。

护照

申请签证时护照的剩余有效期限要在 6 个月以上。另外，护照上至少要有一页签证用的空白页。

▶ 办理旅行手续以及准备工作→ p.268
▶ 入境和出境→ p.280

航班

国航、东航、南航等航空公司均有飞往加德满都的航班。部分外国航空公司也有航班。制订好旅游计划后请尽早预订机票，这样既便宜又有保障。

▶ 前往尼泊尔的线路→ p.266

气候

尼泊尔一年大致可以分为两季：雨季和旱季。6 月 ~9 月的上半月是雨季，9 月的下半月 ~ 次年 5 月是旱季。在旱季时看到喜马拉雅山脉的概率很大，其中 3 月、4 月、10 月、11 月是最适合徒步旅行的季节。另外，雨季也不是每天都阴雨连绵，那时绿意浓浓的尼泊尔也别有风情。

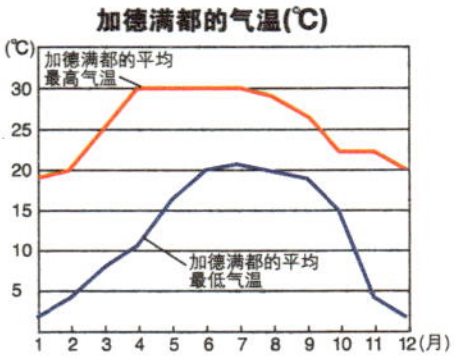

旱季是眺望喜马拉雅山的最佳时期

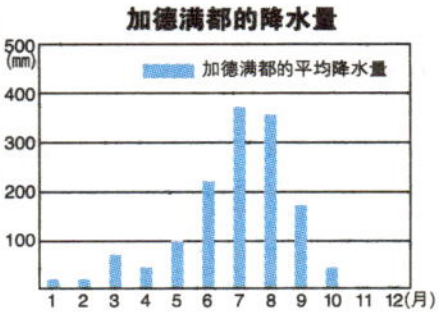

▶ 旅行的季节→ p.270

时差和夏时制

尼泊尔时间比中国晚 2 小时 30 分钟。中国的 12:00 是尼泊尔时间的 9:30。尼泊尔没有夏时制。

营业时间

在尼泊尔，星期六相当于中国的星期天，此时的政府办公机构以及银行都会休息。以下只是商业设施大致的营业时间，仅供参考。实际上，各地区以及各店铺的具体情况会有所不同。

银行

10:00~15:00（每周日 ~ 下周四），周五营业时间为 10:00~13:00。周六以及节假日休息。街上的外币兑换处每天营业时间为 9:00~19:00。

商店

每天 10:00~19:00 营业。有些商店周六休息。

餐馆

因店而异。大致的营业时间为每天 9:00~22:00。

打电话的方法

尼泊尔国内电话

拨打市内电话不需要加拨市区号码。拨打

从尼泊尔往中国拨打电话

国际电话识别号码 00 ＋ 中国的国家代码 86 ＋ 对方的电话号码（去掉长途区号前面的 0）××××××

从酒店房间拨打电话时，前面加拨接通外线的号码

从中国往尼泊尔拨打电话

国际电话识别号码 00 ＋ 尼泊尔的国家代码 977 ＋ 对方的电话号码（去掉长途区号前面的 0）××××××

市外电话需加拨对方城市区号。

电话方面

由于几乎没有公用电话，所以一般使用酒店内的电话或者街上的电话服务（标有“STD”、“ISD”等标志的地方）

节日（主要节日）

印度教以及各民族的节日都非常多。尼泊尔历采用的是太阴太阳历，具体节日日期每年都有变化。

1月	玛格·桑科朗提节
	殉国者纪念日
	索纳姆·罗萨尔节
2月	施力·潘查密节（仅限教育机构）
	民主纪念日
	湿婆节
3月	夏尔巴族新年
	3/8 国际妇女节
	洒红节（德赖平原地区以外）
	洒红节（德赖平原地区）
	赛马节（加德满都谷地的节日）
4月	拉姆·纳瓦米节
	4月中旬 尼泊尔新年
	拉姆·纳瓦密节
	民主主义之日
5月	5/1 国际劳动节
	佛祖诞辰
8月	贾奈·普尔尼玛节
	神牛节（加德满都谷地的节日）
	黑天神诞生日
9月	蒂吉妇女节（仅限于女性和教育机构）
	利希·潘查密节（妇女节）
	因陀罗节（加德满都谷地的节日）
10月	德赛节第一天
	德赛节
	德赛节最后一天
11月	灯节
	恰特·帕尔巴节
12月	达内湿瓦拉节
	12/25 圣诞节
	塔姆·罗萨尔

※除以上节日外，8月上旬左右有伊斯兰教的斋月，10月中旬左右有祭牲节。

庆祝佛陀诞生的佛诞节

印度教女教徒的节日——蒂吉妇女节

电压与电源插座

电压220V，50Hz。电源插座一般有B形和C形两种。

B形（图左）与C形（图右）的电源插头

电视制式

PAL制式，与中国相同。

小费

尼泊尔有付小费的习惯。特别是不要忘记付小费给导游或搬运工等，这是基本的礼貌行为。

餐厅

面向旅游者的餐厅，一般支付餐费总额的10%作为小费。在已经收取10%服务费的情况下不必再付。

饭店

如果住在中高档酒店并要求搬运行李，或者要求客房服务项目时一般支付Rs10~20作为小费。

导游与搬运工

一般情况下，每天支付负责市内游览的导游Rs500~700、徒步旅行导游Rs200~300、搬运工Rs100~150的小费。

饮用水

自来水管中的水不饮用为好。可以在超市、杂货店购买矿泉水，一升的瓶装矿泉水需Rs15~50。在普通的大众食堂就餐时，可以要一杯白开水。在一些酒店和宾馆内，自来水管里的水经过过滤处理，可以直接饮用。

邮政

邮局的营业时间一般为 10:00~17:00（10 月中旬～次年 2 月中旬，营业到 16:00），周末休息。寄往中国的航空邮件费用，明信片的价格是 Rs30，20 克以下的信件是 Rs40，50 克以下的信件是 Rs85。明信片、书信一到两周，EMS 5 天左右可以抵达。

▶ 邮政和电信→ p.285

税金和服务费（TAX）

一般购物没有税金。中档以上的酒店、面向游客的餐厅，大多收取 13% 的税金和 10% 的服务费。

安全和纠纷

治安状况一般还可以，但是最近在观光景点偷盗和抢夺的事件有所增加。犯罪手段也很恶劣，比如在长途汽车上将放入安眠药的食物和饮料出售给游客，等到游客昏睡后偷走行李等。另外，女性旅行者也可能会遭遇性侵犯或者尼泊尔男性出于签证目的要求交友、结婚的事例。因此在旅行中一定要慎重行事。

警察局 100　**消防局** 101

▶ 旅途中的健康管理→ p.301
▶ 旅途中的安全对策→ p.303

年龄限制

根据 2011 年实施的《禁烟法》，禁止向未满 18 周岁的青少年和妊娠妇女销售香烟。在公共场所也禁烟。关于饮酒的年龄，法律上没有特别规定。

度量衡

虽然尼泊尔有自己独特的度量衡单位，但是一般长度计算使用的还是米制。重量用克、公斤，液体用升做计量单位。

其他

礼仪和禁忌

●一般在问候对方的时候，需要双手合十放在胸前，并说 “namaste”（你好）。

●一般中国人说 “yes” 的时候是点头，而尼泊尔人是摇头。

●女性不要穿着暴露胸部、大腿的服装。另外，在泡温泉或公共场所洗浴的时候，尼泊尔人会穿着内裤，或者缠着腰带等，绝不可以全裸。

●在尼泊尔，左手被认为是不洁的，不要用左手拿食物，也不要用左手与人握手。使用过的餐具以及手嘴碰触过的食物都被认为是“不洁净的东西”，给别人这样的东西是很不礼貌的。

脚被认为是身体中最不洁净的部分，不要随便触摸脚和用手指脚。相反，头部被认为是最神圣的地方，因此对方即使是孩子也不要触摸他的头。

●在参拜寺庙和佛塔的时候，需要右肩朝向寺庙或佛塔进行顺时针参拜，以表示尊敬。

在山路上碰到嘛呢石（刻着经文的石头），要从它的左侧通过。另外，被明示禁止进入寺庙里面时，一定不能强行进入。

●来到寺庙进行参拜时，在写有 “Donation Box” 的捐钱箱里或佛像前多少布施一些香钱也是起码的礼仪。

●当碰到有孩子纠缠要钱的时候，为了不给孩子们形成 “不劳而获” 的思想，要断然拒绝。

遵守当地礼仪，愉快出行

尼泊尔旅游速成指南

从亚热带丛林到世界屋脊喜马拉雅山脉，在这富于变化的国土上，生活着 30 多个民族。寻访保留着一排排古老房舍、寺院的文化遗产，探秘自然资源丰富的国家公园……让我们一起来感受尼泊尔这个丰富多彩的国家的魅力吧。

关于景点所达到的值得旅游的程度，用★的数量来表示。

★★★	一定要游览
★★☆	具有游览价值
★☆☆	如果有时间的话

博卡拉 Pokhara

作为休假胜地而闻名的尼泊尔第二大城市。在湖边可以将喜马拉雅山脉的全景一览无余。

★★☆→ p.121

蓝毗尼 Lumbini 世界遗产

佛祖的诞生地，佛教四大圣地之一。这里有一座座各个国家的寺院，有很多朝圣者前来参观拜访。

★★☆→ p.163

班迪普尔 Bandipur

这里曾经因为是商旅往来之地而繁华，如今因保留着一间间古老的房舍而成为住宿歇脚的城镇。在这里眺望喜马拉雅山保证让你大饱眼福。

★★☆→ p.144

加德满都谷地里的七大世界遗产

杜巴广场 Durbar Square

位于首都心脏地区的老王宫以及寺庙。

★★★→ p.45

斯瓦扬布纳特寺 Swayanbunath

俯瞰城市的山丘上建有传说中的佛教寺院。

★★★→ p.52

帕斯帕提那神庙 Pashupatinath

供奉湿婆神的尼泊尔最大的印度教神庙。

★★★→ p.54

博达哈大佛塔 Boudhanath

建有世界最大佛塔的藏传佛教圣地。

★★★→ p.87

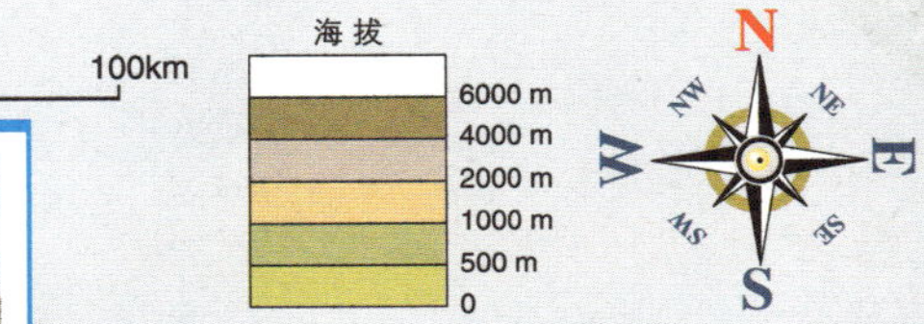

安纳普尔纳自然保护区
Annapurna Coservation Area

可以一边眺望雄伟的喜马拉雅山一边行走，是尼泊尔最受欢迎的徒步旅行地区。

★★★→ p.210~233（安纳普尔纳 · 徒步游）

朗当国家公园
Langtang National Park

被誉为“世界上最美丽的山谷之一”，因高山植物的宝库而知名。

★★★→ p.253~264（朗当 · 徒步游）

奇旺国家公园
世界遗产

Chitwan National Park

曾经是尼泊尔王室狩猎场的丛林里生活着犀牛、老虎等野生动物。

★★★→ p.154

萨加玛塔国家公园
世界遗产

Sagarmatha National Park

以珠穆朗玛峰为首，这里遍布着一座座海拔8000米级别的名峰。在这里可以近距离接触、感受夏尔巴族人的独特文化。

★★★ P.234~251（珠穆朗玛峰 · 徒步游）

加德满都谷地 Kathmandu Valley
世界遗产

这里散布着很多值得一游的景点，首都加德满都、曾经是王国古都的帕坦与巴克塔普尔等。

★★★→ p.32/85

贾纳克布尔 Janakpur

古印度叙事诗《罗摩衍那》的舞台之一。尼泊尔唯一的一条铁路就经过这里。

★★★→ p.181

帕坦 Patan

继承尼泊尔族文化与艺术的“美丽之都”。

★★★→ p.91

巴克塔普尔 Bhaktapur

这里保留了马拉王朝三个王国的古都中最古老的街景。

★★★→ p.104

昌古纳拉扬 Changu Narayan

山丘上建有尼泊尔最古老的印度神庙。

★★★→ p.109

HOTEL

奔向美丽的喜马拉雅山麓

下榻在景色绝佳的山区酒店 前往佐莫索姆小镇

被海拔 7000 米级别的群山环绕的佐莫索姆小镇，曾经是从尼泊尔通往西藏的商旅之路。以前只有通过飞机或者步行才能到达。自从 2008 年开通了公路后，乘坐汽车也能够到达这里。让我们投宿在可以眺望喜马拉雅山脉绝佳景色的酒店里，寻访圣地穆格蒂纳特以及淳朴的山村吧！

从佐莫索姆前往穆格蒂纳特途经贾尔科特村

从佐莫索姆前往圣地穆格蒂纳特

From Jomsom to Muktinath

佐莫索姆村庄位于安纳普尔纳·喜马拉雅山脉的北侧，海拔大约 2750 米。它处在可以咫尺之间看到尼鲁吉里山峰的山谷中。在公路通车以前从博卡拉要步行一周左右才能来到这里，属于喜马拉雅地区的最深处。从这里沿着喀利河向北进发，即是秘境木斯塘，然后是通向圣地穆格蒂纳特的道路。那一带呈现在眼前荒凉而又雄浑的景象不禁令人想起我国西藏，可以接触到和尼泊尔低洼地区相比截然不同的文化和习俗。虽说从佐莫索姆到穆格蒂纳特乘坐吉普车当天就可以来回，如果时间充足的话，建议再探访一下曾经因与我国西藏的商贸往来而繁荣的卡格贝尼（Kagbeni）村以及保留着古城墙的贾尔科特（Jharkot）村。

DATA

▶ 交通

塔拉航空公司每天早晨有两班从博卡拉飞往佐莫索姆的航班，大约飞行 20 分钟，单程票价 95 美元。陆上交通方面，首先从博卡拉乘坐出租车到贝尼（Beni）大约两个小时，从贝尼乘坐巴士前往佐莫索姆 7~8 个小时（途中在迦萨 Ghasa 换乘）。如果早晨从博卡拉出发，要到傍晚才能到达佐莫索姆。关于佐莫索姆小镇的详细介绍请参考 p.222~225。

▶ 季节

我们推荐的最佳旅游季节是 10 月到次年 5 月的旱季。不过，12 月后半月到次年 2 月的前半月天气十分寒冷。由于 6 月到 9 月是雨季，飞机大多停运，且道路状况恶劣，所以最好避开。

1 从穆格蒂纳特向远处眺望，眼前闪耀着道拉吉里峰和图库切峰 2 正在织布的当地妇女 3 前往木斯塘的岔道口——卡格贝尼村 4 作为印度教和佛教的圣地，众多朝圣者前来参拜的穆格蒂纳特

下榻在风景绝佳的酒店 ①

眼前就是尼鲁吉里

佐莫索姆山区度假村

Jomsom Mountain Resort

这是一家五星级酒店，建在可以俯瞰佐莫索姆村庄和机场的高台上。酒店使用这个地区特有的西藏风格的石材建造而成，共有 57 间客房。游客可以一边在客房里小憩，一边眺望喜马拉雅山。酒店最具特色的是可以在拥有室内游泳池的阳光房远眺。宽大的落地玻璃窗对面耸立着尼鲁吉里北峰（7061 米），在它的左侧还能看到提利乔峰（7134 米）。

客房设施齐备，有电视，可以洗热水澡。虽然用电炉取暖，不过晚间还提供给床上加热水袋的服务。

DATA

加德满都的联系方法

☎（01）2004262

URL www.jmr.com.np

费 Ⓢ US$160 Ⓦ US$170

税 13% 服 10%

从佐莫索姆机场步行约 30 分钟。如果预约时申请，可以免费提供机场接机。

1 披上晚霞的尼鲁吉里北峰。真想坐在阳光房的椅子上一直眺望美景 2 大量使用当地石材建造的客房 3 穿着藏式服装迎宾的门童 4 从饭店远眺，呈现在眼前的景象雄伟壮观，眼前还流淌着喀利河（意思是“黑河”） 5 早餐还有稀饭

遍布着苹果树的果园

挪动脚步

来到桃花源般的苹果之乡——马尔帕 Marpha

曾经是繁华大街的马尔帕主街

马尔帕是佐莫索姆首屈一指的美丽村庄。石板路两边是一排排用藏系风格石材建造的房屋，高台上还有座很大的僧院。马尔帕作为苹果的产地而闻名。一定要尝尝这里的苹果白兰地、苹果派。从佐莫索姆步行到这里大约 1.5 小时，坐汽车大约 30 分钟。

下榻在风景绝佳的酒店 ②

眺望风景绝佳的山间小屋

塔桑村庄山林小屋

Lodge Thasang Village

从佐莫索姆大街的达拉尔章村沿着山路向上走约20分钟（也有公路），就是建有16间客房的纳乌利可特（Naurikot）村的山间小屋。住在这里，对面是道拉吉里峰（8172米）的雄姿与大冰河，背后是尼鲁吉里北峰，往下看是喀利河，这里全方位展示无遗的视野令人不禁倒吸一口凉气。小屋用当地传统的石材建造而成。石质小屋内配有暖气、暖炉，阵阵温暖，让你一时忘记了这是在喜马拉雅山脉的山里，倍感舒适宜人。使用新鲜蔬菜、荞麦面等本地产的食材烹制的朴素的饭菜非常好吃。

DATA

加德满都的联系方法

☎ （01）4783172

URL lodgethasangvillage.com

费 Ⓢ US$140～180 Ⓦ US$160～200

税 13% 服 10%

从佐莫索姆机场出发车程约1小时，步行约5小时。乘坐巴士的话要在达拉尔章下车。

1 朝霞中熠熠生辉的道拉吉里峰。从山间小屋的屋顶能够仰望满天的星空，看到日出 2 客房里备有羽绒被，可以洗热水澡，设施齐全 3 背靠尼鲁吉里山建成的石造山间小屋。塔山的意思是“塔喀利民族居住的土地” 4 寒冷的季节，大堂里烧着炭火取暖

梦幻之湖

挪动脚步

映衬着尼鲁吉里的神秘湖泊——塞空湖 Sekong Lake

这是位于海拔2727米的山上湖泊。从湖畔望去，尼鲁吉里山的三座山峰倒映在像镜子一样的湖面上，景色绝佳。尼鲁吉里山右侧，安纳普尔纳南峰（7219米）、安纳普尔纳峰Ⅰ（8091米）露出一个小角。从山间小屋到这里往返需要4~5个小时。除此以外，佛教圣地古鲁桑坡洞窟、建在喀利河对岸高台上的提提噶恩村等，都是适合当天步行往返的景点。

在建有山间小屋的纳乌利可特村散步十分惬意

与悠久的历史和大自然亲密接触

尼泊尔的世界遗产

符合《世界遗产条约》规定、联合国教科文组织登记在册的世界遗产是人类共同的不可再生的财富。在尼泊尔，现存数处有着雄伟的自然景观、孕育着丰富文化的世界遗产。让我们去探访这些熠熠生辉的世界遗产吧。

寺庙和王宫鳞次栉比的加德满都的杜巴广场

World heritage of Nepa

自然遗产 登记年份：1979年► p.234

望到珠穆朗玛的夏尔巴族人的故乡

萨加玛塔国家公园

Sagarmatha National Park

从珠穆朗玛峰徒步旅行的起点纳姆泽到我国西藏国境线的地域，一般被称为昆布地区。以世界最高峰珠穆朗玛峰（尼泊尔名字：萨加玛塔）为首，周围遍布着洛子峰、马卡鲁峰、卓奥友峰等著名山峰。这里生活着以徒步旅行者的挑夫而闻名的夏尔巴人；这里还是大自然的宝库，能看到梦幻之花——蓝罂粟花，以及稀有动物等。

1 在夏尔巴族人的家乡纳姆泽，每周六有定期的集市 2 越过努普切露出山顶的珠穆朗玛峰。尼泊尔语称之为萨加玛塔，意为世界顶峰 3 以商品交易、牦牛放牧为生的夏尔巴人。他们牵着牦牛驮着行李，跨越喜马拉雅山 4 从卓奥友峰看到的珠穆朗玛群山。左侧里面是凸出的海拔8844.43米的珠穆朗玛峰

文化遗产 登记年份：1979年

生生不息的尼瓦尔文化和艺术

加德满都谷地

Kathmandu Valley

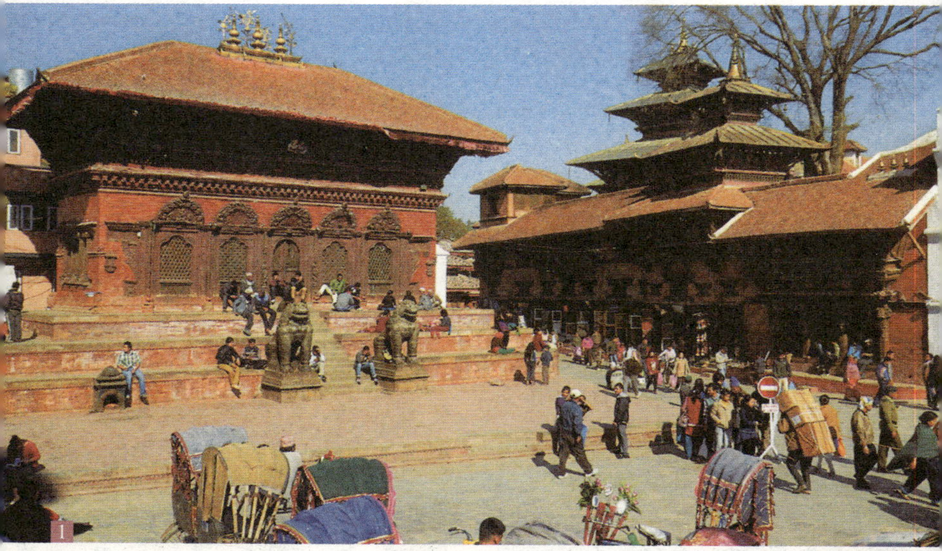

最早的住民尼瓦尔族人构筑了尼泊尔唯一的城市文明——加德满都谷地。中世纪的三个王国时期这里建造了数量众多的王宫及寺庙，绘画、雕刻等艺术也欣欣向荣。加德满都谷地登记在册的世界遗产共有七处，加德满都的杜巴广场（→p.45）、斯瓦扬布纳特寺（→p.52）、帕斯帕提那神庙（→p.54）、博达哈大佛塔（→p.87）、帕坦（→p.91）、巴克塔普尔（→p.104）、昌古纳拉扬（→p.109）。

1 建在加德满都市中心杜巴广场的湿婆——雪山神女神庙。人们来来往往，这里总是很热闹 2 来杜巴广场的黑拜拉瓦朝拜的人们。如今，人们的生活依然植根于信仰 3 加德满都郊外山丘上耸立着尼泊尔最古老的佛教寺庙——斯瓦扬布纳特寺的塔顶 4 巴格马蒂河是恒河的支流，在它的岸边建造的帕斯帕提那神庙，是供奉湿婆神最大的印度教神庙

1 在佛教圣地博达哈大佛塔，建有尼泊尔最大的佛塔，周围还有很多叫作共帕的藏传佛教寺院
2 别名“美丽之都”的帕坦。这里在加德满都谷地马拉三个王朝时期是繁华的首都
3 被认定建在公元 4 世纪、供奉纳拉扬神（毗湿奴化身之一）的印度神庙。由于建在山顶上，加德满都谷地的风光尽收眼底
4 与加德满都、帕坦并列为马拉三王朝时期首都的巴克塔普尔。如今，这里依然保留着当时的街景风貌

1

2

3

4

自然遗产 登记年份：1984年 ► p.154

犀牛、老虎等野生动物栖息的乐园

奇旺国家公园

Chitwan National Park

1

尼泊尔南部有一片宽阔的德赖平原。奇旺国家公园几乎位于平原的中心位置，由于曾经是王室狩猎场，所以热带雨林、沼泽地等没有受到人为影响，很好地保留了自然的地形地貌，成为野生动物宝库。1973年，奇旺国家公园被认定为尼泊尔第一个国家公园后，游客可以在这里参加丛林漫步、鸟类观察、乘独木舟顺江而下等各种各样的活动。骑着大象在丛林中漫步的游猎活动尤其受到游客欢迎。

2

3

4

1 骑大象游猎时，会碰到鹿、猴子、印度犀牛，要是运气好的话，说不定还能遇到老虎 2 曾经濒临灭绝的印度犀牛。在奇旺由于保护活动的实施，确认印度犀牛现存有500头左右 3 德赖平原渐渐落下的夕阳。这一地区与印度相连，在这里可以体验与山区风格迥异的风景和文化 4 国家公园周边是德赖平原的原住民——塔鲁族生活的一座座村庄。视野开阔、气氛悠闲的田园风景

朝圣者熙熙攘攘的佛教圣地

佛祖的诞生地——蓝毗尼

Lumbini, the Birthplace of the Lord Buddha

蓝毗尼位于尼泊尔南部，靠近与印度的国境线。公元前5世纪的时候，释迦族王子悉达多出生在这里的娑罗双树下，后来成为佛祖（觉悟的人）。这里与佛祖觉悟之地菩提伽耶、初次宣扬佛法之地鹿野苑，以及圆寂之地拘尸那迦（三地都位于印度）并称佛教四大圣地。如今，以佛祖诞生地——摩耶夫人祠为中心建好了各国的一座座寺院，称为圣园。世界各地的佛教徒前来参拜朝圣。

1 德国寺院内部描绘的精美曼陀罗（花花绿绿的图）。圣园里有中国寺院、泰国寺院等各个国家的寺院
2 摩耶夫人祠旁边矗立着公元前3世纪阿育王建造的石柱，它接受着来自佛教徒们的礼拜
3 普斯卡里尼水池边巨大的菩提树上悬挂着印有佛教经文的五色旗（塔鲁乔），在风中飘摇
4 修建在悉达多王子诞生地的摩耶夫人祠。前面是据说给王子婴儿时期洗澡的普斯卡里尼水池

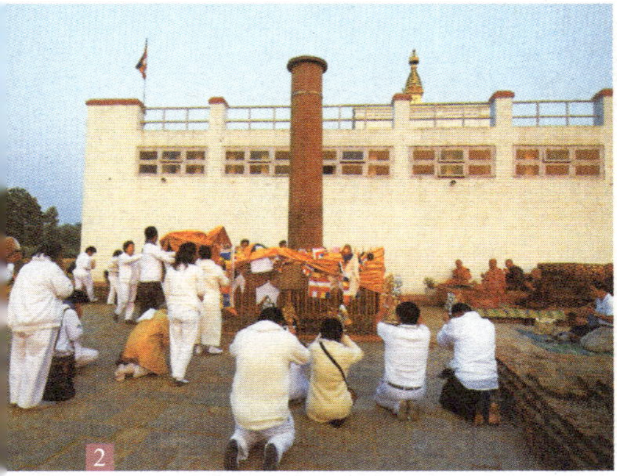

体验大自然！

乐在尼泊尔 户外活动指南

丰富多彩的户外活动可以令人充分领略尼泊尔的自然魅力。在喜马拉雅山脚下徒步旅行、空中俯瞰珠穆朗玛峰、鱼尾峰的飞行游览、乘船随激流而下的漂流活动等户外活动会让你与大自然亲密接触。

在博卡拉边欣赏喜马拉雅山风景边飞行的滑翔活动颇具人气

徒步旅行 Activity 1

Trekking

与以登顶为目的的登山活动相比，徒步旅行就是在山中行走。从轻松愉快的远足到目标朝向珠穆朗玛峰山脚小镇的徒步行走，有各种各样的线路。让我们一边接触人们朴素的生活，一边悠然地体验在山间的小路上行走。

INFORMATION

徒步游的线路一般在三个地区：安纳普尔纳、珠穆朗玛、朗当。这些地方的山林小屋、餐馆很多，也能联系到当地导游、搬运工的服务，即使是刚刚起步的驴友也可以轻松愉快地徒步旅行。

（详情请参考→ p.195~264）

1 因能够眺望喜马拉雅山脉而知名的安纳普尔纳山的布恩山，它的对面耸立着在朝霞下闪耀的道拉吉里峰 2 徒步旅行线路所走的道路也往往是山里人的生活之路，图为运送货物的一头头驴 3 山村中邂逅的见人不认生的孩子们 4 春天盛开的尼泊尔国花——杜鹃花。格莱帕尼山顶附近的杜鹃花和安纳普尔纳南峰

从空中6000米处观看珠穆朗玛峰

山岳观光飞行

Activity 2

Mountain Flight

“我想在尼泊尔看珠穆朗玛峰，可是没有徒步旅行的时间”，对于这样的情况我们推荐山岳观光飞行活动。由于飞行高度大约在6000米，能够看到珠穆朗玛峰的概率很大。

INFORMATION

从加德满都的特里布万国际机场出发，各个航空公司每天早晨都有很多班山岳观光飞行的航班，大约需要1个小时，价格为182美元。可以在旅行社、酒店预约。因天气原因有时会取消飞行，这时候可以免费调整到第二天以后。

1

2

3

4

1 喜马拉雅山脉马上近在眼前 2 透过窗户看珠穆朗玛峰，真壮观 3 每个航空公司的飞行行程都完全一样。早晨天气状况稳定，推荐乘坐最早的航班 4 要一张乘坐证书做纪念 5 也可以参观驾驶员座舱。窗外开阔的景色是最精彩的

5

变成鸟儿，在喜马拉雅空中散步

超轻型飞机

Activity 3

Ultra Light Plane

“像鸟儿一样在空中飞翔，凝望喜马拉雅山”，对应这种愿望呼之而出的是被称为超轻型飞机的超轻量动力飞机。从空中看博卡拉的街景、费瓦湖，对面是越来越逼近的鱼尾峰，百分之百扣人心弦。

INFORMATION

位于博卡拉的“尼泊尔阿维亚俱乐部”（Avia Club Nepal → p.129）经营飞行游览业务。价格为 15 分钟 70 欧元、30 分钟 125 欧元、1 小时 198 欧元。它的办公室在湖滨区（MAP p.125）。除此以外，也可以委托旅行社安排这一业务。

1

2

3

4

1 在安纳普尔纳群峰的背景下飞行。格外高的三角形的山是博卡拉的象征——鱼尾峰 2 上升到 1500 米高度，体验到变成鸟儿在空中飞翔的感觉 3 俯瞰下面看到的是费瓦湖和湖滨区的家家户户 4 白云下舒展着绿意浓浓的一片片梯田

在喜马拉雅山脉的背景下空中翱翔

滑翔

Paraglider

Activity 4

博卡拉作为滑翔运动的胜地，云集了来自世界各地的滑翔运动爱好者。在这里，即使是初次体验者也能够轻松愉快地体验飞翔的乐趣。乘着风轻轻地在空中飞舞，再从空中眺望喜马拉雅山，如此刺激的感觉一定令你难忘。

INFORMATION

除了博卡拉之外，班迪普尔等地也有面向旅游者安排的滑翔运动。在博卡拉的湖滨区有十几家滑翔运动的公司。价格方面，30 分钟的飞行 100 美元，1 个小时 150 美元左右。

（详情请参考→ p.129）

1

2

3

4

1 博卡拉的市区和费瓦湖就在眼下，一边眺望喜马拉雅山一边体验空中漫步的乐趣 2 与专业飞行员一前一后地飞翔。如果愿意，还可以体验杂技般富于变化的飞行方式 3 从萨冉库特起飞。萨冉库特因是喜马拉雅山的观景台而有名 4 从空中俯瞰萨冉库特的小山。要是天气好的话，以鱼尾峰为首，安纳普尔纳山脉的群峰都能尽收眼底

百分之百的惊险！乘船随激流而下

漂流

Rafting

Activity 5

说到尼泊尔的户外活动，徒步游受到人们的广泛关注。其实在拥有喜马拉雅冰川和源头在我国西藏的溪流里，还可以体验漂流活动。从加德满都出发有一日游的漂流活动。也可以随处野营，连续几天进行巡游式的漂流。

INFORMATION

从当天往返的一日游到长达一周的长时间漂流，各种各样的线路十分丰富。翠苏里河沿着普利提比高速公路从加德满都流向德赖平原。在翠苏里河上的漂流，非常适宜初次体验者。

1

3

2

1 在急流中坐着橡皮艇猛冲猛进，其惊心动魄的场面难以用语言表达 2 漂流时，队伍成员之间的配合很重要。结识来自各国的旅行者也是乐趣之一 3 一边漂流，一边欣赏岸边视野开阔的自然景象与人们的生活状态，能接触到和徒步游不同的尼泊尔风景 4 从加德满都出发可以1日游的翠苏里河，因为水流比较平缓，适合初次体验漂流的旅行者

4

品尝民族特色浓郁的丰富美食

尼泊尔美食图鉴

尼泊尔菜肴大都使用姜黄、茴香、香菜等香辛作料，以咖喱味为基本口味。不过在制作菜肴的时候，不会像印度菜那样放入大量辣椒，因此味道不是很辣，给人的感觉相对比较清淡。在尼泊尔以具有代表性的尼泊尔扁豆汤套餐为首，还可以品尝到尼瓦尔菜、我国的藏餐等佳肴。

豆汤、主食和小菜 Dhal Bhat Talkari

尼泊尔的扁豆套餐主要包括 Dhal（豆汤）、Bhat（主食）、Talkari（小菜）、Achar（咸菜）等，一起分别盛到一个大圆盘子里端上来。Talkari（小菜）主要是各种蔬菜，有些餐馆也会带一点肉类，或者顾客另外单点肉类小菜。原则上除肉类小菜以外，其他小菜可以随便吃。尼泊尔式的吃饭方式是把豆汤浇在米饭上，然后就着小菜用右手抓着吃。

◆ Bhat（主食）
除了白米饭外，玉米、杂粮用热水烫过后制作的干粮或面包也可以当作主食。

◆ 肉菜
一般是鸡肉、羊肉等。由于宗教的原因，这里的人不吃牛肉。

◆ 酸奶

◆ Talkari（小菜）
主要使用土豆、菜花、苦瓜、秋葵等应季蔬菜。

◆ 汤类
汤中的主要材料有酸菜、肉、鱼等。

◆ Dhal（豆汤）
使用的豆类有小扁豆、黑豆等。家庭制作时，各家有各家的独特味道。

◆ Gu
精制黄油。

◆ 咸菜
加入香辛料或用西红柿腌制的咸菜。

◆ 青菜
炒青菜。多使用芥菜、菠菜。

家庭版的尼泊尔扁豆汤套餐

一般家庭制作扁豆套餐的时候，除了主食以外只有豆汤、1~2 种小菜以及咸菜等，十分简单、朴素。另外，在巴士旅行途中的服务区，以及徒步旅行途中的餐馆提供的也是这种简朴的套餐。

街头贩卖的小吃

帕尼普里

这是一种印度风味的小吃，在炸成乒乓球状的表皮里，塞入粉碎好的土豆泥制作而成。吃的时候，蘸着又甜又酸又辣的酱汁。

炒豆

现点现卖的炒豆。吃的时候，可以根据个人喜好蘸着加盐的青辣椒末来吃。

尼瓦尔菜肴 Newari Food

自古以来生活在加德满都的尼瓦尔族有着多样和精致的饮食文化，这一点在尼泊尔的其他民族中很难看到。他们平常吃的虽然是扁豆汤套餐，但是在举行祭祀仪式以及节日期间会制作传统的尼瓦尔美食。

蒸饺 Momo

尼瓦尔式蒸饺使用水牛肉馅，做成烧卖样子的圆圆的形状。

尼泊尔薄饼 Chatamari

用米粉和水调制的面饼上面加上蔬菜和肉馅等烤制而成，可以说是尼瓦尔风格的比萨饼。

馅饼 Wo

用豆粉和蔬菜、肉馅、鸡蛋等调制在一起，烤成尼泊尔风格的煎饼。

烤水牛 Sekuwa

烤好香辛料腌渍过的水牛肉、牦牛肉，再佐以炒米。

酸奶之王 JuJu Dhau

巴克塔普尔著名的酸奶，被誉为“酸奶之王”。

尤玛里 Yomari

用新米的米粉制作的点心，11~12月的月圆日时食用。

藏餐 Tibetan Food

我国西藏和尼泊尔无论地理上还是文化上都有很深的联系，因此藏餐也已经融入尼泊尔人的饮食文化中。在加德满都或是博卡拉都可以看到我国西藏人经营的餐馆，品尝到正宗的藏餐。

藏式火锅 Gyakok

这是一道中国风味的火锅，汤里加入豆腐、粉丝、肉团子、鸡蛋等煮熟。在餐馆点这道菜的时候，一齐上来的还有饺子、炒面以及米饭等主食。

细汤面 Thukpa

指面条、乌冬面。也叫“Gyathuk”。

粗汤面 Thenthuk

Thenthuk 与 Thukpa 类似，里面主要放些面团儿。

藏式饺子 Momo

和中国普通的饺子形状一样。一般是蒸饺。

炒面 Chowmein

照片上的炒面是各种食材混合做成的炒面。

春卷 Spring Roll

尼泊尔的吃法是蘸着智利辣椒酱来吃。

尼泊尔购物大全

土特产集锦 Souvenirs of Nepal

尼泊尔是一个购物天堂。从各种充满温馨感的手工制品到独特的杂货、佛像、唐卡等美术品，在这里都可以淘到。游客可以在市场以及土特产商店试着与店里的人交涉价格，享受异地购物的乐趣。

食品饮料 Food&Drink

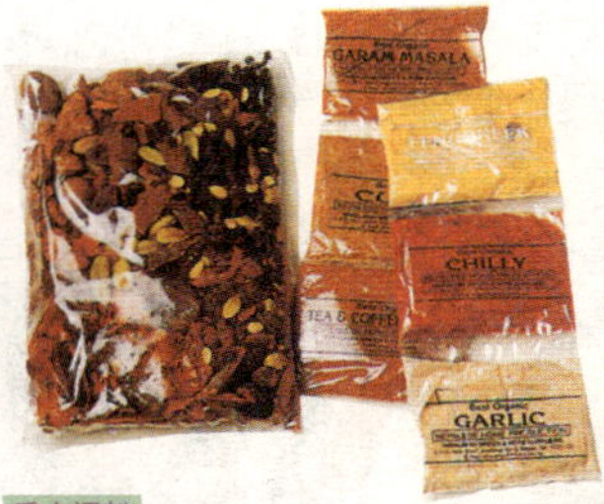

香辛调料

种类很多，有姜黄、藏红花、咖喱菜肴里不可或缺的咖喱调料（混合香辛料），也有奶茶里放的香辛料等。小袋包装的每袋 Rs50 起。

咖啡

这十年里产量大增的咖啡豆是尼泊尔农民主要的收入来源。可以买到不用化肥和农药的有机咖啡。100 克包装的咖啡价格为 Rs100~300。

香草茶

Tulasi 是一种紫苏科植物，据说这种香草茶非常有益于健康。尼泊尔有一种说法："每天饮此茶，不用看医生。" 另外还有一种减肥茶，但是效果并不明确。价格大约为 Rs100。

红茶

尼泊尔东部地区的伊拉姆生产的红茶最为著名。这里距离著名的红茶产地大吉岭非常近。我们推荐购买用小木箱或袋子包装好的红茶。价格方面按重量计算，100 克为 Rs100~200。

蜂蜜

蜂蜜种类很多，采自喜马拉雅山中喜马拉雅大蜜蜂的蜂蜜是其中的珍品。300 克装的价格为 Rs150 左右。

方便面

方便面在尼泊尔语的发音是"掐掐"，一般当作零食来吃。既有素面也有各种辛辣面。不同口味都尝尝，比较一下也很有趣。一包面价格为 Rs20 左右。

围巾

羊毛和羊绒的围巾，不仅漂亮而且可以御寒。此外还可以看到混纺、牦牛绒的围巾，但是这种材料的围巾假货比较多，要多加小心。围巾价格一般是 Rs300 起，加入羊绒的在 Rs1000 以上。

T 恤衫

绘有喜马拉雅山脉以及牦牛等具有尼泊尔特色图案的 T 恤衫很受欢迎。还可以拿来设计图案，请店方做出只有自己才有的原创 T 恤衫。一件大约 Rs300。

裙子

把尼泊尔风格的花布拼缝在一起做成民族歌手穿的长裙（Rs720），仅此一件就可以尽显亚洲时尚。

包

有刺绣的背包、（Rs525※）、图案拼凑在一起的小挎包（Rs180※）等，设计风格多种多样。

针织品

手感粗糙却可爱的手工编织的手套（Rs210※）和带护耳的帽子（Rs180※），无论是逛街还是徒步旅行时都能发挥作用。

穗式披巾

御寒用的手编羊毛披巾（Rs1620※），也可以搭在膝盖上使用。

帽子

戴上达卡布制作的尼泊尔帽子或是羊毛做的藏式帽子，看起来就像当地人了。

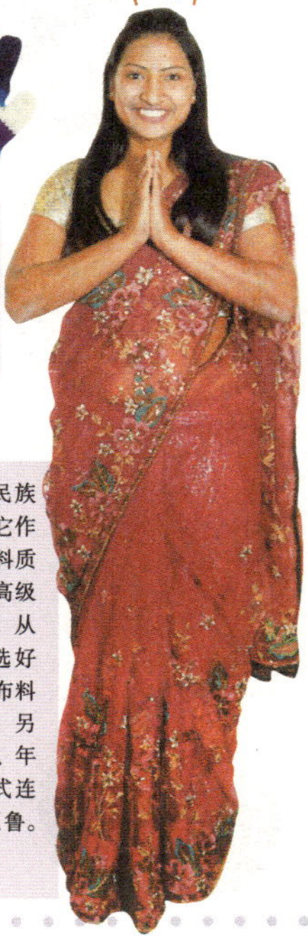

纱丽

纱丽是印度女性的民族服装，但是尼泊尔妇女将它作为正装来穿着。纱丽的材料质量各种各样，从化纤到最高级的丝绸；价格差异也很大，从 Rs500 到 Rs10000 不等。选好布料后，就可以请人根据布料的特点制作衬衣和外套。另外，也可以定做非常漂亮、年轻女性平时穿的尼泊尔式连衣裙——库鲁塔·斯鲁瓦鲁。（→p.49 说明）

※是加德满都的商店“阿姆利塔工艺品”（→p.61）的价格，准确价格请在当地确认。

手工艺品和其他 Handcraft&Others

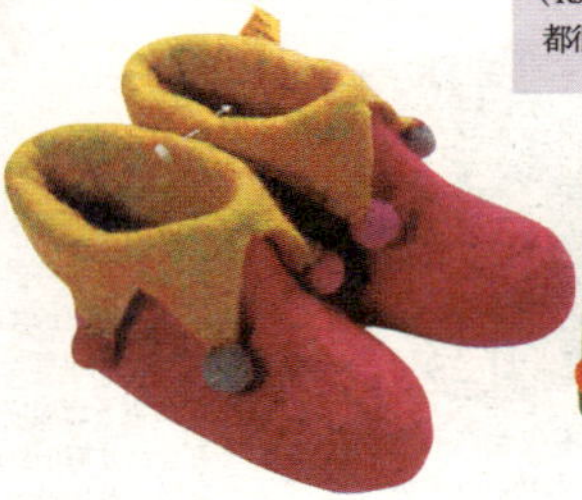

毛毡制品

色彩鲜艳、设计可爱的居家鞋（Rs450※）、小包（Rs135※）、胸针（每个 Rs70※）都很受欢迎。

唐卡

这是一种描绘曼陀罗的佛画（曼陀罗是将佛祖悟道之地、佛教世界观用佛像、象征物等表现出来的意思）。唐卡主要是在帕坦和巴克塔普尔绘制的。要注意的是唐卡的品质差别很大，便宜的价格为 Rs1000 左右，那些能被称为艺术品的唐卡则要数万卢比。

年历

手工纸制作的年历（每个 Rs80※）具有朴素的风格，充满魅力。在插图中可以看到曼陀罗、米提拉等尼泊尔特色的绘画。

纸制品

用一种叫“罗库塔”的木材制作的尼泊尔传统手抄纸。成套的信纸（Rs120※）、笔记本（Rs130※）之外，还可以加工成灯罩等。

其百坦球

西藏佛教使用的法器。由于球的边缘用木质的小棍摩擦，发出波动的声音，因此称作“新”球。最近在 SPA 等按摩店也用它来使人放松。价格由重量大小而定，100 克重的大约 Rs430。

冰箱贴

冰箱贴有国旗、佛的眼睛等尼泊尔风格的各种图案，十分可爱。（每个 Rs140※）

米提拉绘画商品

尼泊尔东部地区贾纳克布尔的近郊流传着一种叫“米提拉”的民俗艺术。有以米提拉绘画为纹样制作的（Rs180※）和布垫（Rs200※）。还有相框、放小件物品的小包等，都是由当地妇女手工制作的。

佛像

加德满都周边的尼瓦尔族手工艺者世代都在制作佛像。帕坦有很多制作佛像的作坊兼商店。小的佛像 Rs500 左右，高品质的佛像价格高达数万卢比。

拖鞋

采用天然材料黄麻手工编织的拖鞋（Rs675※），通气性良好，适宜穿在室内走来走去。

靠垫罩

用亮闪闪的刺绣制成的靠垫罩（Rs220※）是室内装饰的点睛之笔。

编织物

支持女性自立的NGO组织（→p.142专栏）销售尼泊尔传统手工编织的手提包。

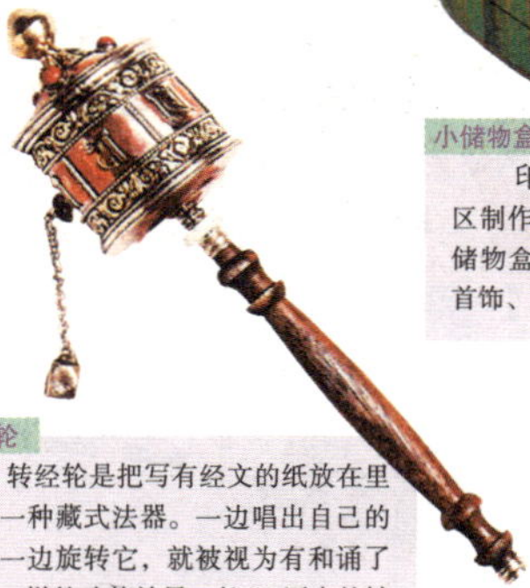

小储物盒

印度西北部的喀什米尔地区制作的绘有细密画的纸艺小储物盒（Rs350※），可以存放首饰、票据。

山刀

尼泊尔山岳地区的人们身上经常会佩带弯刀，刀刃的长度达10厘米的山刀价格为Rs500左右。大型的弯刀有可能不允许带回国。

转经轮

转经轮是把写有经文的纸放在里面的一种藏式法器。一边唱出自己的心愿一边旋转它，就被视为有和诵了经文一样的功德效果。长20厘米的转经轮价格大致为Rs700。

化妆品

印度化妆品公司生产的洗发水和护发素。以印度传统医学为基础，加入了植物、蔬菜、水果等提取物的化妆品也受到尼泊尔女性的青睐。价格为Rs100~200。

再生容器

塑料制品再循环利用生产的色彩丰富的容器（Rs630※），可以放些小件物品。

芳香化妆品

使用牦牛牛奶、喜马拉雅的花草制作的香皂、香熏精油等。价格为Rs200~500。

供香

供香除了尼泊尔外，也有很多产自印度和我国西藏地区。成套的供香包括各种香味，也有制成蜡烛形状的供香。价格为Rs100~200。

音乐CD

从音色淳朴的民族音乐，到尼泊尔的流行音乐、摇滚乐，CD种类无所不包。可以在音像商店试听之后再购买。一张CD盘Rs200左右。

※是加德满都的商店“阿姆利塔工艺品”（→p.61）的价格，实际价格可能会有变化，请在当地确认。

走遍全球
缅甸
斯里兰卡
澳大利亚
德国
罗马
新西兰
老挝
塞班 罗塔岛&天
巴厘岛
普吉岛
帕劳岛

加德满都

Kathmandu

湿婆－雪山神女神庙，杜巴广场

加德满都

काठमाण्डौ

Kathmandu

尼瓦尔文化之花盛开的尼泊尔首都

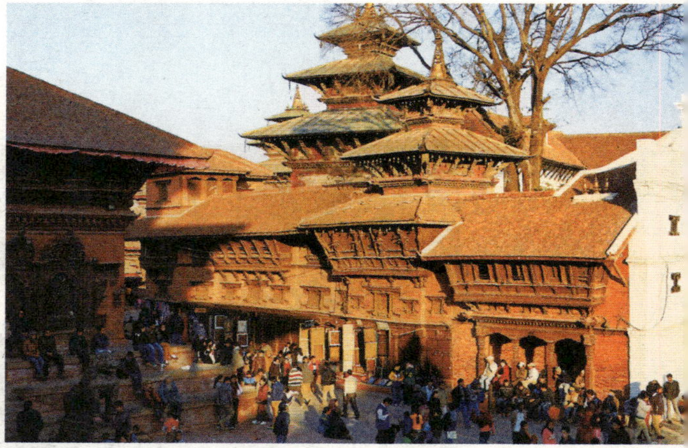

杜巴广场——老市区的中心地带还保留着从前的影子

☎ 长途区号 01

交 通

从博卡拉出发

■ 飞机

每天大约有 15 个航班，所需时间 30~40 分钟，票价 US$102。

■ 汽车

旅游巴士大约需要 7 个小时，7:30 出发，票价 Rs500~600。乘坐绿线所需时间大约 7 个小时，8:00 出发，票价 US$20。此外，市内公交车站也有很多班公交车开往加德满都。

从奇旺出发

■ 汽车

旅游大巴大约需要 5 个小时，9:30 出发，票价 Rs500~600。乘坐绿线大约需要 6 个小时，9:30 出发，票价 US$17。

旅行小贴士

乘坐当地巴士进入市内

从机场到市内如果想节省费用，可以步行 10 分钟左右到环路（Ring Road）上，在这里可以乘坐前往市公共汽车站或者是新公共汽车站的小巴，票价 Rs13。不过这种小巴比较拥挤不建议行李多的游客乘坐。

尼泊尔首都加德满都，位于海拔 1330 米的盆地里，大约有 500 万人生活在这里。加德满都是国家的政治、经济中心，也是多半外国旅游者、登山家在尼泊尔最初驻足的地方。

加德满都最初被称为坎提普尔（Kantipur，光荣的城市），自古就有原住民尼瓦尔族生活在这里，并且逐渐地构筑起都市文明。特别是在中世纪的马拉王朝时代，尼瓦尔文化之花盛开，建造了光辉灿烂的寺院以及众多的纪念碑。被戏称为“住在这座城市里的神比人都多”的加德满都，在 1990 年实行民主化以后迎来了飞速的变化。大量农村人口涌入城市，汽车、摩托车数量大增，交通堵塞与大气污染问题也越来越严重。如今，人口的数量一直都是只增不减。

虽说如此，当游客漫步在老市区内，还是可以看到在漫长历史中遗留下来的古老街道的面貌以及各种寺庙。在市场上除了来往的人流和丰富的商品外，当你走进里侧的小巷，还可以看见普通老百姓的生活状态。游览的乐趣不限于名胜古迹，感知城市自身的魅力特点也是其中的收获。

无论时代如何变迁，作为喜马拉雅山脉中的山岳国家，加德满都都是人们心中向往的地方。曾几何时，加德满都谷地就被称作尼泊尔，即便是现在，一些年长者也常常把加德满都叫作尼泊尔。

抵达加德满都

从机场到市内

特里布万国际机场（Tribhuvan International Airport）位于市中心以东大约 4 公里的地方，国际航班和国内航班都在这里起降。从机场到市内只能乘坐出租车。在到达大厅的出口处设有出租车乘车处，可以在这里乘车。到泰米尔区的费用为 Rs650（21:00 以后 Rs750）。前往酒店或旅馆人口较为密集的泰米尔区大约需要 30 分钟。

另外，从市内到机场乘坐出租车时，车费需要讨价还价，白天的话一般为 Rs300~ 400。

乘坐巴士到达时

公共汽车：从博卡拉以及印度边境方向来的巴士停靠在新公共汽车站，从与我国西藏交界处柯达瑞小镇方向来的巴士停靠在市公共汽车站。

旅游巴士：从博卡拉来的旅游巴士停靠在泰米尔区北侧的索拉库泰（Sorakhutte）交叉路口附近（Map p.37-A1）；从奇旺来的巴士停靠在卡兰奇广场（Kalanki Chowk，Map p.34-C1）。

停车地点有可能发生变更，最好在当地再确认一下。

绿线：巴士停靠在泰米尔区的绿线办公室（Map p.36-B2）。

黄金之旅：从博卡拉来的巴士停靠在杜巴路上的黄金之旅办公室前（Map p.38-B1），从派勒瓦来的巴士停靠在卡兰奇广场（Map p.34-C1）。

加德满都的公共汽车站

CITY BUS PARK 市公共汽车站 Map p.36-C2

位于拉特纳公园的东侧，也被称为老汽车站（Purano Bus Park）。这里有开往帕坦、吉尔蒂布尔、杜利凯尔等加德满都谷地内各地的巴士，也有开往我国西藏与尼泊尔边境附近柯达瑞小镇以及珠穆朗玛峰徒步游起点城市——吉里的长途汽车。

NEW BUS PARK 新公共汽车站 Map p.34-A2

位于加德满都北郊的环路上，是由外国援助修建的一座汽车站。尼泊尔语称这里为“Naya Bus Park”，一般这一称呼比较通用。开往加德满都谷地以外的长途汽车基本都从这里出发。从新公共汽车站前往泰米尔地区时，可以乘坐小巴在莱克纳特路（Lekhnath Marg）的汽车站（Map p.37-A2）下车，这样比较近。乘坐出租车大约 Rs200。

市内交通

BICYCLE 租借自行车

游览加德满都时，可以租借自行车在市内各处骑行。但是在交通流量较大的地区骑车，一定要注意避免与汽车和摩托车相撞。由于汽车尾气污染严重，在骑车时最好戴上口罩。位于泰米尔区的切特拉帕蒂广场附近的租借自行车处（Map p.37-D1）提供的自行车种类很多，还可以在这里租到摩托车。自行车的租借费用是 Rs200~300、摩托车是 Rs400~500。

骑走之前要检查车况

有用的信息

加德满都出发的巴士乘车处

公共汽车：从市公共汽车站或新公共汽车站发车。

旅游巴士：前往博卡拉、奇旺方向的旅游巴士从位于坎提路的世界银行前（Map p.36-B2）发车。但是由于经常变动，所以要向购票的旅行社再次确认。

绿线：从泰米尔区的绿线办公室（Map p.36-B2）发车。

黄金之旅：前往博卡拉方向的巴士从坎提路的世界银行前（Map p.36-B2）发车；前往派勒瓦方向的巴士从孙达拉（Map p.36-D2）发车。

开往加德满都盆地内的巴士出发和到达的市公共汽车站

新公共汽车站的售票处

旅行小贴士

租借自行车时的注意事项

有些租赁自行车的商店需要交了护照才可以租车，但是大多数商店只要在登记簿上写明酒店名称、姓名和护照号码即可。租借期间一定要保管好车钥匙并注意锁好车，不要丢失。如果丢失需要全额赔偿。在傍晚送还车的时候，一定不要迟到，否则有可能引起纠纷。闭店早的店铺在 17:00 左右就会关门，租借时一定要提前确认。

前往卡卡尼的汽车站
前往通泽、斯亚布贝斯、奇里梅的汽车站
巴拉珠水上花园
Balaju Water Garden
新公共汽车站
巴拉珠
Balaju
巴拉珠广场
Balaju Chowk
Golkupakha
Naya Bazar
Naya Bazar
茶室酒店
Tea Lounge Hotel
Ciwec诊所 Ciwec Clinic
印度大使馆(签证申请中心)
英国大使馆
苯教僧院
Bompo Gompa
昆分藏医学中心
Kunphe Tibetan
Herbal Clinic
环路 Ring Rd.
维施努马蒂河
Vishnumati Nadi
加德满都军刀酒店
Shanker
泰米尔
Thamel
Kathmandu G.H.
斯瓦扬布纳特寺(猴庙)
Swayambhunath
自然历史博物馆
Natural History Museum
金刚酒店
Vajra
Military Hospital
切特拉帕蒂
Chhetrapati
Kanti Path
Durbar Marg
本金蓬绍杰灵
Benchen Phuntshok Dargyeling
Chhauni
军事博物馆
Military Museum
Tahachal
阿山
Asan
坎提路
Bag Ba
国家博物馆
National Museum
杜巴广场
Durbar Square
New Rd.
Exhibiti
GPO
Kanti Path
加德满都索尔迪皇冠假日酒店
Soaltee Crowne Plaza
韩国大使馆
Grand
Kalimati
Prith
加德满都中心区p.36
Kalimati
Tripureshwar
国家体育场
National Studiu
中央电报电话局
Central Telegraph Office
Teku
卡兰奇广场
Kalanki Chowk
卡兰奇
Kalanki
特里布万公路
Tribhuvan Highway
至博卡拉
Bluebird Department Store
巴格马蒂河
帕坦p.92
Maternity Hospital
Summit
环路 Ring Rd.
Sanepa
Kopundol
Himalaya
欢喜佛寺院
Uma Maheshwar Mandir
巴格拜拉瓦寺院
Bagh Bhairav Mandir
吉尔蒂布尔
Kirtipur
特里布万大学
Tribhuvan University
阿育王佛塔
Ashok Stupa
Pulchov
动物园
Zoo
Jawalakhel
至焦巴尔/达克斯特里
A
B
C
D
1
2

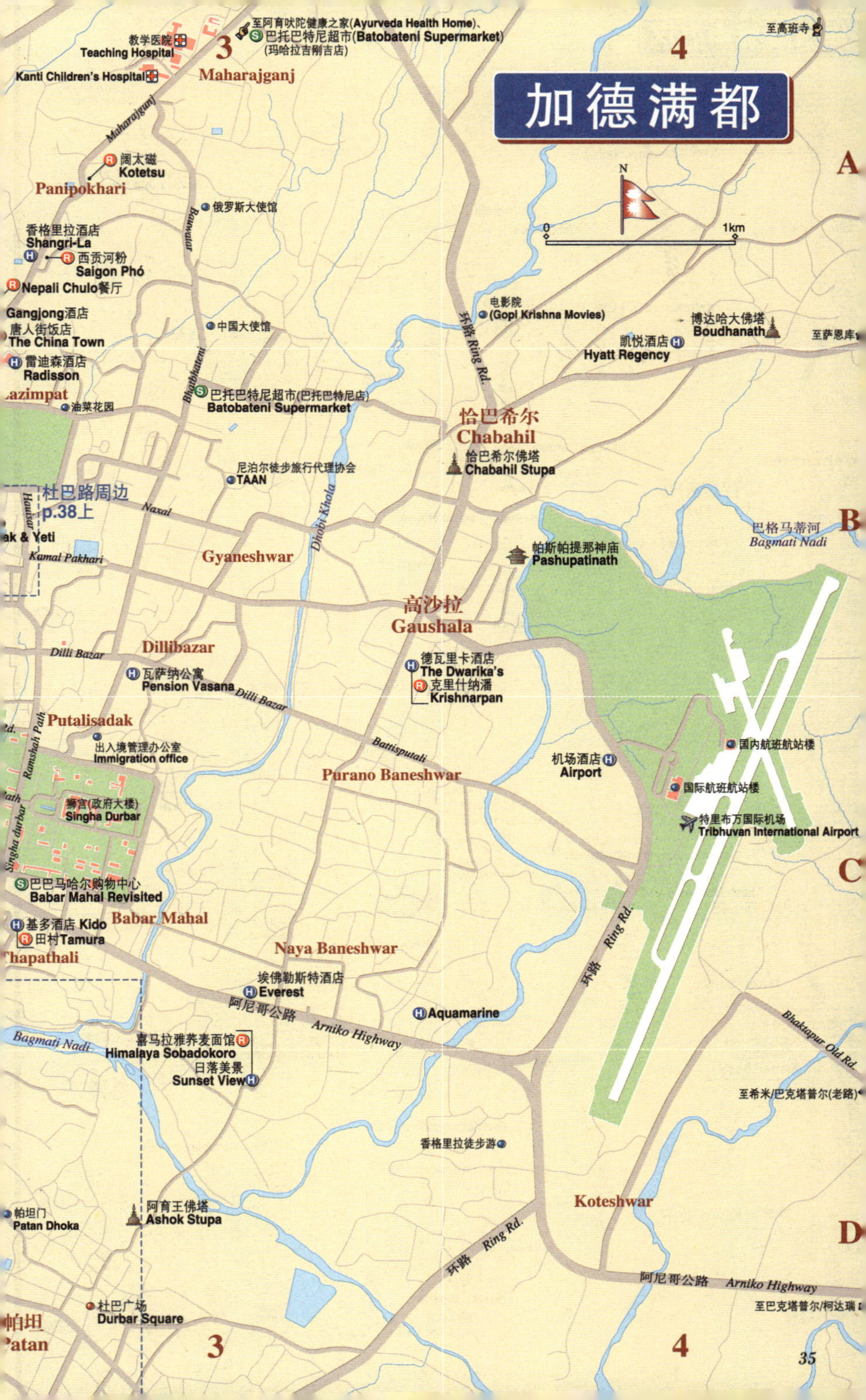
加德满都
N
0
1km
3
4
A
B
C
D
至阿育吠陀健康之家(Ayurveda Health Home)、
巴托巴特尼超市(Batobateni Supermarket)
(玛哈拉吉刚吉店)
至高班寺
教学医院
Teaching Hospital
Kanti Children's Hospital
Maharajganj
Maharajganj
阔太磁
Kotetsu
Panipokhari
俄罗斯大使馆
Bansbari
香格里拉酒店
Shangri-La
西贡河粉
Saigon Phó
Nepali Chulo餐厅
Gangjong酒店
唐人街饭店
The China Town
中国大使馆
雷迪森酒店
Radisson
Lazimpat
油菜花园
Bhatbhateni
巴托巴特尼超市(巴托巴特尼店)
Batobateni Supermarket
电影院
(Gopi Krishna Movies)
环路 Ring Rd.
博达哈大佛塔
Boudhanath
至萨恩库
凯悦酒店
Hyatt Regency
恰巴希尔
Chabahil
恰巴希尔佛塔
Chabahil Stupa
尼泊尔徒步旅行代理协会
TAAN
杜巴路周边
p.38上
Hattisar
Naxal
Dhobi Khola
ak & Yeti
Kamal Pakhari
Gyaneshwar
帕斯帕提那神庙
Pashupatinath
巴格马蒂河
Bagmati Nadi
高沙拉
Gaushala
Dillibazar
Dilli Bazar
瓦萨纳公寓
Pension Vasana
Dilli Bazar
德瓦里卡酒店
The Dwarika's
克里什纳潘
Krishnarpan
Putalisadak
Ramshah Path
出入境管理办公室
Immigration office
Battisputali
Purano Baneshwar
机场酒店
Airport
国内航班航站楼
国际航班航站楼
特里布万国际机场
Tribhuvan International Airport
狮宫(政府大楼)
Singha Durbar
Singha durbar
巴巴马哈尔购物中心
Babar Mahal Revisited
基多酒店 Kido
田村Tamura
Babar Mahal
Thapathali
Naya Baneshwar
环路 Ring Rd.
埃佛勒斯特酒店
Everest
阿尼哥公路
Arniko Highway
Aquamarine
Bhaktapur Old Rd.
Bagmati Nadi
喜马拉雅荞麦面馆
Himalaya Sobadokoro
日落美景
Sunset View
至希米/巴克塔普尔(老路)
香格里拉徒步游
Koteshwar
帕坦门
Patan Dhoka
阿育王佛塔
Ashok Stupa
环路 Ring Rd.
阿尼哥公路 Arniko Highway
至巴克塔普尔/柯达瑞
杜巴广场
Durbar Square
帕坦
Patan

加德满都中心区

N
0
200m
至巴拉珠
Lekhnath Marg
Lainchaur
至印度大使馆
健康微笑牙科诊所
Healthy Smiles Dental Clinic
Manang
Marshyangdi
Malla
纳拉扬希蒂王宫博物馆
Narayanhiti Palace Museum
Vaishali
Garuda
Paknajol
Bhagwanbahal
泰米尔
Thamel
Kanti Path
Kathmandu G.H.
K.C.'S
泰米尔广场
Thamel Chowk
梦幻花园
Garden of Dreams
坎提路
杜巴路周边 p.38上
Dhobichaur
特里戴维路
Tridevi Marg
E. P. F. Building
绿线办公室
Naxal
J. P. School
Narsing Gate
Jyatha
世界银行
Global Bank
前往博卡拉/奇旺方向的观光巴士乘坐处
Nirvana Garden
Utse
至斯瓦扬布纳特寺
1905
Durbar Marg
Dhalko
切特拉帕蒂
Chhetrapati
Chhetrapati
Tayoma
Kantipur Temple House
切特拉帕蒂广场
Chhetrapati Chowk
Annapurna
杜巴路
Jagat
Jyatha
北京饭店
FedEx
塔希提广场
Thahiti Chowk
Royal Singi
Lal Durbar
加内西西马尔酒店
Ganesh Himal
电影院
泰米尔区周边p.37
前往高萨拉、博达哈大佛塔方向的电动三轮车乘坐处
Jamal
Kamaladi
清真寺
Nhyokha Tole
Bangemuda
过街天桥
Bhotahiti
Kamaladi
王后水池
Rani Pokhari
教豪快递
DHL
阿山广场
Asan Chowk
钟塔
Clock Tower
班恰加尔
Bhanchha Ghar
Kilagal
安纳普尔纳神庙
Annapurna Mandir
过街天桥
Yatkha Tole
白麦群卓拿神庙
Seto Machhendranath Mandir
Asan Tole
请多关照店
Ratna Park
阿育吠陀诊所
Ayurvedic Clinic
过街天桥
阿卡什拜拉瓦神庙
Akash Bhairav Mandir
因陀罗广场
Indra Chowk
前往帕坦方向的米克尔巴士
巴格市场
Bag Bazar
千佛寺
Mahabouddha
前往巴克塔普尔/希米方向的巴士乘坐处
杜巴广场p.46
拉特纳公园
Ratna Park
Bir Hospital
Pyaphal Tole
杜巴广场
Durbar Square
Sukra Path
过街天桥
舞台
至斯瓦扬布纳特寺
巴桑塔布尔广场
Military Hospital
玛汗嘉尔
Mahankal Mandir
市公共汽车站
库玛丽神庙
Kumari Bahal
新路
New Rd.
Chikanmugal
乔琴街（奇异街）
Jhochhen (Freak Street)
Dharma Path
Pako
Khicha Pokhari
尼泊尔航空
市政府
City Hall
The Kathmandu Mall
尼泊尔旅游局
Nepal Tourism Board
Exhibition Rd.
开往北面的水卧佛(Budhanikantha)的迷你巴士乘坐处
ACAP办事处
国家公园办事处
旅游警察局
通迪凯尔广场
Tundikhel
乔琴街周边p.38下
Bhadrakali
比姆森塔
Bhimsen Tower
中央邮局
GPO
Kanti Path
展览馆
Exhibition Hall
孙达拉
Sundhara
坎提路
Martyrs' Gate
民用购物中心
Civil Mall
至辛哈广场
至派勒瓦方向的巴士乘坐处
A
B
C
D
1
2

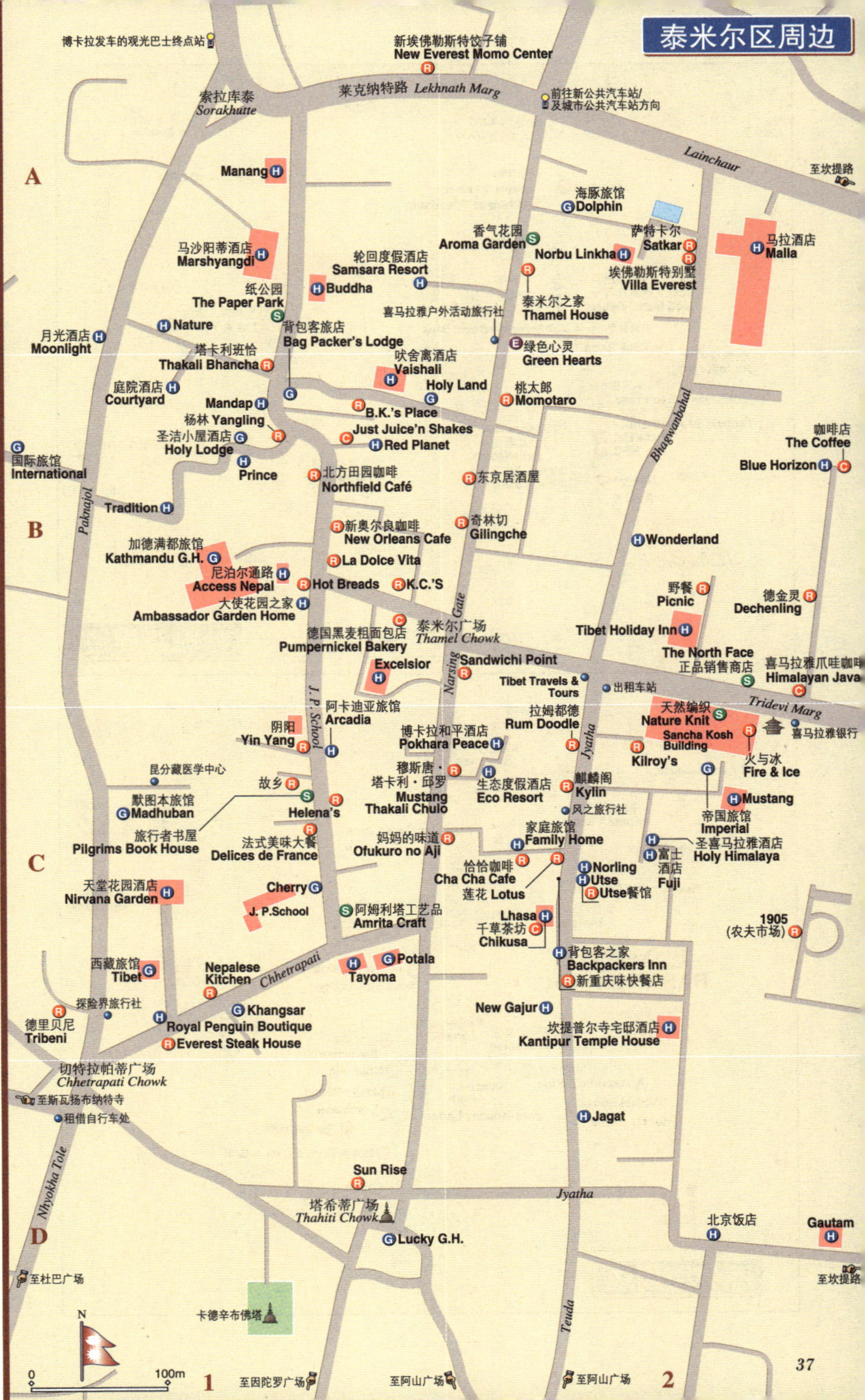
泰米尔区周边
博卡拉发车的观光巴士终点站
新埃佛勒斯特饺子铺
New Everest Momo Center
莱克纳特路 Lekhnath Marg
前往新公共汽车站/
及城市公共汽车站方向
索拉库泰
Sorakhutte
Lainchaur
至坎提路
A
Manang
海豚旅馆
Dolphin
香气花园
Aroma Garden
萨特卡尔
Satkar
马拉酒店
Malla
马沙阳蒂酒店
Marshyangdi
轮回度假酒店
Samsara Resort
Norbu Linkha
埃佛勒斯特别墅
Villa Everest
纸公园
The Paper Park
Buddha
泰米尔之家
Thamel House
喜马拉雅户外活动旅行社
Nature
背包客旅店
Bag Packer's Lodge
绿色心灵
Green Hearts
月光酒店
Moonlight
塔卡利班恰
Thakali Bhancha
吠舍离酒店
Vaishali
庭院酒店
Courtyard
Holy Land
桃太郎
Momotaro
Mandap
B.K.'s Place
杨林 Yangling
Just Juice'n Shakes
圣洁小屋酒店
Holy Lodge
Red Planet
Bhagwanbahal
咖啡店
The Coffee
国际旅馆
International
Prince
北方田园咖啡
Northfield Café
东京居酒屋
Blue Horizon
Tradition
Paknajol
B
新奥尔良咖啡
New Orleans Cafe
奇林切
Gilingche
Wonderland
加德满都旅馆
Kathmandu G.H.
La Dolce Vita
尼泊尔通路
Access Nepal
Hot Breads
K.C.'S
野餐
Picnic
德金灵
Dechenling
大使花园之家
Ambassador Garden Home
泰米尔广场
Thamel Chowk
德国黑麦面包店
Pumpernickel Bakery
Narsing Gate
Tibet Holiday Inn
The North Face
正品销售商店
喜马拉雅爪哇咖啡
Himalayan Java
Excelsior
Sandwichi Point
Tibet Travels & Tours
出租车站
天然编织
Nature Knit
Sancha Kosh Building
Tridevi Marg
喜马拉雅银行
阿卡迪亚旅馆
Arcadia
拉姆都德
Rum Doodle
阴阳
Yin Yang
J. P. School
博卡拉和平酒店
Pokhara Peace
Jyatha
Kilroy's
火与冰
Fire & Ice
昆分藏医学中心
穆斯唐·
塔卡利·邱罗
Mustang
Thakali Chulo
生态度假酒店
Eco Resort
麒麟阁
Kylin
Mustang
故乡
Helena's
风之旅行社
默图本旅馆
Madhuban
帝国旅馆
Imperial
旅行者书屋
Pilgrims Book House
家庭旅馆
Family Home
圣喜马拉雅酒店
Holy Himalaya
法式美味大餐
Delices de France
妈妈的味道
Ofukuro no Aji
富士
酒店
Fuji
C
恰恰咖啡
Cha Cha Cafe
Norling
Utse
Utse餐馆
莲花 Lotus
天堂花园酒店
Nirvana Garden
Cherry
J. P.School
阿姆利塔工艺品
Amrita Craft
Lhasa
千草茶坊
Chikusa
1905
(农夫市场)
背包客之家
Backpackers Inn
新重庆味快餐店
西藏旅馆
Tibet
Nepalese Kitchen
Chhetrapati
Tayoma
Potala
探险界旅行社
德里贝尼
Tribeni
Khangsar
Royal Penguin Boutique
Everest Steak House
New Gajur
坎提普尔寺宅邸酒店
Kantipur Temple House
切特拉帕蒂广场
Chhetrapati Chowk
至斯瓦扬布纳特寺
租借自行车处
Jagat
Nhyokha Tole
Sun Rise
塔希蒂广场
Thahiti Chowk
Jyatha
北京饭店
Gautam
D
Lucky G.H.
至杜巴广场
至坎提路
卡德辛布佛塔
N
Teuda
0
100m
1
至因陀罗广场
至阿山广场
至阿山广场
2

杜巴路周边
Naxal
纳拉扬希蒂王宫博物馆入口
至泰米尔区
电影院 (Jai Cinema)
尼泊尔国际诊所 Nepal International Clinic
Hattisar
Nike
Nepal Sbi Bank
Tehzeeb
Chinese Friendship
土耳其航空
Durbar Marg
杜巴路
古都Koto/珍珠宫殿高级餐厅 Moti Mahal Delux
赛伊诺 Saino
巴基斯坦航空
牦牛雪人酒店 Yak & Yeti
友爱健康中心
Nepal Investment Bank
The Cake Shop
安纳普尔纳 Annapurna
安纳普尔纳购物中心
普拉纳美容SPA Spa Prana
丝蓓绮美容院 Tsubaki Beauty Parlour
Pizza Hut
KFC
Sherpa Mall
贝莱蒸饺 Belle Momo
印度航空
至特里布万国际机场
美国运通卡
泰国国际航空
Nanglo
皇家辛吉酒店 Royal Singi
Kamal
黄金之旅
Lal Durbar
电影院 (Vishwa Jyoti)
Jamal
N
0
100m
1
2
A
B

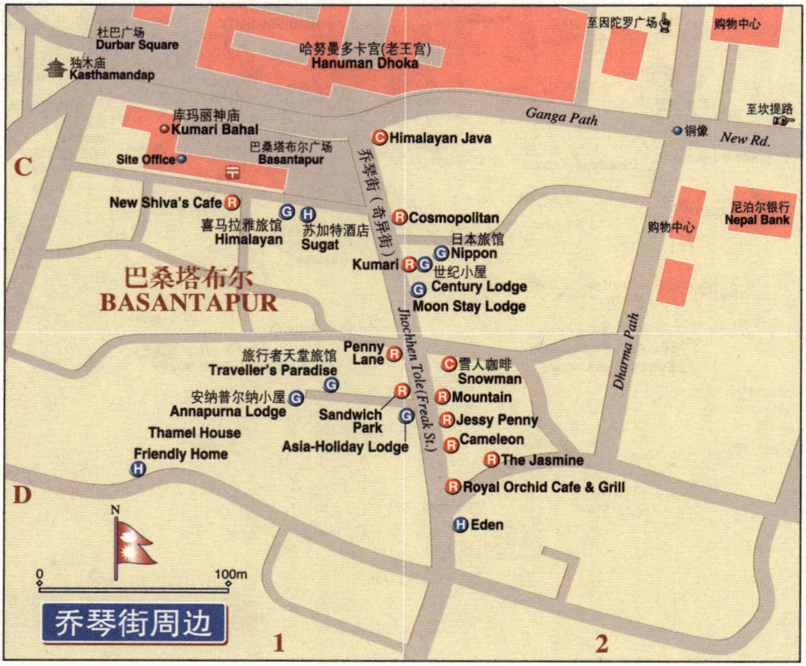
乔琴街周边
杜巴广场 Durbar Square
独木庙 Kasthamandap
哈努曼多卡宫(老王宫) Hanuman Dhoka
至因陀罗广场
购物中心
Ganga Path
至坎提路
铜像
New Rd.
库玛丽神庙 Kumari Bahal
巴桑塔布尔广场 Basantapur
Himalayan Java
Site Office
乔琴街（奇异街）
New Shiva's Cafe
喜马拉雅旅馆 Himalayan
苏加特酒店 Sugat
Cosmopolitan
日本旅馆 Nippon
Kumari
世纪小屋 Century Lodge
Moon Stay Lodge
购物中心
尼泊尔银行 Nepal Bank
巴桑塔布尔 BASANTAPUR
Jhochhen Tole(Freak St.)
Dharma Path
旅行者天堂旅馆 Traveller's Paradise
Penny Lane
雪人咖啡 Snowman
安纳普尔纳小屋 Annapurna Lodge
Mountain
Sandwich Park
Jessy Penny
Thamel House
Asia-Holiday Lodge
Cameleon
Friendly Home
The Jasmine
Royal Orchid Cafe & Grill
Eden
N
0
100m
C
D
1
2

RICKSHAW 人力车

自行车后座上带着可以乘坐两名乘客的座椅，类似于人力车。在印度以及德赖平原人力车是很常见的交通工具，但是在加德满都人力车主要用于当地人搬运物品，或是游客体验异国风情，所以数量有所减少。乘坐人力车需要自己交涉费用，从泰米尔区到杜巴广场车费大约Rs100。遇见外国人时价格会贵一些，所以一定要善于砍价。

等待拉客的三轮车

TAXI 出租车

在泰米尔区等观光游客较多的地方经常可以看到等待拉客的出租车，另外在车流中也可以随时打到空车。出租车的颜色各种各样，有白色、红色和绿色等。合法出租车的车牌是黑色的，收费为里程制，起价 Rs10，每 200 米加收 Rs6.4。从 21:00 至次日早晨 6:00 实行夜间收费标准，起价 Rs15，每 200 米加收 Rs9.6。一般前往机场或者长距离乘坐出租车时可以进行价格交涉。

车种以印度产的铃木居多

尼泊尔出租车协会
☎ 4263378

旅行小贴士

注意里程欺诈行为

有些出租车的计程表做了使它转得快的手脚，这种性质恶劣的出租车还不少。对付这种出租车，有几个办法。办法一，本书上写的费用是一个大致的行情，可以作为游客交涉价格的参考。办法二，如果判定计程表跳得过快，可以索性中途下车。办法三，对于行为特别恶劣的司机，记下车牌号码和姓名，投诉到旅游警察局。（→ p.43）

TEMPO 电动三轮车

这是一种可以乘载 10~12 名乘客的小型电动三轮车，和巴士一样有着固定的线路。每条线路都有自己的编码，不过对于不习惯的游客来说很难了解清楚。乘坐时和司机确认清楚要去的目的地再乘坐比较好，起点终点以外不设其他固定停车的地点，在线路之内可以随时随地自由上下车。在路上看到这种车时伸手示意，只要车上有空位子就会停车。下车时只要用力敲打三轮车的顶棚，车子就会停下来。票价是 Rs13~，下车时付费给司机。

普通老百姓的代步工具——活跃在街头的电动三轮车

MICROBUS 迷你巴士

尼泊尔人把这种巴士称为“迈克罗”，运行线路与电动三轮车一样。票价是 Rs15 起价，相比电动三轮车要贵一些，不过跑得快，所以很受欢迎。乘坐这种车的方法与电动三轮车一样，对于旅行者来说乘坐这种车虽然有点难度，不过从始发站坐车的话，车上的售票员会一一介绍线路中的停靠站名并引导乘客上下车，所以只要确认清楚就不会有问题。

替代电动三轮车不断增加的迷你巴士

BUS 巴士

市公共汽车站内开进开出的当地巴士

从市公共汽车站或新公共汽车站有发往市内各处以及远郊的小巴和大型巴士。票价 Rs13 ~ 。但是只要是公交车都会非常拥挤，行程中也大都很难顺利，因此更适合时间富余的长期逗留者。另外，车里小偷很多，要多加小心。

COLUMN

物质匮乏下的加德满都城市生活

现在在加德满都，交通拥堵是家常便饭。横过马路，强行穿过巴士、小汽车、摩托车与自行车的人随处可见。很多崭新的高楼大厦正在建设之中，展现在旅行者眼前的看起来是个相当城市化的地方，可是实际上…… 上下水管道设施不完善，令人烦恼的垃圾处理与慢性电力不足，以及不定期发生的汽油、物资供应不足等，这十几年来伴随着人口急速增加而显现出来的问题越来越严重。这些是加德满都的现实状况。

特别是日常生活离不开的水与电对人们有很大影响。每两天只供一次水，一次供水时间为 2 到 3 小时。在情况恶劣的地方一星期一次的水能不能供上还不好说。因此很多人在自己家中建了地下储水罐。在供水时间内，人们尽力往水罐里蓄水，使用时还要精打细算。一桶水用来洗澡，一盆水洗锅、刷碗，在这里都是理所当然的事。

在电力方面，现在实行的是整年的计划停电的办法。尼泊尔依赖于水力发电，从水量下降的旱季中期一直到后半期（11 月 ~ 次年 5 月），每天有一半时间都在停电。这种状况已经持续好几年了。泰米尔区以及高档酒店大多有自己的发电设备，对于游客来说是否停电一般一眼看不出来，感觉不到。但是停了电的居民区的街道在晚上确实笼罩在黑暗之中。人们的日常生活离不开蜡烛、油灯、充电电灯等物品。在停电期间，冰箱、电视无法使用，仅仅就像摆设在那里的盒子而已。

如此缺水缺电，对人们的生活没影响吗？人们当然会感到不方便。但是，他们也有对策，自己叫供水车（供水车的水费比管道供水要贵一些）；自己手摇发电机发电；或者是停电时心平气和地放下工作……无论碰到什么情况都能坦然地处理，很了不起。物质虽然匮乏，但是人们顽强并快活地生活着。

生活虽然不方便，但是人们表情开朗快活

旅行小贴士

加德满都的旅行社

在泰米尔区有 100 多家旅行社，通过这些旅行社可以购买巴士车票、飞机票，也可以参加前往奇旺的游猎之旅以及徒步游和漂流等活动。无论什么旅游项目都委托旅行社，对于游客来说非常方便。但是其中也有游客被骗了，付了高价（挨宰）的纠纷发生。另外，禁不住旅馆的人劝诱，参加的游览项目被收取了过高的费用，这样的事情也时有发生。为了防止这些纠纷出现，最好是多转几家旅行社，进行一番比较研究之后再作决定。还有，不能一味地听信旅行社的介绍，要选择那些认真听取游客的愿望、值得信赖的旅行社。

CHARTERED CAR 包车

要想提高游览效率的话包车最为方便。以下介绍的观光内容可以通过旅行社包车游览，其中包括司机（一辆车最少乘坐 2 人）、观光导游的费用（不包括门票和寺院的参拜费用）：

■ 加德满都的市内观光

游览内容包括斯瓦扬布纳特寺、帕斯帕提那神庙、布达尼尔干塔和博达哈大佛塔。所需时间 5~6 小时。US$75。

■ 帕坦观光

包括游览杜巴广场、金庙、坎贝士瓦神庙等。所需时间大约 3.5 小时。US$60。

■ 巴克塔普尔观光

游览内容包括杜巴广场、尼亚塔波拉神庙等。所需时间 3~4 小时。US$65。

■ 达克斯特里观光

参观在时母寺进行的宰杀牲畜祭祀的活动。只有周二和周六举办这一活动，所需时间 3~4 小时。US$55。

■ 纳加阔特

探访以喜马拉雅展望台闻名的纳加阔特。所需时间 4~5 小时。US$75。

加德满都 漫 步

打开加德满都的地图你会发现作为一国之都这是一座规模并不大的城市，而且供旅游者观光游览的场所面积更小。其主要景点集中在以老王宫所在的杜巴广场为中心的老市区内，从这里到观光游客较为集中的泰米尔区，其范围只有东西 1 公里、南北 2 公里左右。因此到任何一个景点通过步行就可以前往。

城市的中心地区——杜巴广场

Map p.36-C1

来到加德满都最先可以前往杜巴广场（Durbar Square）参观。这里可以说是“首都的心脏”所在地。广场周边有老王宫以及很多寺庙，观光游客随处可见。还有很多出售旅游商品的摊位，十分热闹。

在杜巴广场的东南侧是巴桑塔布尔广场（Basantapur），这里也有很多出售各种土特产和纪念品的露天商摊。集中在这一地区的商摊出售的商品价格都比较贵，如果需要在这里购物的话，一定要努力地讨价还价。

道路旁边遍布着小贩的各种各样的商品摊

曾经的便宜旅馆集中的街区——乔琴街

Map p.38 下

从巴桑塔布尔广场的拐角往南去就是乔琴街（Jhochhen Tole）。这条街有一个别名，叫“奇异街”（Freak Street）。20 世纪 60 年代在美国，“Freak”这个词曾作为“Square”（没有跳出约定俗成的价值观的体制派）的反义词使用过。也就是说，从前这条街道上主要集中的都是一些反叛社会的嬉皮风格的旅行者。现在这里还有几家保留了当年面貌的便宜旅店和餐馆，尤其受到那些长期逗留的游客的欢迎。

乔琴街上也有游客喜爱的餐馆

旅行小贴士

城市的称呼

有的国家把这里叫作“加德满兹”，当地和英语里的叫法是“加德满都”。从前这里被称为“坎提普尔”。

巴桑塔布尔广场上一家挨一家挨着的土特产品露天商店

旅行小贴士

市内移动

近年来加德满都的市内交通拥堵严重，比起移动的距离来，坐车出行耗费的时间成本太高。尤其是早上和傍晚的高峰期，一定要留出富余的时间。

旅行小贴士

环路

在加德满都和帕坦两座城市都有一条呈环状包围城市、被称为 Rink Road 的环形公路。所有通向郊区的道路都和这条环路相交，想前往谷地各处游览的人可以有效地利用这条环路。

电器商店与杂货店排在一起的新路

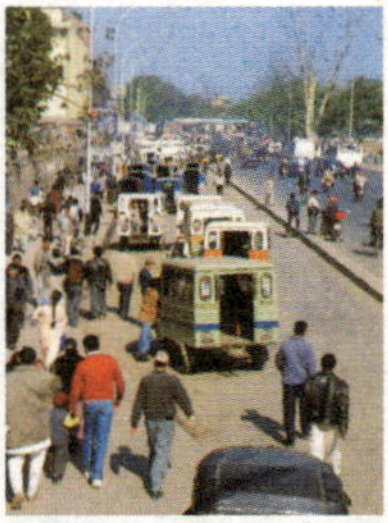

交通流量很大的坎提路

从新路到坎提路

Map p.36

从巴桑塔布尔广场向东的道路被称为新路（New Road）。这里的商店鳞次栉比，是加德满都的繁华街道。新路尽头是纵贯城市南北的大街——坎提路（Kanti Path）。其路口右角是尼泊尔航空公司办事处，正面则是被称为通迪凯尔广场的宽阔的草坪。

沿着坎提路向北行进，右侧会经过拉特纳公园（Ratna Park）、王后水池（Rani Pokhari），接下来是纳拉扬希蒂王宫博物馆，一直到 2008 年 5 月国王一家都生活在这里。继续往前是被称作拉兹姆帕特（Lazimpat）的高级住宅区。沿着王宫博物馆北侧左边的岔道前行，可以看到印度大使馆。

老王宫前的杜巴广场

Map p.38 上

杜巴路上也有商厦

杜巴路（Durbar Marg）是一条从王宫博物馆的正门向南延伸的道路，道路两旁汇集了高档酒店、餐馆以及航空公司的办事处等建筑。在当地人看来，尼泊尔高级的快餐店、经营着品牌商品的商店，年轻人约会的地点也都集中在此。沿着这条街向南走，从钟塔前面的十字路口向右拐，就看到前往帕坦的汽车站，再往南前行，左侧即是市公共汽车站。

在泰米尔区来来往往的来自各个国家的游客

游客云集、热闹的泰米尔区

Map p.37

从王宫博物馆的西南角向西延伸的街道是特里戴维路（Tridevi Marg），在这里可以看到很多出租车和人力车在等候拉客。这条街的前面就是著名的游客集中区泰米尔区（Thamel）。这里不仅有很多酒店、餐馆，还有很多旅行社、土特产品商店、外币兑换处、能上网的咖啡屋以及超市等。总之，来到这里可以满足游客的所有需求。

有用的信息

政府机关

尼泊尔旅游局 NTB（Nepal Tourism Board）

Map p.36-D2
住 P.O.Box 11018，Bhrikuti Mandap
☎ 4256709/4256909
FAX 4256910
URL www.welcomenepal.com
开 周日～周五：10:00~17:00（TIMS 柜台营业到16:00）
休 周六·周日

位于通迪凯尔广场东侧的 Bhrukuti Mandap 大街。除了提供与尼泊尔旅游相关的信息外，这里还发放徒步旅行时必须办理的 TIMS 许可证（→p.199）。

ACAP 办事处 Annapurna Conservation Area Project

Map p.36-D2（尼泊尔旅游局内）
☎ 4222406
URL www.ntnc.org.np
开 周日 9:00~16:00
休 德赛节、灯节的节日（要确认）

面对尼泊尔旅游局而建，从左侧拐进去里面有一个柜台。这里发放进入安纳普尔纳峰和马纳斯卢地区的许可证。

国家公园办事处 Department of National Parks

Map p.36-D2（尼泊尔旅游局内）
☎ 4227926
URL www.dnpwc.gov.np
开 周日～次周周五 9:00~14:00
休 周六·周日

这里和上面介绍的 ACAP 办事处是同一个柜台。在国家公园办事处可以支付国家公园和自然保护区的入园费。

旅游警察局 Tourist Police

Map p.36-D2（尼泊尔旅游局内）
☎ 4247041
URL www.tourism.gov.np
开 周日～次周周五 10:00~17:00（紧急情况时 24 小时对外）
休 周六·周日

旅游时发生的纠纷可以在这里得到接待。面对尼泊尔旅游局建筑，从左侧绕进去即是。

出入境管理办公室 Immigration Office

Map p.35-C3
住 Kalikasthan
☎ 4429660/4429659
URL www.immi.gov.np
开 周日～次周周四 10:00~17:00（11 月～次年 1 月底，到 16:00），周五 10:00~15:00，周六及节日 11:00~13:00

在这里可以办理签证的延长手续，以及申请、取得徒步旅行许可证（→p.200）。申请时间是周日到次周周四的 10:00~13:00、周五、周六及节日是 10:00~12:00。德赛节、灯节还有其他大的节日时是否休息需要确认。

银行·外币兑换

尼泊尔银行 Nepal Bank

Map p.38-C2
住 New Road
☎ 4224337
开 每天 7:30~12:30、13:30~18:00（外币兑换柜台）

在这里可以兑换人民币、美元等主要货币，还可以兑换旅行支票。银行主楼之外有一座配楼，用于兑换外币业务。即使主楼休息停业，这里也照常营业。外币兑换业务通常一年里都没有休息日，不过要注意周六或节日的时候可能没有准备外币的情况发生。

喜马拉雅银行 Himalayan Bank

Map p.37-C2
住 Tridevi Marg
开 10:00~15:00（周五到 13:00）
休 周六·节日

这家银行不仅可以兑换外币、旅行支票，还可以办理万事达卡、VISA 卡的提取现金业务。

美国运通卡 American Express

Map p.38-B1
住 Durbar Marg
☎ 4227635
开 周日～次周周五 9:00~13:00、14:00~17:00
休 周六·节日

这家银行可以办理旅行支票的挂失手续，位于泰国国际航空公司所在的大楼三层。

邮政·邮寄

中央邮局 General Post Office（GPO）

Map p.36-D2
住 Sundhara
☎ 4223512 / 4227499
URL www.gpo.gov.np
开 周日～次周周四 10:00~17:00（11 月～次年 1 月底，

营业到 16:00）
周五 10:00~16:00
休 周六 · 节日

由于面向坎提路的大门紧闭，进入邮局要从比姆森塔这边的入口进来。邮票在主柜台 Stamp Selling 购买，信件递到 Registration 窗口。寄往外国的小邮包 Parcel、EMS（国际快递），在最里侧的柜台办理。营业时间方面，寄送包裹 10:00~14:00（周五到 13:00）；收取包裹 10:00~16:00（周五到 14:30）。

※ 邮寄费用及小包裹的邮寄方法→ p.285。

敦豪快递 DHL

Map p.36-C2
住 Kamaladi
☎ 4481303/4247563
URL www.dhl.com.np
开 周日～次周周五 8:00~19:00 周六 · 节日 9:00~16:00

联邦快递 FedEx

Map p.36-B2
住 Kanti path
☎ 4269248
URL www.fedex.com/np
开 周日～次周周五 9:00~19:00 9:00~13:00
休 周六 · 节日

航空公司

尼泊尔航空 Nepal Airlines

Map p.36-D2
住 New Road
☎ 4220754
URL www.nepalairlines.com.np
开 周日～次周周五 10:00~13:00、14:00~17:00
休 周六 · 节日

泰国国际航空 Thai Airways

Map p.38-B1
住 Durbar Marg
☎ 4223565
URL www.thaiair.com
开 周一～周五 9:00~13:00、14:00~17:00
休 周六 · 周日 · 节日

印度航空 Air India

Map p.38-B2
住 Hattisar
☎ 4410906/4414596
URL www.airindia.com
开 周日～次周周五 10:00~13:00、14:00~16:45
休 周六 · 节日

※ 其他航空公司信息→ p.297。

医 院

教学医院 Teaching Hospital

Map p.35-A3
住 Maharajgunj
☎ 4412303/4412505
开 24 小时开放

在加德满都属于设备先进的一家医院。各科室都有 24 小时留守的医生。最初就诊需要支付挂号费和检查费，住院治疗还需要支付保证金。

Ciwec 诊所 Ciwec Clinic

Map p.34-A2
住 Lazimpat
☎ 4424111/4435232
URL www.ciwec-clinic.com
开 每天 9:00~12:00、13:00~16:30

这是一家在加德满都的外国人经常光顾的医院，有内科和小儿科，有来自欧美国家的医生。遇到紧急情况，营业时间以外的时间也可以就诊。

尼泊尔国际诊所 Nepal International Clinic

Map p.38-A2
住 Lal Durbar
☎ 4434642/4435357
URL www.nepalinternationalclinic.com
开 周日～次周周五 9:00~13:00、14:00~17:00
休 周六 · 节日

这里除了有在欧美留过学的尼泊尔医生外，还有欧美籍的医生和临床心理治疗师。还可以接种各种疫苗。

健康微笑牙科诊所 Healthy Smiles Dental Clinic

Map p.36-A2
住 Lazimpat
☎ 4420800/4444689
URL www.smilenepal.com
开 周日～次周周五 10:00~17:00
休 周六 · 节日

在加德满都是一家比较清洁的牙科诊所。位于大使酒店对面。

人流永远络绎不绝的加德满都杜巴广场

加德满都 主要景点

杜巴广场 Durbar Square

世界遗产 Map p.36-C1

建有一座座寺院的老王宫前的广场

杜巴在尼泊尔语里是“宫廷”的意思。在三个马拉王朝统治加德满都谷地，君临天下的三个王国时代，杜巴广场作为位于王宫前的广场，是当时王国的中心。在帕坦与巴克塔普尔也有同样的杜巴广场。每位建造广场的国王都不甘落后，竞相追求完美，因此无论哪一个王朝的杜巴广场都建有装饰精美的宫殿，周围相拥着一座座神庙。

来到这里，可以试着坐在建于高高的基座上的寺院的旁边，一边晒着暖暖的太阳，一边望着来来往往的人群，时间倏地一下就过去了。

■ 湿婆神庙 Shiva Deval

广场中央有一座很高的建筑，它建于17世纪末马拉王朝时代，由巴克塔普尔的皇太后下令建造而成。在九层基石的底座上耸立着三重屋檐的塔，可以将广场景致尽收眼底，是赏景的绝佳之地。塔内供奉着湿婆林伽的像（象征湿婆神的男根像），神庙前有一座表示信仰湿婆神的印度·希卡拉风格的白堂。

■ 独木庙 Kasthamandap

这是加德满都最古老的建筑之一，加德满都的名字就来源于此。独木庙有“大树之家”的意思，据说是由一棵大树建造而成的，这是在12世纪修建的，原来曾经是朝圣者的宿舍。

■ 阿育王比纳亚克寺 Ashok Binayak

位于独木庙的北侧角上，有一座规模很小的神庙。这里也被称为“托曼图·象神庙”，或者是“象鼻神龛”。这是一座非常灵验的象神庙，朝拜的人络绎不绝，人气很旺。特别是早晚上下班的时候，很多人都先

杜巴广场的门票

外国人要在广场前支付Rs750的门票费用。门票费用包括哈努曼多卡宫（→p.47），当日有效。如果想延期，来到位于巴桑塔布尔广场的现场办公室（Site Office，Map p.46）办理相应的手续，就可以免费得到签证有效期内的来访者通行证。办理时除了出示门票以外，还要提供护照号码和一张证件照片（如果延期在三日内，就不需要证件照片了）。

湿婆神庙

独木庙

阿育王比纳亚克寺

纳拉扬神庙前的坐骑——迦楼罗的雕像

湿婆－雪山神女神庙

塔莱珠大钟

到这里来祈福，此时就显得更为拥挤了。

纳拉扬神庙 Temple of Narayan

神庙由 17 世纪末的帕尔提本德拉·马拉国王下令修建，用于供奉毗湿奴神。神庙的西侧是毗湿奴神的坐骑迦楼罗（印度神话中的金翅鸟）的雕像。每年 9 月的因陀罗节，人们会扮作毗湿奴神的 10 个化身在这里尽情跳舞。

湿婆－雪山神女神庙 Shiva–Parvati Mandir

神庙位于广场的北侧，18 世纪后期，由沙阿王朝的巴哈杜尔国王下令建造。木雕的窗框雕刻得非常精致，湿婆神和他的配偶雪山神女站在上层的窗户边上，正俯视着下面来来往往的人流。

塔莱珠大钟 Taleju Bel

这座巨型吊钟位于湿婆－雪山神女神庙的北侧，是 1797 年巴哈杜尔国王下令建造的。老王宫举办各种仪式的时候会敲响这座大钟，据说钟声可以驱走邪恶的灵魂。

库玛丽神庙 Kumari Bahal

Map p.46

活女神库玛丽生活的场所

在杜巴广场的南侧可以看到一座木窗雕刻得十分精美的建筑，这里就是被奉为库玛丽女神化身的女孩居住的场所。有关库玛丽女神的传说有很多，有人认为她是杜尔迦女神的化身，也有人认为她是尼泊尔王国的守护神塔莱珠女神的化身，藏传佛教的信徒则把她奉为密教的女神瓦吉拉·德比的化身。

在神庙的入口处有两座石狮子的雕像，走进大门首先看到的中间庭院被称为库玛丽庭院，周围是带木雕窗户和阳台的 3 层建筑。这种居

COLUMN

因陀罗节与活女神库玛丽

雨季过后的9月前后，初秋的加德满都会迎来这里的盛大节日——因陀罗节。节日一共持续8天的时间，人们在老王宫前的广场上竖起高高的松木，迎接众神之王因陀罗。在节日期间，库玛丽女神的化身会乘坐彩车在城里巡游3天，给人们送去祝福。

库玛丽女神的化身是从尼瓦尔族佛教徒的僧侣种姓——释迦家族中挑选出来的，小女孩必须是还没有经历月经初潮，没有受过伤和生过病的，而且要美丽、聪明、伶俐的才符合条件。被选中之后，小女孩就要离开父母。然后选拔者开始向她们传授神的行为和举止。平时她们就居住在库玛丽神庙，为人们治疗疾病、祈愿和占卜。库玛丽乘坐彩车巡游，不仅可以驱除城市的邪气，而且会为人类的繁荣和成功带来力量。

库玛丽女神不仅存在于加德满都，在帕坦、巴克塔普尔以及其他的城市和乡村也存在。加德满都的库玛丽女神比较特别，这是因为她在国王统治时期，曾经是一个可以为国家和国王未来进行预言的女神。节日当天国王会到库玛丽神庙来，跪在女神的面前接受祝福的提卡（在额头点红点的印）。尼泊尔变成共和制的国家之后，曾经想让总统来担当这一角色，但是最终未被采纳。

库玛丽女神的选择虽然与国王有着千丝万缕的关系，但是在2008年并没有因为国王统治的废除而消失，只是由新的库玛丽女神来代替。今后是否能够继续留存下去，还要看政府和人们的意向，或者说这是一个对传统文化进行取舍的问题。对于库玛丽的信仰虽然根深蒂固，但是人们考虑问题的方式亦在不断地变化，今后库玛丽何去何从还有很多不确定的因素。

被崇拜的活女神库玛丽

住建筑样式是加德满都谷地特有的，据说是1575年由当时的马拉国王下令修建的。

住在庭院内的库玛丽女神的化身在得到布施之后，会出现在二层正面的窗边。游客可以跟随团队的观光游客进去，顺便也许能看到女神（禁止摄影）。

精美的木雕窗框，用砖建造的房子

哈努曼多卡宫 Hanuman Dhoka

Map p.46

国王曾经居住过的老王宫

老王宫位于杜巴广场的东侧，这里由几座建筑、寺庙以及庭院构成。“哈努曼”是印度教中的猴神，Dhoka在尼泊尔语中是“大门”的意思，为此哈努曼多卡意为“猴神门”。在大门的左侧石墩上立着哈努曼的雕像，因此而得名。

宫廷最初建造于李查维王朝时代，但是如今看到的建筑几乎都是17世纪马拉王朝时代（三王国时代）建造的。面对杜巴广场的西欧风格的外观，是于19世纪拉纳家族专制时代增加的，感觉上与周围建筑和气氛有些不协调。

哈努曼多卡宫（老王宫）

☎ 4258035

开 周二～周六 10:30~16:00（11月～次年1月到15:00）
周日 10:30~15:00

休 周一·节日

费 Rs750（这里的参观费用包含在杜巴广场的门票费用里。入场时需要出示杜巴广场的门票票根）

老王宫的入口——哈努曼门。左侧是披着红布的哈努曼像

被周边漂亮的建筑围绕的纳萨尔庭院

纳萨尔庭院 Nassal Chowk

庭院在老王宫内的中心区。即便是现在，当外国元首来访时，也会在这里举行国家级的欢迎仪式。北侧有一幢拥有五重圆形屋顶的建筑，名为潘查·穆基·哈努曼神庙（Panch Mukhi Hanuman Mandir）。南侧是9层建筑的巴桑塔布尔宫（Basantapur Durbar），从最上面可以俯视巴桑塔布尔广场热闹的景象。

纳萨尔庭院南侧建有巴桑塔布尔宫

特里布万博物馆 Tribhuvan Museum

博物馆位于纳萨尔庭院的西侧，其里侧就是原来的老王宫。馆内展示有1951年尼泊尔开国之王特里布万国王八世（在位时间1911~1955年）的相关物品。

16世纪中叶，由马亨德拉国王下令建造的塔莱珠神庙

马亨德拉国王纪念博物馆 King Mahendra Memorial Museum

博物馆位于纳萨尔庭院的东侧，里面展示着与第九代马亨德拉国王（在位时间1955~1972年）相关的物品。从这里向北看去，有一座漂亮的三重塔，那是供奉塔莱珠女神的塔莱珠神庙（Taleju Mandir）。

黑拜拉瓦 Kala Bairav

Map p.46

毁灭之神湿婆神的化身

据说在一块石头上雕刻出的黑拜拉瓦石像

从杜巴广场朝着因陀罗广场行进，可以看到一座巨大的石像受到来往的人们朝拜，这就是湿婆神的化身之一——恐怖之神黑拜拉瓦。虽然他的手里有高高举起的大刀，还有刚刚砍下的人头等，但是看起来并不恐怖，还有点童话的感觉，很可爱。据说在黑拜拉瓦的面前撒谎的话，立刻就会毙命。以前人们还曾经把嫌疑犯带到神像前来审问，让他供述自己所犯下的罪行。

因陀罗广场 Indra Chowk

Map p.36-C1

人流熙攘的老百姓的市场

来来往往的人们和商贩，这里总是那么热闹

从杜巴广场一直往前走，就可以来到热闹非凡的四角广场，这就是因陀罗广场的所在地。阿卡什拜拉瓦神庙（Akash Bhairav Mandir）也位于这里。从广场沿着人流较大的方向行进，就是一片保留着中世纪景象的市场。道路两侧是带有格子窗户的木结构房屋，面对街道的一层被改建为一个个小店铺，经营着日用品百货、服装等。一家家小店十分有趣，令人流连忘返、百逛不厌。不要逆人流而行走，要顺着人流的方向随心所欲地漫步。

有用的信息

定做库鲁塔·斯鲁瓦鲁（尼泊尔民族服装）

在因陀罗广场里也销售穿起来很漂亮、深受尼泊尔女性喜爱的库鲁塔·斯鲁瓦鲁。在这里既可以买到成衣，又可以选购中意的布料请人量体裁衣。买布料的时候顺便请教一下哪里能定做就可以了。缝制衣服的费用另外需要 Rs300 左右，一般三天就能完工。

各种各样设计款式的库鲁塔·斯鲁瓦鲁

白麦群卓拿神庙 Seto Machhendranath Mandir

Map p.36-C1

承载着百姓信仰的神庙

从因陀罗广场向东北方向行进大约 200 米，在左侧就可以看到白麦群卓拿神庙的入口。这座神庙是用来祈求神灵降雨的地方，建筑本身非常漂亮，信仰它的人也非常多。早上来到这里时可以看到上供的妇女；天黑了在这里可以看到男人们不停地唱着宗教歌曲；白天则可以看到围绕四周进行参拜的信徒。总之，在一天当中的不同时间，这座神庙都会给人带来不同的感受。那些用鼓和琴伴奏的宗教歌，可以让人们感受到信仰是如此的深入人心，也让我们这些听者感到安详。

建有神庙的庭院也是当地人生活的场所

阿山广场 Asan Chowk

Map p.36-C1

感受城市的嘈杂声

广场上摆满了小贩的商摊

从白麦群卓拿神庙继续沿市场走，就来到阿山广场。这里是老市区的中心地，有通往四面八方的道路，可以说是最具有加德满都特色的场所，不到这里来参观游览，就没有办法真正感受这座城市的气氛。这里除了从早到晚热闹非凡的店铺以外，从广场一角的安纳普尔纳神庙（Annapurna Mandir）方向会不断地传来参拜者敲钟的声音。周边的任何道路都可以通行，东侧道路是通向坎提路的，北侧则是通向泰米尔区的。

从加德满都近郊运送来的蔬菜集中在这里

比姆森塔 Bhimsen Tower

Map p.36-D1

加德满都的地标性建筑

从塔上面可以俯瞰城市

这座塔是加德满都最高的建筑，从这里可以俯瞰老市区人山人海的景象。雪白的塔楼高达 52 米，像一根巨大的擎天玉柱直插蓝天，从远处就能看到，非常醒目。这座望远塔又被称为达尔哈拉（Dharhara），是 1832 年由当时的首相比姆森·塔帕下令修建的，1934 年遭到地震的破坏，此后又重新修建而成。作为城市规划的一环，这一带修建成了公园，于 2004 年对外开放。

比姆森塔

开 每天 8:00~20:00

费 Rs299

梦幻花园 Garden of Dreams

Map p.36-A2

时光静静流淌的梦幻庭院

一边看书一边悠闲地打发时光

该庭院是拉纳家族的陆军元帅凯泽·沙姆谢尔于 1920 年修建成的宫殿的一部分。在经过大约 6 年的修复之后，于 2006 年 10 月开始对外开放。从嘈杂的泰米尔区一踏入这里，就好像来到了另一个世界。在里面可以看到新古典风格的建筑，带有水池的宽敞庭院。在庭院的一角还有一间咖啡屋，对于城市喧闹已经感到疲惫的游客，可以到这里来享受悠闲安静的气氛。

梦幻花园

开 每天 9:00~22:00

费 Rs200（使用 Wi-Fi，30 分钟 Rs50）

庭院里到处都是绿色

纳拉扬希蒂王宫博物馆 Narayanhiti Palace Museum

Map p.36-A2

曾经的沙阿王家的住所

面对杜巴广场的博物馆入口

杜巴路（王宫路）的北侧一片曾经被称为纳拉扬希蒂王宫，伴随着 2008 年 5 月 28 日国王统治制度的废除，2009 年 2 月 26 日作为博物馆开始对外开放。

王宫的主要建筑于第九代马亨德拉国王执政期间的 1969 年修建完成，共有 52 间房子，并冠以尼泊尔各个地区的名字。这里是王室举办各种仪式的觐见大厅，以及国王的寝室、办公室，为访问尼泊尔的各国首脑及其家属准备的客房等，如今都对外开放，可以参观。另外，种植着各种植物的宽敞庭院，以及发生王宫惨案的特里布万·萨当建筑也可以进行参观。

纳拉扬希蒂王宫博物馆

☎ 4227844

开 周四～次周周一 11:00-16:00（11 月～次年 1 月到 15:00）

休 周二·周三

费 Rs500

※ 售票截止时间为闭馆前 1 小时。照相机、包以及手机禁止带入，需要存放在售票处旁边的柜子里。只有塑料水瓶和钱包可以带进去。安检后入场。

COLUMN

纳拉扬希蒂王宫枪击事件

2001年6月1日，包括比兰德拉国王一家5口的10名王室成员死亡惨案，就发生在现在的博物馆，也就是原来的纳拉扬希蒂王宫。每月尼泊尔历法的第三个星期五，王室成员聚集在一起进行例行的晚餐宴会。在这一天的晚宴上，在国王长子迪彭德拉王储的疯狂扫射下，包括国王夫妇与长女、次子、国王最小的弟弟以及两位姐妹的9位王室成员被杀害。王储后来在现场外的水池附近被发现，当时用枪口对着自己的头部，已经倒下。之后，王储虽然在昏迷中即位，两天后还是去世了。比兰德拉国王及他的两位弟弟中唯一幸存的贾南德拉王子于当天在博卡拉即位。他是2008年废除君主制前尼泊尔的最后一位国王。

但是，很多民众质疑公开发布的《迪彭德拉王储犯下恶行后自杀说》的说法，质疑没有对被杀害的9位王室成员遗体进行尸检而草草了事。自杀的王储是右撇子，致命的子弹却从左边的太阳穴射入等处可谓疑点重重。另外又有证言及报道说，被认为烂醉的王储身体里根本就没有被检查出含有酒精等，人们的疑惑渐渐指向了缺席晚宴的新国王贾南德拉。国王的一位儿子帕斯拉虽然当天也在现场但是毫发无损，这一点也使得事件变得更加扑朔迷离。印度、美国的谍报机关也散布阴谋说，但事件的真相一直没有大白于天下。

绘有比兰德拉国王头像的旧纸币

国家博物馆 National Museum Map p.34-B1

展示与历史有关的资料及美术作品

从杜巴广场向西南方向走，经过维施努马蒂河之后，可以看到一条在军营中穿过的道路阿斯法尔特街。朝着左侧就可以看到该建筑。位于右侧的主要建筑内展示有刀、枪、圣像画、肖像等。左侧的艺术画廊内展示有各种雕像和雕刻作品。其里侧是马亨德拉国王纪念馆，展示有收藏的佛教美术作品，非常值得参观。

展示着佛教美术的马亨德拉纪念馆

国家博物馆
☎ 4271478
开 周一 10:30~14:00
周三～周日 10:30~16:00
（11月～次年2月 到15:00）
休 周二・节日
费 Rs100
摄影费用另付（照相Rs50、摄像Rs200）

自然历史博物馆 Natural History Museum Map p.34-B1

喜马拉雅山脉是丰富的动植物宝库

沿着前往斯瓦扬布纳特寺所在山丘的汽车道行进，途中就可以看到这座特里布万大学所属的小博物馆。在尼泊尔既有老虎、大象、犀牛以及鳄鱼等动物生息的亚热带德赖平原，又有海拔达8000多米的喜马拉雅山脉寒带高原。高度的变化使这里的生物分布丰富多样。在这座博物馆内就陈列着5.5万多件宝贵的动植物以及化石标本，从中可以了解尼泊尔的大自然是多么的丰富多彩。

这里有很多只有在尼泊尔才能看得到的动植物

自然历史博物馆
☎ 4271899
开 周日～次周周五 10:00~17:00
（11月～次年1月 到16:00）
休 周六・节日
费 Rs50
摄影费用另付（照相Rs50、摄像Rs250）

巴拉珠水上花园 Balaju Water Garden Map p.34-A2

流淌在山间的清澈之泉

尼泊尔人郊游常去的地方

从市区朝西北方向步行大约4公里，经过环路之后左侧就是加德满都的工业园区（Industrial Estate）的入口。经过其前面的一座小市场，就可以到达巴拉珠花园的入口。

花园内有草坪和花坛，从被称为拜苏·达拉（22个打水处）的石像龙的口中流淌出冰凉的泉水。水池旁躺着的毗湿奴雕像与布达尼尔干塔（→ p.118）相比较要小很多。园内左侧的最里面是一个宽达50米的露天游泳池。在5~6月会有很多人来这里游泳。从山中流淌下来的冰凉的泉水，给人们带来了几分凉爽。每逢周四是女性专用的游泳日。

巴拉珠水上花园

☎ 4350111

开 每天 5:00~19:00（游泳池开放时间：4月中旬~10月中旬，每天 9:30~12:00。周四只对女性开放）

费 Rs5、游泳池使用费 Rs125

摄影费用另付（照相 Rs20、摄像 Rs25）

从坎提路出发与人合乘电动三轮车大约20分钟。

斯瓦扬布纳特寺（猴庙）Swayambhunath 世界遗产 Map p.34-B1

绿色山丘上盛开的巨大的莲花

在城市西郊2公里处的绿色山丘上可以看到一座巨大的白塔，这就是斯瓦扬布纳特寺的所在地。据说在加德满都谷地还是一座湖泊的时候，寺庙就已经在这座山丘上了。从泰米尔区附近的切特拉帕蒂十字路口一直向西，经过维施努马蒂河之后，登上山丘就可以看到斯瓦扬布纳。

沿着丛林中参拜道路的石级向上走，可以到达佛塔的正面。这里摆放着巨大的金刚杵。金刚杵是雷电的象征，寓意着打破黑暗，是一种佛教密宗的法器。在金刚杵对面佛塔的侧壁上安放着密教的本尊大日如来的雕像。大日如来佛与斯瓦扬布纳特寺的创建有着很深刻的关联，这一传说至今还在当地人之间流传。

修建在山顶的尼泊尔最古老的佛教寺院

斯瓦扬布纳特寺（猴庙）

外国人需要在入口处支付Rs200的入场费。门票当日有效。

交 通

从泰米尔区经过切特拉帕蒂步行30分钟左右，就可以到达斯瓦扬布纳特寺。乘坐出租车到参拜道路的入口，需要Rs200，到达山顶停车场要Rs250。返回时可以在参拜入口处找到等客的出租车。但是价格需要慎重交涉。

在参拜道路上五体投地进行参拜的妇女

“很久以前，众神灵所在的喜马拉雅山脉脚下，有一个晴空映照的巨大湖泊。在这个湖泊中心岛上盛开的莲花中曾经出现了大日如来的身影。此时正是到达中国五台山的文殊菩萨经过西藏返回印度之时。在旅途中得知喜马拉雅山脉的湖泊出现这一不可思议景象的文殊菩萨，为了对大日如来佛表示敬意，特意来到这里。当地人此时正遭受着居住在湖泊中大蛇的侵扰，听说此事的文殊菩萨用利剑劈开焦巴尔的大山，于是蛇怪随着湖水一起消失。这里最终成为适合人们生活居住的土地肥沃的加德满都谷地。文殊菩萨又在变成小山丘的岛上修建起供奉大日如来的佛塔。此后被誉为万物创造者的大日如来转世变成乔达摩·悉达多。”

供奉鬼子母神的天花女神寺院

传说往往都有其真实的一面。近年来根据地质学家的研究已经证明，加德满都谷地曾经就是一片湖泊，由于焦巴尔村附近的山脉崩塌，这一地区的水系发生了剧烈变化。

如果关于这座寺院创建的传说是真实的，斯瓦扬布纳特寺就应该是喜马拉雅山脉地区最古老的寺院。从斯瓦扬布纳特寺所在的山上遥望谷地的同时，也可以缅怀一下过去人们的信仰之心。冬季的清晨，加德满都经常被薄雾笼罩，此时如果登上斯瓦扬布纳特寺，可以看到整座谷地好像一个雾气蒙蒙的湖。传说中的“湖泊”，每天早上在人们不知不觉中一次次地再现。当太阳逐渐升起，天空变得湛蓝，此时的薄雾却又像梦一般消失了。

在寺庙内游览时，一定要围绕佛塔顺时针行走（从佛塔对着自己的右肩进行环绕）。在佛教经典中经常有描写弟子右肩对着佛陀表示尊敬的情景。顺时针参拜是佛教一直以来的做法。

这是一座拥有悠久历史的寺庙，在其占地内有各种建筑。佛塔的前面两侧另有印度式样的佛塔，成为斯瓦扬布纳特寺在设计上给人以独特印象的因素。另外在佛塔的右侧还有一座藏传佛教噶当派的寺院，佛塔的背面有一层带通道的朝圣者住宿处以及木结构的小寺庙天花女神（鬼子母）寺，在朝圣者住宿处的前面有印度教女神圣河女神与雅姆娜的雕像。从这些地方也反映出尼泊尔宗教的多面性。

一直到13世纪为止斯瓦扬布纳特一直是加德满都谷地最重要的佛教圣地。15世纪由于伊斯兰教徒的侵入，这里遭受了很大破坏，但在此后又得到重新修建。20世纪中后期，中国西藏的一些藏族同胞来这里定居。

旅行小贴士

注意这里的猴子

正如这里的俗称“猴庙”一样，周围的森林里猴子很多。这些猴子以供果为食，因此当它们看到参拜者手里拿着袋子的话，以为里面有食物，会上来抢夺。所以手里拿着购物袋的游客尤其要小心。据说还有一些人因为抵抗猴子而负伤。

爬到金刚杵上面的猴子

从瞭望台往下看，加德满都的市容市貌尽收眼底

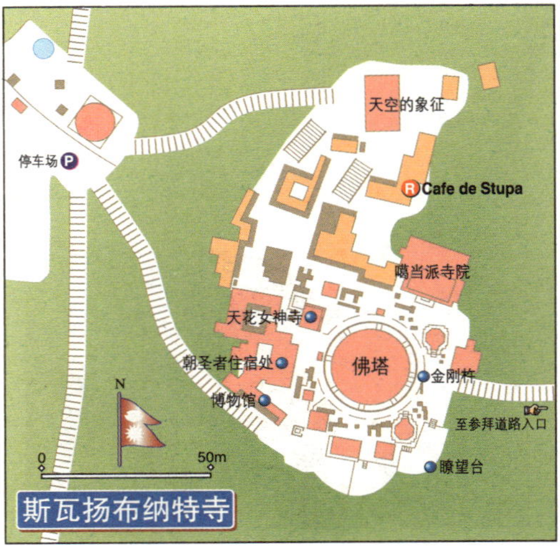

交 通

从王后水池北侧的电影院前乘坐 2 号去的电动三轮车（Rs24）或者迷你巴士（Rs21）大约 40 分钟，在高萨拉的十字路口下车。从高萨拉到寺庙步行 5 分钟左右。另外，也可以乘坐终点站到神庙后面的 27 路迷你巴士（Rs18）。乘坐出租车的话，从泰米尔区过来需 Rs200~300。

帕斯帕提那神庙入场费

外国人需要在火葬大门前支付 Rs1000 的入场费。门票当日有效。但是，不能进入神庙里面。

旅行小贴士

帕斯帕提那神庙的热闹时刻

帕斯帕提那神庙的东门在凌晨 4:00 就会开门接待参拜者。每个神庙的参拜者都很多。这里是早上和傍晚人最多。月圆之夜，以及月圆和新月之后的第 11 天是 ekadashi 日（印度教断食日），此时会在这里举办特别的仪式。另外在妇女节期间（8 月），到处都是像这里身穿红色纱丽的妇女。到了湿婆诞生日（3 月）时，除了尼泊尔当地人以外，还可以看到乘坐大巴而来的大批朝圣者和四处游走的印度苦行僧等。

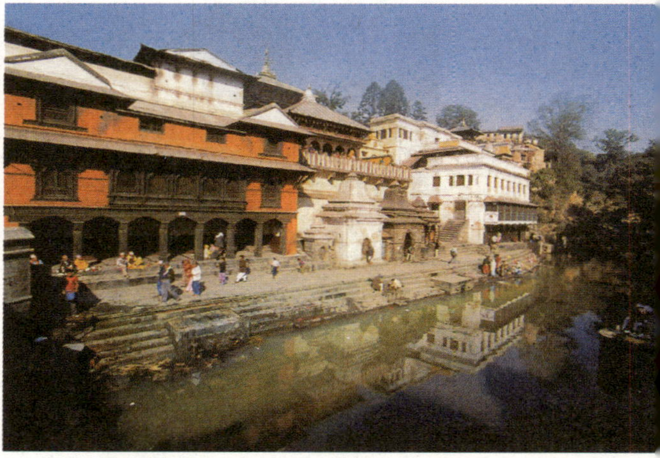

从帕斯帕提那神庙可以看到对岸沐浴的人们

帕斯帕提那神庙 Pashupatinath

世界遗产 Map p.35-B4

尼泊尔最大的印度教神庙

被誉为圣河的巴格马蒂河是恒河的支流，帕斯帕提那神庙就位于巴格马蒂河的岸边。这座神庙不仅是尼泊尔最大的印度教神庙，还是南亚大陆上的四大湿婆神庙之一。

湿婆神是印度教三大神灵之一的毁灭之神，据说他有黑拜拉瓦、卢杜拉、马哈德瓦等各种各样的化身。帕斯帕提那神庙也是其化身之一，代表着动物之王。据说湿婆神很喜欢这里的森林，因此化作长着金角的鹿——帕斯帕提那神庙在这里嬉戏玩耍。至今这一带还被称为“穆尔加斯特利”，意思是鹿的巢穴。很多游客在参观了帕斯帕提那神庙以及火葬场周边之后就会离开，其实如果时间允许的话，不妨在这里多住几天，也许会邂逅在周边森林里玩耍的野生猿猴与四处游走修行中的苦行僧。

印度教徒以外的人一律不得进入帕斯帕提那神庙。在卫兵把守的东门尽头可以看到湿婆神的坐骑南迪（公牛）的雕像背影。门前的店铺有出售供神用的供品和鲜花等，还有小额硬币的兑换处等。2 派沙和 5 派沙等小额硬币据说只有在这里才可以流通。参拜者会兑换一些这种硬币，捐给那些在参拜道路两旁乞讨的人。然后这些硬币再被周围的商店回收，送回兑换处。

河边的火葬台上熊熊燃烧的烈火

桥的两边是火葬台，共有六座火葬台。隔着桥上游有两座火葬台，下游有四座火葬台。最上游的一座石台曾经是王族专用的。

普通老百姓的位于下游。在举行火葬的时候，总能闻到一股异味，到处弥漫着火葬的烟雾。周围则可以看到哄抢供果的猴子，以及拿着照相机的游客在观望。火葬后骨灰随着圣河巴格马蒂河流淌而去。在这里遥望对岸石台上举行的葬礼以及火葬的情景，多少可以了解一些印度教徒相信转世轮回而不修建坟墓的生死观。

面对火葬台，在可以看到帕斯帕提那神庙西门的岸边有11座白色佛塔，被称为“厄凯达斯·卢杜拉”。这里供奉着湿婆神的象征——林伽。从这里沿着石级向山上走，途中会经过只允许印度教徒进入的维修瓦尔普神庙，继续向前经过穆尔加斯特利森林中的戈尔卡纳特神庙之后，就可以看到高高的红色砖墙所环绕的古黑湿瓦利神庙。这座神庙里供奉的是神之母，同样是非印度教徒不得入内。

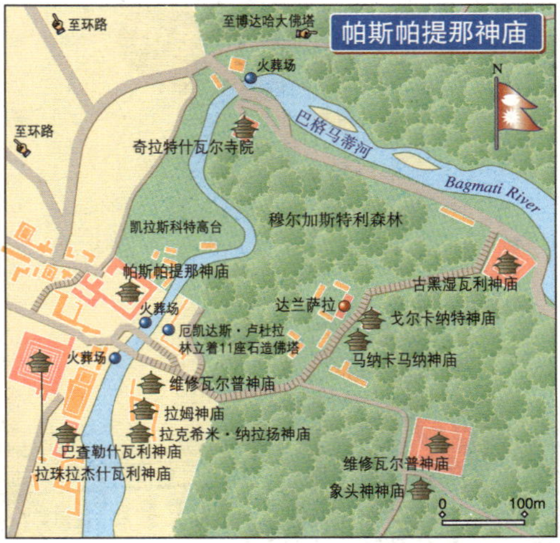

接下来沿着巴格马蒂河沿岸的道路前行，可以看到一条向上通往奇拉特什瓦尔寺院的石级道路。这座寺院由尼瓦尔族的苦行僧维护，寺院内供奉着最古老的湿婆林伽。月圆之夜从傍晚开始会演奏古老的音乐。

冥想中的印度苦行僧

再次返回一般的道路之后，沿着狭窄的坡路向上行，可以到达一座被称为凯拉斯科特的高台，晴朗的日子，从这里可以遥望马纳斯卢群山中的出利雪山，此时正好可以在这里小憩片刻。沿着这条道路向南行是一条下山的道路，从这里可以直通帕斯帕提那神庙的参拜道路，不久就又被热闹的朝圣者包围在其中。

据说帕斯帕提那神庙是因为奇拉特什瓦尔寺院内保留下来的最古老的湿婆林伽而建，最早于公元前3世纪便建成了。此后在李查维王朝时代帕斯帕提称为王国的守护神，并且一直延续到马拉王朝和沙阿王朝时代。从前国王外出之前一定要到这里来参拜，祈求神灵护佑旅途平安。在发生洪水、干旱等自然灾害的时候，也会在这座神庙内举行特别的法会。

旅行小贴士

关于就餐

在帕斯帕提那神庙没有游客可以利用的餐馆和酒店。而且要想从背包内拿出自己带的食物，大多数情况会遭到野生猿猴的袭击，因食物而遭到野生猿猴袭击负伤的游客在逐年增加。如果觉得肚子饿了，可以到参拜者光顾的茶点等地方，可以用这里的饼干填饱肚子。

代表男性生殖器的湿婆神象征——湿婆林伽

读者投稿

刚刚买完门票，就有一位会讲流利英语的尼泊尔人贴上前，主动带着我在神庙里游览。在我为尼泊尔人的亲切友好而欣喜感动时，没想到对方要求我支付30美元的导游费。

值得推荐的游览线路

Walking Tour in Kathmandu

漫步在加德满都的老街

加德满都是一座非常适合散步的城市。除了主要的大街以外，在迷宫般的小巷和庭院口驻足，也会看到很多新奇的景象，瞥见这里人们日常的生活。在这里我们介绍一下从泰米尔区到杜巴广场的往返散步线路。

周围寺院环绕的卡德新布佛塔

佛塔所在的塔希提广场

阿山广场附近的日用品杂货店

阿卡什拜拉瓦神庙前的热闹景象

穿过市场到杜巴广场去

散步的起始地点是泰米尔区中心泰米尔广场（Thamel Chowk）。沿着土特产品商店和餐馆集中的街道向南走，大约10分钟就可以看到矗立着佛塔的塔希提广场（Thahiti Chowk）。这个广场附近有几条向外延伸出去的道路，此时沿着向东南延伸至阿山广场（Asan Chowk）的街道继续走下去，就可以看到与泰米尔区完全不同的街道景象。这里有很多面向尼泊尔当地人的杂货店，以及能在店里看到切割羊肉情景的肉铺等。

阿山广场是5条街道的会合之处，这里有很多露天菜摊和来来往往的过路人，十分热闹。从这里一直到阿卡什拜拉瓦神庙（Akash Bhairav Mandir）所在的因陀罗广场（Indra Chowk），是加德满都最热闹的大众市场所在地。在这条街道上可以看到各种金店、布店等，仅仅在这里闲逛就可以令人心情愉快。途中会路过加德满都最重要的神庙之一的白麦群卓拿神庙（Seto Machhendranath Mandir），可以顺便进去参观一下。

漫步至因陀罗广场后，杜巴广场就近在眼前了。穿过佛画（唐卡）商店聚集的Makan Tole街，寺院和老王宫建筑渐渐地映入眼帘。

走进小巷，探访普通百姓的生活

返回的道路可以选择另一条线路。从杜巴广场西侧沿着Yatkha Tole街向北行进，在右侧建筑物的二层能看到雕刻得十分精美的木窗。尼泊尔语称这里为“Deshay Madu”（意思是没有重复的样式）。这里的木窗曾经作为1978年发行的邮票上面的图案，因此这里又被称为“上过邮票的窗口”。

继续往前走，在一座小舞台的拐角处向右转，就进入到Kilagal Tole街。在这条街的中部附近右转就是叫作伊图姆寺院（Itum Bahal）的长方形庭院。庭院中修建有大小佛塔。其西侧是加德满都最古老的僧舍之一的奇昌德拉寺院（Kichandra Bahal），修建于1381年。现在这里是一所小学，寺院的中间庭院已经成为孩子们玩耍的场所。

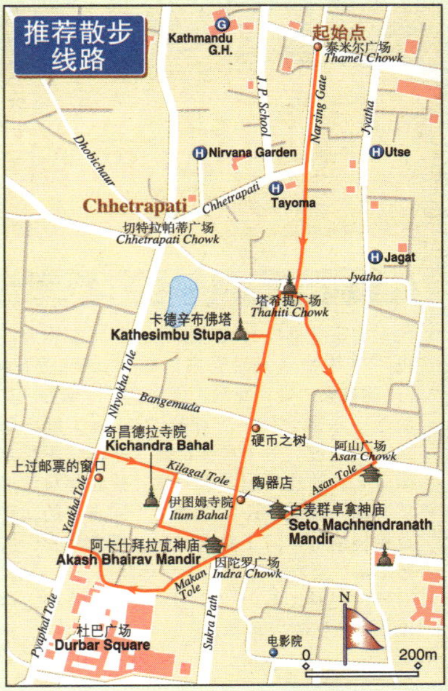

参拜神佛和佛塔的散布道

从伊图姆寺院南侧的小路穿过去，经过一条首饰商摊集中的昏暗街道，继续向东行进就可以返回因陀罗广场。从这里开始向北走大约100米，右侧是一座寺院，其内侧有很多陶器商店。继续向北可以到达拥有一座小广场的交叉路口。交叉路口稍前面的右侧是一个被称为“硬币之树”的地方，树上钉着几千枚硬币。据说这棵树是用来供奉医治牙痛的神灵的，因此在其周边也聚集了很多牙医诊所。

再往前走，出售经幡以及各种佛器的商店逐渐增多，继续走可以看到左侧的卡德辛布佛塔（Kathesimbu Stupa）。该佛塔是斯瓦扬布纳特寺的复制品，建于1650年，是佛教徒进行朝拜的地方。

从佛塔向北步行不远处就是塔希提广场。再继续向北走就可以回到泰米尔广场，沿着东侧的道路可以到Jyatha街，往西侧的道路走就能到达切特拉帕蒂广场（Chhetrapati Chowk）。

建造于14世纪的奇昌德拉寺院

雕工精美的“上过邮票的窗口”

供奉治疗牙痛的神灵的“硬币之树“

加德满都的娱乐活动

露天浴池 Open-Air Bath

加德满都没有天然温泉，不过在露天浴池也可以体验到天然温泉的感觉。“油菜花园”（以前皇家的豪华花园）就是这样的地方。这里的地下水富含铁质，加热到 90 摄氏度再用来泡澡，洗过后整个身体都热乎乎的。不仅是中国游客，就连尼泊尔人、欧美游客都对这里赞赏有加。在这里还可以享受不同季节的艾蒿浴或柑橘浴等。除了温水淋浴、更衣室外，这里还准备了浴衣、浴巾、肥皂等物品，十分周到。另外，同时设有中式餐厅，清爽地洗浴之后可以享受冰镇啤酒和美食。

身体浸泡在浴池里，旅途的疲劳一扫而光

油菜花园 Nanohana Garden

Map p.35-B3 住 Utar Dhoka，Lazimpat ☎ 4410181
开 每天 15:00~21:00（餐厅 11:00~21:00）休 无休（根据电力情况有可能变更，需要确认）费 露天浴池 Rs400
税 含 服 无 卡 不可

色彩鲜艳的广告牌就是尼泊尔影院的标志

电影 Film

如果时间很充裕的话，混迹在尼泊尔人中看电影也很有意思。王宫博物馆（Map p.38-A2）附近，购物中心里面也有电影院。几乎上映的都是印度电影，不过在 Jamal 街的 Vishwa Jyoti（Map p.38-B1）也上演尼泊尔电影。爱情片、动作片与音乐混合交织在一起的电影很多，就是语言不通也能充分领略其中的乐趣。包括休息时间，上演时间大约 3 小时。票价因电影院或座位位置不同而有所差别，大致价格为 Rs100~Rs500。人气高的电影，影票马上就会售罄，所以要在开演前 1 小时出发。

赌场 Casino

在加德满都的以下酒店里都设有赌场。全部都是 24 小时营业，有老虎机、转盘、百家乐、扑克牌的二十一点等各种方式。对着装要求不是很严格，不过不能穿短裤、背心、橡胶或草鞋入场。可以用美元、印度卢比购买筹码，筹码再兑换成现金时以尼泊尔卢比支付。

豪华气氛下的皇家赌场（Casino Royale）

塔拉赌场 Casino Tara
H 凯悦酒店 Hyatt Regency（→ p.72）
埃佛勒斯特赌场 Casino Everest
H 埃佛勒斯特酒店 Everest Map p.35-C3
尼泊尔赌场 Casino Nepal
H 加德满都索尔迪皇冠假日酒店 Soaltee Crowne Plaza（→ p.73）

拉德赌场 Casino Rad
H 雷迪森酒店 Radisson（→ p.72）
皇家赌场 Casino Royale.
H 牦牛雪人酒店 Yak & Yeti（→ p.72）
安娜赌场 Casino Anna
H 安纳普尔纳酒店 Annapurna（→ p.73）

加德满都的美容 SPA 和按摩沙龙
Spa & Salon in Kathmandu

在加德满都有一些按摩沙龙，融汇了5000年前从印度传播来的传统医学——阿育吠陀。除此之外，当地的太太们光顾的正宗美容SPA也在不断增加。另外，泰米尔区也有一些价格适中可以轻松体验的足部按摩、泰式按摩店，可以根据自己的感觉和消费预算愉快地选择。在徒步游之后或是旅行途中，很想偶尔屏蔽掉城市的喧嚣，享受一下悠闲的时光。

阿育吠陀健康之家
Ayurveda Health Home

◆ 体验地道的阿育吠陀　这座沙龙由尼泊尔最著名的阿育吠陀第一人Dr.柯伊拉腊和一位德国女性共同经营。这里可以提供正规的护理，其中有用符合顾客体质的精油进行的全身按摩Rs1750（75分钟）、温油浸润额头的按摩Rs1950（30分钟）等尤其受到好评。初次体验的价格是Rs700（15分钟）。这里还提供全套项目护理，并设有宾馆。具体地址：从泰米尔区向北走约3公里，Maharajganj与Ring Road的十字路口再向西行，走到Shahanshan酒店附近，就看到沙龙的指路牌了。

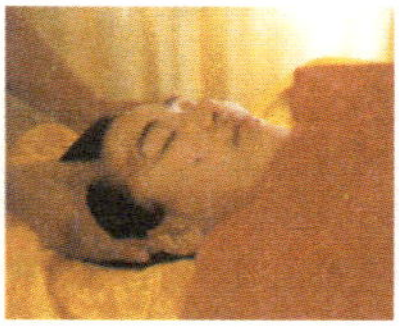
利用阿育吠陀调节身体的平衡

阿育吠陀　北部 Map p.35-A3 外

住 Tilingatar，Dhapasi-7 ☎ 4358761

URL www.ayurveda.com.np

营 每天 9:00~19:00 税 5% 服 无 卡 M V

位于住宅街区的一整栋建筑作为沙龙来使用

普拉纳美容SPA
Spa Prana

◆ 太太们专享的高级美容SPA　面向杜巴路的安纳普尔纳购物中心的3层有一家风格考究的美容SPA。在这里美容项目种类很多，有使用西藏的法器产生独特修复效果的其百坦·索鲁Rs4500（90分钟），还有使用小石头按摩的热金石按摩Rs4900（90分钟）等。这里的美容技师全部受过一年半的专业培训，使用的按摩油也是从泰国进口，从诸多方面来看，这家店提供的服务品质很正宗。在隔绝了加德满都城市喧嚣的世界里，好好享受一下幽雅的时光吧。

美容室内装饰的鲜花增添了几分亮丽

美容SPA　杜巴路 Map p.38-B1

住 Durbar Marg ☎ 4221695

URL www.spaprana.com 营 每天 9:00~19:00

税 13% 服 无 卡 J M V

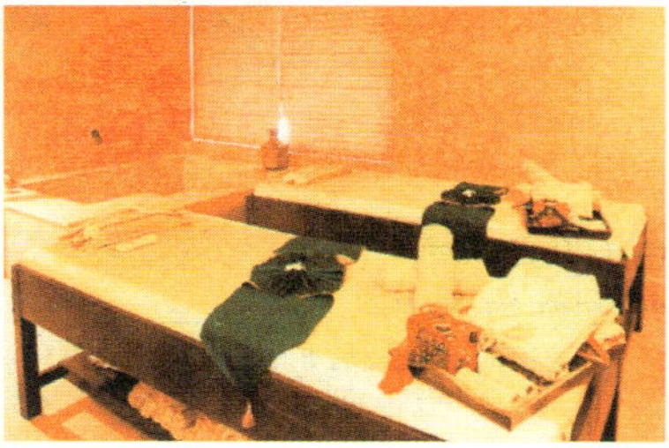
令人充分放松的护理室

绿色心灵
Green Hearts

◆ 在泰式按摩中修复身心　这家店里有一位进行技术指导的日本技师，他曾经在位于曼谷、因泰式按摩总店而知名的瓦特·坡店里进修过。修复身心项目Rs1050（45分钟），全身按摩项目Rs1300（60分钟）。店面位于一座名为“A One Business Complex”建筑物的一层里侧，不太好找。建筑物外面挂着一个写有汉字“和”的招牌。

按摩　泰米尔　Map p.37-A2

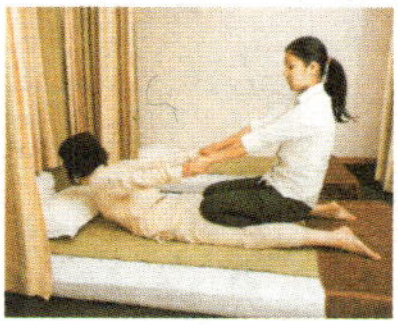
店里备有全身按摩用的专用服装

住 A-One Business Complex，Thamel

☎ 4417172

营 每天 11:00~19:00

税 含 服 无

卡 不可

丝蓓绮美容院
Tsubaki Beauty Parlour

SPA 与按摩沙龙　杜巴路　Map p.38-B1

◆ **高级美容院** 香波洗发 Rs350、剪发 Rs850、全身按摩 Rs1000（30 分钟）~Rs2500（90 分钟）。也可以在这里体验使用日本化妆品的面部护理项目 Rs2500（75 分钟）或是用细线去掉脸部汗毛的脱毛项目 Rs700。这家店位于面向杜巴路的安纳普尔纳购物中心的三层。

店里常有会讲外语的店员

住 Durbar Marg
☎ 4222829
营 周日～次周周五 9:30~19:00（11 月～次年 1 月 到 18:00）、周六 9:30~17:00 税 含 服 无 卡 J M V

在加德满都购物
Shopping in Kathmandu

加德满都可谓是购物的天堂，仅泰米尔区就集中有数百家的土特产和纪念品商店。各种羊绒制品和工艺品不仅给人以朴素感，而且可以让你体会到尼泊尔人灵巧的双手所带来的温暖感。尼泊尔普通老百姓购物的市场则位于阿山广场到因陀罗广场之间。最近还出现了一些购物大厦，都是定价商品，对旅游者来说购物比较方便，而且能顺便了解尼泊尔的物价行情。

巴巴马哈尔购物中心
Babar Mahal Revisited

购物广场　南部　Map p.35-C3

◆**聚集着很多精致的商店** 这是一家改装过的非常漂亮的综合购物中心，建筑物原来曾是拉纳家族居住过的宫殿。里面的商店主要出售手工艺品、古董、首饰以及原创设计的物品等很有品位的商品。价格比其他地方要贵一些，不过仅仅是欣赏店铺的橱窗也令人愉快。这里还有很多餐馆，游客可以在 19 世纪贵族的餐厅品尝正宗的尼泊尔美食——巴衣塔库，也可以在漂亮的法式餐厅“Chez Caroline”享用法国大餐。从狮宫（政府大楼）向南，在玛衣提·噶鲁交叉路口向东，右侧就可以看到这座白色建筑。

可以享用法国美食的卡罗琳（Chez Caroline）餐厅

住 Babar Mahal 营 10:00~18:00 休 各店不同（周日休息的店铺较多） 卡 各店不同

昔日的宫殿改建而成的富有古典韵味的场所

巴托巴特尼超市
Batobateni Supermarket

超市　北部　Map p.35-A3 外

◆**加德满都规模最大的超市** 虽然在 Map p.35-B3 有巴托巴特尼店超市，但是这里的玛哈拉吉刚吉店铺规模更大，商品种类也非常丰富。食品、日用品、服装服饰、贵重金属等无所不包，所有的商品都标有价签，游客购物十分方便。这里还有红茶、尼泊尔点心等商品，是购买当地土特产品的理想场所。沿着日本大使馆所在的大街北上，到达纪念已故尼泊尔著名歌手那拉扬·果帕尔的雕像的十字路口后，再过一条马路，右转即是。从泰米尔区步行大约 1 小时，出租车大约 15 分钟。

这里使用了在尼泊尔仍然十分罕见的条形码式的收银系统

住 Narayan Gopal Chowk，Chakrapath
☎ 4016130 营 每天 7:30~20:30 卡 A J M V

2 号店玛哈拉吉刚吉店的外观具有现代特色

民用购物中心
Civil Mall

购物广场　坎提路　Map p.36-D2

◆**深受年轻人欢迎的新购物热点**　这家购物中心于 2010 年 10 月开业，以面向年轻人、追求时尚为核心，又加入了体育用品、杂货的经营。有可以打保龄球的游戏馆，主要上映印度电影的电影厅，还有除了尼泊尔美食外经营着中餐、快餐的美食广场，作为年轻人的理想聚会场所，深受欢迎。

这家购物中心正好面对坎提路

住 Kanti Path
营 每天 10:00~21:00（不同的店多少有些区别）
卡 各店不同

阿姆利塔工艺品
Amrita Craft

工艺品 · 土特产品　坎提路　Map p.37-C1

◆**商品种类丰富的工艺品商店**　宽敞的店面里摆放着编织品、毛毡制品、服装、纸制品、工艺品等尽可能全的商品。所有的商品都有价签，而且价格适中。先在这里调查一下价格，作为购物时的价格参考也不错。如果一次买的量很多，价格还可以再商量。商店在二层，入口不太好找。

想买些当地的特产，先在这里看一看

住 J.P.School Road，Thamel
☎ 4240757
URL www.amritacraft.com
营 每天 10:00~19:00
卡 J M V

旅行者书屋
Pilgrims Book House

书 · 土特产品　泰米尔　Map p.37-C1

◆**品种丰富的书屋**　这家书屋是 1984 年创立的泰米尔地区的老书店——Book Shop（靠近加德满都游客之家的总店，因 2013 年 5 月的火灾被烧毁，再开业事宜还未定）的分店。与总店比规模虽然小了些，但是种类丰富，关于尼泊尔、西藏的书籍、写真集、游览攻略等都可以在这里找到。同时还出售明信片、土特产品。

各种题材的书汇集

住 P.O.Box3872，Thamel
☎ 4221546
URL www.pilgrimsbooks.com
营 每天 9:00~22:00
卡 A M V

纸公园
The Paper Park

纸制品　泰米尔　Map p.37-A1

◆**手工制作色彩鲜艳的纸制品**　这里出售用香蕉叶、黄麻等天然材料以及再利用纸张制作的纸制品。信笺纸、相册、灯罩等，每一件都传递着手工制作的温馨。泰米尔地区销售纸制品的商店不少，但是由于这里有展示制作过程的工作室，所以可以买到别的地方没有的原创作品。

色彩斑斓的纸制品特别吸引人的眼球

住 Thamel
☎ 4700475
URL www.handmadepaperpark.com
营 每天 9:00~19:00
卡 不可

天然编织
Nature Knit

羊绒制品　泰米尔　Map p.37-C2

◆**汇集了追求真材质的原创编织品**　这家店以羊绒为编织材料，经营着披肩、毛衣、对襟毛衣、手袋以及帽子等多种编织品。这里的商品全部产自自己的工厂，设计考究。价格虽然贵一些，但是品质有保障。相比假货泛滥的当地店铺和泰米尔地区的土特产品店，在这里购物十分放心。

兼作店铺的展示厅

住 P.O.Box413，Thamel
☎ 4254812
URL www.natureknit.com
营 每天 10:00~20:00
卡 J M V

香气花园
Aroma Garden

精油产品　泰米尔　Map p.37-A2

◆**熏香和精油的专卖店**　这里的熏香制品十分丰富，除了印度、尼泊尔产的香料以外，店里还摆放着精油、香水以及香皂等。想要买到工厂生产的特色商品，只有在这里才能够买得到。除此以外，还有加了香料的印度产洗发香波以及护肤产品。在这里集中购买，价格上还可以再得到一些优惠。

小店内飘荡着一股香气

住 P.O.Box3872，Thamel
☎ 4420724
营 每天 9:30~20:30
卡 不可

加德满都的餐馆

Restaurant in Kathmandu

加德满都集中了来自世界各地的游客，因此在这里可以品尝到丰富的美食。以尼泊尔、印度、我国藏餐为代表，更有西餐、中餐和韩餐等，世界各地的美食一应俱全。在泰米尔区可以看到很多专门为观光游客而开设的餐馆，但其价格要比尼泊尔的平均物价高很多。想要省钱或是想要品尝尼泊尔当地老百姓日常的食物，可以前往当地人就餐的大众食堂。

Nepali Chulo 餐厅

Nepali Chulo

◆一边欣赏歌舞一边品尝宫廷菜 这家餐厅位于Gangjong酒店的里面，当年曾是王族居住的宫殿。能同时招待250名食客的餐馆被分隔成数个单间，分别设有席地而坐的席位或是餐桌席位等，装修华丽。从每天19点左右有尼泊尔文化表演，可以一边欣赏尼泊尔的歌舞一边用餐。店里虽然有单点菜的菜单，不过我们推荐Rs1100一套的尼泊尔套餐。套餐中包括蒸饺、汤、几种咖喱和主食、甜品等。旅游旺季时这里人很多，需要提前预约。

宫廷风格的富有古典韵味的外观

尼泊尔 / 尼瓦尔菜肴　Lazimpat　Map p.35-A3

住 Lazimpat ☎ 4002009 每天 18:30~21:00

税 13% 服 10% 卡 M V NET Wi-Fi 免费

这里可以欣赏到各种民族舞蹈

克里什纳潘

Krishnarpan

◆令人感觉亲切的身穿民族服装的服务员 餐厅位于德瓦里卡酒店（The Dwarika's Hotel）内。店内装饰着尼泊尔的传统工艺品。在这里就餐可以享受到最好的服务。餐厅只提供套餐，其中6品套餐的价格是36US$，9品套餐的价格是44US$，12品套餐的价格是50US$，16品套餐的价格是56US$，22品套餐的价格是65US$（至少需要提前一天预约）。即使是品种最少的6品套餐，也含有3种小菜，汤，几种咖喱，主食，甜品，红茶或咖啡，十分丰盛。服务员全部身着民族服装，增添了用餐的乐趣。

铜盘内盛放的主菜

尼泊尔 / 尼瓦尔菜肴　东部　Map p.35-B3

住 P.O.Box459，Battisputali ☎ 4470770

营 每天 18:30~23:00（最晚点菜时间 20:00）

税 13% 服 10% 卡 A J M V NET Wi-Fi 收费

身着民族服装的服务员在迎接客人

班恰加尔

Bhanchha Ghar

◆晚餐时可以欣赏民族歌舞 这家餐厅改建自一座古老的尼瓦尔民宅，在这里就餐就好像是来到一个老朋友家一样。每天19:00~19:45会举办文化表演。客人在这里席地而坐，在轻松的气氛中品尝各种美食。套餐的价格是Rs1100。此外还提供辣炒羊肉（Rs350～）等各种零点菜肴。

尼泊尔 / 尼瓦尔菜肴　中心部　Map p.36-C2

旅游旺季到这里就餐需要提前预约

住 P.O.Box3011，Kamaladi ☎ 4225172

营 每天 11:00~22:00（最后点餐时间 20:30）税 13%

服 10% 卡 A M V

NET Wi-Fi 免费

泰米尔之家
Thamel House

尼泊尔 / 尼瓦尔菜肴 泰米尔 Map p.37-A2

◆就餐时让人仿佛置身当地民宅 餐馆改建自一座有着100多年历史的尼瓦尔式样的建筑。木雕窗户以及磨旧的楼梯等充满了历史感，内部装饰非常棒。三层和四层设有席地而坐的席位，顾客可以在蜡烛灯光的照射下细细地品尝各种美食。菜品以尼瓦尔传统菜肴为中心，蒸饺价格Rs180~，巴拉Rs125~等。

套餐价格Rs1050，素食套餐Rs950

- 住 Thamel Tole
- ☎ 4410388
- 营 每天 10:00~21:30
- 税 13% 服 无
- 卡 J M V
- NET 无

萨特卡尔
Satkar

尼泊尔 / 尼瓦尔菜肴 泰米尔 Map p.37-A2

◆就餐时大受欢迎的歌舞秀 每天晚上18:30~21:00在餐厅二楼舞台演出尼泊尔歌舞秀。菜单上的尼泊尔·塔利套餐，含4个小菜、咖喱、主食、甜品、咖啡或红茶，价格为Rs895。这里除了用炉灶烤制的正宗的比萨饼等意大利美食外，喝酒时点的下酒小菜菜品也十分丰富。

用餐时的歌舞演出十分助兴

- 住 Amrit Marg，Thamel
- ☎ 4413724
- 营 每天 11:00~22:00
- 税 含 服 10%
- 卡 不可
- NET Wi-Fi 免费

贝莱蒸饺
Belle Momo

尼泊尔 / 尼瓦尔菜肴 杜巴路·玛鲁格 Map p.38-B1

◆蒸饺品种丰富的餐馆 这里经营着大约10种蒸饺，从鸡肉Rs175、羊肉Rs235等正统蒸饺到大蒜干酪Rs140、花生芝士Rs140等新派蒸饺。如果不知道吃哪种好而发愁的话，不如点一份什锦蒸饺Rs205~Rs245。另外，印度菜肴以及藏餐的火锅也很好吃。

餐厅位于购物中心的二层

- 住 Durbar Marg
- ☎ 4231313
- 营 每天 11:00~22:00
- 税 13% 服 10%
- 卡 A J M V
- NET Wi-Fi 免费

珍珠宫殿高级餐厅
Moti Mahal Delux

印度 / 藏餐 杜巴路 Map p.38-A1

◆品尝地道的印度美食 这家餐厅在印度各地都有分店，这里是加德满都的分店。鸡肉咖喱Rs500、坦都里烤鸡Rs500、羊肉串Rs500等，可以在这里品尝到地道的印度佳肴。虽然味道非常辣，但是不擅长吃辣的人可以请厨师按照自己的口味要求调整辣的程度。可以再试试甜甜的印度点心——玫瑰奶球Rs200。

咖喱有40多个品种

- 住 Durbar Marg
- ☎ 4222179
- 营 每天 10:00~22:00
- 税 13%
- 服 10%
- 卡 J M V
- NET 无

赛伊诺
Saino

印度 / 藏餐 杜巴路 Map p.38-A1

◆这里的印度菜与中国菜受到好评 餐厅的一层是开放式的花园餐厅，二层设有藏式风格的座席。可以品尝到咖喱和坦都里烤鸡等印度菜肴，此外这里的中餐也很好吃。最值得推荐的是加入大量番茄的鸡肉咖喱，价格是Rs280。藏式火锅每人收费US$10（2人起）、吃火锅最少需要提前1小时预约。

咖喱与坦都里烤鸡（左上）

- 住 Durbar Marg
- ☎ 4230890
- 营 每天 11:00~22:00
- 税 13% 服 10%
- 卡 J M V
- NET Wi-Fi 免费

Utse 餐馆
Utse

印度 / 藏餐　　泰米尔　Map p.37-C2

◆**老字号的藏式餐厅**　店主于 1971 年开设了这家餐馆，是泰米尔区最老的一家餐馆。即便是现在该餐馆搬到 Utse Hotel 内以后，据说这里提供的菜品与开业时比几乎没有变化。炒饭价格是 Rs140 ~，春卷 Rs140~。藏式火锅二人份 Rs990，4 人份 Rs1960，吃火锅最少需要提前 2 小时预约。

在老字号餐馆里品尝藏式火锅吧

住 Jyatha，Thamel
☎ 4257614
营 每天 6:00~22:00
税 13% 服 10%
卡 M V
NET Wi-Fi 免费

德金灵
Dechenling

印度 / 藏餐　　泰米尔　Map p.37-B2

◆**安静的花园式餐厅**　这家餐馆位于一条小巷的深处，身处繁花似锦、草木茂盛的花园中，在这里可以慢慢地享受美食美酒。这里的藏式大众菜肴一应俱全，有蒸饺、炒面、荞麦面、炒饭等。除此之外，也可以点尼泊尔菜和印度菜。火锅的价格是一位 Rs900（点菜时 3 人起），至少需要提前 2 小时预约。

火锅还配有各种小菜

住 Kesher Mahal，Thamel
☎ 4412158
营 每天 9:00~22:00
税 13% 服 10%
卡 J M V
NET Wi-Fi 免费

拉姆都德
Rum Doodle

西餐　　泰米尔　Map p.37-C2

◆**集中了来自世界各地的山地旅行者**　这家餐馆酒吧于 1978 年开业，是一家老商号。店内装饰有攀登萨加玛塔峰（珠穆朗玛峰）登顶者的签名。各国的山地旅行者们在这里一边吃着店里自己用炉窑烤制、引以为傲的比萨饼 Rs360、炸鸡块 Rs290，一边愉快地交流着登山话题。周五晚上这里还举办有现场演奏。

这里总是因聚集了山地旅行者和游客而热闹不已

住 Jyatha Street，Thamel
☎ 4248692/4248915
营 每天 10:00~22:00
税 13% 服 10%
卡 M V
NET Wi-Fi 免费

新奥尔良咖啡
New Orleans Cafe

西餐　　泰米尔　Map p.37-B1

◆**舒适的中间庭院里流淌着布鲁斯的旋律**　这家餐馆由于位于稍微远离主路的小巷里，虽然身处泰米尔区，但游客也可以在这里安闲地享受美食。主要以西餐为主，也提供诸如泰式咖喱 Rs350~、帕塔伊 Rs295 等各种亚洲美食。三明治 Rs270~、牛角面包早餐 Rs150、拿铁咖啡 Rs110。周日晚上有现场演奏。

烤牛排 Rs425 和蔬菜沙拉 Rs 250

住 Thamel
☎ 4700736
营 每天 7:00~23:00
税 13% 服 10%
卡 J M V NET 无

火与冰
Fire & Ice

西餐　　泰米尔　Map p.37-C2

◆**意大利人经营的比萨饼店**　这家餐馆由出生于那不勒斯的意大利女老板经营。因为可以品尝到地道的意大利风味，所以总是顾客盈门。用意大利烤炉烤制的正宗意大利比萨价格是 Rs380~520。由于分量很大，如果是女性顾客，两个人分食一张饼正合适。意大利面 Rs320~625，一杯红酒 Rs380。店里自制的冰激凌 Rs200 也很好吃。

加入火腿和菠萝的夏威夷风味比萨饼 Rs520 和蔬菜沙拉

住 Tridevimarg
☎ 4250210
营 每天 8:00~23:00
税 13% 服 10%
卡 A M V
NET Wi-Fi 免费

法式美味大餐
Delices de France

西餐　泰米尔　Map p.37-C1

◆**可以品尝到价格实惠的法国菜**　这家餐馆的老板是在法国常年做厨师的法国人库利斯蒂努先生。他坚守当地产品当地消费的理念，使用尼泊尔食材再现法国饮食的风格。店里自制的可丽饼 Rs310~340、红酒烩牛肉 Rs680。餐后推荐各种口味汇聚的甜品组合 Rs330。

放入小饼和火腿的主菜拼盘——地中海美食 Rs850（图片里靠前的餐盘）

住 Ganesh Man Singh Bid.2F，Thamel
☎ 4260326
营 14:00~22:00
休 周一　税 13%
服 10%　卡 V
NET 无

桃太郎
Momotaro

日餐　泰米尔　Map p.37-B2

气氛朴素的大众餐厅　由于物美价廉，这家店不仅受到外国游客的欢迎，就是在当地尼泊尔人中也很有人气。菜单内容十分丰富，叉烧面 Rs250、烤肉套餐 Rs370、炸肉饼 Rs170、紫菜卷 Rs350 等，每天去吃都不会吃腻。

中华冷面 Rs250 与饺子 Rs180

住 Bhagawati Bahal，Thamel
☎ 4417670
营 每天 8:00~21:00
税 含　服 10%
卡 不可
NET Wi-Fi 免费

故乡
Furusato

日餐　泰米尔　Map p.37-C1

◆**感觉像在家里用餐和合理的价位，使这里深受欢迎**　这里提供的荞麦面、乌冬面和调味料都来自日本，因此不仅味道非常正宗，而且价格合理。套餐是 Rs290~520，里面含有米饭、大酱汤、咸菜、芝麻拌菜、意式通心粉沙拉、炒鸡蛋。店内推荐品是辣炒茄子套餐 Rs290、姜烤猪排 Rs350、烤牛排 Rs350 等。

2011 年店面搬到了泰米尔区的南部

住 J.P.Road，Thamel
☎ 4413404
营 每天 10:00~21:00
税 含　服 10%
卡 J M V
NET Wi-Fi 免费

莲花
Lotus

日餐　泰米尔　Map p.37-C2

◆**如果想吃日式咖喱**　这家餐馆经营由日本人老板亲自研发的咖喱。不仅受到外国游客的热捧，来这里就餐的尼泊尔人、欧美人也不少。价格也很诱人，带沙拉和咖啡的套餐 Rs165~。最受欢迎的是猪排咖喱 Rs290。菜单品种丰富，有三明治、意大利面条、各种套餐等可供选择。特别推荐这里的每天甜品以及每年只有在 4~10 月出售的刨冰。

店内还兼营唐卡艺术画廊

住 Jyatha，Thamel
☎ 2190770
营 9:00~21:00
休 周六　税 含
服 无
卡 不可
NET 无

恰恰咖啡
Cha Cha Cafe

日餐　泰米尔　Map p.37-C2

◆**以自制的意大利面条和汉堡包为傲**　日本人经营的咖啡快餐厅。将店铺从以前那迁到了正对面以后，店里变得宽敞多了。日式萝卜泥意大利面 Rs230、那不勒斯奶油腊肉 Rs250、章鱼饭 Rs230、咖喱鸡肉套餐 Rs280。过滤咖啡 Rs60、杧果饮料 Rs100 等饮品也非常丰富。

带米饭的汉堡包（前面图片）的价格是 Rs280

住 Ashok Galli Jyatha，Thamel
☎ 9803223126
营 11:00~21:00
休 周一　税 含
服 无
卡 不可
NET 无

妈妈的味道
Ofukuro no Aji

日餐 泰米尔 Map p.37-C2

◆**让人想起妈妈做的饭** 店主人兼厨师是一位尼泊尔人，曾经在加德满都的日式餐厅工作过很多年。菜品十分丰富，有炸猪排盖浇饭套餐 Rs230、姜丝炒猪肉套餐 Rs240、汉堡包套餐 Rs330、粥 Rs100 等。吃套餐时，可以免费加一碗米饭，感觉很好。这里的豆腐、纳豆都是自制的。

姜丝炒猪肉套餐 Rs290，附带小菜和甜品

住 P.O.Box2570, Thamel
☎ 9841273690
营 每天 8:00~21:30
税 含 服 10%
卡 不可以用
NET 无

古都
Koto

日餐 杜巴路 Map p.38-A1

◆**加德满都最古老的日式餐厅** 这是一家从 20 世纪 70 年代就开业的老店。从烤鸡肉串拼盘 Rs440 这种小酒馆风格的菜品到盐烤虹鳟鱼 Rs600、盛在小笼屉上蘸汁吃的荞麦面条 Rs510、炸虾盖饭 Rs530、日式牛肉火锅 Rs540 等正宗的日式美食，一应俱全。另外，石狩锅 Rs750、什锦火锅乌冬面 Rs620 等，都是寒冷冬日里令人感到温暖愉悦的佳肴。在相邻的 2 号店里也能够品尝到寿司。

店里安静平和的日式风格

住 Durbar Marg
☎ 4226025
营 每天 11:30~15:00、18:00~21:30
税 13% 服 10%
卡 M V NET 无

阔太磁
Kotetsu

日餐 北部 Map p.35-A3

◆**受到好评的寿司和铁板烧** 住在加德满都的人都很喜欢这家日式餐厅。店里使用的鱼类海鲜食材是从日本冷冻运来的，烹饪制作成寿司、生鱼片以及海鲜天麸 Rs650。另外还可以品尝到鸡素烧 Rs350、烤豆腐 Rs250、铁板烧的神户牛（Rs2400/100 克）。午餐有很多价位在 Rs400 ~500 的套餐，例如寿司套餐、拉面套餐、炸鸡排套餐等，价格非常实惠。

左上方的寿司 Rs1600 和生鱼片拼盘 Rs1200

住 Panipokhari
☎ 6218513
营 每天 12:00~14:00、18:00~22:00
税 13% 服 10%
卡 M V NET 无

喜马拉雅荞麦面馆
Himalaya Sobadokoro

日餐 南部 Map p.35-D3

◆**想吃荞麦面，不要犹豫，就到这里来** 这是一家专营日本荞麦面的餐馆，位于 Hotel Sunset View 内。这里的尼泊尔厨师曾经在日本长野县户隐村学习正宗的手擀面。店里用的荞麦面粉是从穆斯坦郡的陀库村大老远运送而来的。冰荞麦面 Rs360、带天麸的冰荞麦面 Rs500、荞麦面套餐 Rs1200。点荞麦面还附送荞麦茶、荞麦丸子、荞麦羊羹等。

尼泊尔人制作的荞麦面受到了住在这里的日本人的好评

住 P.O.Box1174, New Baneswar
☎ 4783172
营 每天 11:00~19:30
税 13% 服 10%
卡 J M V
NET Wi-Fi 免费

埃佛勒斯特别墅
Villa Everest

韩国料理 泰米尔 Map p.37-A2

◆**品尝正宗的韩式烤肉** 位于夏尔巴人经营的同名宾馆内。烤牛肉套餐 Rs600，包括足量的牛肉、米饭、汤、几种泡菜和蔬菜烤饼，菜量很大。泡菜还可以随便加。石锅拌饭 Rs400、朝鲜冷面 Rs350、鸡肉在汤里充分炖煮的参鸡汤（至少一个半小时前预约）Rs700。

把用调料腌制好的牛肉放在专用的锅里烤的烤牛肉

住 P.O.Box3165, Thamel
☎ 4423557
营 每天 7:00~22:00
税 13% 服 10%
卡 J M V
NET Wi-Fi 免费

野餐
Picnic

韩国料理　泰米尔　Map p.37-B2

◆**韩国人和日本人都喜爱的餐厅**　规模不大的一家大众口味的餐厅，味道好而且价格便宜，所以人气很高。紫菜卷 Rs130 ~160、石锅拌饭 Rs220~300，口味也适合中国人。除此之外，还有韩国的辣煮年糕 Rs250、烤蔬菜饼 Rs100 以及午餐套餐 Rs300 等菜品。参鸡汤（至少需要提前 5 小时预约）Rs450。

菜单上都有照片，点菜时十分方便

住 Thamel
☎ 4442420
营 10:00~21:00
休 每月 25 日
税 含 服 无
卡 不可
NET 无

唐人街饭店
The China Town

中国菜　Lazimpat　Map p.35-A3

◆**品尝广东口味的中餐**　位于加德满都的中餐老字号，很多中国旅游团也来这里用餐。位于拉迪松酒店拐角处的蓝鸟超市 3 层。推荐品是火锅汤 Rs700、柠檬鸡 Rs335、广东风味叉烧肉 Rs300 以及麻婆豆腐 Rs235 等。

在轻松的气氛中品尝中国菜

住 Lazimpat
☎ 4410298
营 每天 10:00~22:00
税 13% 服 10%
卡 M V
NET Wi-Fi 免费

麒麟阁
Kylin

中国菜　泰米尔　Map p.37-C2

◆**厨师来自中国**　位于建筑物的二层，入口虽然不太明显，不过大大的红色招牌还是很醒目。店主人和厨师都是中国人，顾客也几乎都是中国人，味道很正宗。青椒肉丝 Rs400、麻婆豆腐 Rs150、回锅肉 Rs300、排骨面 Rs200，此外还有各种砂锅菜，菜品很丰富。免费提供茉莉花茶。

菜量十分丰盛，都想找几个人分食一下

住 Thamel
☎ 4250825
营 每天 10:00~22:00
税 13% 服 10%
卡 不可
NET 无

阴阳
Yin Yang

泰国美食　泰米尔　Map p.37-C1

◆**泰国厨师制作的正宗泰国美食**　餐馆开业于 20 世纪 70 年代，是一家老字号。厨师来自泰国，香辛调料也都来自泰国，可以在这里品尝到正宗的泰国美食。冬阴功汤 Rs550、粉丝沙拉 Rs455、木瓜沙拉 Rs455、泰国咖喱 Rs435~750 等。除泰国餐外，这里还提供西餐。

外面设有开放式的露天席位

住 P.O.Box20478，Thamel
☎ 4701510
营 每天 10:00~22:00
税 13% 服 10%
卡 A J M V
NET 无

西贡河粉
Saigon Phó

越南美食　Lazimpat　Map p.35-A3

◆**清淡的口味令人满意**　住在加德满都的欧美人也喜欢这家漂亮的越南餐馆。进入店里，感觉很舒适，在这里可以品尝活虾春卷 Rs200、河粉 Rs300~ 等，这些菜品放入了大量蔬菜，有益于身体健康。越南咖啡 Rs120。甜品方面推荐香蕉布丁 Rs150 以及焦糖果馅饼 Rs100。

也可以只点咖啡和甜品

住 Lazimpat
☎ 4443330 营 周一~周六 11:00~21:00、周日 17:00~21:00
税 含 服 10%
卡 M V
NET Wi-Fi 免费

咖啡店
The Coffee

咖啡　泰米尔　Map p.37-B2

◆**用手工制作的消遣咖啡时光**　这是一家由韩国男性和日本女性经营的隐居咖啡店。坐在明亮庭院里的座位上，可以悠闲地放松下来。店里使用尼泊尔出产的有机咖啡豆制作出精致的卡布奇诺、拿铁咖啡，热咖啡每杯 Rs180，冰咖啡每杯 Rs200。不妨一起尝一尝家庭制作的蛋糕、冰激凌。早餐也有煎鸡蛋卷 Rs300~。

巧克力蛋糕 Rs100 之外，蛋糕的品种每天都更换

住 Keshermahal，Thamel
☎ 4410402
营 每天 8:00~20:00
休 第 2 和第 4 个周日
税 13% 服 10%
卡 不可
NET Wi-Fi 免费

COLUMN

泰米尔区廉价的街边小吃

如果肚子又饿了，推荐您去 B.K.'s Place（Map p.37-B1 营 每天 10:00~22:00）品尝口碑不错、好吃的炸土豆。松脆的刚出锅的炸土豆 S 大小的 Rs140，调味汁从酸甜辣口味到沙拉酱等有 9 种可供选择。特别推荐里面加入了满满的土豆泥的沙摩沙（两个 Rs40）。

热热的炸薯条和沙摩沙

Sandwichi Point（Map p.37-B2 营 每天 24 小时营业）是一家每天都顾客盈门的三明治店。有 S（Rs95）、M（Rs110）、L（Rs150）3 种大小，此外还有素馅、金枪鱼、萨拉米香肠、奶油奶酪等 9 种馅料可以选择。22:00 以后每个三明治要加价 Rs10。

S 尺寸的萨拉米香肠三明治

不经意的话就会错过 H Red Planet 前的 Just Juice'n Shakes（Map p.37-B1 营 6:00~22:00）。这是一家小小的奶昔作坊，里面也卖面包、软煎鸡蛋卷，可以在这里解决一顿简单的早餐。

杧果奶昔和混合奶昔

德国黑麦粗面包店
Pumpernickel Bakery

咖啡　泰米尔　Map p.37-B1

◆**新的一天从新鲜出炉的面包开始**　这是一家位于泰米尔区的老铺，出售各种面包。从早上开始有月桂小卷面包、奶酪牛角面包、圈形硬面包等新鲜出炉的面包源源不断地被运送到店里。可以在餐馆里，一边暖洋洋地晒着太阳，一边享受美味的面包和咖啡。这里也提供三明治和酸奶以及简单的午餐。

早餐时分经常有排队的人。人气之高可见一斑

住 Thamel
☎ 4259185
营 每天 8:00~18:00
税 13%
服 10%
卡 不可
NET Wi-Fi 免费

千草茶坊
Chikusa

咖啡　泰米尔　Map p.37-C2

◆**可以品尝到正宗的咖啡**　在尼泊尔喝到的咖啡大多数是速溶咖啡，而这家店铺使用的则是由尼泊尔咖啡豆制作的正宗咖啡。普通杯 Rs60，大马克杯 Rs95，冰镇咖啡 Rs80，里面的冰块也是用咖啡制作的，因此味道浓郁。在这里还可以品尝到发面饼 Rs80~，三明治 Rs90~，千草早餐套餐 Rs190。

早餐可以选择发面饼和香蕉酸奶

住 P.O.Box5741，Jyatha
☎ 4223216
营 周一～周六 7:00~19:00（周日 ~14:00） 税 含
服 无 卡 不可
NET Wi-Fi 免费

雪人咖啡
Snowman

咖啡　乔琴　Map p.38-D2

◆**传递古老美好时光的老咖啡屋**　这家咖啡屋于 1965 年开业，算是奇异街上最古老的店铺之一。店内墙壁上装饰着令人产生幻觉的绘画作品，使人一下子就沉浸在古老的加德满都风情当中。橱窗里摆放着奶酪蛋糕 Rs70、咖啡蛋糕 Rs70 等店里自制的蛋糕，味道朴素。其中值得推荐的是奶油焦糖蛋糕 Rs70。

用很多鸡蛋烤制的奶油焦糖蛋糕（右下）

住 Jhochhen
☎ 4246606
营 每天 8:00~20:30
税 含 服 无
卡 不可
NET 无

到当地食堂去品尝美食！

加德满都的廉价美食

Local Gourmet in Kathmandu

在泰米尔区的餐馆里可以品尝到世界各地的美食，但是如果有些游客觉得总是去面向观光游客的餐厅没有意思的话，不妨走进当地的大众食堂看一看。

塔卡利班恰 Thakali Bhancha

Map p.37-B1 住 Thamel ☎ 4436910 营 每天 9:30~23:00
税 含 服 无 卡 不可 NET 无

位于泰米尔区，是很受当地尼泊尔人欢迎的餐馆。店内很整洁，女性顾客也可以轻松进餐。蒸饺 Rs90~120、炒面 Rs100~150、炒饭 Rs100~150 等菜品，价格合理。值得推荐的是塔卡利套餐 Rs210（素食 Rs150）。主食除了米饭以外，还有面包、玉米饭等可供选择。

塔卡利套餐。除了肉以外都可以随便吃

奇林切 Gilingche

Map p.37-B2 住 Thamel ☎ 4410026 营 每天 9:00~20:30
税 含 服 无 卡 不可 NET 无

位于泰米尔区，是这里人尽皆知的著名藏餐餐馆。藏式饺子 Rs90~，有素馅、鸡肉、牛肉馅 3 种，可以选择蒸饺、煎饺、炸饺等不同的烹调方式。面片汤 Rs70~。此外还有很多可以下酒的小菜。餐馆位于建筑物的里侧，入口不太明显，可以向当地人打听。

杂煮面片汤 Rs125

德里贝尼 Tribeni

Map p.37-C1 住 Chhetrapati ☎ 4251984
营 每天 9:00~14:00、18:00~22:00 税 含 服 无 卡 不可 NET 无

最基本的尼泊尔扁豆汤套餐（包括米饭、咖喱蔬菜、扁豆汤和泡菜）Rs50。这种便宜的价格对于当地的尼泊尔人来说也是很少见的。但是追加米饭时每碗需要加收 Rs50（半碗米饭 Rs25）。如果需要加肉菜的话，鸡肉 Rs100、牛肉 Rs120、鸡蛋咖喱 Rs60。从切特拉帕蒂十字路口向北走，左侧第一条路进去之后，立即就看到位于左边的这家店铺。

尼泊尔套餐中的菜品味道清淡可口

新埃佛勒斯特饺子铺 New Everest Momo Center

Map p.37-A1 住 Lekhnath Marg，Thamel
营 每天 10:00~20:00 税 含 服 无
卡 不可 NET 无

位于泰米尔北侧的莱克纳特路，是一家饺子专营店，很受尼泊尔人欢迎。10 个饺子的价格是 Rs50，5 个的话 Rs25。很容易就可以填饱肚子。

刚出锅的热气腾腾的饺子蘸着调味汁一起吃吧

读者推荐的餐馆
Reader's Recommended Restaurant

穆斯唐·塔卡利·邱罗
Mustang Thakali Chulo

✉ 这是一家由一对年轻的塔卡利族夫妇经营的餐馆。放入荞麦粉炸制的点心 Rs100、独家特色带翅膀的饺子 Rs250、塔卡利套餐 Rs350。

泰米尔 Map p.37-C2

住 Thamel ☎ 4248083
营 10:00~15:30、17:30~22:00
税 含 服 10%
卡 不可 NET 无

北方田园咖啡
Northfield Café

✉ 在这里可以一边欣赏尼泊尔传统乐器演奏的音乐，一边享受美食。这是一家气氛很好的花园式餐馆。有着海外演出经验的乐队几乎每晚都来现场演出。

泰米尔 Map p.37-B1

住 Thamel ☎ 4700884
营 每天 7:00~22:30
税 13% 服 10%
卡 M V
NET Wi-Fi 免费

杨林
YangLing

✉ 如果请当地的朋友带你去一家餐馆吃饭，他们肯定要带你来这里。这是一家由藏族人经营的食堂。上楼梯，二楼就是这家食堂。面片汤 Rs100~、蒸饺 Rs110~、炒饭 Rs120~ 等，价格便宜而且款款美味。

泰米尔 Map p.37-B1

住 Thamel
☎ 4701225
营 11:30~21:00
休 周六
税 含 服 无
卡 不可 NET 无

东京居酒屋
Tokyo Izakaya

✉ 这家店进口很窄，里面的空间却很宽敞，顾客很多很热闹。除了拉面 Rs250、炸猪排盖浇饭 Rs250、炸虾天麸盖饭 Rs350 之外，还有寿司、烤鸡肉串等丰富的菜品，味道不错哦。

泰米尔 Map p.37-B2

住 Thamel ☎ 4413548
营 每天 10:00~22:00
税 含
服 10%
卡 M V
NET WiFi 免费

新重庆味快餐店
New Chong Qing Wei Fast Food

✉ 这是一家物美价廉的中餐馆。顾客不仅有中国人，还有来自各个国家的游客，总是顾客盈门，晚餐时常常座无虚席。汤 Rs120~、炒饭 Rs120~、担担面 Rs120 等。菜量非常大，几个人一起吃比较好。

泰米尔 Map p.37-C2

住 Thamel ☎ 无
营 9:00~22:00
税 含
服 无
卡 不可
NET 无

喜马拉雅爪哇咖啡
Himalayan Java

✉ 普通咖啡 Rs80、拿铁咖啡 Rs130 等，这家咖啡屋的咖啡品种多达 40 多种。店里有咖啡机，可以根据顾客的口味要求现场煎煮或制作、包装咖啡。味道超好，当作土特产品带回去也很不错。

泰米尔 Map p.37-B2

住 Tridevi Marg ☎ 4422519
营 每天 7:00~21:00
税 13% 服 10%
卡 不可
NET WiFi 免费

COLUMN

阿育吠陀和藏医学

阿育吠陀和藏医学等传统医学一直受到以欧美为代表的先进国家的关注。这一动向也表明了人们开始用批判的眼光来看待把心灵和身体的各个部位划分得非常细致的西洋医学。现代医学的潮流就是把心灵和身体看作一个整体的宏观医学。

在中国除了西医治疗的医院以外，还有传统的中医院。尼泊尔也是一样，除了西医医院以外，还有使用阿育吠陀的医院以及藏学医院等。如果在尼泊尔旅游碰到自己身体不适的情况，或者是本身处于亚健康的人，不妨利用这一机会去这样的医院接受一下当地的治疗方法。按照西医的理论，如果各项指标在规定的范围内，就认为身体没病，是一个健康的人；但是传统医学注重提高自身的自然治愈能力，这样可以使人们有一个更好的健康状态。

阿育吠陀在梵语中的意思是“生命科学”，产生于印度，距今已经有5000多年的历史，据说诞生于公元前2世纪前后的中医也曾受到它的影响。在尼泊尔保健部的下面设有阿育吠陀局，以及草药园、制药厂、医院和附属学校等。虽然现在在尼泊尔看病找西医的人逐渐增多，但是传统医疗仍然得到很多人的支持。

在我国西藏，人们以佛教哲学为基础，引进阿育吠陀和中医两者的技术的同时，加入西藏自古以来的民间信仰萨满教等传统，从8世纪开始发展起自己独特的藏医学。据说在中医中使用的针灸最早就起源于藏医学。

下面介绍的是加德满都最具代表性的两家医院。这两家医院都是以诊脉和问诊来判断患者的健康程度，给予饮食、休息方式方面的建议，然后再配合一些传统的药物。不收诊疗费，但是需要支付药费。药物中包括植物、动物和矿石等，有些还需要配以宝石等进行调和。在尼泊尔，阿育吠陀的医生被称为“拜德亚”，藏医医师则被称为“阿姆齐”。

■阿育吠陀诊所
Ayurvedic Clinic

从阿山广场朝着佛塔的方向走，在最初的小三岔口向右拐的第一幢建筑物内。不太容易找到，可以向周围的人多打听。这家医院是由巴珠拉查里雅家族经营的，据说这一家族从700年前就是白麦群卓拿神庙的祭司和阿育吠陀的医师。在这里开设医院的是这一家族的第五代。据说他们制作的药物使用了500多种药草，对于治疗甲肝有很好的疗效。

Map p.36-C2 住Mahaboudha ☎ 4223960
开7:00~19:00（13:30~16:00可以用英语沟通）
休 全年无休

■昆分藏医学中心
Kunphe Tibetan Herbal Clinic

位于斯瓦扬布纳特寺的北侧，医院设在一家由日本人经营的孤儿院里。这里的阿姆齐出身于医师世家，所有的药材都以采自我国西藏的自然野生的草药为原料。就诊前需要预约。医院的位置不太好找，去之前要打电话确认。

Map p.34-A1 住P.O.Box21522，Swayanbhu
E-mail tibetanchildren@gmail.com
☎ 9841-659777
开8:00~11:30、14:00~17:00 休 周日及节日

服务很周到

注：医疗效果因人而异。另外在接受治疗和服药时，一定要向自己的医师咨询清楚各项事宜。

加德满都的酒店和旅馆

Hotel & Guest House in Kathmandu

城市北侧的泰米尔区集中了很多面向观光游客的住宿设施，从高档酒店到便宜的旅舍有数百家，选择余地很大，也许会让人在选择时犹豫不决。这一地区还集中了很多餐馆、土特产和纪念品商店以及旅行社，总之是一个非常方便的场所。

杜巴广场附近的乔琴区（奇异街）有很多从前保留下来的老式山间小屋风格的旅馆。从设施上看这些旅馆不是很好，但是住宿费很便宜。由于泰米尔区的观光游客太多，有些人会嫌这里太喧闹，而此时就可以选择住在乔琴地区的旅馆里。

高档酒店大多集中在现王宫南侧的杜巴大街以及北侧的 Lazimpat 地区。另外在郊外除了一些高档酒店和中档酒店以外，还有几家既便宜又舒适的宾馆。

关于设施

A/B = 带浴室或者淋浴 · 卫生间
C/D= 公共浴室或者公共淋浴 · 卫生间

空调　电话　电视
小酒吧　室内保险箱　浴缸
游泳池　健身房　商务中心

关于费用

原则上都对外写明公开门市价。但是，实际上可以得到比门市价更优惠的住宿价格。详细情况请参考 p.288 的专栏介绍。

凯悦酒店

Hyatt Regency

◆大型度假酒店　距离博达哈大佛塔非常近，是一家极高档的酒店。酒店大厅里摆放着雕像，尼泊尔传统样式的装饰随处可见。客房宽敞，浴室里的浴缸和淋浴房是分开的，设计很奢华。另外还有露天游泳池和正宗的 SPA。俱乐部房间还提供免费上网服务。

高档酒店　东部 Map p.35-A4

住 P.O.Box9609，Taragaon，Boudha
☎ 4491234　FAX 4490033
URL www.kathmandu.regency.hyatt.com
费 A/B ⓈⓌ US$165~　税 13%　服 10%
卡 A D J M V　房间数 290
NET Wi-Fi（24 小时 US$15）

牦牛雪人酒店

Hotel Yak & Yeti

◆拥有值得夸耀的传统与规格的最高级酒店　酒店分为由拉纳家族的宫殿改装的老馆和现代感十足的新馆，内部装潢显得非常有品位。店内除了设有赌场以外，还设有网球场、露天游泳池和用原来的宫殿剧场改装的餐馆以及一家著名的俄罗斯餐厅等，总之设施非常齐全。

高档酒店　杜巴路 Map p.38-A2

住 P.O.Box1016，Durbar Marg
☎ 4248999　FAX 4227781
URL www.yakandyeti.com
费 A/B ⓈⓌ US$215~　税 13%
服 10%　卡 A D J M V　房间数 270
NET Wi-Fi；（24 小时 US$12）

雷迪森酒店

Radisson Hotel

◆讲究的设施及服务　雷迪森是一家美国连锁酒店。客房以驼色为基调，给人的感觉很明亮。在布局设计上则令人感到使用方便，甚至连茶具都有配备。屋顶设有游泳池，一层是一家正宗的意大利餐厅，名为“橄榄花园”。

高档酒店　Lazimpat 地区 Map p.35-B3

住 P.O.Box2269，Lazimpat
☎ 4411818　FAX 4411720
URL www.radisson.com/kathmandune
费 A/B ⓈⓌ US$185~　税 13%
服 10%　卡 A D J M V　房间数 260
NET Wi-Fi 免费

加德满都索尔迪皇冠假日酒店
Soaltee Crowne Plaza

高档酒店　西部　Map p.34-C1

住 P.O.Box97，Tahachal　☎ 4273999
FAX 4272205
URL www.crowneplaza.com
费 A/B Ⓢ US$220~ Ⓦ US$230~
税 13% 服 10% 卡 A D J M V
房间数 283　NET Wi-Fi（每小时 Rs500）

◆**设施和服务一流的高档酒店**　从市中心驱车大约20分钟就可以到达这里。酒店是一座红砖建筑，客房的装潢给人以厚重感，形成一种高端大气的气氛。店内设有中餐馆的“中国花园”，意大利餐厅，以及赌场和尼泊尔唯一的室外温水游泳池等，设施非常齐全。

加德满都军刀酒店
Hotel Shanker

高档酒店　Lazimpat地区　Map p.34-B2

住 Lazimpat
☎ 4410151　FAX 4412691
URL www.shankerhotel.com.np
费 A/B Ⓢ US$159 Ⓦ US$186 税 13%
服 10% 卡 A D M V 房间数 94
NET Wi-Fi 免费

◆**有历史感的宫殿式酒店**　这座酒店是建于19世纪末的建筑，改装自拉纳家族居住的宫殿。新古典样式的外观以及内部的装潢非常精美。客房宽敞舒适，内饰风格雅致。宽敞的花园里还有露天游泳池、餐厅、酒吧以及SPA，设施齐全。从这里前往泰米尔区，距离不远，步行就可以到达。

安纳普尔纳酒店
Hotel de l'Annapurna

高档酒店　杜巴路　Map p.38-AB1

住 P.O.Box140，Durbar Marg
☎ 4221711 FAX 4225236
URL www.annapurna-hotel.com
费 A/B Ⓢ US$140~ Ⓦ US$150~
税 13% 服 10% 卡 A D J M V
房间数 155　NET Wi-Fi（每小时 Rs300）

◆**面对王宫大道，交通便利的酒店**　酒店创建于1965年，在加德满都属于历史比较悠久的老字号。客房楼为3层建筑，充满了历史感。店内设有露天游泳池、商务中心、赌场、印度餐厅、中餐馆等。另外在酒店的入口处还同时设有咖啡店和购物中心。

香格里拉酒店
Shangri-La Hotel

高档酒店　Lazimpat地区　Map p.35-A3

住 P.O.Box655，Lazimpat
☎ 4412999 FAX 4414184
URL www.hotelshangrila.com
费 A/B Ⓢ US$200~ Ⓦ US$220~
税 13% 服 10% 卡 A J M V
房间数 100　NET Wi-Fi（每小时 Rs415）

◆**宽敞的花园很值得夸耀**　客房楼的建筑为尼泊尔式样，露天游泳池也是由尼瓦尔工匠特别建造的。店内有一座宽敞的花园，里面的花草树木经过了精心的修剪，可以在这里悠闲地散步。此外还有商务中心、赌场、健身俱乐部，以及现场音乐伴奏的爵士酒吧。

马拉酒店
Malla Hotel

高档酒店　泰米尔　Map p.37-A2

住 P.O.Box787，Lekhnath Marg
☎ 4418385 FAX 4418382
URL www.hotelmalla.com
费 A/B Ⓢ US$175~ Ⓦ US$200~
税 13% 服 10% 卡 A J M V 房间数 125
NET Wi-Fi（每小时 Rs187）

◆**设施齐全的老酒店**　位于泰米尔区的北面，于1975年开业。客房最近进行了重新改装。豪华客房内设有电脑和打印设备。餐馆有3家，分别是提供尼泊尔和西餐的餐馆，法国和意大利餐馆以及中餐馆。另外还有咖啡店和美容院等。

机场酒店
Airport Hotel

◆**加德满都最早的机场酒店**　这是一家建在机场大门正对面，于2011年开业的现代化酒店。客房虽然不是很宽敞，不过木质地板和深褐色的家具增添了房间安静舒适的气氛。周边的餐馆等商业设施很少，乘坐深夜到达的航班或是早航班出发时住在这里会非常方便。

高档酒店　机场　Map p.35-C4

住 Airport, Sinamangal ☎ 4462973
FAX 4462975
URL www.airporthotelkathmandu.com
费 A/B Ⓢ US$100 Ⓦ US$110
税 13% 服 10% 卡 A J M V 房间数 55
NET Wi-Fi（餐厅免费）

皇家辛吉酒店
Royal Singi Hotel

◆**内设有远眺美景的中餐馆**　位于杜巴路向东延伸的拉尔·杜巴路上，这是一幢7层建筑。除了品尝尼泊尔美食与西餐的餐馆外，酒店最上层还有一家名叫“中国山”的中餐馆。通过网上预约房价有20%的优惠，早餐与机场接机均免费。

高档酒店 Lal Durbar 地区 Map p.38-B2

住 P.O.Box13168, Lal Durbar
☎ 4424190 FAX 4424189
URL www.hotelroyalsingi.com
费 A/B Ⓢ US$100 Ⓦ US$120 税 13%
服 10% 卡 A J M V 房间数 83
NET Wi-Fi（每小时 Rs250）

吠舍离酒店
Hotel Vaishali

◆**从顶层客房可以眺望美丽的景色**　这是一家印度连锁酒店，在泰米尔区应该说是设施比较齐全的酒店。铺满大理石的大堂以及客房装潢都充满了厚重的感觉。并设有餐厅、酒吧、室外游泳池。有些季节在这里住宿还可以得到很大的优惠。

中档酒店　泰米尔　Map p.37-B1

住 P.O.Box206, Thamel ☎ 4413968
FAX 4414510
URL www.hotelvaishali.com
费 A/B Ⓢ US$90~ Ⓦ US$110~
税 13% 服 10% 卡 M V 房间数 93
NET Wi-Fi（每小时 Rs60）

轮回度假酒店
Samsara Resort Hotel

◆**6层建筑，可以看到很好的景致**　2006年开业，在泰米尔区属于比较新的酒店。位于繁华街区的最里面，非常安静。虽然没有电梯，但是客房宽敞，顶层设有宽敞的套房和眺望美景的餐厅。包括露台及酒吧在内的店内所有场所全面禁烟。

中档酒店　泰米尔　Map p.37-A1

住 P.O.Box1674, Thamel ☎ 4417711
FAX 4429821
URL www.samsararesort.com
费 A/B Ⓢ US$70~80 Ⓦ US$80~95
税 13% 服 10% 卡 A J M V 房间数 30
NET Wi-Fi 免费

马沙阳蒂酒店
Hotel Marshyangdi

◆**从屋顶可以看到街景**　这家酒店的客房不够宽敞，设施有些陈旧，不过保持得很整洁。在花草树木修剪得当的花园里能够休闲放松。不通过旅行社直接预订酒店，可以得到35%房价优惠（淡季时优惠达45%）。花园另一端的别馆，单人间US$30~40、双人间US$40~50。

中档酒店　泰米尔　Map p.37-A1

住 P.O.Box13321, Paknajol, Thamel
☎ 4700105 FAX 4701008
URL www.hotelmarshyangdi.com
费 A/B Ⓢ US$80~100 Ⓦ US$90~100
税 13% 服 10% 卡 M V 房间数 95
NET Wi-Fi 免费

大使花园之家
Ambassador Garden Home

◆泰米尔区最初的小型酒店 这家改装自古建筑物的酒店，于2009年开业。一层设有舒适的起居室和中心花园，给人以宽松的家的感觉。客房装潢以黑色为基调，简洁时尚。所有客房都带淋浴。超豪华客房面积宽敞，配有电视和小酒吧。

中档酒店　泰米尔　Map p.37-B1

住 P.O.Box9681，Thamel ☎ 4700724
FAX 4701133
URL www.aghhotel.com
费 Ⓢ US$51~87 Ⓦ US$63~105
税 13% 服 10% 卡 JMV 房间数 18
NET Wi-Fi 免费

圣喜马拉雅酒店
Hotel Holy Himalaya

◆便利而且周边很安静 位于大马路的里侧，因而让人感觉很安静。5层高的建筑带有电梯，这在同一档次的酒店里实属罕见。几乎每个房间都安装了空调，有的房间带浴缸，有的套间带厨房。除了配备电脑外，还可以免费上网。

中档酒店　泰米尔　Map p.37-C2

住 P.O.Box19538，Thamel
☎ 4263172 FAX 4250793
URL www.holyhimalaya.com
费 A/B Ⓢ US$20~40 Ⓦ US$28~50
税 13% 服 10% 卡 JMV 房间数 55
NET Wi-Fi 免费

庭院酒店
Courtyard Hotel

◆受欢迎的朋友似的服务 尼瓦尔样式的窗户以及砖砌的建筑令人赞叹。由于位于一条小巷的尽头，所以适合悠闲地在此逗留。老板夫妇是美国人，对人很友好。客房床上铺着的美国造床垫以及被褥，令人拥有舒适的睡眠。包含早餐。

中档酒店　泰米尔　Map p.37-B1

住 P.O.Box463，Z-Street，Thamel
☎ 4700476 FAX 4700683
URL www.hotelcourtyard.com
费 A/B Ⓢ US$40~ Ⓦ US$45~ 税 13%
服 10% 卡 JMV 房间数 24
NET Wi-Fi 免费

日落美景
Hotel Sunset View

◆充满了家庭气氛 酒店周边树木茂盛，位于高台之上，可以眺望远处的美景，尤其是夕阳西下的景色非常美丽。店内设有日式餐馆以及受到好评的喜马拉雅荞麦面馆（→p.66）。含早餐。

中档酒店　南部　Map p.35-D3

住 P.O.Box1174，New Baneshwor
☎ 4783172 FAX 4782219
URL www.hotelsunsetview.com
费 A/B Ⓢ US$65~100 Ⓦ US$90~120
税 13% 服 10% 卡 AJMV 房间数 28
NET Wi-Fi 免费

基多酒店
Hotel Kido

◆服务非常周到 酒店经理是日本人，日式风格很明显。含日式早餐套餐，房间内也有日式浴缸。顾客在大堂可以享受咖啡、红茶、日本茶以及水果的免费赠送服务。洗衣服也是免费的。同一建筑里还有一家名叫“田村”的口味正宗的日式餐馆。

中档酒店　南部　Map p.35-C3

住 P.O.Box1059，Thapathali
☎ 4241088 FAX 4224728
E-mail hkido@mos.com.np
费 A/B Ⓢ US$60 Ⓦ US$75 税 13%
服 10% 卡 JMV 房间数 27
NET Wi-Fi（每15分钟 Rs15）

泰米尔区的经济型酒店和旅馆
Economical Hotel & Guesthouse in Thamel Area

加德满都旅馆
Kathmandu Guest House

◆在泰米尔区是最具代表性的老旅馆。至今还有很多欧洲人喜欢住在这里。新馆和旧馆内有各种类型的客房，并设有货币兑换处和旅游咨询处。住宿时间在一周以上房价还可以打折。

Map p.37~B1

住 P.O.Box21218，Thamel
☎ 4700632 FAX 4700133
URL www.ktmgh.com
费 C/B Ⓢ US$2~12 Ⓦ US$4~16
A/B Ⓢ US$40~160 Ⓦ US$50~180
税 13% 服 10% 卡 A M V
NET Wi-Fi 免费（餐厅）

西藏旅馆
Tibet Guest House

◆共有 102 间客房，从普通客房到套间各种各样的房型都有。可以根据自己的预算进行选择。在顶层餐厅可以看到美景。

Map p.37-C1

住 P.O.Box10586，Chhetrapati，Thamel
☎ 4260383 FAX 4260518
URL www.tibetguesthouse.com
费 A/B Ⓢ US$16~90 Ⓦ US$20~100
税 13% 服 10% 卡 M V NET Wi-Fi 免费
读者优惠 20%~40%

天堂花园酒店
Nirvana Garden Hotel

◆从切特拉帕蒂进入一条小巷，走到路的尽头就是这家旅馆。南向房间阳光明媚，店里还有安静的中心花园。豪华客房里配有电视和浴缸。

Map p.37~C1

住 P.O.Box5728，Chhetrapati
☎ 4256200 FAX 4260668
URL www.nirvanagarden.com
费 A/B Ⓢ US$40~80 Ⓦ US$50~80
税 13% 服 10% 卡 M V NET Wi-Fi 免费
读者优惠 20%~50%

国际旅馆
International Guest House

◆设有老馆和新馆，价格合理，设施和服务都不错，给人感觉更像一家中档酒店。在尼瓦尔风格装饰的美丽的花园里，可以轻松漫步。店内有餐馆。提供免费机场接送服务。

Map p.37-B1

住 P.O.Box7060，kaldhara，Thamel
☎ 4252299 FAX 4252999
URL www.ighouse.com
费 A/B Ⓢ US$24~60 Ⓦ US$28~60
税 13% 服 10% 卡 M V NET Wi-Fi 免费
读者优惠 20%~50%

尼泊尔通路
Hotel Access Nepal

◆位于泰米尔区中心的 2012 年开业的酒店。空调、电视、吹风机齐备，更有带浴缸的房间。带早餐。预约的话有到机场免费接机的服务。

Map p.37-B1

住 P.O.Box7808，Thamel
☎ 4701350 FAX 4701385
URL www.hotelaccessnepal.com
费 A/B Ⓢ US$55~75 Ⓦ US$70~90
税 13% 服 10% 卡 J M V NET Wi-Fi 免费
读者优惠 25%~40%

阿卡迪亚旅馆
Arcadia

◆这是一家总共有 7 间客房的公寓式旅馆。由于配有厨房和冰箱，对于想自己做饭或是家庭旅游的游客十分方便。客厅里有沙发，有的客房配有浴缸、空调。

Map p.37-C1

住 P.O.Box9315，Thamel ☎ 4260187
FAX 4257733
URL www.arcadianepal.com
费 A/B Ⓢ Ⓦ US$50~60 税 13%
服 10% 卡 A M V NET Wi-Fi 免费

泰米尔区的经济型酒店和旅馆
Economical Hotel & Guesthouse in Thamel Area

富士酒店
Fuji Hotel

◆主要接待亚洲游客，是一家新改建的酒店。通过电话预约，还可以提供免费机场接机服务。

Map p.37-C2

住P.O.X6209，Jyatha，Thamel
☎ 4250435 FAX 4229234
URL www.fujiguesthouse.com
费A/B Ⓢ US$20~50 Ⓦ US$32~80
税 13% 服10% 卡JMV
NET Wi-Fi 免费

月光酒店
Hotel Moonlight

◆位于街道里侧，周边环境安静。建筑物和设施虽然让人感觉有些陈旧，但是客房宽敞整洁。豪华客房里还配有空调、阳台。

Map p.37-A1

住P.O.Box6667，Paknajole
☎ 4380636 FAX 4380452
URL www.hotelmoonlight.com
费A/BⓈUS$25~50 Ⓦ US$45~60 税 13%
服10% 卡AMV NET Wi-Fi 免费
读者优惠 20%~50%

加内西西马尔酒店
Hotel Ganesh Himal

◆从切特拉帕蒂广场向着杜巴广场方向，沿着一条小巷往西走，就是这家酒店。由于位于小巷深处，所以很安静。这里有花草树木精心修剪的花园，令人精神放松。可以惬意地住在这里。

Map p.36-B1

住P.O.Box12547，Chhetrapati
☎ 4263598 FAX 4263549
URL www.ganeshhimal.com
费A/B Ⓢ US$15~20 Ⓦ US$20~35
税13% 服10% 卡JMV NET Wi-Fi免费
读者优惠 10%

家庭旅馆
Hotel Family Home

◆这家旅馆仅有18间客房，不是很宽敞，不过还比较新，客房也很整洁。顶层有餐厅，含早餐。

Map p.37-C2

住Ashok Gali，Thamel ☎ 4252050
URL www.hotelfamilyhome.com
费A/B ⓈUS$20~ Ⓦ US$30~
税 含 服 无 卡JMV
NET Wi-Fi 免费

生态度假酒店
Eco Resort

◆位于小巷的尽头，共有43间客房。一座5层高的建筑，却合围出有一个小塔的中心花园。含自助式早餐。这里还开设瑜伽、冥想的课程（要收费）。

Map p.37-C2

住P.O.Box20144，Chibahal，Thamel
☎ 4263810
URL www.thamelecoresort.com
费A/B ⓈUS$60~ Ⓦ US$65~ 税 13%
服10% 卡MV NET Wi-Fi 免费

背包客之家
Hotel Backpackers Inn

很干净，床品也很舒适。旅馆经理还可以帮忙安排旅游活动。大堂可以上网。

读者推荐

Map p.37-C2

住Jyatha，Thamel ☎ 4225319
URL www.hotelbackpackers.com.np
费C/B Ⓢ Rs400 A/B ⓈRs800 Ⓦ Rs1000 税 含 服 无 卡 不可
NET Wi-Fi 免费

泰米尔区的经济型酒店和旅馆
Economical Hotel & Guesthouse in Thamel Area

海豚旅馆
Dolphin Guest House

✉ 店主很亲切。通过上网预约可以提供免费机场接机服务。

Map p.37~A2

住 P.O.Box12170，Thamel
☎ 4425422 FAX 4420697
URL www.dolphinguesthouse.com
费 C/B Ⓢ US$16 Ⓦ US$24 A/B Ⓢ US$24 Ⓦ US$30~40 税 含 服 无
卡 不可 NET Wi-Fi 免费
读者优惠 10%

帝国旅馆
Imperial Guest House

✉ 虽然位于泰米尔区的中心地带，不过处在主干道旁的一条小巷深处，所以非常安静。有花园有阳台，能够很好地放松。客房里的窗户宽敞，阳光明媚，房间打扫得也很干净。店老板很亲切。

Map p.37~C2

住 Bahadur Bhawan，Jyathe
☎ 4249339
URL www.imperial.idia.ru
费 A/B Ⓢ Rs660 Ⓦ Rs880
税 含 服 无 卡 不可
NET Wi-Fi 免费

背包客旅店
Bag Pacher's Lodge

✉ 客房整洁明亮，淋浴的热水充足。店老板和服务员态度亲切、服务周到，住在这里很愉快。

Map p.37~B1

住 Chaksibari Marg-29 ☎ 4700686
URL www.bagpackerslodge.com
费 C/B Ⓢ Rs500 Ⓦ Rs600 A/B Ⓢ Rs800 Ⓦ Rs1000
税 含 服 10% 卡 不可
NET Wi-Fi 免费

默图本旅馆
Madhuban Guest House

✉ 店主经常亲切地提供旅游活动建议或是帮着买票。前台的电脑可以免费上网。含早餐。

Map p.37~C1

住 P.O.Box10985，Chhetrapati
☎ 4263801 URL www.lodgingnepal.com
费 C/B Ⓢ US$6 Ⓦ US$10 A/B Ⓢ US$10~14 Ⓦ US$12~17 税 13% 服 无
卡 M V NET Wi-Fi 免费
读者优惠 10%

博卡拉和平酒店
Hotel Pokhara Peace

✉ 店主一家住在旅馆里，所以夜晚让人很放心。屋顶有厨房，我请老板娘教我做尼泊尔菜肴并一起用餐。

Map p.37~C2

住 Chibaha，Marga-2，House No.105
☎ 4249579
E-mail omshantiok@yahoo.com
费 A/B Ⓢ Rs660~880 Ⓦ Rs880~1200
税 含 服 无 卡 不可
NET Wi-Fi 免费

圣洁小屋酒店
Holy Lodge

✉ 店主还经营旅行社，对人很亲切。有带阳台的宽敞的客房，可以洗热水澡。上网预约提供免费机场接机服务。

Map p.37~B1

住 Thamel ☎ 4701763
URL www.holylodge.com
费 C/B Ⓢ US$5~ Ⓦ US$6~ A/B Ⓢ US$10~ Ⓦ US$20~ 税 含 服 无
卡 M V NET Wi-Fi 免费
读者优惠 20%

杜巴广场周边的经济型酒店和旅馆
Economical Hotel of Guesthouse Around Durbar Square

苏加特酒店
Hotel Sugat

◆酒店面朝巴桑塔布尔广场，可以看到老王宫和杜巴广场周边的景色。建筑物本身有些陈旧，但是由于地理位置优越所以受到长期住店游客的欢迎。屋顶摆放着很多盆栽植物，让人感觉很舒适。相邻的“Grass Hopper”餐厅有免费 Wi-Fi。

Map p.38-C1
住 Basantapur，Durbar Square
☎ 4246454 费 C/B Ⓢ Rs250 Ⓦ Rs550 A/B Ⓢ Rs550 Ⓦ Rs650
税 含 服 10%
卡 不可
NET 无

喜马拉雅旅馆
Himalayan Guest House

◆和上面介绍的苏加特酒店挨着，住在这里也可以从客房窗户或屋顶饱览杜巴广场与加德满都的街景。也可以只在屋顶餐厅用餐。

Map p.38-C1
住 Basantapur，Durbar Square
☎ 4247487
E-mail himalgst@hotmail.com
费 C/B Ⓢ Rs500 Ⓦ Rs600 A/B Ⓢ Rs700 Ⓦ Rs900 税 含
服 无 卡 不可 NET Wi-Fi 免费
读者优惠 20%

日本旅馆
Nippon Guest House

◆古老的红砖建筑以及木雕的玄关和窗户，充满了尼瓦尔传统建筑的特色。这是一家总共有 7 间客房的小旅馆，店主在日本居住过，其夫人是日本人。有的房间带有日式浴缸。

Map p.38-C2
住 Jhochhen，Basantapur，Layakusal
☎ 4251701 FAX 4275723
E-mail nipponguesthouse@mail.com.np
费 A/B Ⓢ US$5~10 Ⓦ US$10~15
税 含 服 无
卡 不可 NET 无

世纪小屋
Century Lodge

◆于 1972 年开业，是奇异街上最古老的旅馆之一。虽然建筑有些陈旧，但是有着独特的气氛。客房干净整洁，洗澡时热水出得很畅快。

Map p.38-C2
住 422/25，Jhochhen Tole ☎ 4247641
URL www.centurylodge.4t.com
费 C/B Ⓢ Rs300 Ⓦ Rs350 A/B Ⓢ Rs500 Ⓦ Rs750 税 含 服 无
卡 不可 NET Wi-Fi 免费

安纳普尔纳小屋
Annapurna Lodge

◆从奇异街往西进入小胡同，尽头就是这家旅馆。开业已经很长时间了，建筑物有些陈旧，不过客房和公共淋浴间、卫生间都打扫得很干净。总共有 19 个房间。一层有一家另外经营的餐厅。

Map p.38-D1
住 355/26，Jhochhen Tole ☎ 4247684
费 C/B Ⓦ Rs500 A/B Ⓦ Rs600
税 含 服 无
卡 不可
NET Wi-Fi 免费

旅行者天堂旅馆
Traveller's Paradise Guest House

◆位于上面介绍的安纳普尔纳小屋的前面，一层与二层是小餐馆。9 间客房共用淋浴、卫生间。楼层低的客房有些昏暗，上面的采光比较好。客房虽然简朴却很清洁，很受长期住宿者的欢迎。

Map p.38-D1
住 Jhochhen Tole ☎ 9808495960
费 C/B Ⓢ Rs250~300 Ⓦ Rs350~400
税 含 服 10%
卡 不可 NET 无

位于郊外的经济型酒店和旅馆
Economical Hotel & Guesthouse in Suburbs

Gangjong 酒店
Hotel Gangjong

◆位于 Lazimpat 地区，是一幢 6 层高的中档酒店。“Gangjong”在藏语里是“雪之国”的意思。这里由藏族人经营，内部的装饰品以及家具都是西藏风格的。共有 52 间客房。

Map p.35-A3

住 P.O.Box385 , Lazimpat
☎ 4439888 FAX 4431388
URL www.gangjong.com
费 A/B Ⓢ US$90~100 Ⓦ US$110~120
税 13% 服 10% 卡 A J M V
NET Wi-Fi 免费

茶室酒店
Tea Lounge Hotel

◆走进 Gangjong 酒店左侧的小胡同，步行 100 米左右就看到左边有个小小的招牌。丹麦人经营的这家小旅馆，每个房间的内部装饰都有所不同，非常漂亮。含有早餐。

Map p.34-A2

住 Lazimpat ☎ 4414497
URL tingsblog.com
费 A/B Ⓢ US$20~60 Ⓦ US$25~65
税 含 服 无 卡 不可
NET Wi-Fi 免费

瓦萨纳公寓
Pension Vasana

◆位于城市和机场的中间，在 Dillibazar 区，是一座拥有 42 间客房的公寓。提前预约还可以免费到机场来接机。

Map p.35-B3

住 P.O.Box2722 , Dillibazar
☎ 4414614 FAX 4417460
URL www.pensionvasana.com.np
费 A/B Ⓢ US$22~80 Ⓦ US$30~80
税 13% 服 10% 卡 J M V NET Wi-Fi 免费
读者优惠 30%

本金蓬绍达杰灵
Benchen Phuntshok Dargyeling G.H.

◆位于斯瓦扬布纳特寺附近，这是一座佛教寺院的附属宾馆。住在这里的大多是在寺院修行的长期逗留的欧美人。有餐厅和公用厨房，但主要面对住宿一个月以上者。

Map p.34-B1

住 P.O.Box2072, Chhauni ☎ 4284204
FAX 4272302 URL www.benchen.org
费 A/B Ⓢ Rs500~600 Ⓦ Rs600~700
税 13% 服 10% 卡 不可
NET Wi-Fi 免费

INFORMATION

周六早晨前往农夫市场

每逢星期六，长期居住在加德满都的外国人有一个赶集的地方。这是名为“1905”的餐厅（Map p.37~C2）所在地，也是从早晨 9 点一直开到 12 点的农夫市场所在地。这里以销售新鲜的有机蔬菜为主，还有甜点、面包、果酱等手工制作的食品以及适合作为土特产品采购回去的很好的杂货、红茶等，也很适合旅游者来逛逛。另外还有小吃摊，游客拿着买来的食物可以在餐厅的露天座位上享用，就算是去吃早餐时顺便逛逛也是不错的。

这里也成为居住在加德满都的外国人的交流场所

从豪华酒店到经济型酒店

值得推荐的酒店

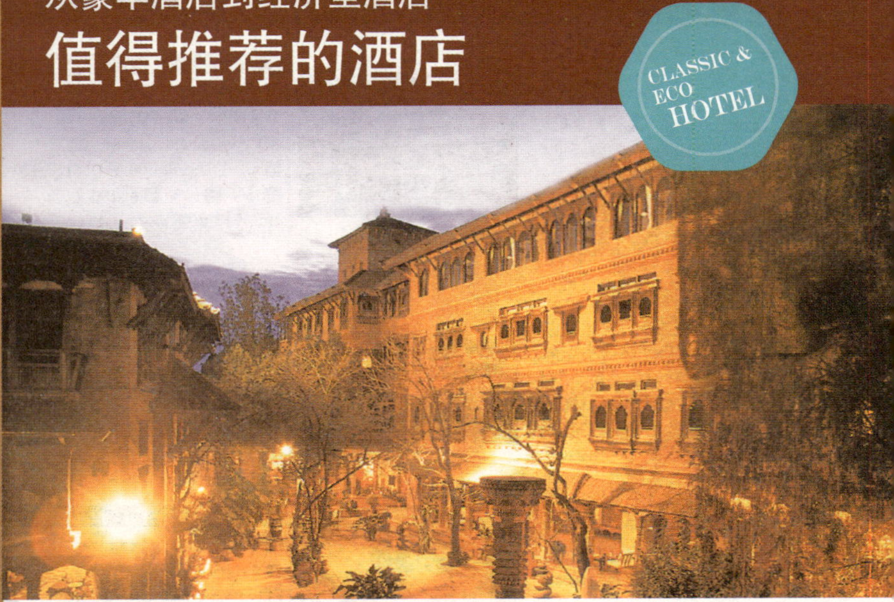

夜晚灯光照耀下的中心花园。在这里，传统的尼瓦尔建筑以酒店的形式美妙地复活了

德瓦里卡酒店 Map p.35~B3

The Dwarika's Hotel

住 P.O.Box459，Battisputali
☎ 4479488 FAX 4478378
URL www.dwarikas.com
费 A/B Ⓢ US$220~ Ⓦ US$240~
税 13% 服 10% 卡 A J M V
房间数 79 NET Wi-Fi（每小时 Rs400）

客房装潢大量使用了红砖和喜马拉雅杉树，不仅豪华，而且充满温暖感，让人心情放松

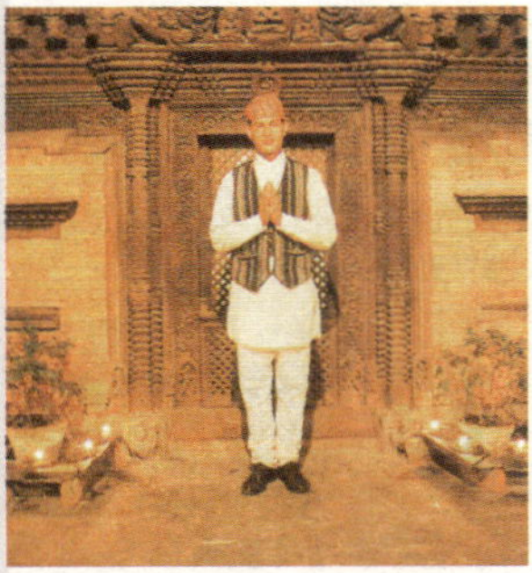

建筑使用的木雕有些取自 13~15 世纪

从车来车往的大街一踏入酒店大堂，外面的喧闹声就戛然而止，给人的感觉很寂静。这是一幢红砖建筑，装饰着尼泊尔传统工艺的木雕窗户和柱子。这些文物都来自那些被破坏的历史悠久的寺院和住宅，酒店的创建者德瓦里卡（Dwarika）先生由于对其感到惋惜而常年搜集而来。

客房内也装饰着木雕的窗户以及各种木质家具，窗帘和床单等都是棉织品，地上铺着藏式绒毯。所有这些都统一使用尼泊尔自产产品。装饰品以及浴室内的洗浴用品也都使用天然材料，独树一帜。

在酒店的克里什纳潘 Krishnarpan（→ p.62）餐厅可以品尝到全套尼泊尔菜肴，口碑很好。即便不是这里的住宿客人，也一定要来这里品尝一下菜肴或是喝个茶。

坎提普尔寺宅邸酒店 Map p.37-C2

Kantipur Temple House

住 P.O.Box14229，Chusyabahal，Jyatha ☎ 4250131
FAX 4250078 URL www.kantipurtemplehouse.com
费 A/B Ⓢ US$70~110 Ⓦ US$80~140
税 13% 服 10% 卡 JMV 房间数 48 NET Wi-Fi 免费

修建这座 5 层建筑的灵感来源于寺院

融入了尼瓦尔传统风格的豪华客房

这座气氛独特的酒店把传统和现实环境很好地融合在一起。红砖建筑看起来像一座尼泊尔寺院，这里随处使用了古老的木雕窗户和柱子做装饰。为了减少垃圾污染，酒店内不买塑料瓶装的水，同时也呼吁住宿客人不买瓶装水。另外，餐厅内的生活垃圾都被当成肥料使用，说明对环境问题非常关注。酒店内还有提供有机菜肴的餐厅。所有客房只设有淋浴设施。

金刚酒店 Map p.34-B2

Hotel Vajra

住 Bijeswari，Swayambhu
☎ 4271545 FAX 4271695
URL www.hotelvajra.com
费 C/B ⓈUS$14 ⓌUS$16
A/B ⓈUS$33~85 ⓌUS$38~90
税 13% 服 10% 卡 AJMV
房间数 51 NET Wi-Fi（每 24 小时 Rs200）

简朴而舒适的客房

这是一座充满尼瓦尔古典建筑风格的酒店，位于斯瓦扬布纳特寺所在的山脚下，周围环绕着绿色花园。酒店为了宣传尼泊尔和我国藏族文化艺术，在店内设立了画廊、图书室和剧院。每周二 19:00 开始进行尼泊尔舞蹈表演。酒店分为老馆和新馆，新馆的客房比较宽敞，带有浴缸。但是老馆有值得品味的地方。从顶层能够眺望美丽的景色。

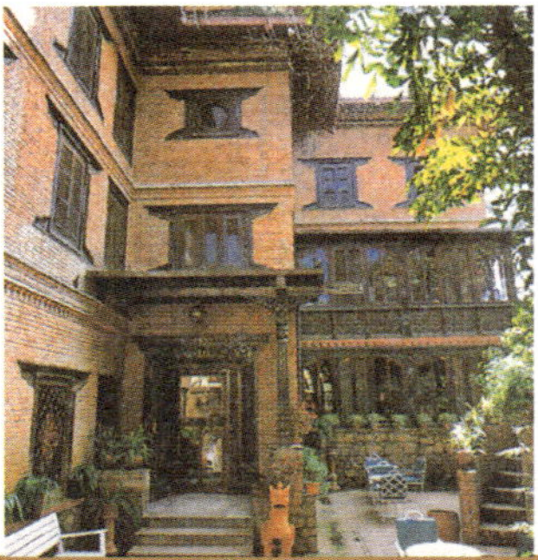

建筑物的窗户以及门都出自加德满都谷地内王宫建筑雕刻家的后裔之手

在尼泊尔的另一番体验

COLUMN

Rafting

乘船随激流而下的漂流活动

关于漂流线路

可以进行漂流活动的主要河流有：从东面开始，孙科西河、博特河、翠苏里河、喀利河、格尔纳利河等。沿着通往我国西藏的阿尼哥公路流淌的博特河以及沿着佐莫索姆街道的喀利河，都属于真正的激流线路。4~7天的长时间漂流主要面向专业的漂流爱好者。只是想稍微体验一下的话，可以选择从加德满都流向德赖平原的翠苏里河上的漂流。这条线路对于初次体验者来说非常适宜，其中既有当天返回的线路，也有2天1夜的线路。漂流结束后，也可以坐大巴前往博卡拉或者是奇旺国家公园。

关于漂流的季节

雨季过后的9月下旬~11月是进行漂流活动最好的季节。此时水量丰沛，能够挑战更惊险的漂流活动。12月~次年2月比较寒冷，此时一般不搞漂流活动。3~5月虽然气候温暖，但水量缺乏，不过此时作为户外活动还是可以进行的。6~9月中旬是雨季，此时进行漂流活动十分危险。

如何申请参加漂流活动

参加漂流活动最重要的是安全。游客申请参加漂流活动时，一定要选择加盟NARA（尼泊尔漂流代理协会 URL www.raftingassociation.org.np）的旅行社，并且要仔细确认行程内容。费用因线路而不同，每人每天US$30~100。不要根据便宜与否来选择，而是要考虑质量的因素。费用中一般包括到出发地的接送、救生衣、安全帽以及食物等必要的项目。

出发前的周边工作以及注意事项

由于到达目的地之后就马上出发，因此一定要提前换好T恤衫、短裤、游泳衣等即使沾了水也没关系的服装。不要忘记带上漂流结束后的替换衣服。不要穿着沙滩拖鞋等容易脱落的鞋子，那样很危险。要准备水上运动用的凉鞋或是运动鞋。漂流的小船里备有防水箱子。可以带着照相机。漂流过程中，要听从工作人员的指导。

主要的漂流公司

Himalayan Encounters

☎（01）4700426

URL www.himalayanencounters.com

该旅行社与世界级的大旅行社合作。办事处位于加德满都旅馆（→p.76）内。

Equator Expeditions

☎（01）4700854

URL www.equatorexpeditionsnepal.com

安排各种长距离的漂流以及皮筏活动。有很多经验丰富的工作人员。

Ultimate Descents

☎（01）4700526

URL www.ultimatedescents.com

与一家新西兰的公司合作，主要安排长距离漂流线路。

加德满都谷地

Kathmandu Valley

佛眼，博达哈大佛塔

Orientation of Kathmandu Valley

描绘佛教图案的尼瓦尔族画师

基本介绍

加德满都谷地

加德满都谷地周边环绕着5座山峰，原住民尼瓦尔人自古就生活在这里，并且孕育出自己独特的文化和艺术。帕坦和巴克塔普尔等地在马拉王朝时代都曾经是与加德满都繁荣程度不相上下的王国，在这些地方可以看到保留下来的尼瓦尔族文化遗迹。如今的加德满都虽然逐渐向着现代化的趋势发展，但是一走出这座城市，呈现在人们眼前的仍是一片悠闲的田园风光。顺着延伸至谷底边缘的道路走下去，可以看到很多保持着传统生活方式的小镇和村庄。在这里我们能够接触到当地人长年累月构筑起来的厚重的历史与文化。

交 通

从加德满都可以选择乘坐电动三轮车、小巴或者迷你巴士前往谷地内各地。这些交通工具虽然车次很多，但是途中会有许多需要上下车的乘客，所以很费时间。要想不太花费时间提高效率，包一辆出租车是很方便的选择。

宿 泊

从加德满都到这一地区内的任何地方游览几乎都可以当天返回。在帕坦和巴克塔普尔也有一些设施不错的酒店，可以选择住宿，充分感受古都的风情。另外，如果是前往眺望喜马拉雅山脉的知名景区——纳加阔特或是杜利凯尔的话，一定要选择在那里住上一晚，欣赏喜马拉雅山脉的日出景色。

博达哈大佛塔 Boudhanath

耸立着尼泊尔最大佛塔的圣地

世界遗产 बौद्धनाथ

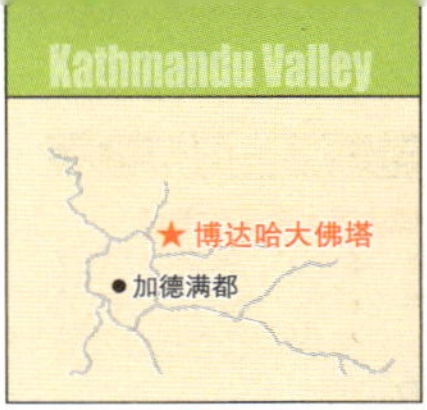

被誉为世界上规模最大的佛塔

尼泊尔的最大佛塔博达哈大佛塔所在地位于加德满都东面大约 6 公里的地方。这里自古就是藏传佛教徒主要的朝圣地之一。

关于这座佛塔的起源，在我国藏传佛教徒和尼泊尔尼瓦尔族的佛教徒之间虽然有着各自不同的传说，但是如今人们看到的佛塔一直被认为是 15 世纪遭到伊斯兰教徒破坏之后重新修建的建筑。在人们翻越连接加德满都和我国西藏的喜马拉雅山脉进行商贸往来的时期，从西藏方面来的商人以及朝圣者一定会到这里来参拜，感谢佛祖保佑他们顺利地翻越了喜马拉雅山区，并祈求能够安全地返回。

佛塔周边曾经是塔芒族人生活的农村，在部分藏族人移居此地后，寂静的山村开始建起各种寺院、住宅以及地毯工厂等。近年来建设速度不断加快，整个地区也在急速地扩展中。到佛塔朝圣的人每天络绎不绝，特别是早晨和傍晚，人流量更大，此时会形成好几层的人墙。

博达哈大佛塔被认为是在充满大自然灵气的场所建立起来的圣地。佛塔本身具有的灵气，加上无数朝圣者真诚祈祷所产生的气氛，使这座佛塔整个笼罩在强大的气场之中，这一地区的神圣感也就变得仿佛越来越浓厚。

☎ 长途区号 01

交通

从加德满都的市公共汽车站乘坐 4 路迷你巴士，大约 1 小时，费用 Rs20。或者从王后水池北面的 Jamal 的电动三轮车乘车处（MAP p.36-B2）乘坐 2 路迷你巴士或电动三轮车，大约 40 分钟，费用 Rs20。从泰米尔地区乘坐出租车大约 30 分钟，费用 Rs300 左右。

旅行小贴士

博达哈大佛塔的发音

在当地，博达哈大佛塔的发音是“博达”，“博”的元音部分拉长，当地人更容易听懂。

博达哈大佛塔的门票

外国人进入博达哈大佛塔时须购买门票 Rs150。这种门票只在当天有效。

点燃酥油灯的少年僧侣

博达哈大佛塔 漫 步

绕着佛塔顺时针行走的佛教徒

走进大门，巨大的佛塔马上映入人们的眼帘。佛塔周边围绕着以朝圣者为目标顾客的供香和佛具商店。此外还有吸引观光客的土特产纪念品商店，里面出售的商品琳琅满目。一定要右肩朝向佛塔顺时针围绕佛塔进行参拜。在大门对面的天花女神寺旁边设有可以登上佛塔的阶梯，沿阶梯可以到达 4 层基座的下面。

佛塔穹顶的底部有 108 处凹进的地方，每一处都雕刻着一座佛像。佛塔的底层基座外壁分成 147 个面。每一面墙壁内都安装着四五个转经轮。另外，佛塔北面的寺院里有两座高达 3 米的转经轮。转动这里的转经轮，会发出钟鸣一般的声响。

每年冬天，居住在尼泊尔、不丹、印度的信徒来这里参拜，顺便避寒。到了朝圣的日子，来自木斯塘、托尔巴以及印度各地的朝圣者，还有周边寺院的僧侣们会从早到晚围绕着佛塔朝拜。与以前相比，虽然进行五体投地式参拜的人少了，但是每天早上和傍晚在佛塔基座东侧的小佛塔旁边还是可以看到五体投地式磕头的朝圣者的身影。

满月之夜，位于穹顶底部的 108 座佛像前会点起蜡烛，佛塔周边则会点亮酥油灯。此时的佛塔在月光和无数的灯光掩映下异常美丽。在藏历新年到来的时刻，佛塔上会举办大法会，周边的寺庙中也会举办面具舞会等活动。

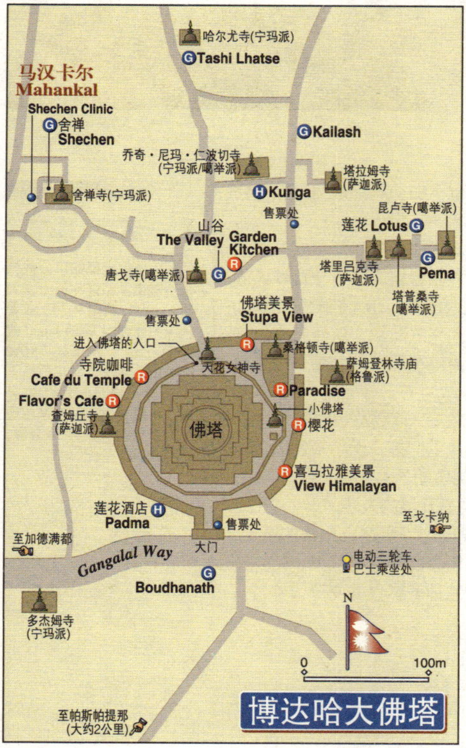

佛塔的构造指南

佛塔本身就是曼陀罗的构造，象征着代表宇宙的五大能量——地、水、火、风以及天。

据说，基座象征着冥想；穹顶象征着从所有的烦恼中解脱出来的空无的境界；底部和塔象征着实现涅槃的 13 个阶段，它们表现了佛陀的证悟和佛教的本质。

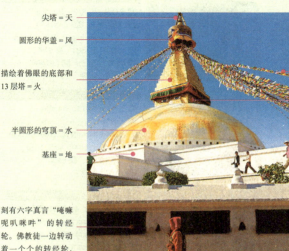

尖塔 = 天
圆形的华盖 = 风
描绘着佛眼的底部和 13 层塔 = 火
半圆形的穹顶 = 水
基座 = 地
刻有六字真言“唵嘛呢叭咪吽”的转经轮。佛教徒一边转动着一个个的转经轮，一边念诵着佛教真言绕着佛塔顺时针转塔。
印有经文的 5 色祈祷旗——塔鲁乔。蓝色代表天，白色代表风，红色代表火，绿色代表水，黄色代表地。
被称作“哈鲁米卡”的底座四面绘有注视世界的佛陀的眼睛。鼻子处的图案是尼泊尔的数字“1”，表示所有生命的统一。

COLUMN

访问藏传佛教的寺院

博达哈大佛塔周边大约有 20 来座寺院。高僧或转世活佛主持的寺院不仅是众多僧侣、尼姑学习佛学、进行修行的中心，也是建筑、雕刻、绘画、印刷术等文化种类的殿堂。让我们到附近的寺院去看看吧，领略我国藏族艺术的结晶——寺院建筑的魅力。

藏传佛教分为宁玛派、萨迦派、噶举派和格鲁派四大宗派。宁玛派最古老，它保持着8 世纪从印度将佛教传到中国西藏的印度行者莲花生大士以来的传统。在此后，又形成了萨迦派、噶举派和格鲁派。据说，在这四派当中，噶举派密宗的色彩最浓，格鲁派理论性最强，戒律也严格。达赖喇嘛属格鲁派。除此以外，我国西藏还有一种主张泛灵论的苯教，它在佛教传来以前就有了。

在寺院修行的僧侣们

在佛塔周边的寺院中，噶举派寺院每天从 15:30 开始举行 1.5 小时左右的供养仪式，在这里还可以听到鼓、笛子等乐器演奏的宗教音乐。

酒店和餐馆
Hotel&Restaurant

博达哈大佛塔有很多外国人在此长住修行，因此旅馆和餐馆也非常多，很多旅馆对长期住宿者都有优惠。

莲花酒店
Hotel Padma

◆位于佛塔的对面，地理位置绝佳。从酒店休息厅可以看到佛塔和参拜者的身影。客房小巧舒适。

Map p.88

住 P.O.Box13823，Boudha
☎ 4470957　FAX 4481550
E-mail hotelpadma@wlink.com.np
费 A/B Ⓢ US$21　Ⓦ US$31
税 13%　服 无　卡 JMV
NET Wi-Fi 免费

山谷
The Valley Guest House

◆位于佛塔北侧的唐戈寺旁边。从屋顶上向南可以看到佛塔，向北则可以看到远处的喜马拉雅山脉。长期住宿者可以选择这里带厨房的客房。含早餐。

Map p.88

住 P.O.Box1012，Boudha
☎ 4471241
URL www.thevalleyguesthouse.com
费 A/B Ⓢ Rs1100　Ⓦ Rs1650
税 含　服 无　卡 MV
NET Wi-Fi 免费

莲花
Lotus Guest House

◆这是一家由噶举派的塔普桑寺院经营的旅馆。店里住着很多学习西藏佛教的欧美人。客房整洁干净，还有宽敞的中心花园。

Map p.88

住 Boudha ☎ 4915320 FAX 4915219
E-mail lotusguesthouse@yahoo.com
费 C/B Ⓢ Rs400 Ⓦ Rs700
A/B Ⓢ Rs450 Ⓦ Rs850
税 含 服 无 卡 不可 NET 无

舍禅
Shechen Guest House

◆这是一家由舍禅寺院经营的旅馆。客房整洁干净，可以在中心花园喝茶用餐。含早餐。设有素食餐厅。

Map p.88

住 P.O.Box25783，Boudha
☎ 4479009 FAX 4470215
URL www.shechenguesthouse.com.np
费 A/B Ⓢ Rs780~900 Ⓦ Rs1115~1235
税 13%　服 无　卡 不可
NET Wi-Fi 免费

佛塔美景
Stupa View Restaurant

◆这是一家位于佛塔北侧的素菜馆。坐在顶层的露天席位可以看到佛塔。由于有一位德国女性指导菜肴的烹调制作，所以味道一直受到好评。

Map p.88

住 P.O.Box5960，Boudha
☎ 4480262
营 每天 9:00~21:00
税 含
服 10%
卡 不可
NET 无

喜马拉雅美景
View Himalayan Restaurant&Terrace

✉ 如果在上午，可以找一个不逆光的位置拍摄到博达哈大佛塔。沿着一层体育用品商店所在的胡同进去，上了楼梯就是这家屋顶餐厅。卫生间也很干净。一碗素面条 Rs195。

读者推荐

Map p.88

住 Boudha
☎ 4916207
营 每天 8:00~20:00
税 含　服 10%
卡 不可
NET Wi-Fi 免费

帕坦 *Patan*

继承尼瓦尔文化的美丽之都

世界遗产 पाटन

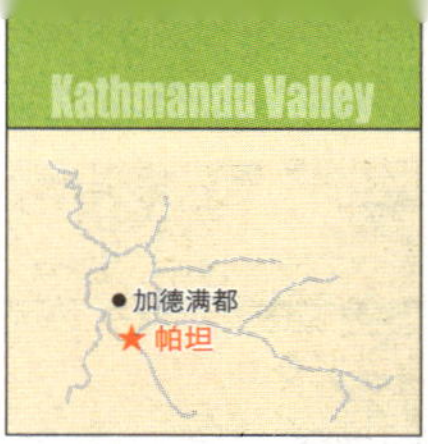

并立着老王宫和几座寺院的杜巴广场

古都帕坦在加德满都的南面，位于圣河巴格马蒂河的对岸。马拉王朝时代在加德满都谷地曾经有过 3 座王国，帕坦就是当时的首都，十分繁华，因此城市至今还保留着老王宫等精美的建筑。帕坦拥有悠久的佛教历史，80% 的居民是佛教徒。城市外侧的四角保留下来的佛塔据说是公元前 3 世纪阿育王时期修建的。

帕坦在梵语中被称为“勒利德布尔”（Lalitpur），尼瓦尔语称为“耶拉”（Yala），都是“美丽之都”的意思。正如名字中所赞美的，帕坦城中随处可见艺术品般的建筑。自古以来生活在这里的尼瓦尔族，孕育出雕刻、绘画等优秀的艺术，所以帕坦作为手工艺之城也很有名。

帕坦 漫　步

从加德满都过来，渡过巴格马蒂桥就进入了帕坦市内。喜马拉雅酒店所在的 Kopundol 大街上沿路有很多出售尼泊尔民间工艺品的商店。

沿着这条道路往上坡走可以到达一座环岛，其右侧的道路是 Jawalakhel 大街，直通动物园（Zoo）。沿着左侧的道路一直走就是帕坦的入口——帕坦门。从这里步行至杜巴广场（Duebar Square）大约 15 分钟，沿路都是由古老的住宅改建的市场。在老城区的胡同里边走边看很有意思。（→ p.98）

长途区号 01

交　通

从加德满都的市公共汽车站乘坐 26 路巴士大约 30 分钟，费用 Rs15。巴士的终点站是帕坦门。王后水池北面是电动三轮车和迷你巴士发车处（Map p.36-C2）。前往杜巴广场时，可以乘坐 14 路开往曼加尔市场的巴士，大约 40 分钟，票价 Rs17。从终点站拉干凯尔公共汽车站（Map p.92-B2）步行去杜巴广场大约 10 分钟。从泰米尔地区乘坐出租车 20~30 分钟，Rs300 左右。

聚集在广场上的老人们

杜巴广场上除了老王宫（Royal Palace）外，还有几座寺院。广场北侧是至今城市居民还在使用的水渠。杜巴广场是帕坦观光的中心区，这里的一座座各具特色的寺庙建筑以及来来往往的人流，令人百看不厌。帕坦的小巷里充满了尼瓦尔族人生活的气息。精美的木雕、名不见经传的小寺随处可见。从一条小巷到另一条小巷，尽可能随着自己的脚步去探寻吧。

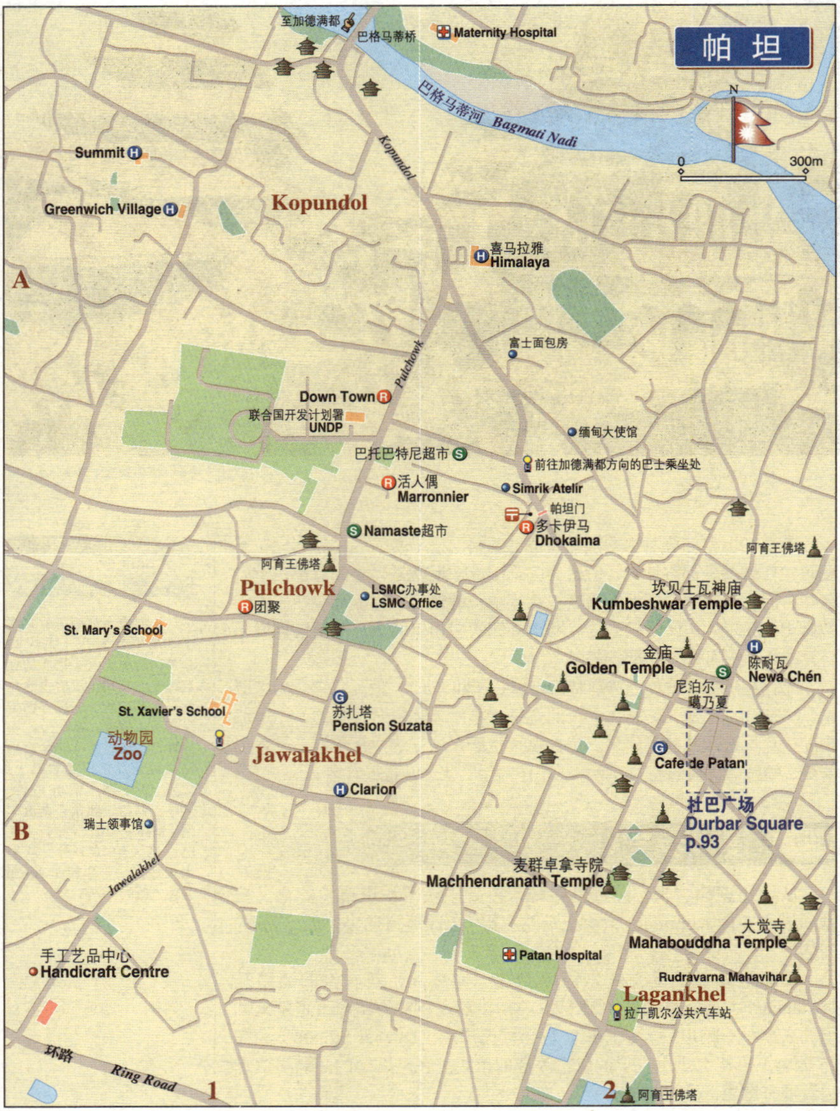

杜巴广场 Durbar Square

Map p.92-B2

位于帕坦中心的王宫广场

这座广场上的建筑都建造于16~18世纪，这一时期正是马拉王朝最鼎盛的时期。广场东侧是老王宫，西侧有一些寺院，整座广场看起来仿佛是尼泊尔建筑的展示会场。

比姆森神庙 Bhimsen Mandir

神庙建在广场最北端的位置，还保留着“于火灾后的1682年重建”的碑文。里面供奉着商人和手艺人的保护神，杯子和勺子作为供品被钉在神庙的梁柱上。

维什瓦纳特神庙 Vishwanath Mandir

这座神庙内供奉着湿婆神，正面入口处摆放着两尊石头雕刻的大象，在神庙的另一面则摆放着湿婆神的坐骑——公牛的石像。

黑天神庙 Krishna Mandir

神庙修建于17世纪，用石头建造而成，在尼泊尔十分罕见。神庙的2层供奉着黑天神，3层供奉着湿婆神，4层供奉着佛陀。黑天神是毗湿奴的化身。神庙的前面还修建了毗湿奴的坐骑——金翅鸟迦楼罗的雕像。

哈里·尚卡尔神庙 Hari Shankar Mandir

神庙修建于1705年，是一座有着三重屋檐的建筑。这里供奉着哈里·尚卡尔神，这位神灵拥有毗湿奴和湿婆神两种神性。神庙的梁柱上雕刻着灵魂在地狱中受折磨的痛苦的场面。

塔莱珠大钟 Taleju Bell

这座大钟是1736年由马拉王朝当时的比什奴国王下令建造的。据说当时受到冤屈的人可以敲响大钟，请求国王为他们申冤。

杜巴广场的门票

外国人进入杜巴广场时须支付Rs500购买门票。门票有效期1周。如果想延长门票的有效期，可以前往布尔路口附近的LSMC办事处（Map p.92-B1），只要填写书面申请并提供照片1张，就可以免费申请到在签证有效期内的游客通票。

印度建筑式样的黑天神神庙

杜巴广场西侧矗立着一座座样式各异的神庙

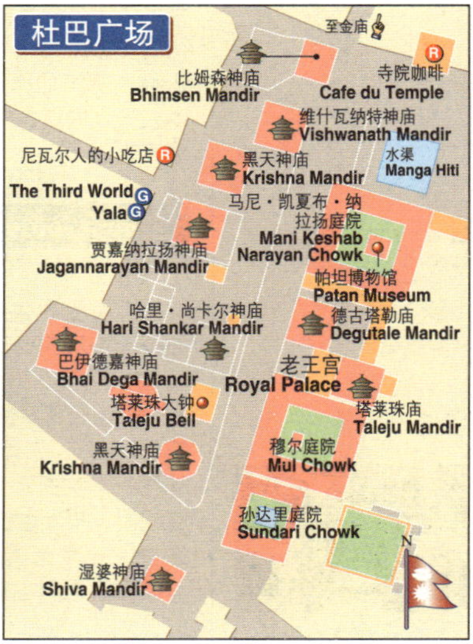

老王宫前耸立着希迪·纳拉·辛哈·马拉国王的雕像

读者投稿

帕坦的土特产品商店

从杜巴广场向北步行两分钟，在广场的一个小角落里有一家尼泊尔人经营的土特产品商店“尼泊尔·噶乃夏”（Map p.92-B2）。店里有很多适合回公司时送同事的、看起来很不错的土特产品，个个都是精挑细选的尼泊尔小商品或是自有商品，不会有重样的。在这里购物很放心。

老王宫 Royal Palace

Map p.93

历代国王修建的

帕坦老王宫的历史比加德满都和巴克塔普尔的王宫要悠久，其主要部分修建于17~18 世纪。每当有国王继承王位，就会对其进行改装和增建。据说最多的时候曾经有 12 座庭院，但是如今保留下来的只有 3 座。

王宫中最新的建筑马尼·凯夏布·纳拉扬庭院（Mani Keshab Narayan Chowk），修建完成于 1734 年。庭院大门上有美丽的镀金装饰，上面是镀金的窗户，据说国王就是从这个窗户与公众见面的。如今其内部已经作为帕坦博物馆使用。曾经是国王办公室的穆尔庭院（Mul Chowk），规模很大，也是老王宫内最古老的部分。北侧修建的神庙里供奉着王室守护神——塔莱珠，秋天庆祝德赛节的时候这里还会供奉牛羊等祭品。被一座 3 层建筑围合而成的孙达里庭院（Sundari Chowk）曾经是国王的住处，因此中央设有国王沐浴的设施。另外还有石头做的台基，是为国王修行设置的。据说无论刮风还是下雨，国王都睡在上面。

穆尔庭院里精美的木雕装饰

帕坦博物馆

开 每天 10:30~17:30（咖啡屋 ~17:30）

费 Rs500（入馆截止到闭馆前 30 分钟）

帕坦博物馆 Patan Museum

Map p.93

汇集了尼泊尔艺术的精华

作为王宫一部分的马尼·凯夏布·纳拉扬庭院，经过改造后成为博物馆，于 1997 年对外开放。在这里，以富有尼泊尔文化色彩的印度教与佛教的神像、装饰品为中心，可以看到很多丰富的收藏品。博物馆内非常漂亮的照明以及博达哈大佛塔的精巧模型等，令人赞叹的展览内容很有参观价值。

中央花园里有咖啡屋

金庙

开 每天 8:30~18:00

费 Rs50

金庙 Golden Temple

Map p.92-B2

金光闪闪的佛教寺院

据说金庙建于 12 世纪，如今人们看到的建筑修建完成于 19 世纪。正面入口大门的顶部镶嵌着石造的曼陀罗，精巧的做工令人大开眼界。从环绕寺院的走廊下到中间庭院时，皮革制品不允许带进去，要注意。登上二楼，可以看到左廊上尼泊尔风格的装饰画，右廊上则是我国西藏地区风格的装饰画。

正殿的整座建筑都是镀金的

两头狮子把守的寺庙门口

坎贝士瓦神庙 Kumbeshwar Temple
Map p.92-B2

帕坦最古老的神庙

1392 年马拉王朝的贾亚斯提提国王统治时期修建的湿婆神庙。神庙的正面摆放着南迪雕像（作为湿婆神坐骑的圣牛）。这座神庙和位于巴克塔普尔的尼亚塔波拉神庙一样，都拥有在尼泊尔非常少见的五重塔楼。寺院的入口处是池塘，据说这里的水来自圣湖——戈塞因贡德湖。在这个池塘沐浴一次，与长途跋涉前往戈塞因贡德湖朝圣有着相同的效力。夏季的“系圣带节”会在这里举行仪式。

于 17 世纪增建，如今人们看到的是五重塔

麦群卓拿寺院 Machhendranath Temple
Map p.92-B2

这里的彩车节很出名

寺院最早修建完成于 15 世纪，如今人们看到的建筑是 1673 年重新修建的。这座寺院与加德满都的白麦群卓拿神庙相对应供奉着红色化身的麦群卓拿神像。湿婆神化身的红色麦群卓拿神，是掌管雨水和富裕之神。对于佛教徒来说麦群卓拿是观音菩萨的化身，因此这座寺院受到印度教徒和佛教徒的共同参拜。每年雨季之前会举办麦群卓拿节，此时寺庙内供奉的神像放入巨大的彩车里巡游全城。

寺院的北侧是面向寺院参拜的动物雕像

大觉寺 Mahabouddha Temple
Map p.92-B2

雕刻着无数的佛像

寺院内有一座高达 30 米的印度希卡拉式佛塔，上面雕刻着无数佛像。16 世纪在这一地区居住的一位建筑工匠，前往印度的菩提伽耶巡礼朝拜时，被矗立在那里的大佛塔深深打动，因此发愿也要修建这样一座佛塔。从 1564 年开始至 1600 年，经过三代人的努力，终于修建完成。这座佛塔的别名是三千佛寺院，据说雕刻在上面的佛像多达 9000 尊。但是现在人们所看到的佛塔是 1934 年大地震之后重新修建的。从 1000 多年前开始，从事佛像雕刻与建筑的工匠就居住在这一地区。在寺院周围至今还设有很多佛像制作工厂，游客只要提前预约就可以参观。

周围遍布着出售佛像的商店

旅行小贴士

尼瓦尔人的小吃店

该小吃店位于杜巴广场的黑天神庙的后面，是连招牌都没有的很小的一家店铺。这里的 Wo（尼泊尔风格的蔬菜煎饼）非常值得品尝。还提供烧酒和下酒小菜。没有菜单，可以参考周围人吃的东西点餐。

Map p. 93

开 每天 12:00~19:00 前后

在大铁板上烤制的 Wo

大觉寺

开 每天 9:00~17:30

费 Rs50

※ 包含附近的多拉维鲁纳大寺院的门票

旅行小贴士

口碑很好的富士面包房

这里制作的豆沙包、果酱包等都非常值得推荐。店主夫妇共同经营这家面包屋。

Map p. 92-A2

☎ 5543678

开 每天 8:00~18:00

休 周一

动物园
☎ 5528323
开 每天 10:00~17:00
费 Rs500、4~12 岁 Rs250、3 岁以下免费
门票销售截止到 16:00

动物园 Zoo

Map p.92-B1

最适于野餐的地方

动物园位于城市西侧的 Jawalakhel 区。园内的动物有老虎、犀牛、豹等，虽然种类不多，但是在园内的池塘可以划船，因此带上便当在这里悠闲地转转也相当愉快。另外还可以骑着大象在园内散步（13:00~15:30，大约 20 分钟，另收费 Rs500）。

骑大象很受孩子们的欢迎

酒店和餐馆

Hotel&Restaurant

喜马拉雅

Hotel Himalaya

◆这家高档酒店位于帕坦的高台上面。在酒店花园的游泳池旁边可以一览远处喜马拉雅山脉的风光。店里有可以眺望美景的餐厅、网球场以及商务中心等齐全的设施。

Map p.92-A2

住 P.O.Box2141，Sahid Sukra Marg
☎ 5523900　FAX 5523909
URL www.himalayahotel.com.np
费 A/B Ⓢ US$160　Ⓦ US$180
税 13%　服 10%
卡 A D J M V
NET Wi-Fi （24 小时收费 Rs700）

COLUMN

帕坦的手艺人

帕坦因其景观美丽在古时被称为“拉利陀普尔”，意思是“美丽之都”。这一称谓与生活在这里的手艺人不无关系。截至 18 世纪的马拉王朝时代，居住在美丽之都的尼瓦尔人为了延续优雅的宫廷文化，从建筑到装饰方面磨炼出高超的技术。现在人们看到的尼泊尔传统美术作品几乎都是这一时代完成的。

这些手艺人高超的技术在我国也得到了很高的评价。例如耸立于我国西藏拉萨的布达拉宫，其屋顶采用了尼泊尔风格。修建宫殿建筑的尼瓦尔族手艺人就充分发挥了其美的意识。另外，曾经受到元朝皇帝召见，并在北京修建白塔的建筑大师阿尼哥就出生于帕坦。

尼瓦尔族人有种姓之分，从一个人的姓氏就可以知道其从事的职业。例如释迦种姓的人都是从事佛像和佛像铸造工作的，大多数居住在大觉寺所在的奥科巴哈尔区。从事画家职业的种姓是奇特拉卡尔，金庙二层画廊上面的装饰画就出自著名的佛教画师卢克·奇特拉卡尔之手，他还曾经在国外举办过个人画展。其经营的画室 Simrik Atelir（Map p.92-A2 ☎ 5528810 URL www.simrik.org.np 开 11:00~17:00 休 周六·节日）里，不仅有完成的作品，还能让游客参观用传统方法作画的场面。从帕坦门邮局的旁边小路往里走 30 米，右侧建筑的 2 层即是，有一块小招牌。

描绘曼陀罗图案的卢克·奇特拉卡尔

苏扎塔
Pension Suzata

◆旅馆很有家庭气氛，有些客房带浴缸和厨房。含早餐。晚餐提供尼泊尔美食，另外收费（US$4~10）。

Map p.92-B1

住 P.O.Box13310，Pulchowk
☎ 5534415
FAX 5531268
URL www.geocities.jp/enjoynepal
费 A/B Ⓢ US$25~35 Ⓦ US$35~45
税 13% 服 无
卡 不可
NET Wi-Fi 免费

陈耐瓦
Newa Chén

◆由联合国提供援助，改建自一幢古老的尼瓦尔建筑。旅馆内只有 8 间客房，客房内只有尼泊尔式座席。中间的院子里还有个小亭子。每天都会提供不同品种的尼瓦尔风格早餐。

Map p.92-B2

住 Kobahal Tole-9
☎ 5533532
URL www.newachen.com
费 C/B Ⓢ US$20 Ⓦ US$30
A/B Ⓢ US$25~30 Ⓦ US$40~45
税 13% 服 无
卡 不可
NET Wi-Fi 免费

多卡伊马
Dhokaima

◆从帕坦门进去右侧即是。这是一家改建自古老马车车厢的餐馆。餐馆整体气氛不错，庭院内设有酒吧。使用有机蔬菜制作的沙拉 Rs159、浓菜汤 Rs139、煎牛排 Rs399。

Map p.92-A2

住 Patan Dhoka
☎ 5522113
开 每天 8:00~21:00
税 13% 服 10%
卡 J M V
NET Wi-Fi 免费

寺院咖啡
Café du Temple

◆位于杜巴广场的北墙，屋顶设有平台，可以一览广场上热闹的景象。除了提供尼泊尔、印度美食以外，还有中餐、意大利餐等，菜品丰富。尼泊尔素食套餐 Rs495、非素食套餐 Rs595。

Map p.93

住 Durbar Square
☎ 5527127
开 每天 9:00~21:00
税 含 服 10%
卡 J M V
NET Wi-Fi 免费

活人偶
Marronnier

◆这是一家西洋风格的漂亮餐馆。汉堡包 Rs400、炸大虾 Rs600 等，在这里可以品尝到用料讲究的西餐。夏季，中式凉面 Rs300、水果冰激凌 Rs280 等深受欢迎。这里还出售女老板亲自制作的天然材质的服装。

Map p.92-A1

住 Harihar Bhawan，Pulchowk-3
☎ 5520527
开 每天 11:00~15:00、17:00~21:30
税 13%
服 10%
卡 M V
NET W-iFi 免费

漫步在帕坦的老街

推荐散步线路

Walking Tour in Patan

从城市入口的帕坦门，经过一座座印度教神庙、佛教寺院，到达游览中心的杜巴广场。一边观察人们的生活状态，一边走在小巷里。就这样，帕坦的真实面貌越来越清晰可见。

寺院的房檐下成了人们休息的场所

从帕坦门前往老城区

用神像装饰的帕坦门

让我们从相当于城市入口的帕坦门（Patan Dhoka）开始走起。穿过帕坦门向南去，左侧即是噶乃夏寺院（Ganesh Mandir）。这里供奉着专司学问、艺术的女神萨拉斯瓦蒂。寺院的墙壁上密密麻麻写着胡乱涂鸦般的文字，这些是来这里向女神祈求学有所成的孩子们写的。附近有一口水井，还有一座用瓦做屋顶、木头做梁柱的亭子。

走在帕坦的街头，在路与路相邻的地方，随处可见供奉噶乃夏神的祠堂、水井以及小亭子这三者在一起的景观。在加德满都谷地尼瓦尔族生活的城市里经常能看到亭子，亭子的利用率很高，人们常常在亭子里举行宗教仪式、演奏宗教音乐、晒太阳或是聊天、休息。

小亭子成为当地人们休息放松的场所

一边欣赏寺院和佛塔一边绕着水池散步

沿着噶乃夏寺院前面地砖铺设的小路向右转，就来到了有着两层屋顶的湿婆神庙所在的斯利玛广场（Sulima Square）。让我们围绕着毗姆巴哈水池（Pimbaha Pokhari）按逆时针方向游览。水池北侧是建于17世纪、属于印度密教的羌迪斯瓦利神庙（Chandeswari Mandir）。西侧建有仿佛俯视水池似的毗姆巴哈寺院（Pimbaha Vihar）。被四座小型佛塔围绕的大佛塔建于600多年前。

中间有个小小亭子的毗姆巴哈水池

穿过大佛塔西侧的小小入口，可以看到四周建筑围合而成的中间院子里有一个建着小佛塔的寺院分院。佛教寺院旁一般建有分院建筑，这种建筑模式在我们这条漫步线路上随处都能碰到。

建有大佛塔的毗姆巴哈寺院

探访当地住民休息的庭院

从毗姆巴哈水池的东南角拐进一条小巷，就来到了纳卡巴西广场（Nakabahi）。在如今已成为一所学校的罗卡奇鲁提大寺院（Lokakirti Mahavihar）前面，放置着一个又长又大的木头架子，那曾经是麦群卓拿节时（→ p.329）使用过的花车。

拥有砖砌墙壁的罗卡奇鲁提大寺院

从广场向北，穿过周围有很多建筑的马路，就看见聚集着很多大佛塔、小佛塔的尼亚卡次卡庭院（Nyakachka）。再穿过东侧的狭窄马路，能看到中间有一个院子似的宽敞空间，那是蛇寺院（Naga Baha）。据说五年一度的萨姆亚库节时，院子里供奉的雄牛雕像就会嘶叫，于是帕坦城中各个寺院的如来佛们聚集在一起，两座亭子墙壁上的蛇画就会重新被画一遍。

人们在尼亚卡次卡庭院里悠闲休息

游客热闹的杜巴广场

蛇寺院东侧供奉文殊菩萨的寺院是一座混合了印度教与佛教的寺院。印度教称之为萨拉斯瓦提神庙（Saraswati Mandir），寺院墙壁上写满了孩子们祈求学有所成的愿望。南面与金庙（Golden Temple）相邻，再到坎贝士瓦神庙（Kumbeshwar Temple）里逛一逛，之后向南就到了杜巴广场（Durbar Square）。广场北侧依然是噶乃夏寺院及气派的亭子、石造的饮水站这三样典型的景观。

建在小小中间院子里的萨拉斯瓦提神庙

吉尔蒂布尔 *Kirtipur*

保留着尼瓦尔族古老街景的山丘小城

कीर्तिपुर

西北部山冈上建有巴格·拜拉瓦神庙

☎ 长途区号 01

交　通

从加德满都的市公共汽车站乘坐21路巴士大约1小时，费用Rs19。在纳亚市场站下比较方便。从泰米尔区乘坐出租车需要Rs300~400。

从吉尔蒂布尔远眺的风景。相邻的一座座住宅远处能望到斯瓦扬布纳特

吉尔蒂布尔位于加德满都西南大约5公里的地方，它的历史起源于12世纪，当时作为帕坦的卫星城市建设而成。它还曾经独立于帕坦，有过自己的繁荣的小王国时代。但是在1768年，廓尔喀的普里提维·纳拉扬率领沙阿王朝的大军进攻吉尔蒂布尔，经过半年的攻防战，吉尔蒂布尔最终被攻陷。近年来，这里作为加德满都的近郊住宅区，人口急速增加，虽然与以前相比有了很大的变化，但是由于机动车不允许进城，所以还保留着静谧和古都的风情。

吉尔蒂布尔　漫　步

从加德满都过来，在城市入口外侧，有一座建有金色佛塔的塔伊寺院（Shree Kirti Buddha Vihar）。被椭圆形环城路围绕着的老城区，由两座山丘及其“鞍部”组成，形成一个葫芦岛似的形状。从纳亚市场爬上石板铺成的坡度较陡的山坡，可以看到位于东南侧山顶上修建的奇兰乔寺院（Chilancho Vihar），还可以看到西北侧山丘上的欢喜佛神庙（Uma Maheshwar Mandir），其背后是喜马拉雅雪山连绵不绝背景下的加德满都城市景色。相当于市中心的“鞍部”有巴格·拜拉瓦神庙（Bagh Bairav Mandir），神庙门前还保留着被认为是老王宫遗迹的砖砌建筑。

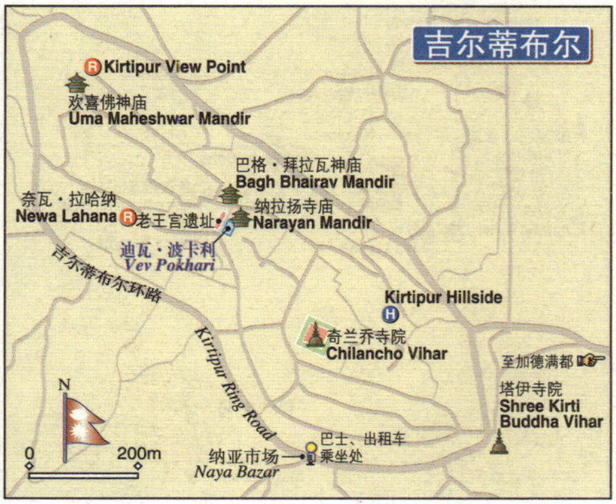

吉尔蒂布尔 景 点

奇兰乔寺院 Chilancho Vihar

Map p.100

1515 年创建的佛教寺院

10 米高的佛塔周边围有四个小佛塔。更有意思的是，在这周边的 5 处民宅中，都有被称为“巴哈”的具有寺院功能的中间庭院。看着像是个人住家的小院子，走进小小的门户里面，居然看到那里也建有一座小小的佛塔，真是一个社区式的神圣空间。

山丘顶部建有大佛塔

巴格·拜拉瓦神庙 Bahg Bhairav Mandir

Map p.100

供奉湿婆神

神庙上面存放着与沙阿王朝作战失败的吉尔蒂布尔军队当年使用的剑、刀、盾等武器。对着大殿右侧的一角，是生育女神——刚噶的栩栩如生的雕像，雕像的三个方向分别被梵天、湿婆以及毗湿奴三神围绕着。没有孩子和祈求平安顺产的妇女们常常来这里祈祷。

女神刚噶的雕像

欢喜佛神庙 Uma Maheshwar Mandir

Map p.100

有着三重屋顶

这是一座建于 1673 年、供奉湿婆神和他的伴侣帕鲁瓦蒂神的印度神庙。建筑前石象背部覆盖着针状的马鞍，据说是为了防止孩子们骑大象时发生滑落事故。

寺院里格外好的观赏景色的地点

INFORMATION

沿途的民俗博物馆和尼瓦尔食堂

适于远眺的店内

从巴格·拜拉瓦神庙和欢喜佛神庙之间的小路向南走，就看到有一个大门上有“New Lahana”的招牌。进了门，小路继续延伸着，路左右的民宅墙壁上窗户上吊着的玉米、粮食，素色陶瓷的水缸、制作蒸馏酒的空壶以及耕田用的铁锹等传统用具尽收眼底。小路旁边支着土灶，还有烹制尼瓦尔饮食文化中不可少的干饭时使用的脚踏式脱粒机，有时身穿民族服装的尼瓦尔妇女还实际演示如何操作。真是一个十足的“沿途民俗博物馆”。

再往前面有亭子的广场方向走，就看到建在右侧的一座很大的三四层建筑。这是地方社区经营的尼瓦尔食堂——乃瓦·拉哈那（开 每天 10:00~21:30）。坐在席子上好好享受正宗的尼瓦尔美食以及蒸馏酒、老酒吧。如果有机会来吉尔蒂布尔，不妨逛逛这些不可思议的地方。

尼泊尔比萨饼（左）和饺子（右）

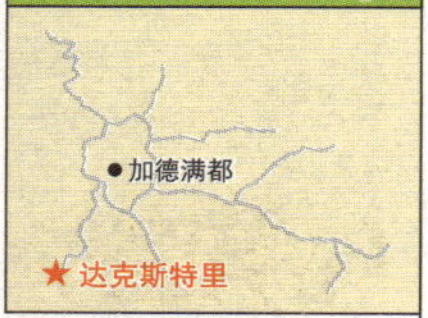

达克斯特里 *Dakshinkali*

经常举办杀牲祭祀仪式

दक्षिणकाली

☎ 长途区号 01

交　通

从加德满都的市公共汽车站乘坐 22 路巴士大约 1.5 小时，费用 Rs45。从泰米尔区乘坐出租车往返 Rs1500~2000。

从加德满都往南大约 17 公里，途中经过传说中文殊菩萨用剑劈开大山的地方乔巴鲁（Chobar）。在两条河流交汇的深山之中，有一座供奉印度教女神迦利的寺院。迦利女神是湿婆神的配偶，喜欢杀戮和嗜血，是黑暗之神（“迦利”有黑色的意思）。加德满都周边的印度教徒每周二和周六的上午会在达克斯特里神庙内举办奉献给女神的杀牲祭祀活动。人们带着山羊或鸡等活物进入神庙，一个个进行宰杀（周六进行的仪式更为盛大）。神庙内虽然禁止印度教徒以外的人进入，但是从外面就可以看到里面的情景。

寺院内来来往往的人们

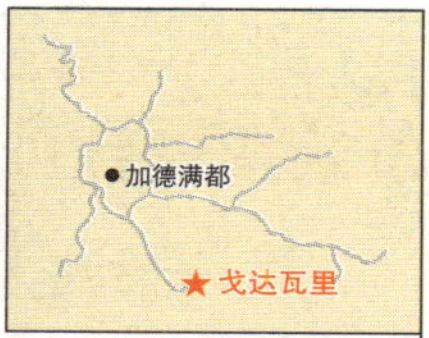

戈达瓦里 *Godavari*

带植物园的山脚下的村庄

गोदावरी

☎ 长途区号 01

交　通

从帕坦的拉干凯尔公共汽车站（Map p.92-B2）乘坐 14 路前往戈达瓦里的巴士 45~60 分钟，费用 Rs22。在村口支付 Rs50 的进村费。

戈达瓦里湖植物园

☎ 5560779

开 每天 10:00~17:00（10 月中旬 ~ 次年 2 月中旬至 16:00）

费 Rs100

这座安静的村庄位于布恰吉山脉的山脚下，在加德满都东南大约 15 公里的地方。这里曾经是王室别墅的所在地，如今已经成为皇家戈达瓦里植物园（Royal Godavari Botanical Garden）。植物园里种植着各种兰花和草药，是市民们喜爱的郊游场所。

戈达瓦里湖众多的朝圣者

从植物园往前行进大约 100 米，右侧可以看到一座被称为戈达瓦里湖（Godavari Kunda）的圣泉。山中的泉水汇聚于此，形成一座水质清凉的游泳池。男人们经常会到这里来沐浴。印度教徒们每 12 年一次（最近一次是 2015 年）要到这里来巡礼朝拜，到那时会有几万人蜂拥而至。另外，从加德满都过来的路继续往南走，可以看到普鲁乔基·玛伊寺院（Pulchowki Mai Mandir）。

希米 *Thimi*

以陶器闻名的尼瓦尔人的城镇　　ठिमी

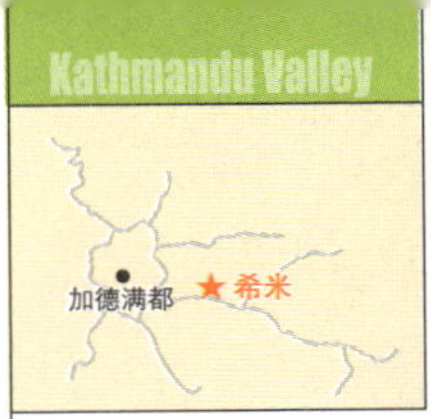

小镇随处可以看到制作陶器的场景

☎ 长途区号　01

交　通

从加德满都的巴格市场附近的巴士乘车处（Map p. 36-C2）乘坐 7 路巴士大约 45 分钟，费用 Rs20。

旅行小贴士

巴尔库玛丽节

节日仪式以两个地方为中心分别举行。即尼泊尔新年第一天（西历是 4 月中旬左右）的傍晚在西提 · 迦利神庙，以及第二天的早晨在巴尔库玛丽神庙。仪式上分别有数十名男子抬着二十几顶神轿围绕神庙转圈。第三天在其北面的伯德村的摩诃 · 拉克希米神庙也会举办盛大的祭祀活动。

尼瓦尔人的城镇希米位于加德满都以东大约 10 公里的地方。沿着阿尼哥公路（Arniko Highway）前行，希米就在巴克塔普尔的跟前。这座小镇周边围绕着一片蔬菜田园，那是加德满都的蔬菜供给地之一。其实希米最为出名的是素陶器皿的烧制生产，另外尼泊尔历的新年在这里举办的盛大巴尔库玛丽节也非常有名。

希米的入口大门位于阿尼哥公路的北侧，穿过城门沿着很陡的坡路一路上行，就是供奉巴尔库玛丽女神的巴尔库玛丽神庙（Bal Kumari Mandir）。巴尔库玛丽（“少女库玛丽”的意思）是保护儿童、可以带来五谷丰登与风调雨顺的女神。继续向北走，右侧可以看到两座已经干涸的池塘（Dui Pokhari），池塘前面就是拜拉瓦神庙（Bhairav Mandir）。

从这一带朝着左侧迷宫般的狭窄小巷走去，一路上可以看到制作花盆和酸奶容器等物品的陶器工匠，摆在地上的是等待自然晒干的器皿，还可以看到用稻草烧制这些器皿的情景。烧制陶器产生的炉灰装满了 1500 多个罐子，被整齐地码放成几排。返回寺院所在的大路之后，从前面的道路向左拐可以看到一座护士学校，从这里再向前就是西提 · 迦利神庙（Siddhi Kali Mandir）。

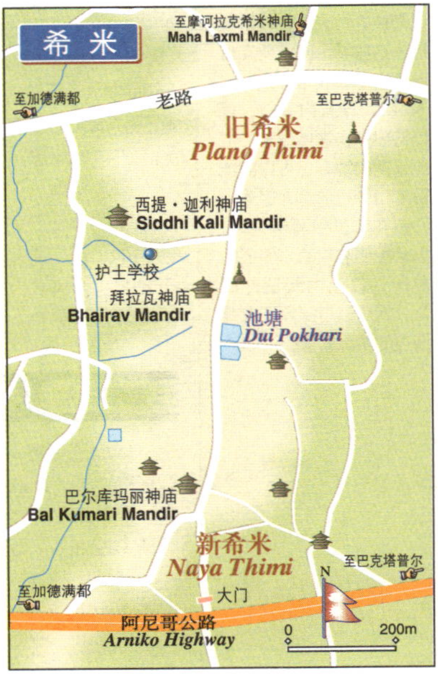

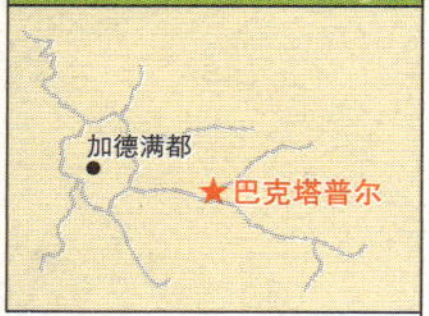

巴克塔普尔 Bhaktapur

三个王国时代曾经繁荣一时的尼瓦尔族的古都

世界遗产 भकतपुर

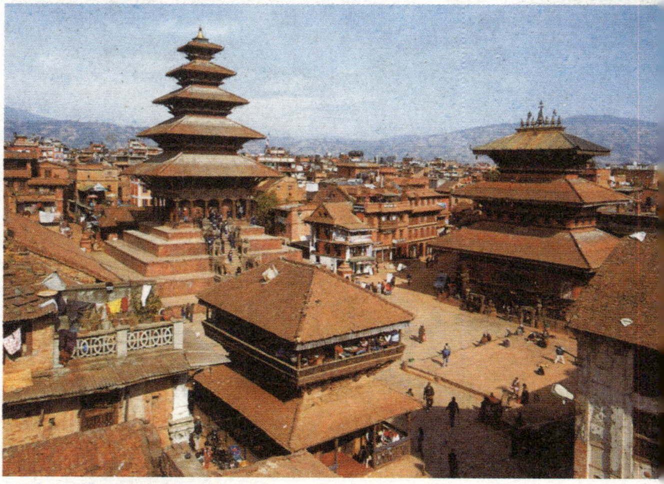
保留着王宫以及众多神庙的杜巴广场

☎长途区号 01

交 通

从加德满都的巴格市场附近的巴士乘车处（Map p.36-C2）乘坐 9 路迷你巴士大约 1 小时，费用 Rs25。从加德满都乘坐出租车大约 40 分钟，单程 Rs800~1000。

巴克塔普尔的入城费

进入城市的主要路口都设有检查站，外国人进入这座城市时需要支付 Rs1100（或者 US$15）的入城费。7 日内有效，可以持票多次进城参观。需要延期的游客，可以前往狮子门旁边的游客服务中心，在那里填写申请表，出示护照和尼泊尔签证的复印件以及两张证件照片，就可以得到签证有效期内的游客通票。

巴克塔普尔是加德满都谷地内的第三大城市，位于加德满都以东大约 12 公里的地方。远处是白雪皑皑的喜马拉雅雪山，近处是一排排红色的砖结构建筑。这座城市保留着中世纪的建筑面貌。

巴克塔普尔曾经作为整个谷地的首都。15 世纪到 18 世纪作为马拉王朝时代三王国的首都之一迎来了其最鼎盛的时期，并与尼瓦尔文化一起得到很大的发展。这座城市还有一个别名，叫“巴德冈”（Bhadgaon），尼泊尔语的意思是“皈依者的城市”。

著名导演贝尔纳德·贝德鲁奇所拍摄的影片《小佛陀》中，悉达多王子出家前生活过的城市场景大多数是在巴克塔普尔拍摄的。虽然它与加德满都、帕坦都是谷地内的古都，但是只有在这里可以深刻地感受到既古老又富有文化气息的古都氛围。时间允许的话，不妨在这里住上一晚，早晚时分体验一下古都的气氛。

巴克塔普尔 漫 步

从加德满都开来的小巴都停靠在市西侧的公共汽车站。从这里步行到杜巴广场（Durbar Square）只需要 10 分钟左右。巴克塔普尔的市中心是杜巴广场及其南面的陶马迪广场（Taumadhi Square），和延伸至塔丘帕广场（Tachupal Square）的市场。

其周边是迷宫般的小路。在市里很少有汽车往来，因此很适于边悠闲漫步边参观游览，欣赏古老而又美丽的街道景色，看着小巷里孩子们玩耍的身影。觉得累了，可以品尝一下这里的著名特产 Ju Ju Dhau（被誉为酸奶之王）。夜晚从各个寺院里不断传出宗教的歌声，也许会让你的心底泛起一丝丝的乡愁。

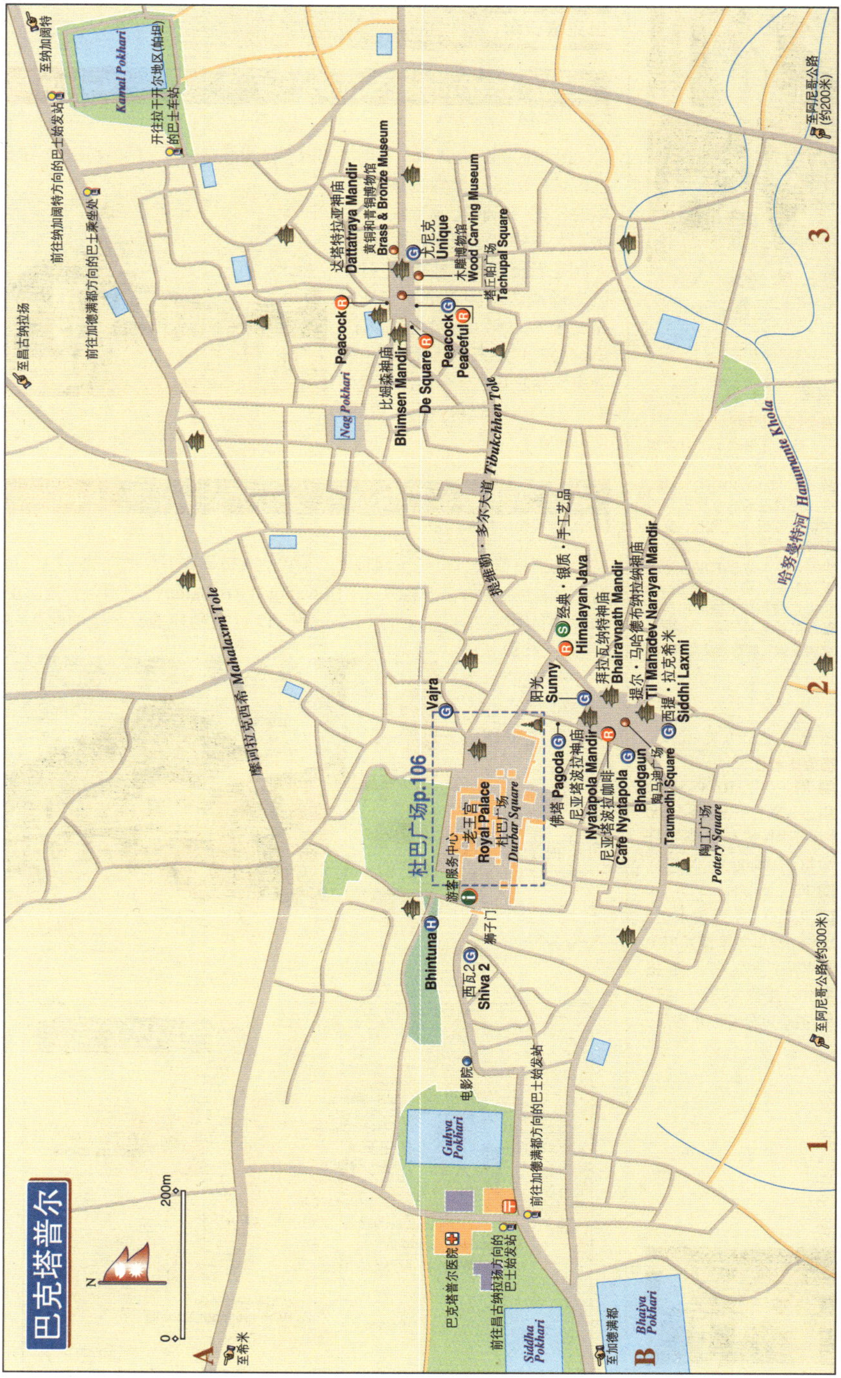
巴克塔普尔
200m
至希米
至昌古纳拉扬
前往加德满都方向的巴士乘坐处
前往纳加阔特方向的巴士始发站
至纳加阔特
开往拉于开尔地区(帕坦)的巴士车站
Kamal Pokhari
Nag Pokhari
Peacock
比姆森神庙
Bhimsen Mandir
De Square
Peacock
Peaceful
达塔特拉亚神庙
Dattatraya Mandir
黄铜和青铜博物馆
Brass & Bronze Museum
尤尼克
Unique
木雕博物馆
Wood Carving Museum
塔丘帕广场
Tachupal Square
至阿尼哥公路
(约200米)
Tibukchhen Tole
提维勤・多尔大道
经典・银质・手工艺品
Himalayan Java
拜拉瓦纳特神庙
Bhairavnath Mandir
提尔・马哈德布纳拉纳神庙
Til Mahadev Narayan Mandir
西提・拉克希米
Siddhi Laxmi
阳光
Sunny
Hanumante Khola
哈努曼特河
3
2
1
Vajra
杜巴广场p.106
游客服务中心
老王宫
Royal Palace
杜巴广场
Durbar Square
佛塔 Pagoda
尼亚塔波拉神庙
Nyatapola Mandir
尼亚塔波拉咖啡
Café Nyatapola
Bhadgaun
陶马迪广场
Taumadhi Square
陶工广场
Pottery Square
狮子门
Bhintuna
西瓦2
Shiva 2
至阿尼哥公路(约300米)
摩诃拉克西希
Mahalaxmi Tole
电影院
前往加德满都方向的巴士始发站
Guhya Pokhari
巴克塔普尔医院
前往昌古纳拉扬方向的巴士始发站
Siddha Pokhari
至加德满都
Bhaiya Pokhari
A
B

车辆很少，便于步行

杜巴广场 Durbar Square

Map p.105-B2

老王宫和寺院林立的场所

从市西侧的公共汽车站而来的游客，步行穿过狮子门就可以进入杜巴广场。这里与加德满都和帕坦的杜巴广场相比显得较为宽敞，人流却少了很多。广场的北侧是老王宫的所在地。在杜巴广场周边围绕着很多寺庙，据说在 1934 年大地震之前，这里曾经有过更多的寺院。一些寺庙残存的基座至今还保留着，坐在上面可以想象一下它曾经的光景。

右侧的建筑是老王宫

老王宫 Royal Palace

Map p.106

这里有尼泊尔雕刻的杰作

老王宫修建于马拉王朝时代，王宫的入口是有卫兵把守的金门。面对王宫左侧的建筑是国家美术馆（National Art Gallery），对外开放。里面展示有佛教绘画以及神像等。右侧是 17 世纪到 18 世纪修建的拥有 55 个窗的宫殿。一个个精美的木雕窗户排列在一起，可谓是尼泊尔建筑的杰作。

穿过金门沿着中间庭院前行就来到了塔莱珠庭院。除印度教徒以外不允许其他人进入。

金门与 55 个窗户的宫殿

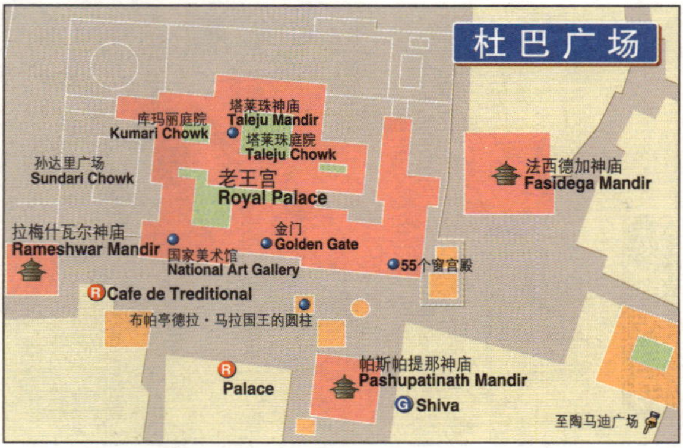

读者来信

做个尼泊尔语的戒指

在巴克塔普尔的首饰加工店“经典 · 银质 · 手工艺品”（Map p.105-B2）里，可以把自己的名字变成尼泊尔语，再刻在戒指上。价格因戒指的尺寸大小及文字多少而异，大约 Rs1500。第二天做好后，可以另付 Rs300 负责送到顾客下榻的加德满都或是帕坦的酒店。给家人或朋友做礼物也很不错嘛。

国家美术馆

开 周一 10:00~15:00
周三～周日 10:00~17:00
（10 月中旬～次年 1 月中旬：~16:00）
休 周二及节日
费 Rs100（木雕美术馆、黄铜 · 青铜美术馆通用）
摄影另外付费：照相 Rs50；摄像 Rs200
闭馆前 30 分钟停止售票。

国家美术馆的入口处

陶马迪广场 Taumadhi Square
Map p.105-B2

从寺院的顶上可以一览街景

耸立在广场一角的尼亚塔波拉神庙（Nyatapola Mandir）是一座非常醒目的建筑，修建于18世纪初期。神庙有5层，高达30米，是加德满都谷地内最高的神庙。正面石级两侧从下向上按照顺序一对对地摆放着守护神的石像，它们分别是传说中的大力士、大象、狮子、狮身鹫首的怪面兽和女神雕像。据说每一个神物都比它下面的动物大出十倍的力量。登到石级的顶部，广阔的蓝天下，热闹的广场、四周茶色的房屋建筑和绿色的田野尽收眼底。面朝尼亚塔波拉神庙，右侧是拜拉瓦纳特神庙（Bhairavnath Mandir）。这座神庙最初建造于17世纪，由于在大地震中遭到破坏，于1934年之后重新修建了现在的建筑。

五重塔耸立的尼亚塔波拉神庙

塔丘帕广场 Tachupal Square
Map p.105-A3

保留着最古老的街景

从尼亚塔波拉神庙沿着石板路的市场步行大约15分钟就来到了塔丘帕广场。这一带还保留着马拉王朝初期以前的古老街景。位于广场中央的达塔特拉亚神庙（Dattatraya Mandir），修建于1427年。这里供奉的本尊达塔特拉亚是梵天、毗湿奴和湿婆三神合一。普什月（12月中旬~次年1月中旬）每周三的例行祭祀以及2月中旬的湿婆节期间，从德赖地区和印度会有大批的朝拜者来到这里。

达塔特拉亚神庙和对面修建的迦楼罗雕像

在达塔特拉亚神庙的里侧是如今改建成木雕博物馆（Wood Carving Museum）的印度教祭祀的住宅（Pujari Math）。这里曾经是一座寺院，修建于15世纪。该建筑左侧墙面的孔雀之窗有精美的雕刻，可谓是尼泊尔雕刻最完美的杰作。走进小胡同，从胡同里挨在一起的土特产品店一角可以清楚地看见木雕。另外，在广场上，在木雕博物馆对面还有黄铜和青铜博物馆（Brass & Bronze Museum）。

尼瓦尔雕刻的杰作——孔雀之窗

木雕博物馆/黄铜和青铜博物馆

Map p.105-A3

开 周一 10:00~15:00
周三~周日 10:00~17:00
（10月中旬~次年1月中旬~16:00）

休 周二及节日

费 Rs100（门票在国家美术馆门口购买。售票截止到闭馆前30分钟）

酒店和餐馆
Hotel&Restaurant

阳光
Sunny Guest House

Map p.105-B2

◆面朝陶马迪广场，窗户以及客房内装饰都采用尼瓦尔式样，气氛安静祥和。含早餐。屋顶餐厅视野极好。共有20间客房。

住 Taumadhi Square
☎ & FAX 6616094
URL www.sunnyguesthousenepal.com
费 A/B Ⓢ US$25 Ⓦ US$35
税 含
服 10%
卡 J M V
NET Wi-Fi免费

佛塔
Pagoda Guest House

◆位于尼亚塔波拉神庙附近，是一幢砖砌的建筑，周围环绕着许多绿色植物。客房干净。有些客房带电视和取暖设施。屋顶设有餐厅，可以悠闲地用餐。

Map p.105-B2

住 Taumadhi Square
☎ 6613248 FAX 6612685
URL www.pagodaguesthouse.com.np
费 C/B Ⓢ US$10 Ⓦ US$12
A/B Ⓢ US$20~30 Ⓦ US$25~35
税 含 服 10% 卡 JMV
NET Wi-Fi 免费
读者优惠 10%

西提·拉克希米
Siddhi Laxmi Guest House

◆这是一家利用老房子开设的旅馆，气氛安详。一层和屋顶都有餐厅。店老板穆昆达先生把住宿费用的 10% 捐赠给孤儿院。如果提出请求，可以参观孤儿院或是做志愿者。

Map p.105-B2

住 Narayan Chowk，Taumadhi Square
☎ 6612500
E-mail siddhilaxmi.guesthouse@gmail.com
费 A/B Ⓢ US$10~15 Ⓦ US$20~35
税 含 服 无
卡 MV
NET Wi-Fi 免费

西瓦 2
Shiva Guest House 2

读者推荐

◆原是巴克塔普尔的一家老旅馆，最近漂亮的新店开张了。客房宽敞整洁。这里保留的老建筑的浓厚韵味，令人心仪。

Map p.105-B1

住 Khuma Tole
☎ 6619154 FAX 6610740
URL www.shivaguesthouse.com
费 C/B Ⓢ US$6 Ⓦ US$10
A/B Ⓢ US$20 Ⓦ US$25~35
税 13% 服 10%
卡 JMV
NET Wi-Fi 免费

尤尼克
Unique Guest House

◆虽然是一共只有 4 间客房的迷你旅馆，不过周围环境非常方便。店老板很亲切，经常热情地介绍周边的餐馆情况。一楼有一家经营尼泊尔纸张的商店，那里也是旅店的接待前台。

Map p.105-A3

住 Tachupal Square
☎ 6611575
URL www.uniqueguesthouse.com
费 C/B Ⓢ US$8
A/B Ⓢ US$15 Ⓦ US$25
税 含 服 无
卡 MV
NET Wi-Fi 免费
读者优惠 10%

尼亚塔波拉咖啡
Cafe Nyatapola

◆改建自一座寺院，开业于 1978 年，是巴克塔普尔的一家老餐馆。三层设有露天，从这里可以看到尼亚塔波拉神庙等建筑。店内可以品尝到著名的巴克塔普尔产的酸奶以及各种小吃。由于这是一家面向旅游客人的餐馆，所以价格有些贵。

Map p.105-B2

住 Taumadhi Square
☎ 6610346
营 每天 8:00~19:00
税 13%
服 10%
卡 MV
NET 无

昌古纳拉扬

世界遗产 चँगु नारायण

Changu Narayan

拥有被评定为世界遗产的神庙

建在山丘上的昌古纳拉扬神庙

在加德满都谷地东端的山丘上有一座祭祀纳拉扬神的古老神庙。这座神庙与斯瓦扬布纳特寺以及博达哈大佛塔等齐名，都是谷地内的主要历史遗迹，并被列为世界文化遗产。从巴克塔普尔一直向北行 6 公里左右，经过神庙前拥有沐浴池以及食堂的小镇，然后沿着石级向上攀登就可以看到一座被红瓦屋顶建筑围绕着的神庙。

这座神庙最初建于李查维王朝时期的 323 年。随着时代的变迁，在神庙的占地范围内修建起了各种神祠以及石像，最终成为人们现在看到的一座综合性的神庙。占地中央的正殿内供奉的本尊神像是毗湿奴神的化身——纳拉扬神，这是一座用尼瓦尔式样的精巧的木雕装饰的伽蓝。莫卧儿帝国的军队入侵加德满都谷地时，李查维时代的建筑被破坏殆尽，现在人们看到的建筑是 1702 年重新修建的。

在神庙正殿的正面，合掌面对纳拉扬神的是马拉王朝时代的国王彭德拉及其王后的雕像。它旁边的迦楼罗雕像，据说是李查维王朝时代的曼德夫一世的化身。面对正殿，在占地内左侧的是骑着迦楼罗的毗湿奴神像。这座神像的图案还曾出现在原来的 10 卢比的纸币上面。

整座昌古纳拉扬寺院建立在一块岩石之上，海拔 1541 米，从这里可以一览加德满都谷地的绝佳景色。除了可以看到加德满都以及帕坦的街景以外，还可以清楚地看到博达哈大佛塔茶色的街景以及闪耀着白色光芒的比姆森塔。另外，在神庙所在地还有一座介绍尼泊尔各地传统生活方式的民俗博物馆（Living Traditions Museum），很值得参观。

☎ 长途区号 **01**

交　通

从加德满都的巴格市场附近的巴士乘车处（Map p.36-C2）乘坐 7 路巴士大约 1.5 小时，费用 Rs39。从巴克塔普尔乘坐巴士大约 30 分钟。乘坐出租车往返的话，从加德满都 Rs1500~2000，从巴克塔普尔大约 Rs1000。

昌古纳拉扬寺院

开 日出到日落

休 无

费 Rs100

民俗博物馆

开 每天 8:00~17:00

费 Rs250

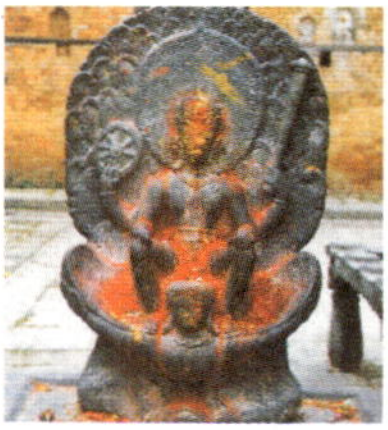

旧的 10 卢比纸币图案上曾经使用过的毗湿奴雕像

展示着民俗艺术、民间工艺品

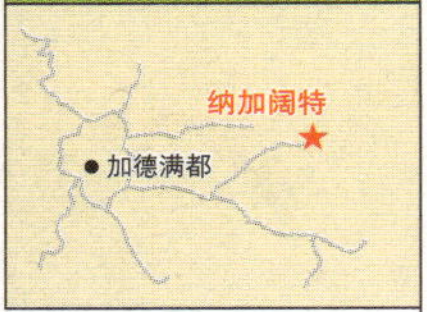

纳加阔特 *Nagarkot*

从山丘上一览喜马拉雅山的风光 नगरकोट

☎ 长途区号 01

交　通

从加德满都的巴格市场附近的巴士乘车处（Map p.36-C2）乘坐前往巴克塔普尔的 Kamalvinayak 方向的 7 路巴士，然后再换乘前往纳加阔特的巴士。从 Kamalvinayak 到纳加阔特大约 1 小时，7:00~17:30 几乎每 30 分钟发一班车，票价 Rs45。从加德满都乘坐出租车，单程大约 Rs2000，往返大约 Rs3500。

※旱季时，从加德满都有直达纳加阔特的旅游车。详细情况需要在旅行社确认。

在加德满都周边有几处适于眺望喜马拉雅山脉风光的地方，其中最容易前往且最受欢迎的观景地非纳加阔特莫属。从海拔大约 2100 米的山顶上放眼望去，东面是珠穆朗玛峰，正面是金刚杵峰以及希夏邦马峰，西侧是安纳布尔纳山峰。东西连绵起伏 200 公里的白色山峰尽收眼底。

纳加阔特最美妙的时间是清晨。虽然从加德满都到这里当天往返来得及，但是如果可能，最后在这里住宿一晚，这样可以早起欣赏日出的美景。初升的太阳把云海染映成红黄色，当神圣的山峰一座座呈现出雄伟的身姿时，一定会让你万分感动。这一切的经历会给游人带来尼泊尔旅游的美好回忆。

从纳加阔特欣赏到的雄伟景观

纳加阔特 漫　步

纳加阔特位于加德满都以东 35 公里的地方，从巴克塔普尔过来的地方巴士停靠在市场的前面。沿山只有一条车道，两旁散布着一些旅馆和山间小屋。在这里住宿一定要选择远眺景色好和设施完备的酒店。

从市场向南而行，可以看到喜马拉雅俱乐部纳加阔特度假村在道路的左侧。经过军队设置的检查站，步行大约 1 小时就会登上位于马哈德奥普利卡山顶的瞭望台 View Tower。这里视野更加开阔，南面尽头的德赖平原以及更远

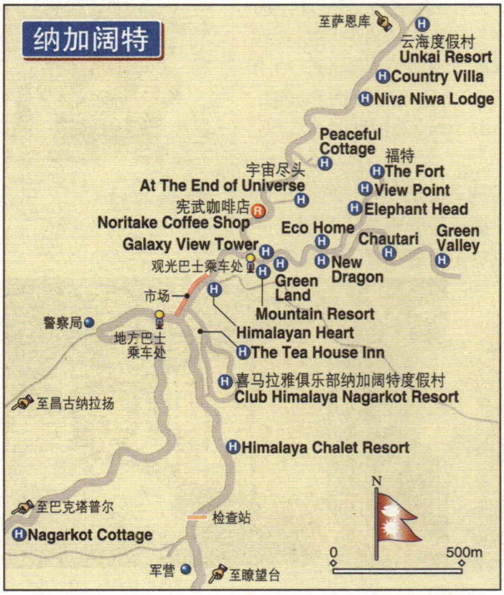

朝霞映照下的喜马拉雅山脉

迎接喜马拉雅山的日出

处的玛哈布拉特山脉都能尽收眼底。

游览纳加阔特的最好季节是适于观山的10月至次年3月。由于海拔高，这里比加德满都的气温要低，冬天的清晨还是相当寒冷的。如果打算早起眺望喜马拉雅山的话，就要预备一件羽绒服。早餐后可以步行到萨恩库或是昌古纳拉扬游览参观。

旅行小贴士

以别的途径前往加德满都

从纳加阔特可以乘坐地方巴士经由萨恩库、博达哈大佛塔，前往加德满都的城市公共汽车站。从纳加阔特的出发时间是6:30、7:30、11:00、14:00。到达萨恩库大约1小时，票价Rs40。

到达加德满都的话中间无须换乘，大约2.5小时，票价Rs80。如果相反，从加德满都出发的话，需要在萨恩库换乘。从萨恩库出发前往纳加阔特的发车时间是9:00、12:00、15:00、17:00。

酒店
Hotel

喜马拉雅俱乐部纳加阔特度假村
Club Himalaya Nagarkot Resort

◆这里是纳加阔特最高档的酒店。所有客房都带阳台，从房间里就可以看到喜马拉雅山的日出景观。从玻璃幕墙的餐厅里眺望远景效果更好。含早餐。

Map p.110

☎ 6680080 FAX 6680068
URL www.nepalshotel.com
费 A/B Ⓢ US$85 Ⓦ US$109
税 13%
服 10% 卡 A J M V
NET Wi-Fi（每小时15分钟Rs250，大堂免费）

福特
The Fort

◆尼泊尔民宅风格的度假村，非常舒适。从鲜花环绕的阳台可以看到远处喜马拉雅山脉的风光，住在这里可以享受悠闲的时光。

Map p.110

☎ 6680069 FAX 6680042
URL www.mountain-retreats.com
费 A/B Ⓢ US$90 Ⓦ US$110
税 含
服 无
卡 A J M V
NET Wi-Fi免费

云海度假村
Unkai Resort

◆这是一对夫妻经营的建在绝壁上的酒店，从这里眺望喜马拉雅山脉，美景无敌。店内还有面向背包客的宿舍式客房。

Map p.110

☎ 6680178
E-mail unkairesort@gmail.com
费 A/B ⓈⓌ US$15~40
税 含 服 10%
卡 不可
NET Wi-Fi免费

宇宙尽头
At The End of Universe

◆在树林中有一幢带餐厅和客房的红砖建筑，另外还散布着一些小型别墅。餐厅位于地势较高处，可以眺望美景，感觉非常舒适。

Map p.110

☎ 6680109
URL www.endoftheuniverse.com.np
费 A/B ⓈⓌ Rs600~4500
税 13%
服 10%
卡 J M V
NET Wi-Fi免费

MINI TREKKING
From Nagarkot to Changu Narayan

从纳加阔特前往昌古纳拉扬的短途徒步游

梯田的对面可以看到喜马拉雅山脉风光

加德满都近郊最受欢迎的轻松徒步游线路就是从纳加阔特（→ p.110）前往昌古纳拉扬（→ p.109）的山中漫步线路。这是一条从高海拔向低海拔行进的线路，因此轻松易行。中途即使一再休息，耗时也不过 4 小时。这条线路的景色非常美丽，线路的右侧下方是萨恩库以及金刚瑜伽女修行者寺院等城镇和寺院风景，上方是喜马拉雅山脉风光，左侧则是巴克塔普尔的城市景色。在纳加阔特观赏日出景色之后再出发，傍晚之前完全可以返回加德满都。

从纳加阔特的巴士站沿着机动车道朝着巴克塔普尔方向往回走大约 200 米。在警察局的旁边有一条山路，这就是徒步游线路的起点。这条山路虽然没有铺设成柏油路面，但是连接周边村庄的道路都比较平坦，因此只要穿双旅游鞋就可以轻松行走。

途中邂逅的村里的孩子们

到昌古纳拉扬的道路几乎不用拐弯，虽然途中会遇到岔路口，但是只要向当地人询问“昌古纳拉扬·加内巴特·耶霍”（到昌古纳拉扬怎么走）就可以了。

从纳加阔特出发步行大约 40 分钟后，会经过日出酒店的大门。从这里开始沿着左侧的巴克塔普尔前往纳加阔特的汽车道路步行 30 分钟左右，然后在达拉特尔村离开机动车道开始沿着山路步行。这附近的道路大多数穿行在村中，因此岔路口比较多，又没有设置指路牌，所以最好向村民们多打听。

经过达拉特尔村之后再次走回机动车道上。道路在 U 字形拐弯的地方是费迪，来往于纳加阔特和巴克塔普尔之间的巴士在这里有一站。

到费迪后碰到一个岔路口，两个方向都可以走。再往前道路很宽敞，而且住家很少。翻过一座小山后，正面展现在眼前的是整座加德满都谷地。快走到山路尽头时，终于可以看到建立在山丘上面的昌古纳拉扬神庙。昌古纳拉扬有开往加德满都方向的巴士，如果还有精力的话，可以继续步行至巴克塔普尔。巴克塔普尔有宾馆，在这里住宿一晚感受一下古都的风貌，也不失为一个好的选择。

这条线路途中虽然会经过几家茶室，但是可以就餐的地方只有日出酒店，以及昌古纳拉扬神庙前的小镇。夏季徒步游时一定不要忘记带上水壶和帽子。

悠闲的山村风景

萨恩库 Sankhn

拥有古老的神庙，曾经的商旅贸易站 साँखु

萨恩库是一座位于加德满都东部大约 20 公里处的尼瓦尔族城镇。这里曾经是翻越喜马拉雅山脉从中国拉萨至加德满都商路上的主要贸易站，两国人民的相互交流以及物资的交换促使这座城镇繁荣发展起来。经济繁荣也带来了尼瓦尔工艺之花在这里盛开。从木结构和红砖结构住宅上面的精美雕刻，以及村中小寺院、祠堂、公用水渠的金属加工等工艺都可以看出尼瓦尔文化的光芒。那些保留至今的建筑向人们诉说着往日的繁荣。

有着悠久历史的金刚瑜伽女修行者寺院

游览这座安静的小镇的原因，不仅是因为这里有传统的尼瓦尔住宅街景，还因为距离城镇北面大约 2 公里的地方有一座金刚瑜伽女修行者寺院（Vajra Yogini Temple）。这座在加德满都谷地历史上位列第二的古老佛教寺院，也受到印度教徒的崇拜。人们会在寺院内杀牲祭献。据说现在人们看到的寺院是 1655 年由国王普拉达普·马拉下令修建的。沿石级而上，可以看到两座并排而建的寺院。离大门最近的是金刚瑜伽女修行者寺院，它的旁边是供奉着绿度母（Ugra Tara）的寺院。这两座寺院都装饰着美丽的雕刻，顶部是朝圣者住宿的旅馆。

这里还有一座不要忘记参观的神庙，位于萨恩库村庄的东面，面对萨利纳蒂河。这座神庙内供奉着湿婆神的化身马哈德布（大神）以及毗湿奴神的化身纳拉扬两位神灵。

尼泊尔人在普什月期间禁止举行宗教仪式和结婚仪式，进入 1 月中旬的马格月（太阳开始脱离冬天的轨道，朝着春天迈进）时，人们又开始被明快的气氛所包围。马格月最初的一天被称为“斯瓦斯塔尼满月”，即古代尼泊尔历的月圆日。印度教徒为了斯瓦斯塔尼女神会从这一天开始禁食，并且每天都会诵读一章经典经文《斯瓦斯塔尼》。另外，从这一天起至下一次的月圆之日期间，据说在萨利纳蒂河沐浴可以实现所有的愿望。此时这座安静的村庄会有很多朝圣者蜂拥而至。

萨恩库小镇还保留着古老的民居

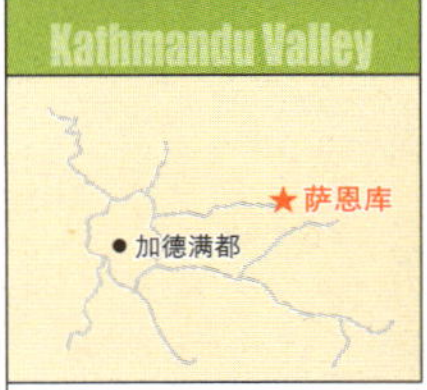

☎长途区号 01

交 通

从加德满都的市公共汽车站乘坐 4 路巴士，大约 1 小时，票价 Rs33。从加德满都乘坐出租车往返时，到博达哈大佛塔附近按照计价器显示金额付费。之后到萨恩库按照计价器两倍金额付费。再加上等待时间需要 Rs2000~2500。

旅行小贴士

金刚瑜伽女修行者寺院

所谓金刚瑜伽女修行者，根据传说，指的是文殊菩萨在加德满都谷地出现以前，住在这里的佛教女神。Yogini 是瑜伽修行者的女性象征，代表女性瑜伽功修炼者。在密教的修行中，需要男性原理和女性原理两者的能量统一时，在冥想时会把金刚瑜伽女修行者的样子作为女性原理的象征使用。因此在尼瓦尔族的原始佛教以及藏传佛教中她都扮演着重要的角色。寺院背后的岩石山中雕凿了很多洞穴，只有进行修行的人才可以进入。

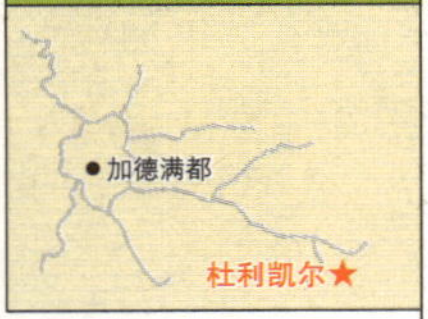

杜利凯尔 *Dhulikhel*

可以遥望喜马拉雅山风光的山口城镇　धुलिखेल

老城区保留着红砖结构的古老民居

☎ 长途区号　01

交　通

从加德满都的市公共汽车站乘坐12路巴士，大约1.5~2小时，票价Rs55。从巴克塔普尔过来的话，需要从阿尼哥公路乘坐12路巴士，到这里大约50分钟。

读者投稿

关于迦利神庙

神庙所在的山丘上有正在使用的军事设施，虽然周围用铁丝网环绕，但是参拜神庙的人还是可以进去的。据说如果不拍摄军事设施的话，拍些其他的照片还是可以的。

加德满都周边有三处可以欣赏喜马拉雅山脉风光的小镇，它们分别是纳加阔特、卡卡尼、杜利凯尔。这其中只有杜利凯尔曾经是一座繁荣的古都。这座小镇位于海拔1524米的山丘上，除了可以遥望喜马拉雅山脉风光以外，这里的一片尼瓦尔族的市场，以及红砖结构的建筑也非常值得欣赏。

杜利凯尔位于加德满都以东大约32公里的地方，距离巴内帕只有3公里左右。由于其地处连接加德满都和我国西藏的阿尼哥公路上，而且又在通往印度的辛图利高速公路的分岔点上，因此在交通上占有重要的地位，地理位置非常便利。

杜利凯尔　漫　步

前往杜利凯尔的巴士到达位于阿尼哥公路沿线的公共汽车站。车站周边有一些酒店和旅馆。选择在这里住宿一晚的游客，可以放下行李再开始参观。

老城区内还保留着红砖结构的住宅，属于典型的尼瓦尔族城镇景色。石板道两旁是一间间的小商店，看起来很像农村的集市，气氛安详而悠闲。毗湿奴神庙（Vishnu Mandir）就位于市中心，它的前面是迦卢茶的雕像。在镇

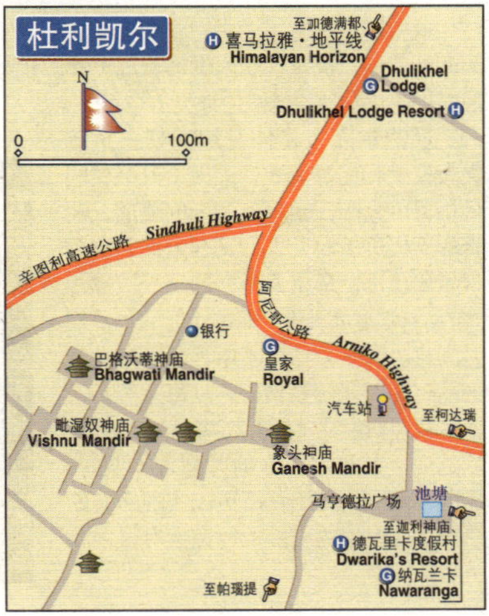

远处是连绵不绝的喜马拉雅山脉

外的悬崖上面还有一座三重屋顶的神庙，这就是巴格沃蒂神庙（Bhagwati Mandir）。

从老城区经过马亨德拉广场，东侧可以看到新城区的街道景象。一条笔直的道路一直通向正面的山丘。经过邮局之后，在一棵巨大的菩提树处向右拐，就是一条通往山顶的路。

从这里开始步行登上山顶的迦利神庙（Kāli Mandir）需要大约 30 分钟。从神庙处可以看到雄伟的喜马拉雅山风光。

供奉湿婆神的巴格沃蒂神庙

酒店
Hotel

德瓦里卡度假村
Dwarika's Resort

◆德瓦里卡酒店（→ p.82）经营的度假村。位于马亨德拉广场以东大约两公里处。建在森林中的高档度假村，与周围的自然环境高度和谐。

Map p. 114 图外

☎ 490612
URL www.dwarikas-dhulikhel.com
费 A/B Ⓢ US$320~ Ⓦ US$350~
税 13%
服 10%
卡 A J M V
NET Wi-Fi 收费

喜马拉雅 · 地平线
Himalayan Horizon

◆从汽车站往加德满都方向往回走 1 公里的位置就是这家酒店。酒店内的平台花园、餐厅以及带阳台的客房都是眺望喜马拉雅山风光的绝佳之处。

Map p. 114 图外

☎ 490260
URL www.himalayanhorizon.com
费 A/B Ⓢ US$71~77 Ⓦ US$85~88
税 13% 服 10%
卡 A J M V
NET 无
读者优惠 20%

皇家
Royal Guest House

◆从汽车站往加德满都方向步行 2 分钟即可到达。宾馆建在山丘上，可以一览喜马拉雅山的无限风光。和杜利凯尔的其他酒店相比，住宿价格比较实惠。

Map p. 114

☎ 4915320
E-mail lotusguesthouse@yahoo.com
费 C/B Ⓢ Rs500 Ⓦ Rs600
A/B Ⓢ Rs700 Ⓦ Rs800
税 含 服 无 卡 不可 NET 无
读者优惠 10%

纳瓦兰卡
Nawaranga Guest House

◆从汽车站步行 5 分钟即可到达。这是一家于 1972 年开业的老旅馆。老板普鲁纳先生人缘很好，店里总是有不少的回头客。由于支持地方艺术发展，店里的餐厅以至于客房到处都装点着绘画作品。

Map p. 114 图外

☎ 490226
费 C/B Ⓢ Rs350 A/B Ⓢ Rs500
Ⓦ Rs800
税 含
服 无
卡 不可
NET 无

MINI TREKKING
from Dhulikhel to Panauti

从杜利凯尔前往帕瑙提的短途徒步游

以喜马拉雅山的瞭望台——杜利凯尔（→p.114）为出发点，经由佛教圣地南无佛塔至古都帕瑙提（→p.117）是一条非常有人气的徒步游线路。这条线路既可以令人尽情欣赏喜马拉雅山的美丽风光，又可以体验高高低低富于适度变化的起伏路况。

这条线路有三大亮点：首先是途中看到的喜马拉雅山远景以及其下方延伸开来的一片壮观的梯田景色，对于没有进行过正宗徒步游的人来说都是不可多得的景色；另外还有南无佛塔，这是修建在半山腰上的一座佛塔，与博达哈大佛塔以及斯瓦扬布纳特寺齐名，是加德满都谷地内的藏传佛教三大圣地之一。在佛塔周边可以看到很多进行朝拜的藏族人。距离佛塔步行不到20分钟的山顶上，还修建了几座藏传佛教的寺院。最后的亮点是保留着李查维王朝时代城市风景的古都帕瑙提。帕瑙提有很多前往加德满都的巴士，因此游客不必担心返回的交通问题。

包括就餐和休息等时间在内，全程所需时间大约是8小时，稍微有些长，旅游行程安排比较宽松的游客可以选择在杜利凯尔住宿一晚。另外帕瑙提的清晨景色十分美丽，也可以在这里住宿一晚，第二天早上返回加德满都。

从杜利凯尔的新城区出发。首先朝着东面山顶上的迦利神庙方向步行。可以沿着机动车道步行，不过有些绕远。徒步游线路是直接走坡面的山路。路上有很多岔口，途中要向村民多打听。因为前面有直达帕瑙提的机动车道，会绕很大的一个弯路，因此在问路的时候一定要加上一句："Short Cut?"（近道在哪里？）这样对方就会告诉你徒步游的线路。

南无佛塔是佛教圣地之一

线路上有食堂的地方是途中经过的卡布雷邦贾恩村以及南无佛塔周边。此外还会看到一些茶店。卡布雷邦贾恩村边上是前往德赖的辛图利公路的交叉处，从杜利凯尔步行到该村大约1.5小时，在公路上可以看到巴士经过。从卡布雷邦贾恩村步行至南无佛塔需要大约2小时。

南无佛塔至萨恩库村是一条很陡的下坡路。到达萨恩库村之后可以乘坐巴士前往帕瑙提，如果是步行大约需要1.5小时。步行至萨恩库村已经感觉疲劳的旅行者，可以一边喝茶一边等候经过这里的巴士。

梯田对面是连绵不绝的喜马拉雅白色的山峰

一边遥望喜马拉雅山的无限风光一边沿山路而行

帕瑙提 *Panauti*

河畔寺院林立的清幽小镇　　पनौती

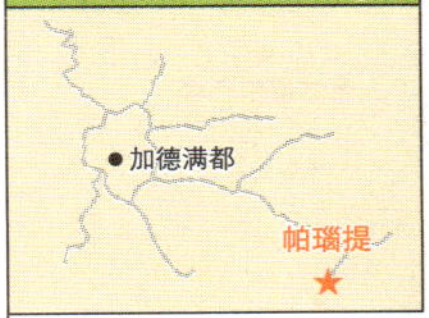

参观沿河而建的寺院也别有一番情趣

从巴内帕往南沿着乡间小路走大约 6 公里。就可以看到这座位于罗什河与本加马蒂河交汇处的小镇。

经过一座有很多身着纱丽的妇女们往来购物的市场之后，可以看到几座古老的神庙。这些神庙都是具有悠久历史的尼瓦尔建筑，可以从中看出其优秀的美术价值。在李查维王朝时代，帕瑙提曾经作为尼泊尔与我国西藏贸易之路上的城市而繁荣发展起来，随着时间的推移，如今这里已经变成了一座气氛悠闲的田园小镇。历史留下来的遗迹在这里要保存下去显得十分困难。1988 年大地震中被压坏了的伽蓝，由于得到法国人的全面援助才得以修复，被幸运地保存下来。

位于镇中心的湿婆神庙（Indreshwar Mahadev Mandir）最初修建于 13 世纪，据说曾经是尼泊尔最古老的寺院之一，如今经过重新修建之后，神庙变得更是非常漂亮。黑天神庙（Krishna Narayan Mandir）位于城市的东面，从这座神庙可以一览河流汇合的景色。河边设有火葬台以及洗衣处，是市民生活、聚集的主要场所。这里还有几座用木雕装饰得十分精美的寺院。在这些地方散步游览时，可以看到很多从山里来的乡民。小镇的清晨给人感觉非常清爽。若想一览城市整体面貌，可以经过吊桥登上北侧的小山。天气晴朗时从这里可以一直望到远处的喜马拉雅山脉。

玛格月（阳历的 1 月中旬~2 月中旬）的玛格·桑克兰蒂节是庆祝冬至的节日，每 12 年（下次是 2022 年）盛大地举办一次。届时会有几十万人从尼泊尔各地赶来，在这里的圣河中沐浴。

玛格·桑克兰蒂节时沐浴中的人们

☎ 长途区号　01

交　通

从加德满都的市公共汽车站乘坐 11 路巴士，经由巴内帕到帕瑙提大约 1.5 小时，票价 Rs62。从杜利凯尔也有到这里的巴士。

有用的信息

帕瑙提的住宿设施

酒店加上宾馆总共有 3 家。清洁度比较好的是帕瑙提酒店（☎ 440055），距离观光汽车站步行 2 分钟即到。店内还有屋顶餐厅。

宽阔的小镇坐落在河流的交汇处

布达尼尔干塔

बुद्धनीलकण्ठ

Budhanilkantha

池塘中横卧着毗湿奴神像

接受人们朝拜的毗湿奴神像

布达尼尔干塔村位于加德满都北部大约 11 公里的地方，就在谷地北侧的湿婆布里山的山脚下。

走进村庄的小广场，在左侧可以看到一座四方的水池。里面横卧着身高 5 米的巨大神像，还有供奉的鲜花。这座神像表现的是：在原始的大海中漂浮着一条圣蛇，在蛇身上浮着进行冥想的毗湿奴神的化身纳拉扬。这座完美的雕刻据说制作完成于 7~8 世纪。这一带因此又被称为“纳拉扬村”。水池只允许印度教徒进入。

沿着村庄里侧的大山攀登大约 1.5 小时就可以来到位于半山腰的一座寺院。这是一座藏传佛教的尼僧寺院，被称为“纳基寺院”。从这里可以看到加德满都美丽的夕阳景色。

☎ 长途区号 **01**

交　通

从加德满都的坎提路（Map p.36-D2）乘坐 5 路巴士，大约 1 小时，票价 Rs20。乘坐出租车往返的话，大约 Rs1000。

旅行小贴士

布达尼尔干塔的酒店

Park Village Hotel

☎ 4375279

FAX 4371656

URL ktmgh.com

费 A/B Ⓢ Ⓦ US$75~

税 13%

服 10%

卡 A M V

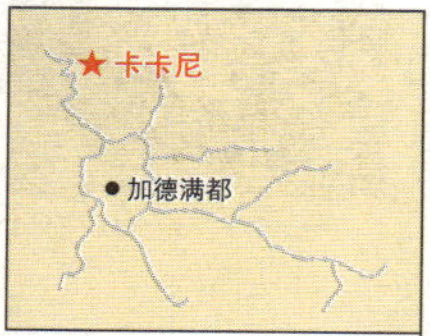

卡卡尼 *Kakani*

从山丘上欣赏披上晚霞的喜马拉雅山

ककनी

距离加德满都大约 23 公里，海拔 2073 米。在尼泊尔有一个说法，“看朝阳到纳加阔特，看夕阳到卡卡尼。”晴朗的日子从这里可以看到东侧的珠穆朗玛峰，以及西侧的安纳普尔纳峰。

卡卡尼是一座小山村，没有住宿设施，因此到这里来游览必须当天返回。从加德满都乘坐巴士，1 小时多一点以后会到达一座叫作“考利塔纳”的小村庄。此时眼前的景色豁然开朗，白色的雪山映入眼帘。巴士停靠在小村庄的三岔路口，下车后右侧就是前往卡卡尼的上行的岔路。返回时还要步行至考利塔纳村。在这里一边饮茶一边等候前往加德满都的巴士。

从卡卡尼附近远眺的景色

☎ 长途区号 **01**

交　通

从加德满都的新公共汽车站坎提路（Map p.34-A2）乘坐巴士至考利塔纳村大约 1 个小时，票价 Rs65。从 7:00 到 17:00 每间隔 45 分钟发一班车。从考利塔纳村到卡卡尼还需要步行大约 3 公里。从加德满都乘坐出租车往返的话，Rs2000~2500。

尼泊尔中部

Central Nepal

骑像巡游，奇旺国家公园

能与大象亲密接触的奇旺国家公园

基本介绍

尼泊尔中部

本书中把加德满都谷地至博卡拉之间的地区称为尼泊尔中部。其北侧耸立着朗当峰、象头神峰、马纳斯卢峰、安纳普尔纳峰等一座座巨峰，南侧是与印度国境接壤的德赖平原。这里的名胜非常多，其中包括仅次于加德满都的尼泊尔第二大旅游胜地——博卡拉，广阔的森林中生息着各种野生动物的奇旺国家公园，保留着古老住宿小镇风情的班迪普尔，以及供奉着在尼泊尔最受欢迎的女神——玛纳卡玛纳的神庙等。另外还可以在这里的翠苏里河进行漂流活动。

交 通

加德满都和博卡拉之间由全长206公里的普里特维高速公路相连接，乘坐巴士往来需要6~8小时，乘坐飞机仅需30~40分钟。另外，还有一条道路是从加德满都经由纳拉扬卡德至德赖平原，这是一条重要的交通要道，因此巴士的车次也很多。

宿 泊

博卡拉的住宿设施从高档酒店到价格非常便宜的旅馆应有尽有，可以按照自己的预算和喜好来选择。在奇旺国家公园内设有一些与自然环境相结合的别墅和山间小屋。由于无论哪里都有充足的住宿设施，所以不需要提前预订。

博卡拉 Pokhara

在连绵的安纳普尔纳群峰与湖泊的怀抱中的乐园 पोखरा

费瓦湖对面高耸入云的鱼尾峰

从加德满都往西大约 200 公里就是博卡拉的所在地，这里是遥望费瓦湖和安纳普尔纳群峰最理想的场所。博卡拉位于以喜马拉雅山脉为端头的溪谷伸展开来的绿色谷地中，海拔仅有 800 米左右，气温大大高于加德满都，街道上随处可以看到香蕉树等植物，充满了亚热带的气氛。抬头望去近处就是海拔 8000 米级别的喜马拉雅山峰。

在连绵的安纳普尔纳群峰中，正面看到的是象征博卡拉的鱼尾峰。因其山顶是分开的两部分，看起来好像鱼尾一样，因此而得名。虽然鱼尾峰的海拔比其他的山峰要低一些，但是由于地处其他山峰的前面，因此看起来显得格外高大。

博卡拉的另一个象征是费瓦湖，它位于城市的西侧。“池塘”一词在尼泊尔语中是“博卡拉”（Pokhari），博卡拉的地名就是从这里来的。费瓦湖岸边的湖滨区集中有很多的酒店和餐馆，是著名的观光地，吸引了来自世界各地的游客。

博卡拉曾经是位于其北面的中国西藏和南面的印度之间贸易商路上的集市。老市场位于费瓦湖东北部大约 4 公里的地方，这里还保留着古老的街道风景。沿着当时的石板路而行，感受着城市悠闲的气氛，不禁令人联想到昔日骡马商队经过时的热闹情景。

抵达博卡拉

博卡拉是一座可以真正享受悠闲生活的城市。在费瓦湖上泛舟游览，可以享受微风吹拂湖面的舒适感觉；租辆自行车在郊外骑行，能够闻到到处飘荡着的青草的芳香气息。从印度初次来到尼泊尔的游客，大多数都会耸肩吊眉端着架子，一脸高傲的表情。但这些人只要在博卡拉待上两三天的时间，就会放下自己的架子，充分地放松自己后，又踏上新的旅途。

☎ 长途区号 61

交　通

从加德满都出发

■ 飞机

每天有 15 个航班，航程 30~40 分钟，票价 US$102。

■ 巴士

乘坐观光巴士大约 7 小时到达，7:00 发车，票价 Rs500~600。乘坐绿线巴士约 7 小时到达，7:30 发车，票价 US$20。公共汽车从新公共汽车站出发。迷你巴士在 5:30~14:00 之间，每隔 15 分钟发一班车，大约 6 小时到达。晚班车在 18:00~19:50 之间有 6 班，大约 8 小时到达，票价 Rs425。

从奇旺出发

■ 巴士

乘坐观光巴士大约 5 小时到达，9:30 发车，票价 Rs500~600。乘坐绿线巴士约 5.5 小时到达，9:30 发车，票价 US$17。

1
2
A
B
C
D
普尔宗
Bhurjung
当普斯
Dhampus
佩迪
Phedi
至巴格隆
诺丹达
Naudanda
花之家
Hana no le
阿斯塔姆
Astam
随凯特
Suikhet
Milan Chowk
塞蒂河
Seti Gandaki
希扬扎
Hyangja
马亨德拉洞穴
Mahendra Gupha
拉马乔
Lamachaur
巴图雷乔
Batulecha
卡斯基科特
Kaskikot
博卡拉p.124
萨冉库特
Sarangkot(1592米)
哈盘河
Harpan Khola
卡帕乌蒂
Khapaudi
巴格隆公共汽车站
Waterfront
费瓦湖
Phewa Tal
博卡拉
POKHARA
湖滨区
Lake Side
市公共
汽车站
大坝区
Dam Side
博卡拉机
世界和平塔
World Peace Pagoda
拉姆切山
Ramche Danda
(2116米)
当大冈
Dandagaun
阿鲁卡尔卡
Arukharka
悉达多公路
Siddhartha Highway
普斯雷河
Phusre Khola
马蒂坎
Matikhan
波格辛
Phoksing
希瓦拉亚
Sivalaya
塞蒂河
Seti Khola
至丹森
1
2

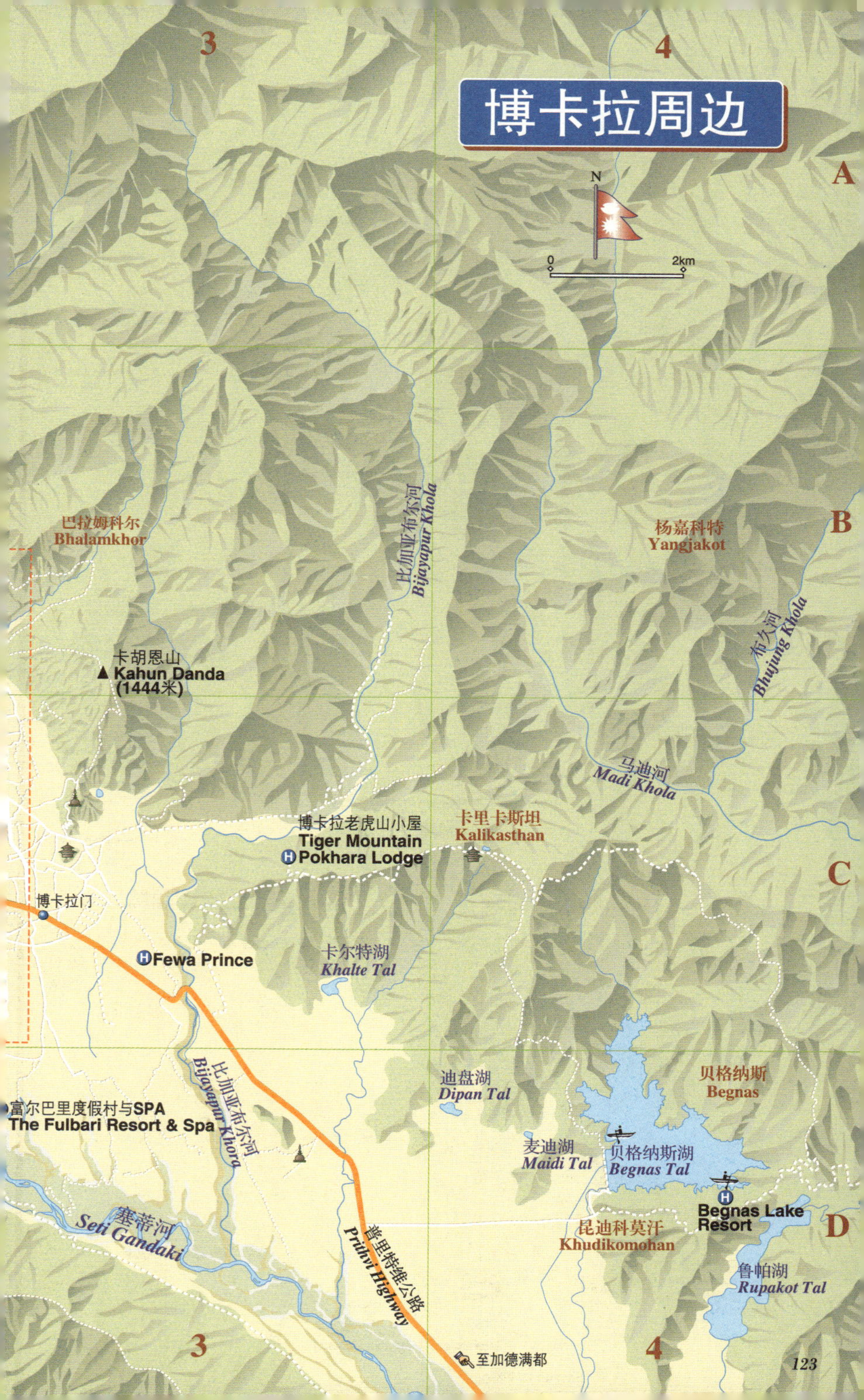

博卡拉周边
N
0
2km
A
B
C
D
3
4
巴拉姆科尔
Bhalamkhor
卡胡恩山
Kahun Danda
(1444米)
比加亚布尔河
Bijayapur Khola
杨嘉科特
Yangjakot
布久河
Bhujung Khola
马迪河
Madi Khola
博卡拉老虎山小屋
Tiger Mountain
Pokhara Lodge
卡里卡斯坦
Kalikasthan
博卡拉门
Fewa Prince
卡尔特湖
Khalte Tal
迪盘湖
Dipan Tal
贝格纳斯
Begnas
富尔巴里度假村与SPA
The Fulbari Resort & Spa
比加亚布尔河
Bijayapur Khora
麦迪湖
Maidi Tal
贝格纳斯湖
Begnas Tal
Begnas Lake
Resort
塞蒂河
Seti Gandaki
普里特维公路
Prithvi Highway
昆迪科莫汗
Khudikomohan
鲁帕湖
Rupakot Tal
至加德满都

博卡拉
N
500m
至巴格隆
至马亨德拉河
塞蒂河
Seti Gandaki
Pokhara-Baglung Rd.
Mahillo Dip
Tallo Dip
Hari Chowk
Tundikhel
Shining Hospital
至萨冉库特
Bhim Bazar
Bhimkali Patan
普里特维纳拉扬大学校园
Prithvi Narayan Campus
自然史博物馆
Natural History Museum
宾杜巴希尼神庙
Bindyabasini Mandir
旧市场
Purano Bazar
Kasai Tole
Manipal Hospital and College
巴格隆公共汽车站
Bhimsen Tole
比姆森神庙
Bhimsen Mandir
Nalamukh Terchhapatti
Ram Krishna Tole
Chipledhunga
马亨德拉布尔
Mahendra Pul
新市场
Naya Bazar
黑天神庙
Krishna Mandir
切托丽姐妹酒店
Chhetri Sister's
北湖滨区p.125
Malepatan
New Rd.
Simalchaur Bagale Tole
博卡拉地区博物馆
Regional Museum Pokhara
Women's Skill Development Organization
Barahi Chowk
Manswara
Shrijana Chowk
Gandaki Hospital
南湖滨区~大坝区p.126
Prithvi Chowk
奥迦昂·萨丹佛教寺院
Bouddha Arghoun Sadan
Simalchaur
市公共汽车站
至加德满都
Ramghat
军营
(旧国王别墅)
费瓦湖
Phewa Tal
体育场
Ratnapuri
博卡拉机场
Mustang Chowk
塞蒂河
Seti Gandaki
Pardi Rd.
Leprosy Hospital
至丹森
古普特什瓦尔·玛哈德布洞穴
Gupteshwar Mahadev Cave
大卫瀑布(魔鬼瀑布)
Devi's Fall
Birauta Chowk
Pardi Bazar
Pokhara Grande
Eye Hospital
国际山岳博物馆
International Mountain Museum
香格里拉村
Shangri-La Village
A
B
C
D
1
2

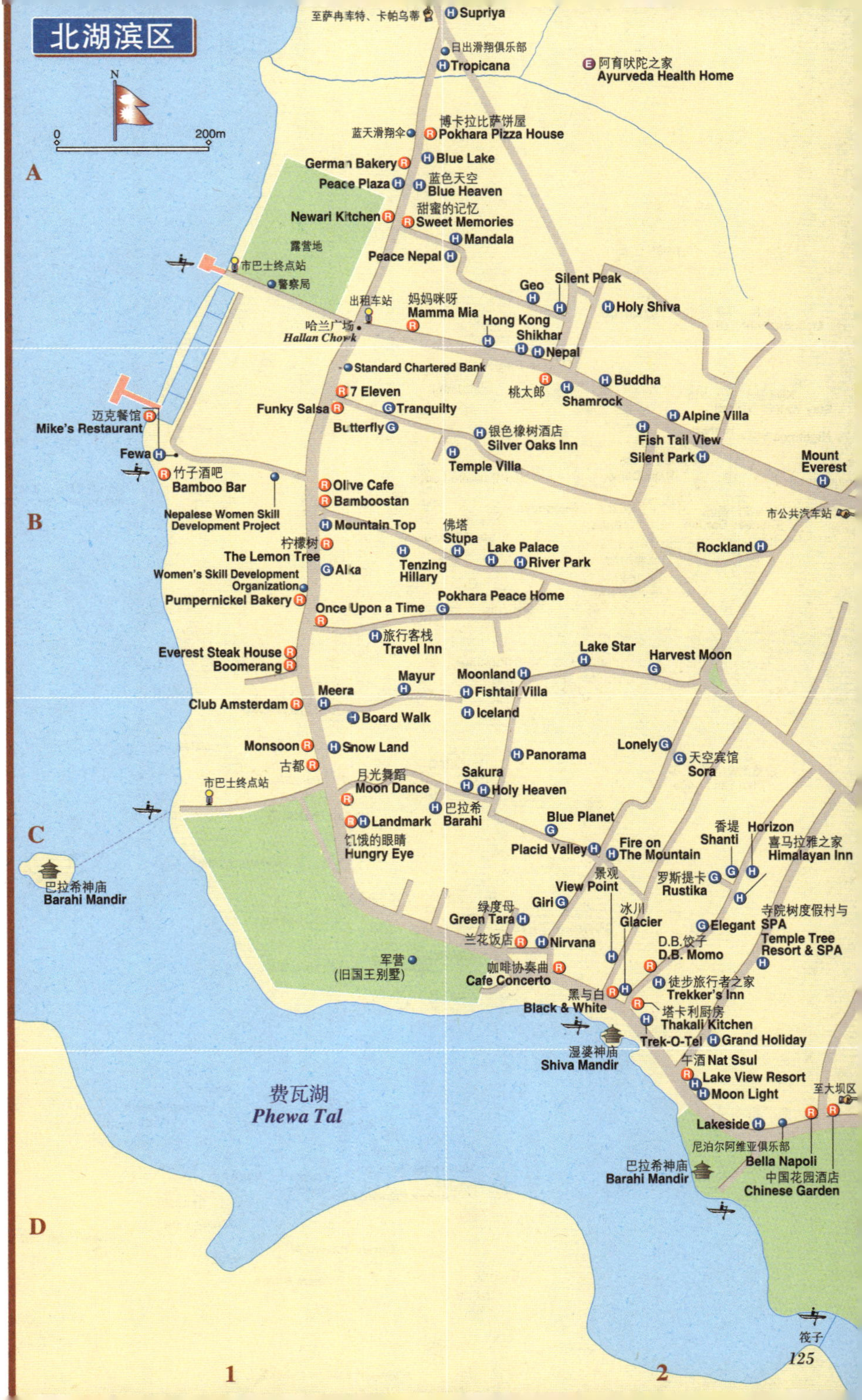
北湖滨区
N
0
200m
A
B
C
D
1
2
至萨冉车特、卡帕乌蒂
Supriya
日出滑翔俱乐部
Tropicana
阿育吠陀之家
Ayurveda Health Home
博卡拉比萨饼屋
Pokhara Pizza House
蓝天滑翔伞
German Bakery
Blue Lake
Peace Plaza
蓝色天空
Blue Heaven
甜蜜的记忆
Newari Kitchen
Sweet Memories
Mandala
露营地
Peace Nepal
市巴士终点站
警察局
Geo
Silent Peak
Holy Shiva
出租车站
妈妈咪呀
Mamma Mia
哈兰广场
Hallan Chowk
Hong Kong
Shikhar
Nepal
Standard Chartered Bank
桃太郎
Buddha
7 Eleven
Shamrock
Funky Salsa
Tranquility
Alpine Villa
迈克餐馆
Mike's Restaurant
Butterfly
银色橡树酒店
Silver Oaks Inn
Fish Tail View
Silent Park
Mount Everest
Fewa
Temple Villa
竹子酒吧
Bamboo Bar
Olive Cafe
Bamboostan
市公共汽车站
Nepalese Women Skill Development Project
Mountain Top
佛塔
Stupa
柠檬树
The Lemon Tree
Lake Palace
River Park
Rockland
Alka
Tenzing Hillary
Women's Skill Development Organization
Pumpernickel Bakery
Once Upon a Time
Pokhara Peace Home
旅行客栈
Travel Inn
Everest Steak House
Boomerang
Lake Star
Harvest Moon
Mayur
Moonland
Meera
Fishtail Villa
Club Amsterdam
Board Walk
Iceland
Monsoon
Snow Land
Lonely
天空宾馆
Sora
古都
Panorama
市巴士终点站
月光舞蹈
Moon Dance
Sakura
Holy Heaven
巴拉希
Barahi
Blue Planet
Landmark
香堤
Shanti
Horizon
喜马拉雅之家
Himalayan Inn
饥饿的眼睛
Hungry Eye
Placid Valley
Fire on The Mountain
巴拉希神庙
Barahi Mandir
景观
View Point
罗斯提卡
Rustika
绿度母
Green Tara
Giri
冰川
Glacier
Elegant
寺院树度假村与SPA
Temple Tree Resort & SPA
兰花饭店
Nirvana
D.B.饺子
D.B. Momo
军营
(旧国王别墅)
咖啡协奏曲
Cafe Concerto
徒步旅行者之家
Trekker's Inn
黑与白
Black & White
塔卡利厨房
Thakali Kitchen
Trek-O-Tel
Grand Holiday
湿婆神庙
Shiva Mandir
午酒 Nat Ssul
Lake View Resort
Moon Light
费瓦湖
Phewa Tal
至大坝区
Lakeside
尼泊尔阿维亚俱乐部
巴拉希神庙
Barahi Mandir
Bella Napoli
中国花园酒店
Chinese Garden
筏子

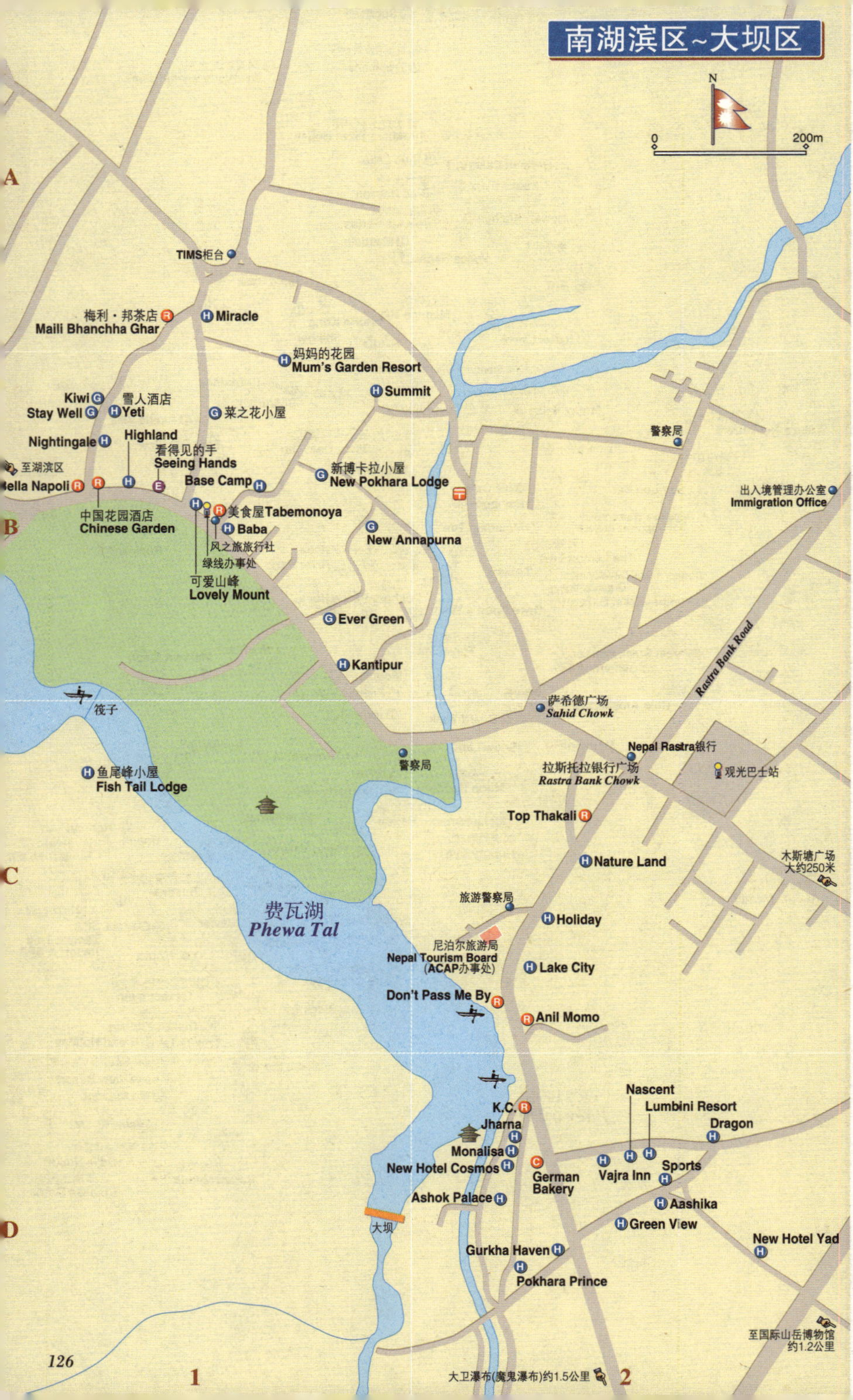

南湖滨区~大坝区
N
0
200m
A
B
C
D
1
2
TIMS柜台
梅利・邦茶店
Maili Bhanchha Ghar
Miracle
妈妈的花园
Mum's Garden Resort
Summit
Kiwi
Stay Well
雪人酒店
Yeti
菜之花小屋
Nightingale
Highland
看得见的手
Seeing Hands
Base Camp
至湖滨区
ella Napoli
新博卡拉小屋
New Pokhara Lodge
警察局
出入境管理办公室
Immigration Office
中国花园酒店
Chinese Garden
美食屋Tabemonoya
Baba
风之旅旅行社
绿线办事处
可爱山峰
Lovely Mount
New Annapurna
Ever Green
Kantipur
Rastra Bank Road
萨希德广场
Sahid Chowk
筏子
警察局
Nepal Rastra银行
拉斯托拉银行广场
Rastra Bank Chowk
观光巴士站
鱼尾峰小屋
Fish Tail Lodge
Top Thakali
Nature Land
木斯塘广场
大约250米
旅游警察局
Holiday
费瓦湖
Phewa Tal
尼泊尔旅游局
Nepal Tourism Board
(ACAP办事处)
Lake City
Don't Pass Me By
Anil Momo
Nascent
Lumbini Resort
Dragon
K.C.
Jharna
Monalisa
New Hotel Cosmos
German
Bakery
Vajra Inn
Sports
Aashika
Ashok Palace
Green View
大坝
New Hotel Yad
Gurkha Haven
Pokhara Prince
至国际山岳博物馆
约1.2公里
大卫瀑布(魔鬼瀑布)约1.5公里

从机场前往市内

从加德满都乘坐飞机大约30分钟就可以到达博卡拉机场。机场到达大厅内设有旅游咨询处，可以委托预订酒店。从机场乘坐出租车到大坝区费用是Rs200、到湖滨区是Rs250。有关出租车的收费可以在旅游咨询处进行再次确认。

乘坐巴士到达时

乘坐巴士前往博卡拉时，根据所乘坐巴士的种类不同，所停靠的汽车站也会不同。

观光巴士、绿线巴士：抵达大坝附近的观光巴士车站。这里有很多酒店拉客的人，如果还没有订好酒店的话，可以在这里试着进行交涉。从巴士车站可以步行到大坝区，不过步行至湖滨区的北侧会比较远。如果前往拉斯托拉银行广场（Rastra Bank Chowk），可以乘坐前往湖滨区的市内巴士。乘坐出租车到湖滨区费用是Rs150~200。

公共汽车：抵达市场附近的市公共汽车站。从这里前往大坝区或湖滨区的话，在汽车站西侧的十字路口——普里特维广场（Prithvi Chowk）乘坐市内巴士，10~20分钟就可以到达。另外，如果乘坐从丹森方向开来的巴士，可以让司机在机场南侧的木斯塘广场（Mustang Chowk）停一下，那里离大坝区很近。

博卡拉 漫 步

博卡拉的中心地区是湖滨区

位于费瓦湖岸边的湖滨区（Lake Side，现在的地名是Baidam）有很多旅馆和面向旅游者的餐厅。这里不仅有非常便宜的旅馆，还有很多中档酒店。经过认真交涉，你就有可能碰到以惊人便宜的价格住在相当漂亮的客房里的美事儿。湖滨区的大多数餐馆都会提供尼泊尔菜、印度菜和中国藏餐、西餐等，种类丰富。这一地区还有银行、旅行社、土特产纪念品商店、户外用品商店等，可以说配套设施非常完善。只在这一个区就可以解决一切旅行中的问题。

遍布着餐厅和土特产纪念品商店的湖滨区

位于湖滨区北侧的哈兰广场（Hallan Chowk，Map p.125-A1）到北面的卡帕乌蒂（Khapaudi）方向，沿路增加了很多旅馆和餐厅，价格非常实惠，深受长期逗留在此的游客欢迎。与湖滨区相比，这里十分安静，还可以沿着费瓦湖散步，在湖畔

连牛也在路边散步，街道上一派悠闲的情景

有用的信息

博卡拉机场的设施
Map p.124-D2
机场的候机室提供免费Wi-Fi服务。
■ 旅游咨询处
☎ 463001
开 每天 6:00~16:00

博卡拉的巴士乘车处
■ 观光巴士站
Map p.126-C2
前往加德满都、奇旺的观光巴士在这里出发与到达。
■ 绿线办事处
Map p.126-B1
前往加德满都、奇旺的绿线巴士从这里出发。但是到达博卡拉的时候，在观光巴士站停车。
■ 市公共汽车站
Map p.124-C2
前往加德满都、派勒瓦等地的公共汽车几乎都在这里出发与到达。
■ 巴格隆公共汽车站
Map p.124-B2
前往费迪、巴格隆、贝尼的公共汽车在这里出发与到达，徒步旅行的游客经常会乘坐这里的公共汽车。从湖滨区或大坝区乘坐出租车前往上述地区，费用大约为Rs300。

从博卡拉遥望喜马拉雅山

的咖啡馆里度过悠闲的时光。

另外，同样位于费瓦湖的岸边，南部大坝附近的地区被称为大坝区（Dam Side，现在的地名是 Pardi）。从湖滨区朝着大坝区的方向走，途中可以看到一棵大树，树下是休息的场所，周边摆着很多路边摊位。这里被称为萨希德广场（Sahid Chowk，Map p.126-C2），附近有旅游警察局、出入境管理办公室（Immigration Office）等政府机构。在大坝区的尼泊尔旅游局（Nepal Tourism Board）所在的建筑内，还设有 ACAP 办事处（安纳普尔纳峰自然保护区项目办事处）。

在博卡拉游览时的交通工具

首先是徒步。朝着湖滨区的北面一直走，机动车道逐渐消失，面向游客的商店也变得越来越少，此时呈现在眼前的是广阔的田野和其间吃草的水牛。如果天气晴朗的话，可以登上萨冉库特山遥望远处的景色。

前往市场以及郊外等比较遥远的地方时可以租辆自行车。在加德满都骑车游览一天，全身都会被汽车尾气熏成黑色。但是在博卡拉就不会这样。一天的租车费用是 Rs200 左右，最好在租车前商定好价钱，并且对自行车的状况进行仔细检查。还能租到摩托车，费用是 Rs400~500。

博卡拉的出租车数量比起加德满都来要少很多，而且几乎所有的车上都没有安装计价器。如果碰到没有安装计价器的出租车，一定要在开车前讲好价钱。从湖滨区到新市场的出租车费大约是 Rs200。另外，从湖滨区以及大坝区到马亨德拉布尔之间运行着市内巴士，每隔 15 分钟一辆，只要举手示意随处可以停车。

如果想在费瓦湖上度过一天的时光，就要在湖岸边的船坞租船。费用因租船方式而定。如果自己划船，费用为每小时 Rs300；带桨手则每小时 Rs350。到湖对岸的话，单程 Rs350，往返 Rs600。

包租出租车游览的观光效率最高。费用也需要自己来谈。3 小时左右就可以游览萨冉库特山、宾杜巴希尼神庙、魔鬼瀑布、古普特什瓦尔·玛哈德布洞穴等市内主要景点，费用大约为 Rs2000。

在费瓦湖上泛舟

有用的信息

旅游警察局
Map p.126-C2
☎（061）462761

出入境管理办公室
Map p.126-B2
☎ 465167
开 周日～下周四 10:00~17:00（11/1~次年 1/30~16:00）周五 10:00~15:00
休 周六、节日
在这里可以申请前往木斯塘、道尔波地区的徒步旅行许可证（→ p.200），还可以办理签证的延长手续。申请时间是周日～周四的 10:30~13:00，周五的 10:00~12:00，领取许可证的时间是当日下午。

尼泊尔旅游局（NTB）
Map p.126-C2
开 周日～周五 10:00~16:00
休 周六、节日
提供各种观光信息之外，还发行 TIMS 许可证（→ p.199）等。遇到周六或是节日需要到以下 TIMS 柜台办理。

ACAP 办事处
Map p.126-C2
开 每天 10:00~17:00（11/16~次年 2 月中旬 ~16:00）
该办事处的办公柜台设在尼泊尔旅游局内，可以在这里申请办理在安纳普尔纳地区徒步游所需的许可证（→ p.200）。申请时间截止到下班前 30 分钟。

TIMS 柜台
Map p.126-A1
营 周日～周五 9:30~16:30
周六、节日 10:00~15:30

INFORMATION

从空中俯瞰喜马拉雅山脉

我们向“希望像鸟儿一样在空中飞翔，俯瞰喜马拉雅山”的游客推荐乘坐滑翔机的“空中散步”项目。日出滑翔俱乐部（Sunrise Paragliding，Map p.125-A2 URL www.sunrise-paragliding.com）以及蓝天滑翔伞（Blue Sky Paragliding，Map p.125-A1 URL www.paragliding-nepal.com）等十几家公司就组织安排这样的滑翔活动。30分钟的费用是US$100、1小时为US$150左右。从海拔1500米的萨冉库特山起飞，一边俯瞰喜马拉雅山以及博卡拉的市容市貌，一边体验滑翔的乐趣之后，降落在费瓦湖畔。由于与经验丰富的飞行员一起进行双人飞，所以即使是初次体验的人也大可放心。一般需要至少提前一天预约，不过如果有空缺，当天早上联系也可以安排。另外，可以在尼泊尔阿维亚俱乐部（Avia Club Nepal，Map p.125-D2 URL www.aviaclubnepal.com）体验超轻型飞机的游览飞行（→p.21）。

体验乘风飞翔的爽快感觉

博卡拉 主要景点

巴拉希神庙 Barahi Mandir Map p.125-C1

浮在湖面上的印度神庙

在费瓦湖的小岛上有一座双重檐的规模不大的神庙。可以在市公共汽车终点站附近的船坞乘坐渡船登上小岛。神庙里供奉着地母神的守护神阿吉玛神的化身——狮子。每逢星期六这里有很多来敬献雄性动物的朝拜者，所以很热闹。

也可以租船前往小岛

当地人以及游客前来参观朝拜

巴拉希神庙
费 免费
渡船往返费用是Rs50。

旅行小贴士

博卡拉的治安

虽说博卡拉是一座气氛悠闲的城市，但是还是会发生针对酒店住宿客人的偷盗事件。其手段是趁人熟睡的时候，破窗而入进行偷盗，或者是从窗外伸进竹竿挑走贵重物品等。外出或者是熟睡前一定不要忘记把窗户关好，而且不能把贵重物品随便放在房间内。

国际山岳博物馆
☎ 4460742
开 每天 9:00~17:00
费 Rs300
闭馆前 30 分钟停止入场。

国际山岳博物馆 International Mountain Museum

Map p.124-D2

了解喜马拉雅的登山史

博物馆里面收集了登山、地质、动植物、民族、环境等相关资料。这座博物馆得到了世界各国山岳相关者的支持，除了展示有法国初次登顶安纳普尔纳峰以及日本初次登顶马纳斯卢峰的资料以外，还展示有作为女性第一个登顶珠穆朗玛峰的田部淳子的登山装备。另外，还可以看到最初在尼泊尔进行国土调查的托尼·哈根的宝贵资料。博物馆内还有丰富的地质标本，从中我们可以了解到喜马拉雅山脉的形成是由于印度次大陆的漂移而进行造山运动的结果。这座独特的博物馆内还设有图书馆，在图书馆还可以了解到尼泊尔以及其他山岳国家的情况。

博物馆建在塞蒂河西岸，占地面积很大

宽敞的博物馆内展示着各种资料

塞蒂河 Seti Gandaki

Map p.124-D2

贯穿博卡拉南北的河流

从喜马拉雅山流入谷地的塞蒂河途中会流经距离地表有 50 米的深深的峡谷，一些地方河流的宽度仅有 5 米左右，由于太过狭窄，给人的感觉好像是在缝隙中流淌一般。从马亨德拉布尔桥上可以观赏塞蒂河的风景，其位置在新市场的邮局所在交叉路口偏东一点。另外，站在国际山岳博物馆的前面也可以欣赏塞蒂河的景色。“塞蒂”在尼泊尔语中的意思是“白色”，可以看到河水呈乳白色，这是由于里面含有石灰岩的缘故。

雕刻出深深的峡谷的塞蒂河

大卫瀑布（魔鬼瀑布）
☎ 460433
开 每天 6:00~18:00
费 Rs20

大卫瀑布（魔鬼瀑布）Devi's Fall

Map p.124-D1

大地吞没了河水

被水流侵蚀形成的不可思议的地形地貌

从博卡拉机场前往丹森的巴士道路行走大约 2 公里，其右侧就可以看到在当地被称为“巴德莱瀑布”（Patale Chhango）的瀑布。据说有位名叫大卫德的瑞士徒步旅行者跌落在这里后失踪了，所以瀑布由此得名。从费瓦湖流淌过来的河水被吸入地下后，再从岩壁上的巨大洞穴中以瀑布的形式流淌下来，是一个感觉很奇怪的地方。旱季这里几乎看不到水流，但到了雨季，滔滔不绝的水流景象足以令人真实地感受到大自然的威力。

古普特什瓦尔·玛哈德布洞穴 Gupteshwar Mahadev Cave Map p.124-D1

拥有湿婆神庙的钟乳洞

供奉湿婆神像的洞窟内部充满了神秘的气氛

从巴德莱瀑布旁道路的对面沿着标志前行就可以到达洞穴的入口。十几年前这里不过是当地居民进行垂钓的场所，据说一个修行者做梦梦到有一座湿婆神像沉睡在这里，于是人们开始对其内部进行搜索，还真的在里面找到了一座神像。走进洞穴可以看到一座小神庙，里面供奉着找到的神像。继续往前行则是被河水侵蚀的钟乳洞。从入口进来150米的地方是洞的最深处，深达5米。据说雨季时这里的水深可以达到洞顶，无比震撼。在水流较少的旱季，可以从下面看到巴德莱瀑布。

博卡拉地区博物馆 Regional Museum Pokhara Map p.124-C2

介绍居住在安纳普尔纳的民族

馆内通俗易懂地展示着民族文化

博物馆位于一座宽敞的庭院内，是一幢石头建筑。里面利用人偶、模型以及照片等对居住在安纳普尔纳地区的塔克利族和古隆族等各民族风俗和生活方式进行了展示与说明。这是一座不太大却气氛轻松的博物馆，可以在往返市场的途中来这里参观。

宾杜巴希尼神庙 Bindyabasini Mandir Map p.124-A2

博卡拉最大的印度神庙

开阔的占地面积内建有屋顶呈圆锥顶形状的小庙

这是一座综合性的小神庙，位于旧市场北侧的小山丘顶上。在神庙的正殿内供奉着好斗的杜尔迦女神、繁荣之神毗湿奴以及受到女性特别崇拜的黑天神。在神庙占地的中央摆放着杜尔迦神像的祠庙，每天早上在其正前面都会举行宰杀鸡或羊等动物的仪式。在登山台阶的前面有一些小商店，出售各种供品。

古普特什瓦尔·玛哈德布洞穴

☎ 460587
开 每天 7:00~18:00
费 Rs100
※ 洞窟内比较湿滑，需要准备易行走的鞋子。雨季（6~9月前后）钟乳洞穴有可能会关闭

旅行小贴士

在博卡拉购物

博卡拉当地人购物主要在以马亨拉布尔为中心的新市场。经营出售食品、日用品和杂货的商店非常多。但是，一到周六，这里的商店几乎都关门歇业。不过，在湖滨区面向旅游者的土特产品商店一家挨着一家，这些店铺全年不休息。最具博卡拉特色的土特产是从喜马拉雅山采集的菊石（不过假货比较多）。另外，出售饰品的藏族大妈大婶们做生意时可以物物交换，不过她们十分精明，所以购物时一定要努力讲价。

读者来信

军营以北有个前往巴拉希神庙的船坞，从那里可以沿着湖畔小路向北散步。这条步行线路非常棒！湖畔小路的终点跟前儿有家名叫“Hungry Feel Bakery”的面包房，每天一大早就有新鲜好吃的面包出炉。在这里一边眺望湖面美景一边大口嚼着美味早餐是博卡拉旅游中的保留项目。与湖滨区相比，这里既便宜位置又好，总是很热闹。傍晚，在湖畔小路上眺望夕阳西下，映照在湖面上的夕阳美景十分浪漫。

博卡拉地区博物馆

☎ 520413
开 10:00~16:30（周一、冬季~15:00）
休 周二
费 Rs30。带入摄像、摄影器材另外收费 Rs100

在湖畔小路上散步

自然史博物馆位于大学校园内

自然史博物馆

开 10:00~13:00、13:30~17:00（周五 ~15:00）
休 周六
费 免费

读者来信

尼泊尔产的一种名叫洛克西的酒，在博卡拉的餐馆里 1 升卖 Rs100。不同的餐馆酒的味道还有所不同。我为了在酒店的房间里能喝上，每天都买回来。

贝格纳斯湖

从马亨德拉布尔西面的 Chipledhunga 大街，每间隔 1 小时左右会有一班开往贝格纳斯湖的地方巴士。也可以从市公共汽车站乘车前往，大约需要 45 分钟。乘坐出租车往返加上 1 小时的等待时间在内，大约需要 Rs1500。

人迹罕至的贝格纳斯湖

自然史博物馆 Natural History Museum

Map p.124-A2

展示安纳普尔纳地区的动植物

这座小博物馆位于普里特维·纳拉扬大学校园内。博物馆使用解说图和模型等方式介绍了生息在安纳普尔纳地区的动物、昆虫、植物等。特别值得一提的是这里的蝴蝶标本，不仅质量好而且数量也非常丰富，很有观赏价值。对自然感兴趣的游客不妨到这里来参观。

馆内展示着解说图和各种模型

贝格纳斯湖 Begnas Tal

Map p.123-D4

博卡拉地区的第二大湖泊

在博卡拉地区除了费瓦湖以外，在其东面还有位列第二和第三湖泊的贝格纳斯湖和鲁帕湖。这两座湖泊观光游客较少，在此可以欣赏到晴空下展现在眼前的一片湖水和山脉风景。

从市巴士车站出发沿着普里特维公路朝着加德满都的方向行驶，经过一座可以俯视塞蒂河深谷的大桥，穿过横跨道路的博卡拉门，呈现在眼前的是一片宽广的田园风光。大约行驶 10 公里可以看到一块指示牌，沿着左侧的沥青马路行进大约 3 公里是一个小市场。小市场内设有茶室，从这里往左走，不久就可以看到贝格纳斯湖出现在眼前。当然租上一条小船在湖上度过半天的时光也是一个不错的选择。此外还可以前往鲁帕湖，距离市场也不远。鲁帕湖在一天当中会变幻出几种颜色。也可以登上贝格纳斯湖畔的山丘，一览湖上景色及周边连绵的安纳普尔纳山峰。

INFORMATION

博卡拉的放松按摩设施

加德满都的阿育吠陀之家（Ayurveda Health Home）（→ p.59）在博卡拉的湖滨区设有分店。店内除了精油全身按摩 Rs1750、温油额头的按摩 Rs1950 等内容的护理以外，还有以 1~14 天为一个疗程的正宗护理项目。按摩店设在旅馆里，可以一边悠闲地逗留在此一边体验阿育吠陀。前台接待截止到 19:00。

按摩店建在山丘脚下安静的环境里

Map p.125-A2 ☎ 465874 URL www.ayurveda.com.np 开 每天 8:00~21:00 税 5% 服 无 卡 MV

看得见的手（Seeing Hands）是一家为了支持盲人自立，由英国的 NGO 组织设立的按摩沙龙。店内的设施虽然简单朴素，但是据说盲人的手感很敏锐，故而按摩技术很高。运动后修复、放松按摩的收费一样，都是每 60 分钟 Rs1500，90 分钟 Rs2100。徒步旅行后来这里按摩，有助于缓解疲劳。

在徒步游的旺季里需要提前预约

Map p.126-B1 ☎ 465786 URL www.seeinghandsnepal.org 开 每天 10:30~17:30 税 含 服 无 卡 不可

萨冉库特 Sarangkot

Map p.122-B2

萨冉库特是著名的喜马拉雅山观景台，位于费瓦湖的北侧，海拔 1592 米。可以从湖滨区步行登上这座山峰，也可以从博卡拉乘坐出租车往返（往返费用 Rs1200）。接近中午的时候喜马拉雅山峰会被云雾遮盖，因此最好是早早出发。乘坐出租车也可以直达山顶下方的停车场，这里正好是铺设道路的尽头，从这里也能欣赏到非常美丽的景色。如果再往上攀登大约 30 分钟就可以到达观景台。在萨冉库特会碰到自称向导的人，其实在这里游览并不需要向导。但是如果找了向导的话，只需要付 Rs100 的费用就可以了。

世界和平塔 World Peace Pagoda

Map p.122-C2

从博卡拉有一条轻松的徒步游线路可以前往费瓦湖南侧山丘上修建的世界和平塔，行程大约半天。从海拔 1113 米的山丘顶上可以一览湖泊以及喜马拉雅山的风光。登上和平塔有两条路。一条道路在费瓦湖的南侧，另一条在大卫瀑布附近。走费瓦湖南侧这条路，需要从湖滨区乘坐小船到对岸，面向餐厅右行。碰到途中的岔路向左拐，步行 45 分钟左右就可以看到闪耀着白色光芒的和平塔。回来的时候，可以原路返回，也可以下到大卫瀑布的方向。从大卫瀑布附近登塔的话，起始地点不太容易找到，可以向当地人询问："沃尔德·皮斯·帕格达·卡查汉（世界和平塔在哪里）？"

山丘顶上建有纯白色的和平塔

波格辛 Phoksing

Map p.122-D2

这里看到的绝美景色一定不亚于萨冉库特，而且可以看到视野更加开阔的喜马拉雅山脉景色，其眼下则是博卡拉城市全景。访问这座城市的游客不多，朴素的气氛很有吸引力。从香格里拉村酒店（Shangri-La Village）前出发，朝着山丘的方向开始步行。一直走到塞蒂河溪谷旁之后开始向左下方走，不久可以看到在溪谷上架起的全长 200 米的吊桥。过桥沿石级向上攀登大约 15 分钟是一座设有茶室的村落。继续沿着森林小路向上走就可以到达远眺风景非常美丽的小学校园。在小市场里可以休息一下喝个茶。到此为止步行需要大约 1.5 小时。返回时可以沿着山路向西行，15 分钟左右在前面的村落可以看到远处的美景，俯视下方是塞蒂河。再往前步行大约 15 分钟所到的村落，每天都有数班巴士前往博卡拉。即便是从这里步行前往巴德莱瀑布也需要 1.5 小时左右。

可以接触到村民们朴素的生活

从萨冉库特远眺看到的风景远比从博卡拉看到的更上一层楼，更加动人心弦

从世界和平塔展望费瓦湖与萨冉库特峰、喜马拉雅山脉

从庆塔寺看到的博卡拉的城市风景与喜马拉雅山脉

博卡拉的餐馆

Restaurant in Pokhara

湖滨区面向观光游客的餐馆提供尼泊尔菜、印度菜和西餐等，种类十分丰富。另外还有很多地方食堂，可以品尝到尼泊尔扁豆汤套餐以及蒸饺等，大约花费 Rs150 就会吃得很饱。

塔卡利厨房

Thakali Kitchen

尼泊尔菜肴　湖滨区　Map p.125-C2

◆品尝地道的尼泊尔佳肴　从餐馆的名字就可以知道这里的厨师是擅长烹饪美食的塔克利人。店内是尼泊尔民宅的风格，气氛轻松。值得推荐的是塔克利套餐 Rs300，包括米饭、豆汤、肉和蔬菜咖喱、小菜等。除了洛克西酒和羌酒这些尼泊尔的本地酒以外，还有炸鸡块 Rs140 等，小吃的种类也很多。

塔克利套餐里的饭菜可以随便吃

住 Lake Side
☎ 206536
营 每天 11:00~21:00
税 含
服 10%
卡 不可
NET 无

饥饿的眼睛

Hungry Eye

尼泊尔菜肴　湖滨区　Map p.125-C1

◆博卡拉首屈一指的老餐馆　餐馆位于地标酒店的入口处，同时也由地标酒店经营。每晚 19:00~21:00 店内演奏传统音乐。如果想安静就餐可以去二楼的露天餐位。店里经营着各种各样丰富的菜品，有尼泊尔菜、印度菜、中餐以及西餐。有一道菜名里含着店名的菜——饥饿之眼特别烤肉，价格为 Rs350，量非常大。

餐馆为一座传统木头结构的建筑

住 Lake Side
☎ 463908
营 每天 6:00~22:00
税 含
服 10%
卡 JMV
NET Wi-Fi 免费

梅利 · 邦茶店

Maili Bhanchha Ghar

尼泊尔菜肴　湖滨区　Map p.126-A1

◆本地回头客频频光顾的老百姓风格的餐馆　这家地方餐馆虽然菜单上只有扁豆汤这一道菜，但是其味道之美以至于有人为了吃上这一口儿不惜驱车而来。基本的扁豆汤套餐 Rs150，含有米饭、豆汤、蔬菜小菜等。加肉（羊肉或鸡肉）的话，价格为 Rs220。地点有点儿不太好找，在民宅风格的建筑物前挂着英文和尼泊尔语的指示牌。

除了肉以外随便吃的扁豆汤

住 Lake Side
☎ 462832
营 每天 10:00~14:00、18:30~21:30
税 含
服 无
卡 不可
NET 无

迈克餐馆

Mike's Restaurant

西餐　湖滨区　Map p.125-B1

◆位于费瓦湖畔绝好的位置　属于费瓦酒店，是一家很有名的餐厅。由加德满都著名的餐馆“迈克的早餐”的店主人迈克经营。除三明治 Rs230~ 之外，还有玉米饼 Rs250~ 等好吃的墨西哥菜肴。餐馆有自己的农场，菜肴中所使用的蔬菜都是有机蔬菜。

可以一边眺望费瓦湖的美景一边品尝佳肴

住 Lake Side
☎ 463151
营 每天 6:30~21:00
税 13%
服 10%
卡 不可
NET Wi-Fi 免费

妈妈咪呀
Mamma Mia

在湖滨区一提到“意大利餐馆”，指的就是这里

西餐　湖滨区　Map p.125-A1

住 Lake Side
☎ 464810
营 每天 7:00~22:00
税 含
服 10%
卡 JMV
NET Wi-Fi 免费

◆**深受好评的意大利餐馆**　最值得推荐的是用番茄沙司制作的意大利通心粉 Rs315 以及肉酱面 Rs305。使用费瓦湖里捕捞的鲜鱼制作的特色鱼 Rs455。除此之外还有比萨饼 Rs2750~、番茄奶酪沙拉 Rs230、提拉米苏 Rs120 等。店里也经营印度菜和尼泊尔菜。

月光舞蹈
Moon Dance

店里的二楼也可以就餐，视野很好

西餐　湖滨区　Map p.125-C1

住 Lake Side
☎ 461835
营 每天 7:00~22:30
税 含
服 10%
卡 JMV
NET Wi-Fi 免费

◆**湖滨区很有人气的餐馆**　由加拿大人和尼泊尔人一起经营的餐馆。空间宽敞的餐馆里设有酒吧和暖炉，气氛轻松。店里引以为傲的比萨饼小份 Rs225、大份 Rs325、配菜 Rs50~。从 16:00 到 18:00 的“欢乐时光”时啤酒和比萨饼一律 Rs250。还有特别烤肉 Rs650、柠檬炸鸡 Rs490 等，菜的分量很足。

咖啡协奏曲
Cafe Concerto

西餐　湖滨区　Map p.125-C2

住 Lake Side
☎ 463529
营 每天 7:00~23:00
税 含
服 10%
卡 不可
NET Wi-Fi 免费

心情放松地享受意大利美食

◆**美味的意大利风格冰激凌**　由意大利女性经营的意式餐厅，感觉舒适，在博卡拉属于上乘。比萨饼 Rs380~、意大利面 Rs295。还有意大利产的红酒以咖啡豆现场磨制的卡布奇诺咖啡等。我们还推荐店里自制冰激凌 Rs160 以及奶酪蛋糕。

美食屋
Tabemonoya

便当套餐 Rs600 和豆腐沙拉 Rs200

日餐　湖滨区　Map p.126-B1

住 Lake Side
☎ 465457
营 每天 11:00~21:00
税 13%
服 10%
卡 不可
NET 无

◆**日式座席，品尝美味的日本料理**　位于风之行旅行社里侧的一片香草庭院内。博卡拉附近的山上有店方自己的天然农场，餐馆所使用的蔬菜尽量取自那里。手工荞麦面 Rs400、拌豆腐 Rs125、鸡肉粥 Rs270，厨师推荐的套餐 Rs800 等。二楼有桑拿房，三楼有 3 间客房。

桃太郎
Momotaro

荞麦面 Rs280 和温热的蔬菜 Rs150

日餐　湖滨区　Map p.125-B2

住 Lake Side
☎ 461707
营 每天 8:00~21:00
税 含
服 10%
卡 不可
NET Wi-Fi 免费

◆**在博卡拉品尝正宗的日本料理**　位于加德满都深受欢迎的桃太郎餐馆在博卡拉也设有分店。味道正宗，价格合理，好评不断，不仅对日本游客很有吸引力，也受到了欧美游客以及尼泊尔人的青睐。猪排盖浇饭 Rs320、拉面 Rs200~280 等。不妨坐在日式座席上品尝这些地道的日本菜吧。甜品有自家制作的布丁和冰激凌。

中国花园酒店
Chinese Garden

中餐　湖滨区　Map p.126-B1

房檐下吊着的红灯笼是餐厅的标志

◆**中国师傅大展厨艺**　在湖滨区属于非常引人注目的大型餐厅。不愧有中国厨师主厨，好评不断。来自中国的旅游团队也常常在这里用餐。回锅肉 Rs380、麻婆豆腐 Rs220、宫保鸡丁 Rs420、鱼香肉丝 Rs280 等。无论是哪一道菜，菜量都很大，适合几个人用餐。店里还供应四川火锅和早餐。

住 Lake Side
☎ 465153
营 每天 6:30~22:00
税 含
服 10%
卡 不可
NET Wi-Fi 免费

午酒
Nat Ssul

韩国料理　湖滨区　Map p.125-D2

写着韩语的店招牌

◆**享受开放式空间的烤肉**　韩国人经营的花园餐厅。紫菜卷 Rs400、韩国泡菜汤 Rs380 等熟悉的菜品外，傍晚 17:00 以后可以品尝韩式烧烤。石锅拌饭 Rs400 和韩式烤肉 Rs450 里面，除了赠有煎饼以及泡菜以外，还含有几种小菜，分量充足。在这里也能品尝到日式烤肉 Rs520、烤鸡排 Rs650。

住 Lake Side
☎ 229198
营 每天 12:00~22:00
税 含
服 10%
卡 不可
NET Wi-Fi 免费

读者推荐的餐馆
Reader's Recommended Restaurant

竹子酒吧
Bamboo Bar

读者推荐

湖滨区　Map p.125-B1

在费瓦湖畔的步行道沿线，可以一边眺望湖面景色，一边小酌。特别推荐傍晚日落时分来到这里。鸡尾酒的种类很丰富，在 15:00~17:00 的欢乐时光的时候，第二杯饮料半价。

住 Lake Side
☎ 465153
营 每天 9:00~19:00
税 含
服 10%
卡 不可
NET Wi-Fi 免费

柠檬树
The Lemon Tree

读者推荐

湖滨区　Map p.125-B1

这里的咖喱鸡肉 Rs220 太好吃了。建议和扁平的馕 Rs80 一起吃。去过世界上很多地方，就数这里的咖喱饭最香。

住 Lake Side
☎ 463246
营 每天 7:00~23:00
税 含
服 10%
卡 不可
NET Wi-Fi 免费

博卡拉比萨饼屋
Pokhara Pizza House

读者推荐

湖滨区　Map p.125-A1

这里的比萨饼用正宗的专用炉子烤制而成。分量很足的比萨饼价格是 Rs200。可以从鸡肉萨拉米、蘑菇、大蒜或是洋葱当中任选配菜，每追加一种需另付 Rs55。这里的比萨饼还可以外送。

住 Lake Side
☎ 462290
营 每天 7:00~22:00
税 含
服 无
卡 不可
NET Wi-Fi 免费

黑与白
Black & White

读者推荐

✉ 待人亲切的店主夫妇打理这家店。饭卷 Rs35、卡布奇诺 Rs130。店旁边有一家旅行社，可以咨询一些旅游方面的业务。

湖滨区　Map p.125-C2

- 住 Lake Side
- ☎ 无
- 营 每天 6:30~22:00
- 税 含
- 服 10%
- 卡 不可
- NET Wi-Fi 免费

甜蜜的记忆
Sweet Memories

读者推荐

✉ 虽然每天都吃扁豆汤套餐，但是还是要数这里的最好吃。素食套餐 Rs195、鸡肉套餐 Rs285。尼泊尔菜肴以外其他菜品的种类也很丰富。

湖滨区　Map p.125-A1

- 住 Lake Side
- ☎ 463251
- 营 每天 5:30~23:00
- 税 含
- 服 10%
- 卡 不可
- NET Wi-Fi 免费

D.B. 饺子
D. B.Momo

读者推荐

✉ 受到背包客好评的餐馆。店里除了酱烧茄子套餐 Rs200、饺子 Rs100、猪排盖浇饭 Rs200 等以外，也经营韩国料理与中餐。

湖滨区　Map p.125-C2

- 住 Lake Side
- ☎ 9746050620
- 营 每天 6:30~22:00
- 税 含
- 服 无
- 卡 不可
- NET 无

博卡拉的酒店和旅馆
Hotel & Guest House in Pokhara

湖滨区的费瓦湖畔有很多酒店和民宅风格的旅馆，可谓是游客的天堂。想要价格便宜而且舒适的房间可以到这一地区来看一看，一定可以找到几家你所中意的，常常让人挑得没了主意。本书难以把所有的旅馆都介绍给您，而新建的旅馆也在不断增加中，游客可以亲自前往，确认位置、气氛和周边环境，找到自己喜欢的。另外，费瓦湖南侧的大坝区也有酒店和旅馆。与湖滨区相比那里更安静，并且可以看到喜马拉雅山脉的风景。再有，距离费瓦湖稍远的郊外也有一些高档酒店。

关于设施

A/B = 带浴室或者淋浴 · 卫生间

C/D= 公共浴室或者公共淋浴 · 卫生间

空调	电话	电视
小酒吧	室内保险箱	浴缸
游泳池	健身房	商务中心

关于费用

原则上为对外公开门市价。但是，实际上可以得到比门市价更优惠的住宿价格。详细情况请参考 p.288 的专栏介绍。

富尔巴里度假村与 SPA
The Fulbari Resort & Spa

◆**博卡拉规模最大的高级疗养度假村** 度假村位于可以遥望塞蒂河的断崖上面，从这里也可以看到美丽的喜马拉雅山脉风光。建筑物是红砖结构的尼瓦尔式样。广阔的占地范围内设有露天游泳池、SPA、高尔夫练习场、赌场等完备的设施。店内还有可以品尝铁板烧的餐厅。

高档酒店 郊外 Map p.123-D3
住 P.O.Box334 ☎ 432451
FAX 431482
URL www.fulbari.com
费 A/B ⓈⓌ US$200~700
税 13% 服 10% 卡 AJMV
房间数 165
NET Wi-Fi（24 小时 Rs1000）

香格里拉村
Shangri-La Village

◆**志在自然的漂亮装潢** 5 栋客房建筑位于一座花草茂盛的庭院内。墙壁上描绘有米提拉绘画，客房内可以看到石质地板、竹质的百叶窗以及天然材料制作的家具和装饰品等，都是令人感到温暖的装潢风格。另外还设有露天游泳池、健身房和瑜伽中心等。有免费的巴士来往于湖滨区。

高档酒店 郊外 Map p.124-D1
住 P.O.Box333，Gharipatan
☎ 462222 FAX 463333
URL www.hotelshangrila.com
费 A/B ⓈUS$220 ⓌUS$250
税 13% 服 10%
卡 AJMV
房间数 65 NET Wi-Fi（每小时 Rs200）

鱼尾峰小屋
Fish Tail Lodge

◆**位于费瓦湖西岸的老字号饭店** 开业于 1969 年，精心修剪的庭院里，可以看到一座座别墅形式的旧馆与两层建筑的新馆。新馆里的客房配有浴缸。设有餐厅、SPA 和露天游泳池。提供专用的竹筏渡湖。

高档酒店 湖滨区 Map p.126-C1
住 P.O.Box10，Lake Side
☎ 465819 FAX 465072
URL www.fishtail-lodge.com
费 A/B ⓈUS$170~180 ⓌUS$180~190
税 13% 服 10% 卡 AJMV
房间数 60
NET Wi-Fi（每小时 Rs373）

寺院树度假村与 SPA
Temple Tree Resort & SPA

◆**博卡拉最初的酒店** 开业于 2011 年。环绕着中心花园的客房楼，其土质墙壁以及木雕等传统建筑的元素令人印象深刻。从阳台上能看到正在盛开的白色的花，酒店的名字也是由此而来。店内设有游泳池、SPA。这里的环境最适合静下心来度假的人们。

高档酒店 湖滨区 Map p.125-C2
住 Lake Side ☎ 465819
FAX 465809
URL www.templetreenepal.com
费 A/B Ⓢ US$160 ⓌUS$180
税 13% 服 10% 卡 JMV
房间数 49
NET Wi-Fi 免费

妈妈的花园
Mum's Garden Resort

◆**精心照顾，具有家庭气氛的旅馆** 位于湖滨区的里侧，周围十分安静。花草树木繁茂的美丽花园里可以看到一栋石造的客房楼。从客房的窗户能看到鱼尾峰。由尼泊尔人和日本女性经营的这家旅馆，令人感到在装潢、服务等方面非常用心。含早餐。

中档酒店 湖滨区 Map p.126-B1
住 P.O.Box484，Lake Side
☎ & FAX 463574/463468
URL www.mumsgardennepal.com
费 A/B ⓈUS$50 ⓌUS$60
税 13% 服 无
卡 MV 房间数 12
NET Wi-Fi 免费

巴拉希
Hotel Barahi

中档酒店　湖滨区 Map p.125-C1

◆在泳池周围的露天太阳椅上放松自己　拥有游泳池。在酒店宽阔的占地范围内矗立着石造的客房楼。从阳台俯视，可以看到花园。豪华客房配有空调。餐厅、酒吧以及旅游咨询柜台等设施齐全。每晚还进行文化节目的演出，服务周到。含早餐。餐厅 Wi-Fi 免费。

住 Barahi Path，Lake Side
☎ 460617　FAX 461572
URL www.barahi.com
费 A/B Ⓢ US$57~115 Ⓦ US$79~145
税 13%　服 10%
卡 J M V　房间数 85
NET Wi-Fi（每小时 Rs225）

湖滨区的经济型酒店和旅馆
Economical Hotel & Guesthouse in Lake Side

蓝色天空
Hotel Blue Heaven

Map p.125-A1

◆ 位于湖滨区北侧，从屋顶阳台望去，湖面景色一览无余。客房是否带阳台、带浴缸以及是否是湖景房等因素会使得住宿价格产生差异。一楼有餐厅和酒吧。全部 25 间客房里，大约有一半配有浴缸。

住 Lake Side
☎ 461450
URL www.hotelblueheaven.com.np
费 A/B Ⓢ Ⓦ US$15~25
税 含　服 10%　卡 M V
NET Wi-Fi 免费

喜马拉雅之家
Hotel Himalayan Inn

读者推荐

Map p.125-C2

✉ 店主和服务人员非常亲切。夜晚有保安值班，即使是女性单身旅行，也有安全感。店里的小狗杰克很可爱。

住 Lake Side
☎ 465708
URL www.hotelhimalayaninn.com
费 A/B Ⓢ US$5~15 Ⓦ US$7~25
税 含　服 无
卡 J M V
NET Wi-Fi 免费

冰川
Hotel Glacier

Map p.125-C2

◆旅馆所处的位置很方便，周边有很多餐馆。入口是间开放式咖啡馆的餐厅。店主很容易沟通，可以帮助安排一些旅游方面的需求。客房的窗户宽敞明亮，采光非常好。含早餐。

住 Lake Side　☎ 463722
URL www.glaciernepal.com
费 A/B Ⓢ US$45 Ⓦ US$60　税 含
服 无　卡 A J M V　NET Wi-Fi 免费
读者优惠 20%

徒步旅行者之家
Hotel Trekker's Inn

读者推荐

Map p.125-C2

✉ 2010 年开业的酒店，十分漂亮。距离费瓦湖的环湖道路 50 米远，所以非常安静。店里的服务人员还可以帮忙安排徒步游。含早餐。

住 Lake Side　☎ 462456
URL www.trekkersinn.com
费 A/B Ⓢ US$20 Ⓦ US$30~50
税 含　服 无
卡 J M V
NET Wi-Fi 免费
读者优惠 10%

可爱山峰
Hotel Lovely Mount

读者推荐

Map p.126-B1

✉ 一出酒店就有绿线巴士，交通便捷。经理是个腼腆的人，但是值得信赖。酒店还经营旅行社业务，旅游方面的事情都可以咨询。

住 Lake Side　☎ 463530
URL www.lovelytravels.com.np
费 A/B Ⓢ US$10~25 Ⓦ US$12~28
税 含　服 无　卡 J M V
NET Wi-Fi 免费
读者优惠 10%

旅行客栈
Travel Inn

读者推荐

店主里希先生亲切周到，我长达五年每次来都住在这里，没有一丝不满意。有什么需求都尽量满足。热水淋浴设施无可挑剔。

Map p.125-B1

住 Lake Side
☎ 462631
URL www.hoteltravelin.com
费 A/B Ⓢ US$10~25 Ⓦ US$18~45
税 13% 服 10%
卡 A J M V NET Wi-Fi 免费
读者优惠 23%

景观
Hotel View Point

读者推荐

店如其名，从酒店的屋顶眺望的景色绝佳。如果一天前预约，还免费提供机场或汽车站的接机接站服务。含早餐。

Map p.125-C2

住 Lake Side ☎ 464648
URL www.hviewpoint.com
费 A/B Ⓢ US$25~33 Ⓦ US$30~44
税 含 服 无
卡 J M V
NET Wi-Fi 免费

银色橡树酒店
Silver Oaks Inn

读者推荐

无论是客房内部还是庭院都精心打理，十分干净整洁。店主和服务人员彬彬有礼，有很好的修养。北侧的客房可以看到喜马拉雅山脉。

Map p.125-B2

住 Lake Side ☎ 462147
URL www.hotelpokhara.com
费 A/B Ⓢ US$18~28 Ⓦ US$25~35
税 含 服 10% 卡 A D M V
NET Wi-Fi 免费

佛塔
Hotel Stupa

读者推荐

酒店位于湖滨区稍微靠里面的位置，因此方便又安静。我对经理果达姆先生印象很好，住在酒店的这段日子里感觉自己心里强大了很多。

Map p.125-B2

住 Lake Side ☎ 462608
URL www.hotelstupa.com
费 A/B Ⓢ US$30~40 Ⓦ US$40~60
税 含 服 10% 卡 M V
NET Wi-Fi 免费

绿度母
Hotel Green Tara

读者推荐

在这一带的酒店里，从屋顶眺望的景色数这里最佳。一边眺望喜马拉雅山脉一边吃早餐，这简直是最高级别的享受。客房非常干净，淋浴热水出水也很好。

Map p.125-C2

住 Lake Side ☎ 462698
FAX 464526 URL www.greentarahotel.com
费 A/B Ⓢ US$15~25 Ⓦ US$20~30
税 含 服 10% 卡 M V NET Wi-Fi 免费
读者优惠 12%

雪人酒店
Hotel Yeti

读者推荐

店主一家人很阳光，像家人一样照顾着这里的客人。花园里的花朵开得很美，从屋顶或客房都能看到喜马拉雅山脉。带浴缸的客房价格要贵一些。还可以安排旅游，代买巴士车票。

Map p.126-B1

住 Lake Side
☎ 462768
URL www.hotelyeti.com.np
费 A/B Ⓢ US$10~15 Ⓦ US$15~25
税 含 服 无 卡 A M V NET Wi-Fi 免费
读者优惠 20%

天空宾馆
Sora Guest House

读者推荐

老板娘是日本人，所以店内随处可见日式风格的影子，细节上很用心。早餐有两种可以选择，日式早餐与馒头，任选其一。屋顶可以看到喜马拉雅山脉。店内也有带浴缸的客房。还可以安排徒步游等行程。

Map p.125-C2

住 Lake Side
☎ 462781
URL sky.geocities.jp/pokharasora
费 A/B Ⓢ US$15~25 Ⓦ US$25~35
税 含 服 无 卡 不可
NET Wi-Fi 免费
读者优惠 15%

切托丽姐妹酒店
Chhetri Sister's Guest House

Map p.124-B1

◆店如其名，酒店由切托丽三姐妹经营。位于费瓦湖附近，十分安静，也特别清洁。这里的徒步旅行公司（→ p.201）可以安排女性向导、搬运工。含早餐。提供机场、汽车站的免费接送服务。

住 Lake Side，Khahare
☎ 462066
FAX 461749
URL www.3sistersadventure.com
费 A/B Ⓢ US$20 Ⓦ US$30
税 含 服 无 卡 M V
NET Wi-Fi 免费

香堤
Shanti Guest House

读者推荐

Map p.125-C2

✉ 店主人是一个可以信赖的人，委托他购买各种票或是徒步游，收取的手续费非常合理。配有简单的厨房。感觉有很多住在这里长达数月的回头客。

住 Lake Side ☎ 463645
E-mail shantiguesthouse@yahoo.com
费 Ⓓ Rs200 C/B Ⓢ Ⓦ Rs300 A/B Ⓢ Ⓦ Rs500~1000
税 含 服 无
卡 不可
NET Wi-Fi 免费

罗斯提卡
Rustika Guest House

读者推荐

Map p.125-C2

✉ 由塔克利族的一家人经营。扁豆汤套餐很好吃。店内同时经营旅行社，可以按合理价格安排徒步游等行程。淡季时有折扣优惠。

住 Lake Side
☎ 465138
费 A/B Ⓢ US$5 Ⓦ US$10~15
税 含
服 10%
卡 不可
NET Wi-Fi 免费

新博卡拉小屋
New Pokhara Lodge

读者推荐

Map p.126-B1

✉ 经理非常亲切。可以按非常合适的价格安排巴士、飞机以及徒步游行程。免费的早茶很有特色。

住 Lake Side ☎ 462493
URL www.pokharalodge.com
费 A/B Ⓢ US$10~20 Ⓦ US$15~30
税 含 服 10%
卡 不可
NET Wi-Fi 免费

INFORMATION

通过购物援助尼泊尔妇女

Women's Skill Development Organization 是一个培训女性印染和编织技术，以自立为目标的团体。除了在湖滨区的商店，妇女们工作的工坊（Map p.124-C2，营 周日～周五 10:00~16:00）也可以参观。

1975 年创办的有些历史的团体

Map p.125-B1
☎ 520393（工坊）
URL www.wsdonepal.org
营 每天 9:00~21:00
休 无 卡 不可

同样是支持女性自立的团体，还有 Nepalese Women Skill Development Project。在这个组织位于湖滨区的商店里销售着妇女们制作的手包以及装饰小包等物品。价格实惠，作为旅游纪念品也不错。

在店前正在演示编织技术

Map p.125-B1
URL www.nepalesewomenskill.com
营 每天 9:00~20:00
休 无 卡 不可

在喜马拉雅山脉的怀抱中入睡

在博卡拉体验环保游

花之家　　Map p.122-A1

Hana no Ie

URL www.naiad.co.jp/hananoie/index.html
尼泊尔的联系地址：“花之家”办事处（位于日餐厅“美食屋”，即美食屋餐厅内→p.136）
☎（061）465457

小山屋的正面耸立着鱼尾峰

只有10间客房。客人在房间里，被各种天然元素簇拥着，享受悠闲的时光

设有自然农场的山岳疗养地

距离博卡拉车程大约40分钟，位于海拔1500米的山中。从这里可以遥望连绵的安纳普尔纳山峰。这座疗养院的概念是农业观光园。在广阔的占地范围内种植着季节性的蔬菜、果树等，都采用有机栽培的方法。另外还养蜂、养牛。在这里可以实践人与自然共生的主题文化。疗养地提供的食物都来自农场，非常新鲜。客房内还提供羽绒被等，冬季不会觉得寒冷。在村中散步可以感受尼泊尔的乡间生活，也可以帮助村民干点农活等。在客房的浴室一边泡澡一边欣赏喜马拉雅山脉风光，可谓是奢华的体验。

山坡上是可以看到喜马拉雅山脉风光的一排排别墅，还有一座小型露天游泳池

博卡拉老虎山小屋　　Map p.123-C3

Tiger Mountain Pokhara Lodge

☎（061）691887 加德满都预约办事处 ☎（01）4226427
URL www.tigermountainpokhara.com
费 Ⓢ US$375 Ⓦ US$500　税 13%　服 10%　卡 MV　NET 无

在山顶充分感受尼泊尔的大自然

从客房的阳台可以欣赏喜马拉雅山脉风光

环保游的先锋——虎山公司所拥有的山间小屋，该公司还长年经营着位于奇旺国家公园的酒店。距离博卡拉车程大约30分钟，位于海拔1000米的山上，可以一览安纳普尔纳山峰和费瓦湖的风光。共有19间客房的山间小屋别墅，由太阳能提供电力，可以使用电灯并提供热水，感觉非常舒适，使人忘记是在山上。可以在酒店内遥望喜马拉雅山的景色，悠闲地度过每一天，也可以参加由导游带领的漫步大自然活动。收费包括了餐费、参加活动的费用以及从博卡拉的接送费用。

班迪普尔 *Bandipur*

怀念古老而美好时代的曾经的住宿小镇 बन्दीपुर

从山脚下的小镇一览喜马拉雅山脉风光

☎ 长途区号 065

交　通

首先前往普里特维公路上的多姆勒（Dumre）。从加德满都前往博卡拉的汽车大约需要5.5小时到达。从博卡拉前往加德满都或德赖平原方向的汽车大约需要2小时。不过要注意的是，这里指中间不停车的旅游巴士或绿线巴士。从多姆勒前往班迪普尔乘坐合乘吉普车大约需要30分钟到达。每天7:00~18:00，乘客集齐了就出发。（基本情况是每隔30分钟左右出发一辆车）。

现今仍然很好地保留着古老的市场面貌的班迪普尔，因能够眺望喜马拉雅山脉的绝美风景而闻名。

在海拔1000米的丘陵地带原来生活着马格尔民族。18世纪廓尔喀国王占领加德满都谷地，建立起尼泊尔王国之后，逃难到此地的巴克塔普尔人建起了做买卖的市场。这些尼瓦尔族人长于经商，所以这里渐渐地发展成印度与中国贸易之路上的重要贸易枢纽之一。

但是，随着1973年连接加德满都与博卡拉的公路开通，这里的商

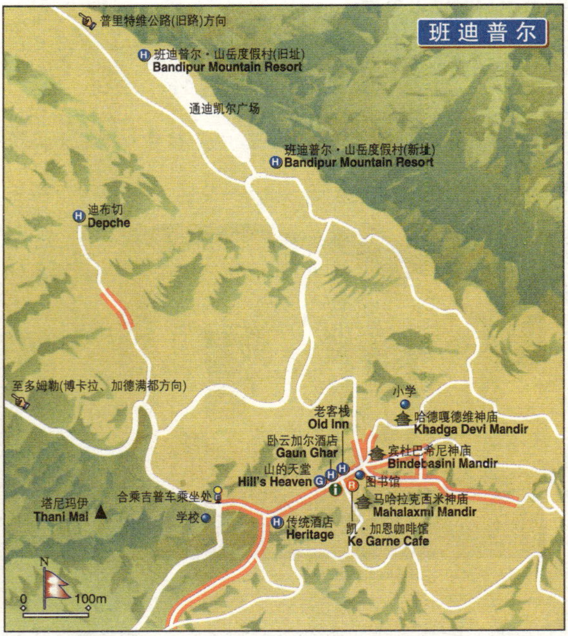

从多姆勒前往班迪普尔的合乘吉普车

业往来也随之中断，班迪普尔进入休眠状态。也正得益于此，小镇的古朴风格得以保留下来。近年来，这里的古老街景与景观一起引起了世人很大的关注。同时也是诗人的马亨德拉国王（在位时间为 1955~1972 年）在如今还被人们喜爱并吟唱的乐曲《班迪普尔·乌库拉伊·拉莫（通向班迪普尔之路）》中表达了对这片绿意浓浓的丘陵的赞美之情。

班迪布尔 漫 步

从多姆勒过来的汽车停靠在市场前面。车站前方有很小的台阶，由于车辆进不去，小镇因此格外安静。几乎大多数建筑的一层不是商店就是食堂。如果一层作为食堂的话，二层就是住宿的旅馆，基本都是这种传统的格局。

市场尽头的道路中央建有一座很小的图书馆——希塔卡纳。围绕着图书馆，里侧是宾杜巴希尼神庙，右手前面是噶乃夏神庙。神庙前有❶，其所在建筑是班迪普尔最古老的建筑物，那是建于 19 世纪末的尼瓦尔建筑。

从图书馆向北，有一段很缓的下坡路，那曾经是通往我国西藏的道路。沿着向下的坡路步行 5 分钟，就来到了通迪凯尔（Tundikhel）广场。这里的视野十分开阔，以至于不从右到左大幅度地转动脖子就无法将眼前的喜马拉雅山脉尽收眼底。这里可以欣赏晚霞中的喜马拉雅山，登上塔尼玛伊（Thani Mai）的山丘看夕阳下的喜马拉雅山也很棒。从市场前面的学校旁边走进去就是登山的入口。大约走上 30 分钟，就来到了建有供奉着玛哈蒂布神的塔尼玛伊神庙的山顶。

充满风情的主街道

班迪普尔 景 点

通迪凯尔广场 Tundikhel Map p.144

可以一览喜马拉雅山的风景宝地

从这里往左看，道拉吉里峰、马纳斯卢峰、象神峰、朗当峰与罗卢瓦林峰，喜马拉雅神庙的群峰连绵不绝，脚下则是呈蛇形奔流不息的马鲁香提河。

从通迪凯尔广场左侧的树林开始延伸的小路曾经是被马亨德拉国王的歌曲《班迪普尔·乌库拉伊·拉莫（通向班迪普尔之路）》中唱到的通往我国西藏的古老道路。为了不虚此行，应该走走这条路，体会一下往昔的气氛。走上 2 个小时左右的下坡路，就来到了普里特维公路。向左一转，马上就是多姆勒。从那里乘坐吉普车就又能回到班迪普尔。

广场变成了孩子们的游戏场

马哈拉克西米神庙 Mahalaxmi Mandir Map p.144

供奉着富有的吉祥天女神

从市场❶旁边的台阶下来，眼前就是尼瓦尔传统的塔式建筑式样的神庙。在供奉着吉祥天女神的神庙内，正殿里安放着小小的神像，以寺院为家住在这里的老年妇女们守护着神庙。

请教了这里守庙的人，在女神神像前布施 Rs20 左右为好

酒店和餐馆
Hote & Restaurant

老客栈
Old Inn

◆班迪普尔的老字号酒店。面向市场这一侧的客房可以看到来来往往的人流，里侧的客房则可以看到喜马拉雅山。主楼的客房共用淋浴和卫生间，房间稍微有些狭窄，不过很干净。东楼的客房里单独配有淋浴和卫生间。由于这里深受游客的欢迎，所以要提前预约，否则有可能住不上。含早餐。

Map p.144

☎ & FAX 520110
URL www.himalayanencounters.com
费 C/B Ⓢ US$45 Ⓦ US$75 A/B Ⓢ US$75 Ⓦ US$90
税 13% 服 10%
卡 不可
NET Wi-Fi 免费

卧云加尔酒店
Hotel Gaun Ghar

◆挨着上面介绍的“老客栈”的左侧，从正面看两家酒店是一座建筑物，其实是分开经营的。店内充满古老美好时代趣味的内饰，气氛非常好。在一楼的餐厅可以品尝到尼瓦尔厨师用高超厨艺制作的美食。含早餐。通过商量，房价有可能优惠。

Map p.144

☎ 520129
FAX（01）4250078（加德满都办事处）
URL www.gaunghar.com
费 A/B ⓈUS$225 ⓌUS$300
税 13% 服 10%
卡 不可
NET 无

迪布切
Hotel Depche

◆由原来的住宅改装的酒店，是山丘上唯一的建筑。在酒店的院子里就可以看到左右相连的喜马拉雅山脉。从多姆勒来到市场前面，穿过左边的村庄，再步行 5 分钟左右登上前面的小山丘即是。含早晚餐。晚餐是奢华的尼瓦尔套餐。

Map p.144

☎ 9841226971
URL www.hoteldepche.com.np
费 ⓈUS$40 ⓌUS$70
税 含 服 无
卡 不可
NET Wi-Fi 免费

班迪普尔 · 山岳度假村
Bandipur Mountain Resort

◆位于通迪凯尔广场的前面，是观赏喜马拉雅山脉与马鲁香提河绝佳的位置。大型饭店的风格，老楼与新楼相距 200 米左右。如果入住这里的话，最好住在新楼，那里的客房舒适漂亮，景观也好。含早餐。

Map p.144

☎ 520125
FAX（01）4225615（加德满都办事处）
URL www.islandjungleresort.com
费 ⓈUS$40 ⓌUS$50
税 含 服 无 卡 不可
NET Wi-Fi 免费

传统酒店
Hotel Heritage

◆改装自一座西洋建筑，是班迪普尔最老的一家酒店。店内装潢采用尼瓦尔风格，不仅住宿价格实惠，而且气氛很好。店主一家自古以来就是班迪普尔的原住民。一楼是咖啡厅兼餐厅。

Map p.144

☎ 690786
E-mail kishanpradhan99@yahoo.com
费 C/B Rs400 A/B Rs500
税 含 服 无
卡 不可
NET 无

山的天堂
Hill's Heaven

◆在市场的正中间，是班迪普尔最便宜的旅馆之一。一楼是食堂兼小酒馆，菜单上的品种很丰富。二楼以上是简朴的客房，在能看到喜马拉雅山的露台上有公用的淋浴与卫生间。

Map p.144

☎ 520087
费 C/B ⓈⓌ Rs200
税 含 服 无
卡 不可 NET 无

凯 · 加恩咖啡馆
Ke Garne Cafe

◆由老客栈酒店同时经营的气氛优雅的餐厅。早餐套餐 Rs225~、扁豆汤套餐 Rs445~。里面阳台上也有席位，风景迷人。

Map p.144

☎ 无
营 每天 8:00~21:00 税 含 服 无
卡 不可 NET 无

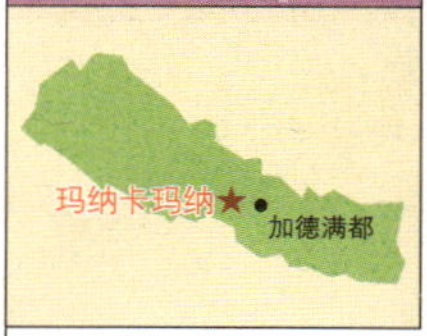

玛纳卡玛纳 *Manakamna*

供奉着成就大愿的女神 मनकामना

17世纪时创建的有历史的神庙

廓尔喀南面大约13公里处，在海拔1385米的山脊上有一座在尼泊尔非常受欢迎的印度神庙，这就是玛纳卡玛纳神庙。神庙的创建可以追溯到沙阿王朝以廓尔喀为根据地的时代。玛纳卡玛纳的意思是可以成就大愿的女神，据说到这里来朝拜的人真的可以实现愿望，因此吸引了全国各地的朝拜者蜂拥而至。

神庙门前的店铺内可以看到成套的供品摆放在用菩提树叶缝制的器皿中。每天早上8:00开始举办杀牲献祭的供奉仪式，神庙内外排满了愿望成真之后前来还愿的人们。神庙本身并不大，只是一座2层铜造屋顶的小寺庙，里面只允许印度教徒进入。在庙内由祭司举办供奉活动之后，人们把已经砍掉头的血淋淋的山羊和供品拿到外面。在参拜道路上有人会对山羊进行肢解，将圣化过的肉放在塑料袋里。这些祭品被朝拜者带回家，分送给家人和邻居。

从山脊上的参拜道路望去，马纳斯卢雪峰以及西面连绵起伏的安纳布尔纳雪峰的景色非常迷人。

☎长途区号 061

交　通

从加德满都的新公共汽车站乘坐前往博卡拉或德赖方向的巴士，车程大约需要3小时，在拥有缆车车站的库林塔尔下车。从前往廓尔喀方向的岔路口阿布凯拉尼步行登上玛纳卡玛纳，需要大约3.5小时。朝着廓尔喀方向沿汽车道步行大约2分钟，在横跨河流的一座桥前面的玛纳卡玛纳路口有一座食堂，从食堂旁边向右侧下行，会经过一条长长的吊桥。此后就只有一条路可以直达玛纳卡玛纳。山顶设有可以住宿的旅馆。

参拜道路旁一间间出售供品的店铺

INFORMATION

乘坐观光缆车前往玛纳卡玛纳

玛纳卡玛纳缆车是尼泊尔唯一的观光缆车。距离加德满都和博卡拉中间地点玛格林大约10公里偏东的库林塔尔是位于山脚下的缆车车站，从这里到山顶车站全长大约3公里，海拔差大约有1000米，仅需10分钟就可以到达山顶。缆车专门设有装载献祭用山羊的吊兰，很有尼泊尔特色。缆车的运行时间是每天9:00~12:00、13:30~17:00。外国人乘坐缆车往返收费US$15。午餐前后比较拥挤，建议上午11:00以前乘坐。

从缆车上眺望到的景色不错

廓尔喀 *Gorkha*

沙阿王朝的发祥地

गोर्खा

通往廓尔喀王宫的石板路台阶

☎ 长途区号 **064**

交 通

从加德满都

■ 巴士

巴士从新公共汽车站出发大约 5 小时，6:00~13:30 每隔 30 分钟发一班车，票价 Rs300。※ 从博卡拉、纳拉扬卡德、比尔根杰、派勒瓦等地上午也有 1~2 班的巴士开往这里。从玛格林至博卡拉方向 8 公里处的阿布凯雷尼有地方巴士前往这里，末班车到 17:00 左右，到廓尔喀大约 1 小时。

阿布凯雷尼（Amboo Khaireni）大致位于连接加德满都与博卡拉的普里特维公路的中间位置，从这里向北大约 24 公里就是廓尔喀的所在地。这座小镇地处海拔 1143 米的山间，是沙阿王朝的发祥地。一直到 2008 年 5 月君主制被废除，沙阿王朝的统治延续了 240 年之久。

以廓尔喀为根据地发展壮大起来的普里特维 · 纳拉扬 · 沙阿国王于 1769 年结束了加德满都、帕坦、巴克塔普尔三王国的统治，将其灭亡，统一了尼泊尔。沙阿国王死后，19 世纪初期，尼泊尔一方面与清朝统治下的我国西藏地区交战；一方面又处于与英国东印度公司对峙的局面。当时的领土范围北部扩大到青藏高原的一部分（现在属于中国），东部达希西姆，西部抵库玛欧 · 格鲁瓦尔地区（现在属于印度）。

经历了英尼战争（1814~1816 年）之后，尼泊尔成为一个独立国家的同时，一直与英国保持着友好关系。廓尔喀兵以英勇善战而闻名天下，曾成为英国的雇佣军。

Gorkha 是这座城市的名字——廓尔喀的英文习惯拼写，曾一直作为尼泊尔的代名词使用（“尼泊尔”这一名称曾经只是一个地名，最早指的是加德满都谷地）。

廓尔喀 漫 步

从公共汽车站沿着坡路往上走，在沐浴池的前面可以看到一座印度神庙，里面供奉着湿婆神、毗湿奴神和象头神。继续往前行进就来到了一个广场，广场前有一座曾经是旧王宫的廓尔喀博物馆（Gorkha Museum）。在老街区里可以看到很多金银首饰店。从医院前面向左拐是一条长长的陡坡石板路，可以直达位于山脊上的廓尔喀王宫（Gorkha Durbar）。沿路设有茶店、土特产纪念品商店等，游客可以一边休整一边慢慢地向上攀登。大约攀登 40 分钟，当廓尔喀的市场、博物馆这些巨大的建筑在远远的下方变得越来越模糊的时

保留着寺院、老街景的廓尔喀老街

侯，就可以看到好像要塞建筑一样耸立在那里的廓尔喀王宫（Gorkha Durbar）。王宫内有一座供奉着廓尔喀纳德（Gorkhanath）的神庙，据说他就是传说中创建这座城市的圣人，是湿婆神的化身。廓尔喀城市的名字也来源于此。从王宫遥望远方可以看到十分美丽的景致。北面是以马纳斯卢峰为中心的喜马拉雅山脉全景，这一壮观景色在市场所在的位置是无法看到的。此外还可以看到具有尼泊尔风格的绵延的层层梯田所构成的山村风景。

从山上俯视廓尔喀的小镇风光

廓尔喀 景　点

廓尔喀博物馆 Gorkha Museum

Map p.149

精美的木雕窗户

这座红砖建筑共有 105 个木雕装饰的窗户，是沙阿王朝的第五代国王拉杰恩德拉国王下令建造的王宫，以前这里被称为“下面的王宫”。如今馆内展示有和沙阿王族相关的用品以及描绘普里特维·纳拉扬国王征服尼泊尔的绘画作品。

2008 年作为博物馆开业迎宾

廓尔喀博物馆

开 11 月～次年 1 月 10:30~16:00、2~10 月 10:30~17:00（周五 ~15:00）

休 周二、节日

费 Rs50

摄影另外收费（照相机 Rs200、摄像机 Rs300）

闭馆前 30 分钟停止入场。

廓尔喀王宫 Gorkha Durbar

Map p.149

建在山脊上，能眺望马纳斯卢峰的王宫

这座建在丘陵地带山脊上的王宫，如今是供奉卡丽女神的神庙，前来参拜的人很多。沙阿王朝初期的普里特维·纳拉扬国王出生时，需要往他的身体上涂油，而用来暖涂油的手的围炉如今就公开展示在这里。从王宫里面眺望喜马拉雅山景色更胜一筹。如果再登上山脊上的塔，则可以 360 度全方位地欣赏周围的美景。

矗立在小镇最高的位置上

廓尔喀王宫

开 11 月～次年 1 月 7:00~17:00、2~10 月 6:00~18:00

休 无

费 Rs50

摄影另外收费（照相机 Rs200、摄像机 Rs300）

酒 店
Hotel

酒店大多集中在新市场周边。除了以下介绍的 3 家以外，在汽车站前面还有数家收费在 Rs100~400 的便宜旅馆。

马纳斯卢酒店（Manaslu Map p.149 ☎ 421373）虽然只提供 C/B 类客房，但是一层设有餐馆 Lapu，提供尼泊尔扁豆汤套餐等丰富的菜品，很受欢迎。

廓尔喀客栈
Gorkha Inn

Map p.149

◆位于市场的里面，旅馆本身有一座美丽的中间庭院。客房虽然古朴，却很干净。大堂里设有餐馆，也可以自由使用 PC 机。

☎ 420206 FAX 420587
E-mail bishnurg@yahoo.com
费 A/B Ⓢ US$25 Ⓦ US$35
税 13% 服 10%
卡 不可
NET Wi-Fi 免费

廓尔喀比绍尼
Hotel Gorkha Bisauni

Map p.149

◆位于巴士大道旁景致非常好的场所，是一座老酒店。2009 年增建了新的客房楼。餐馆里有中餐及西餐的菜单。

☎ 420419 FAX 420674
E-mail gh_bisauni@hotmail.com
费 C/B ⓈⓌ Rs500 A/B Ⓢ Rs800 Ⓦ Rs1000
税 13% 服 10%
卡 不可 NET Wi-Fi 免费

萨蒂扬
Hotel Satyam

Map p.149

◆位于汽车站前，交通和游览都非常方便。客房里只放着床，十分简朴。一层有食堂。

☎ 421326 E-mail anjan_39@yahoo.com
费 C/BⓈ Rs350 Ⓦ Rs500 A/BⓈ Rs500 Ⓦ Rs850 税 含 服 无 卡 不可
NET Wi-Fi 免费

COLUMN

出口以后又被重新进口的"纳玛斯太"（namaste）

旅游者在尼泊尔最早记住、最频繁使用的语言就是"纳玛斯太"。介绍旅行的书籍也大多如此描述"纳玛斯太"：想表达"早上好、你好、晚上好、再见"等，无论什么场合下都适用的简单问候语。但是，原本使用"纳玛斯太"的场合离"早上好"这样轻松问候的口吻相去甚远，它是郑重其事、很正式的意思，在村落的日常生活中似乎不是被频繁、随便使用的语言。

尼泊尔语中的"纳玛斯太"与印度教徒献给湿婆神的真言"欧姆·纳姆·湿婆·亚"，以及佛教信徒经常诵念的"南无阿弥陀佛"、《南无妙法莲花经》中的"纳玛"、"南无"一样属于同一语源，具有皈依、礼拜和敬礼的意思。口中说着"纳玛斯太"（"太"是"给你"的意思）的时候，一定要在胸前双手合十，这样才是一套完整的问候。

在很多徒步游游客经常住宿的小镇的旅馆，一定经常看到"纳玛斯太餐馆"、"纳玛斯太小屋"。这个词现在已经变成像"Jungle 丛林"、"Yaku 牦牛"这样众所周知的国际性语言了。徒步游的游客在旅途中每逢碰到人，就会说"纳玛斯太"来打招呼。经常和外国人接触的人们，了解外国人所讲的"纳玛斯太"的含义，所以常常回以表示"好的"、"哎"这样轻松口吻的"纳玛斯太"。但是，在距离小镇较远的村子里，如果不经意地说了一句"纳玛斯太"的话，对方会停下工作或玩耍中的手，合掌垂首，至少静默 2~3 秒钟，并还以"纳玛斯太"本身含义的礼节。后者这种令人不好意思的情况时有发生。

但是如今，和"当尼亚巴多"（谢谢的意思）一样，经过双重翻译后与原来的意思大相径庭的、口气轻松的"纳玛斯太"已经在尼泊尔人中越用越广了。

施以"纳玛斯太"礼的村庄少女

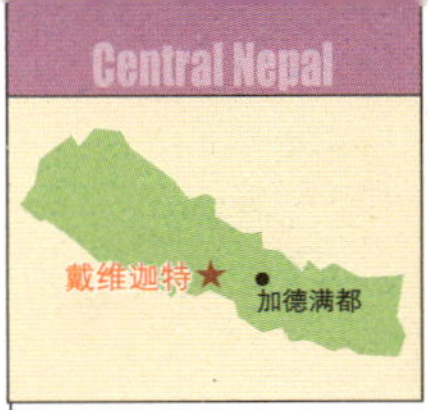

戴维迦特 *Devghat*

两条河流汇合于此的圣地

देवघाट

被大自然赐予河流和森林的风景地

戴维迦特位于纳拉扬卡德北面大约 6 公里处，喀利河与翠苏里河在这里汇合成一条河流，名字变为纳拉亚尼河。这里是印度教的圣地。

从纳拉扬卡德朝着玛格林的方向前进，左侧可以看到曾经是王室别墅的迪亚洛露营平房（Diyalo Bungalow）。从这里继续往北走大约 3 公里，直至横跨翠苏里河的长长吊桥在内的整个地区都属于戴维迦特。过吊桥之后的地区属于甘达基专区。这里有一座小市场，从左侧的道路进去可以看到印度教的神庙、住宿制的梵语学校、朝圣者住宿的旅馆等。

据古代印度人所著、被称为《普拉纳》的文献记载，戴维迦特位于流入恒河的喀利河与翠苏里河的交汇处，是毗湿奴神与湿婆神两个神灵所在的圣地。据说在河里沐浴之后，可以洗清前世和后世所有的罪孽，女性则可以得到美貌和幸福的婚姻。尼泊尔历的玛格月 1 日（公历的 1 月中旬）是沐浴节（Maghe Sankranti）。这一天从尼泊尔各地和印度会有大批朝圣者来到这里沐浴，人山人海。

印度教的理想人生分为四个阶段，从怀孕开始的幼儿阶段、学生和修行阶段、家长阶段，以及隐居阶段。人到了衰老的隐居阶段，理想的生活就是把户主的责任让给长子。除了留下举行供奉活动的神具以外，舍弃一切财产，与妻子一起在森林中结庐，一心只过充满信仰的生活。在这一地区过着隐居生活的老人有 100 多位，他们身着藏红色的衣服，在河水中沐浴，每天进行冥想和修行。

在戴维迦特过着信仰生活的男性

交通

从纳拉扬卡德的博卡拉公共汽车站可以乘车直达戴维迦特入口处的吊桥旁边。5:00~17:30 每天有 10 班车。夏季到 18:30，有 11 班车。从戴维迦特出发的末班车发车时间是 18:00（夏季是 19:00）。

旅行小贴士

迪亚洛露营平房

过去王室前往奇旺国家公园打猎时会在此住宿。在沙阿王朝复辟以前，统治尼泊尔的拉纳家族为招待英国王室曾经举办过大型的狩猎活动，这一传统一直持续到 1955 年即位的马亨德拉国王时期。马亨德拉国王前往奇旺狩猎旅行途中，在这座别墅内突然去世。别墅位于纳拉扬卡德前往戴维迦特的途中。由于被茂密的森林所覆盖，因此从外面很难看到这座建筑物。

纳拉扬卡德 *Narayanghat*

位于尼泊尔中央，地处交通要道 नारायणघाट

大街上交织着连接尼泊尔各地的巴士、货车

纳拉扬卡德位于加德满都—博卡拉之间，并也在与德赖平原相连接的线路上面。尼泊尔各地的人力和物资都在这里往来，是重要的交通枢纽。有很多人会途经这里前往奇旺国家公园以及印度，因此这里有很多住宿设施和餐馆，附近还有戴维迦特等游览景点。如果时间充裕的话，不妨前往这里，感受这个充满活力的地方。

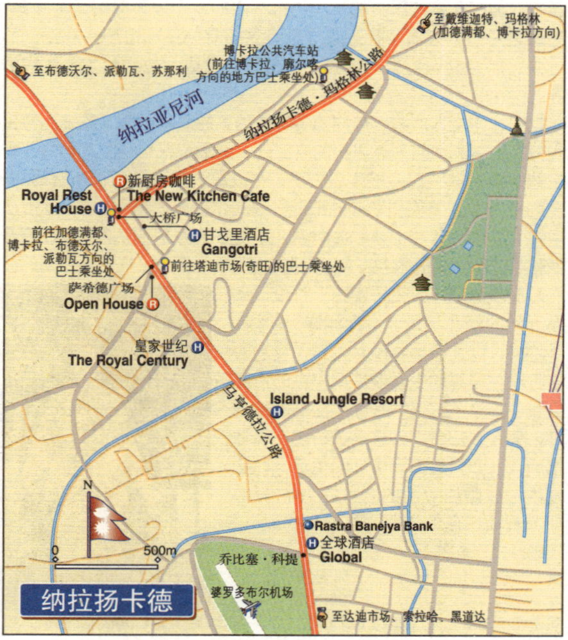

☎ 长途区号 056

交 通

从加德满都出发

■ 飞机

每天到达婆罗多布尔机场有 4 班飞机，所需时间是 25~30 分钟，票价 US$92。

■ 巴士

从新公共汽车站出发需要大约 5 小时。纳拉扬卡德与尼泊尔各地之间都有线路，只要在当地乘坐前往德赖方向的巴士都可以到达。

从博卡拉出发

■ 巴士

从城市公共汽车站出发大约需要 5 小时。

从派勒瓦出发

■ 巴士

大约每隔 1 小时发 1 班车。需要 4~5 小时的车程。

旅行小贴士

德赖的名产——塔斯(Tass)

纳拉扬卡德的名产是塔斯(Tass)。羊肉经过香辛作料的浸泡之后再进行炒制，在纳拉扬卡德很多食堂的菜谱上都可以看到塔斯。一般还配以炒米、小菜和沙拉等，作为小吃或是一顿便餐都很不错。

一般习惯于做成辣辣的味道

纳拉扬卡德 漫 步

在行政区划上这里属于婆罗多布尔市，但是感觉就宛如两座城市一样，机场和行政机关集中的地区被称为婆罗多布尔，而巴士总站、市场所在的商业地区则被称为纳拉扬卡德。纳拉扬卡德有很多格外便宜的旅馆、旅店，而中档酒店则多分布在婆罗多布尔。

纳拉扬卡德的中心地区是沿马亨德拉公路相邻的两个路口。位于纳拉尼亚河桥边的是大桥广场（Pul Chowk），偏向婆罗多布尔一侧的是萨希德广场（Sahid Chowk）。在这两个路口可以看到来来往往的前往尼泊尔各地的巴士，以及运送物资的大货车、人力车等，道路两侧一家挨着一家的商店前面，是一个个经营蔬菜、日用品的露天摊位。

两座路口的北侧是一座更为热闹的市场。每到周一，除了食堂以外，市场上的商店几乎都关门闭户、不营业，此时一点也看不到平时热闹的景象，显得出奇的安静。

横跨纳拉尼亚河的大桥。纳拉扬卡德的意思是“纳拉尼亚河的岸边”

酒店和餐馆
Hotel & Restaurant

皇家世纪
The Royal Century

◆所有客房都带空调的中档酒店。可以在餐厅品尝到豪华而上乘的尼泊尔扁豆汤套餐，价格 Rs450。店内还设有酒吧。

Map p.152

住 Bharatpur Height
☎ 525865 FAX 525855
URL royalcentury.com.np
费 A/B Ⓢ Rs3000 Ⓦ Rs3500
税 13% 服 10%
卡 J M V
NET Wi-Fi 收费（每天 Rs300）

全球酒店
Hotel Global

◆距离机场步行只需 2 分钟。在开阔的占地面积内坐落着一栋栋别墅型的客房楼，并设有游泳池，可以舒畅地住在这里。酒店还可以安排奇旺国家公园的丛林活动。

Map p.152

住 Chaubis Kothi，Bharatpur
☎ 525513
FAX 520635
URL www.hotel-global.com.np
费 A/B Ⓢ US$20~40 Ⓦ US$25~50
税 13% 服 10% 卡 M V
NET Wi-Fi 收费（公共场所免费）

甘戈里酒店
Hotel Gangotri

◆市内最高的 5 层建筑。距离从加德满都、奇旺方向过来的汽车站非常近。虽然位于市中心，需要从大街稍微往里走才能进入酒店，所以很安静。

Map p.152

住 Pul Chowk，Narayanghat
☎ 525746
费 A/B Ⓢ Ⓦ Rs1150~2450
税 13% 服 10%
卡 J M V
NET Wi-Fi 收费（公共场所免费）

新厨房咖啡
The New Kitchen Cafe

◆ 街上最好的餐馆，带空调。有尼泊尔菜、意大利菜、泰国菜、中餐等丰富的菜品，每天 11:00~14:00 可以品尝到自助式的尼泊尔午餐 Rs240~290。

Map p.152

住 Pul Chowk，Narayanghat
☎ 520453
营 每天 9:00~22:00
税 含 服 无
卡 不可
NET 无

奇旺国家公园

Chitwan National Park

被评定为世界遗产的野生动物王国

世界遗产 चितवन

骑着大象在丛林漫步的骑大象游猎活动

长途区号 056

交 通

从加德满都出发

■ 巴士

乘坐观光巴士大约 5 小时，7:00 出发，票价 Rs500~600。绿线巴士大约需要 7 小时，7:30 出发，票价 US$17。

从博卡拉出发

■巴士

乘坐观光巴士大约 5 小时，7:30 出发，票价 Rs500~600。绿线巴士大约需要 6 小时，8:00 出发，票价 US$17。

乘坐观光巴士或是绿线巴士。其终点都是索拉哈的汽车站（Map p.156-A2）。如果申请参加了套餐式旅游项目的话，酒店的人会到汽车站来接人。公共汽车的乘坐方法→ p.155。

摩诃婆罗多岭和朱里亚岭之间的一片地带被称为德赖平原，纳拉亚尼专区奇旺市就位于这片平原的一角，地处尼泊尔中部的南面。居住在这一地区的原住民是塔鲁族，此外还有后来从山岳地区迁移至此的农家，包括塔芒族和沙提族等。一年四季这里的水田和各地农作物都会描绘出一幅色彩鲜艳的田园风光。平原的对面可以看到远方的马纳斯卢峰等喜马拉雅山的群峰。

奇旺南部广大地区曾经由于过度的开发，自然环境被急速破坏。1962 年为了保护自然环境在这里设立了尼泊尔最早的野生动物保护区，1973 年这里又被规划为这个国家第一座国家公园。在 1984 年被联合国教科文组织列为世界遗产，这里成为德赖地区唯一的旅游胜地，吸引了众多的游客。

国家公园的占地范围东西 80 公里，南北 23 公里，西面是纳拉亚尼河，北面是拉布蒂河，东面接帕萨野生动物保护区，南面的一部分还与印度接壤。公园内有茂密的娑罗双树森林和广阔的草地，里面生息着 40 多种哺乳动物，其中包括濒临灭绝的印度独角犀牛、孟加拉虎等。此外这里还生息着鹳、鹭、鹦鹉等野生鸟类，是著名的野生鸟类乐园。

在从加德满都往返博卡拉的途中，或者是通过陆路前往印度的途中，可以抽出两三天的时间来这里感受一下大自然的气息。除了宝贵的动植物以外，在这里还可以感受与加德满都谷地以及山村完全不同的原住民塔鲁族的生活。

奇旺国家公园 漫 步

奇旺观光的根据地是索拉哈村

来奇旺观光的游客大多数住在索拉哈（Sauraha）。索拉哈位于马亨德拉公路上的达迪市场（Tadi Bazaar）往南 6 公里的位置。从加德满都或者是博卡拉出发前往奇旺的观光巴士和绿线巴士都以索拉哈为终点。

位于拉布蒂河对岸、奇旺公园北侧的索拉哈有 80 多家旅馆，住宿费用从 1 晚 Rs300 到 US$50 不等，有很大的选择范围。另外，原来在国家公园里面有 6 个酒店，随着 2012 年土地租赁合同的到期，有一部分已经迁到公园外继续经营了。

人们在拉布蒂河给大象洗澡

旅行小贴士

乘坐公共汽车前往索拉哈

首先前往纳拉扬卡德（→ p.152）东南大约 13 公里处的达迪市场。从比尔根杰、卡卡比塔等纳拉扬卡德东侧的城市乘坐巴士前往加德满都或者是博卡拉时，所有的巴士都会经过达迪市场。乘客可以要求在索哈拉广场下车，这里有前往索哈拉的岔路。从派勒瓦等西部城市过来时，可以在纳拉扬卡德换车。在纳拉扬卡德的萨希德广场有很多班次的迷你巴士，非常方便。也可以从婆罗多布尔机场乘车前往这里。在达迪市场的索哈拉广场一下车，距离索哈拉还有 6 公里的距离。从这里前往索哈拉的迷你巴士 7:30~17:00 每小时发 1 班车。需要 15~25 分钟，票价 Rs25~30。或者乘坐牛车，所需 30~40 分钟，费用为 Rs200~300。

从索哈拉出发的巴士

有前往加德满都、博卡拉、派勒瓦的观光巴士，全部从汽车站 9:30 发车。票价因申请预订的地方不同而有所差异，一般是 Rs600~700。有分别前往加德满都和博卡拉的绿线巴士，都是在办事处前 9:15 出发，票价统一为 US$17。

旅行小贴士

前往奇旺的套餐式旅游

从加德满都或者是博卡拉可以参加旅行社举办的套餐式旅游前往索拉哈，收费标准根据住宿酒店的等级来决定，两晚三天的旅游费用在 US$100~300。在旅行社申请参团时，通过讲价可能会有一些优惠。费用一边包括了到索拉哈的交通费、从汽车站到酒店的接站费、在酒店的住宿费和餐费、参加活动的费用（骑大象狩猎、丛林漫步、乘独木舟顺江而下、乡村旅游、文化舞蹈）等。一般往返的交通工具是观光巴士。

在索拉哈村住宿

气氛悠闲的索拉哈村庄

来索拉哈旅游有两种办法。一种是向旅行社预订套餐式旅游的方式。索拉哈的酒店旅馆大多与加德满都和博卡拉的旅行社有合作关系，旅行社可以安排到索拉哈的交通以及住宿。一般是两晚三天的行程，如果没有时间的话，虽然很局促，不过 1 晚 2 天的旅行也可以安排。

另一个办法就是什么都不预约，自己来到索拉哈。既可以寻觅一个舒适的住处，度过梦寐以求的时光，也可以向各个酒店或是旅行社申请安排骑大象游猎等活动。

在索拉哈也可以租辆自行车到周边原住民塔鲁族人生活的村庄去看一看。塔鲁族的住宅很有特点，篱笆墙是用大象草的草秆儿糊上泥巴

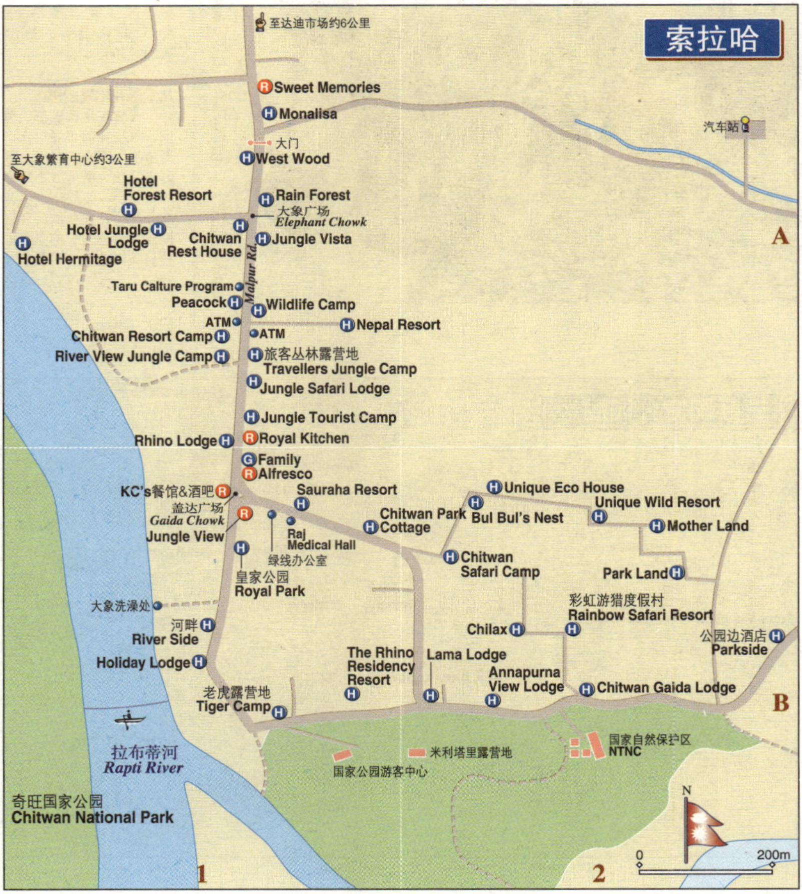

修建而成的，屋顶上也铺有大象草或者是半圆筒形的素陶制成的瓦片。看到村庄里一排排这样的房屋，一眼就能认出这是塔鲁族人生活的村落。

另外，索拉哈村向西大约 3 公里的拉布蒂河的支流卡格里河的对岸设有一座大象繁育中心（Elephant Breeding Center），目的是保护大象并促进大象的繁殖。包括小象这里养育着几十头大象。

拉布蒂河畔的夕阳

在大象繁育中心可以和小象亲密接触

有用的信息

国家公园游客中心

Map p.156-B1

开 每天 6:00~9:00 12:00~16:00

国家公园门票 Rs1500（1 日内有效）

给大象洗澡

在拉布蒂河畔（Map p.156-B1）每天 11:00~12:00 可以观看大象洗澡。想骑大象的话，付费 Rs200 即可。最后穿着防水的服装。

大象繁育中心

Map p.156-A1 图外

门票 Rs50。大象前往森林时的 10:00 以前或者是返回时的 15:00 以后的时间段可以看到很多大象。一般门票费用包含在乘坐独木舟的旅游项目内。

COLUMN

在奇旺能观赏到的野生动物和鸟类

在奇旺国家公园内已经得到确定的有超过 43 种的哺乳动物，以及 45 种爬行类动物和两栖类动物。以下介绍的内容中“( )”内的是尼泊尔语的名称。

野生的亚洲象 Wild Asian Elephant（Hatti）现存只有 30 头左右，另外孟加拉虎 Bengal Tiger（Baagh）、豹 Leopard（Chituwaa）、懒熊 Sloth Bear（Bhalu）等也非常稀少，很少可以看到。

在参加骑大象游猎等活动时可以碰到的野生动物有：印度独角犀牛 One Horned Rhino（Gaida），4 个种类的鹿 Deer（Mirga），2 种类的猴 Monkey（Bandar），以及世界最大的野牛 Baison（Gaur）等。

在公园内的河流中还生息着一种淡水河豚 Gangetic Dolphin，这种河豚很难碰到，属于非常珍稀的物种。另外还有鳄鱼 Crocodile（Gohi）类，一种是肉食为主的非常危险的泽鳄 Marsh Mugger; 另一种是以鱼类为主食，对人类无害的印度鳄 Gharial。

尼泊尔全境半数以上的鸟类都生活在奇旺地区，这里的鸟类占全世界整体的 5%，共有 450 多种。另外还有很多飞越喜马拉雅山脉而来的候鸟。参加活动时在河畔或者是湖畔可以看到各种鸟类，在索拉哈的酒店庭院内等处也经常可以看到。除了可以看到各种鸟类的身姿外，还可以听到它们婉转的鸣叫声。此时望远镜会发挥很大的作用，一定不要忘记随身携带。

印度独角犀牛

有着美丽白色斑点的赤鹿

危险的食肉鳄鱼

在奇旺参加各种活动
Activities in Chitwan

奇旺最受欢迎的活动

骑大象游猎 Elephant Safari

由国家公园直接经营的在国家公园内进行的游猎活动（大约1.5小时，Rs2500），还有在周边的社区森林内进行的民间组织的骑大象游猎活动。现在，一大半的游客都参加民间组织的活动。旅行套餐中的骑大象活动也是这样。所需时间稍微长一点，费用包含酒店到骑大象地点的接送服务。大象数量很多，保证都能安排。收费Rs1200~1500。

乘坐独木舟在河上舒畅地行进

乘独木舟 Canoe Ride

独木舟可以同时乘坐几个人，其中还包括撑船的船夫和导游。在船上可以观察很多种类的野生鸟，以及一动不动晒着太阳的食肉大鳄鱼。活动大约1小时，收费Rs1200。一般此项活动都与参观大象繁育中心组合在一起。

乘坐吉普车 Jeep Drive

一般会有导游同行，中途碰到野生动物和鸟类时会停下来进行讲解。从索拉哈出发前往西面十几公里处的国家公园内的Lame Tal湖或者是Tamor Tal湖的湖畔，同时还可以参观培育和养殖鳄鱼的繁殖农场（门票Rs100）。大约需要4小时，收费Rs1600。另外，还有丛林漫步活动，即由导游带领在国家公园内步行游览。虽然步行线路与吉普车游览的线路一样，但是可以花上时间在公园里面慢慢游览。半天收费Rs800~1000，1天Rs1400~1500。

乘坐敞篷吉普车巡游森林

携带双筒望远镜便于观察鸟类

鸟类观察 Bird Watching

观察鸟类的知名场所共有几处，其中包括拉布蒂河及其支流，乘坐吉普车就可以到达的Tamor Tal和Lame Tal等湖畔，以及索拉哈西北面大约15公里处，拥有大大小小十多座湖泊的Bis Hajaar Tal周边等。活动需要2~3小时，乘坐吉普车并带有导游的收费在Rs500左右。最适于进行鸟类观察的季节是3~5月的旱季，此时会有很多鸟集中到水量不大的水畔。

※ 根据酒店不同，以及活动内容和时间不同，收费标准也有差异。上面所登载的费用都是1人的费用。进入公园还要另外收取门票Rs1500（1日内有效）。

索拉哈的酒店和餐馆
Hotel & Restaurant in Sauraha

索拉哈有 80 多家住宿设施，其中大部分是独立的别墅风格，并配有餐厅。面朝拉布蒂河的旅馆可以欣赏美丽的夕阳风景。犀牛广场周边有很多餐馆、旅行社、外币兑换处以及自行车出租屋等商业设施。

皇家公园
Royal Park Hotel

◆位于拉布蒂河附近，是一家与德国合资的度假型酒店。宽敞的庭院内有一座小游泳池，里面散布着别墅式的客房楼。2 晚 3 日包价游收费 US$120。含早餐。

Map p. 156-B1

☎ 580061　预约 ☎ 加德满都（01）4412987
URL www.royalparkhotel.com.np
费 A/B ⓈUS$30 ⓌUS$35
税 含　服 10%
卡 不可
NET Wi-Fi 免费

彩虹游猎度假村
Rainbow Safari Resort

◆在大街里侧，十分安静。庭院内绿意浓浓，在生长繁茂的植物间能听到野生小鸟的鸣叫声。客房舒适整洁，具有热带风情的装潢富有特色，非常可爱。

Map p.156-B2

☎ 580103
URL www.rainbowsafariresort.com
费 A/B ⓌRs800~1500
税 13%　服 10%
卡 不可
NET Wi-Fi 免费

旅客丛林露营地
Travellers Jungle Camp

◆客房里基本都放置着一张单人床和一张双人床，适合一家三口入住。2 晚 3 日的包价游收费 US$110~130。

Map p. 156-A1

☎ 580013　FAX 580014
URL www.nepaljunglecamp.com
费 A/B ⓈⓌRs800~1500
税 含　服 10%
卡 不可
NET Wi-Fi 免费

河畔
Hotel River Side

◆名副其实，酒店建在拉布蒂河河畔。从客房、餐厅往下望，拉布蒂河近在眼前。坐在酒店里就可以一饱眼福，尽情地欣赏渡河的大象或者是独木舟，再或是夕阳西下的美景。2 晚 3 日团收费 US$160。

Map p.156-B1

☎ 580009
预约 ☎ 加德满都（01）4425073
URL www.wildlifechitwan.com
费 A/B ⓈⓌRs1000~3200
税 13%　服 10%
卡 不可
NET Wi-Fi 免费

公园边酒店
Hotel Parkside

◆位于索拉哈村东侧入口处。这是一座充满家庭气氛的旅馆，每天早上还可以喝到新鲜的牛奶。收入的一部分用于对村中贫穷的妇女进行缝纫培训，并帮助 50 多个孩子上学。

Map p.156-B2

☎ 580318 预约 ☎ 加德满都（01）4232953
URL www.chitwannationalpark.com
费 A/B ⓌRs1500~4500　税 13%
服 10%
卡 MV
NET Wi-Fi 免费

KC's 餐馆 & 酒吧
KC's Restaurant & Bar

◆餐馆被设计成塔鲁族人的居家风格。有长得茂密高大的椰子树庭院。这里的尼泊尔菜、印度菜的菜品都很丰富。尼泊尔扁豆汤套餐 Rs305~435。

Map p. 156-B1

☎ 580309
营 每天 6:30~22:00
税 含
服 10%
卡 不可
NET Wi-Fi 免费

COLUMN

拜访塔鲁族的村庄

与奇旺国家公园的北面相邻接的是一片田园地带，其间散布着一些塔鲁族的村庄。

沿河可以看到一座座高高架起的小屋，建造得十分简陋。夜间一些野生动物会从国家公园一侧过河来糟蹋农田，这些小屋就是看守农田的放哨塔。这里禁止捕获和掠杀包括鸟类在内的野生动物，当看到这些动物的身影时，在小屋内值夜班的人会用棒子敲击金属罐发出巨大的声响，或者点燃预先准备好的柴火，把这些动物吓退回对岸的森林中。但据说仍时常会有犀牛、鹿和野猪等动物到这边来。白天在村庄附近很难看到野生动物的身影，但是在道边和田间却可以发现巨大的粪便和它们的足迹。

塔鲁族的房屋是用大象草的草秆儿做芯修建的土墙，每年都需要更换。小而低矮的门户周围可以看到很多白色、粉色或者是黄色等颜色绘出的泪珠状的图案。这种图案前端细而且呈钩状。把米粉用水调和之后加入色料，右手呈握拳状，手掌侧面到小指前端浸入颜色中，然后再在墙壁上按下自己的手形，就形成了这样的图案。据说这些图案是在秋季印度教的妇女节期间，由妇女们按上去的。

从日照强烈的室外一进入到屋里，感觉四周非常黑暗。外面的光线从那些不能够称之为窗户的地方透进室内，或者是透过排烟的小洞进到室内。当眼睛渐渐地适应了黑暗的光线之后，可以看出土墙和土坯地板被涂抹得非常平整。

在屋内的一角摆放着一些大坛子或者是用土坯修成的储存用的容器，里面存放着没有脱壳的稻子、小麦，以及玉米粒等粮食。需要的时候随时可以到村里的磨坊脱壳，或者是加工成面粉。

据说以前当塔鲁族的女性决定结婚的时候，就会把胸部到肩部、手腕和大腿上都刺上密密麻麻的刺青图案。如今这种做法在年轻的女性中已经显得很过时了。从服装上看与山地出身的尼泊尔人虽然已经没有太大的区别，但是由于塔鲁族的女性服装只是腰间缠绕着不太宽的白布，胸前遮盖着一小块的白布，其他部分暴露在外面，所以从露在外面的肌肤上仍然可以看到刺青图案。

在里面屋梁上有棍子搭起的棚，上面吊着渔网、渔笼，以及诱惑鱼用的钓钩，还有吊在炉子上面制作熏鱼用的笼子等，都是一些渔猎相关的工具。这些工具都是自己制作，据说在任何一家人家里都能看到。塔鲁族人经常食用河里的双壳贝类以及河虾等食物，是传统的以捕鱼为生的民族。路边可以看到坐在那里编织渔网的男性，在河中也能看到撒网捕鱼的人们。

贯穿村中央的是没有铺装过的土路，宽敞的道路两边是一家挨着一家的土坯建造的平房小屋。这里的人们还饲养水牛、奶牛、羊、鸡、鸭、鹅等家禽和家畜。村中可以看到孩子在玩耍，整个塔鲁族的村庄充满了平和、安详的气氛。

在住宅的前面设置了一个鸟巢

住宅的土墙上面绘有泪珠图案

尼泊尔西部

West Nepal

蓝毗尼的摩耶夫人祠

在德赖地区见到的像一张高床似的住宅

基本介绍

尼泊尔西部

博卡拉以西的地区最知名的旅游胜地是佛陀的诞生地——蓝毗尼，此外旅游者熟知的还有从尼泊尔陆路进入印度的巴纳拉斯时会暂作停留的边境城市派勒瓦等地。其他地方很少有游客到访，从观光角度看都不太知名。冒险家们所向往的木斯塘、多尔珀（谢波克松多国家公园）等地，需要通过旅行社才可以进入，不仅需要支付很贵的入境费，而且到达目的地之前都需要经过几天的徒步旅行，因此都需要一定程度的准备和时间。

交通

尼泊尔西部的交通枢纽城市是派勒瓦和尼泊尔根杰。从加德满都有直达巴士或是航班前往这两座城市。从尼泊尔根杰还有航班飞往没有道路通行的山地。另外连接加德满都和尼泊尔根杰的道路，在雨季期间有可能关闭。

宿泊

各国朝圣者参拜的蓝毗尼和其门户——派勒瓦，有很多设备完善的酒店。朝拜旺季是11月～次年2月，此时酒店常常满员，因此需要在酒店（特别是高档酒店）住宿的游客一定要提前预约。除此之外的地区大都只有简单而朴素的住宿设施。

蓝毗尼 *Lumbini*

列入《世界遗产名录》的佛陀诞生地　世界遗产　लुम्बिनी

各国的佛教徒来到圣园朝拜

作为佛陀乔达摩·悉达多诞生地而闻名于世的蓝毗尼，位于派勒瓦以西大约 22 公里的地方，是与佛祖生活相关的四大圣地之一。其他三大圣地分别是：佛祖觉悟之地——菩提伽耶（印度的比哈尔邦），初次宣扬佛法之地——鹿野苑，以及圆寂之地的拘尸那迦（两地都位于印度的北方邦）。这四大圣地自古就是佛教徒最重要的朝圣地。

公元前 249 年，古印度孔雀王朝的阿育王曾经到这里来参拜，并修建了纪念柱。中国东晋时期的求法高僧法显在 5 世纪初期曾到这里来朝拜，此外唐代高僧玄奘法师于 636 年也曾经到此朝拜过。在玄奘所著的《大唐西域记》中曾经记载了阿育王石柱因遭雷击而折断的情景。但是从 14 世纪末开始，就再也没有朝圣的记录了。当时由于伊斯兰势力席卷印度和尼泊尔，使蓝毗尼遭到彻底破坏，最终变成废墟。阿育王石柱也被掩埋，而且渐渐地被人们遗忘。

1896 年，德国考古学家根据《大唐西域记》内容的记载进行了勘察，再次发现了阿育王石柱。如今各种考古学方面的挖掘工作还在继续，为了进一步开发蓝毗尼，1970 年在联合国总部还设立了国际委员会，规划蓝毗尼成为朝圣和旅游的中心。1985 年成立了蓝毗尼开发集团，各个国家的寺院建设工程按照日本建筑家丹下键三设计的总体规划正在进行中。

蓝毗尼 漫　步

蓝毗尼园从南面开始分为三个区。即摩耶夫人祠所在的圣园（Sacred Garden）、各国寺院所在的寺院区（Monastic Zone）以及各个酒店所在的新蓝毗尼村（New Lumbini Village）。根据当初设计的总体规划方案，朝拜者们住在日本寺院附近的酒店，从正门入园，坐小船渡过运河，一边祈祷一边进入摩耶夫人祠。它的周围莲花盛开的池塘象征着佛陀的生母——摩耶夫人的腹内。

☎ 长途区号 071

交　通

从加德满都出发

■ 飞机

每天到达派勒瓦机场有 5 班飞机，所需时间是 35 分钟，票价 US$121。从机场乘坐出租车前往蓝毗尼需要大约 20 分钟，费用 Rs700~900。

从派勒瓦出发

■ 巴士

在派勒瓦（→ p.170）城市北侧的巴梅利广场附近，6:30~18:30 每间隔 30 分钟有一班车。到蓝毗尼大约 22 公里。途中会经过位于广场以西 4 公里的派勒瓦机场附近。所需时间大约 1 小时。到帕萨巴士车站 Rs40，到蓝毗尼巴士车站、终点帕德利亚巴士车站 Rs45。蓝毗尼巴士车站距离圣园最近，乘坐出租车需要 25 分钟，费用 Rs800~1000。

旅行小贴士

蓝毗尼内的交通

乘坐人力车巡游圣园里的全部寺院需要 2 小时，收费规定为 Rs500。实际上需要花费 3 小时，所以超时的部分需要支付每小时 Rs100 的小费。除了在蓝毗尼市场可以租到人力车以外，在韩国寺前面和运河的西北部也能看到等着拉客的人力车。

日本寺院

中国寺院

缅甸寺院

德国寺院

如今，由于圣园的工程没有完工，圣园东侧的大门就相当于入口了。入口附近有旅馆、银行相连的市场、蓝毗尼汽车站以及食堂，还有等着拉客的人力车。

从入口进来步行 10 分钟，再穿过土特产品商店林立的露天大街，就来到了总体规划实施以前修建的中国西藏寺院和尼泊尔寺院。

周边是视野开阔而气氛悠闲的田园风光

圣园北侧的寺院区各国的寺院工程正在进行中，其北侧是蓝毗尼博物馆（Lumbini Museum）。

乘坐人力车游览占地面积宽广的寺院比较方便。如果步行的话，也要选择凉快的上午。寺院区没有可以吃饭的地方，只能在尼泊尔尼僧院里喝

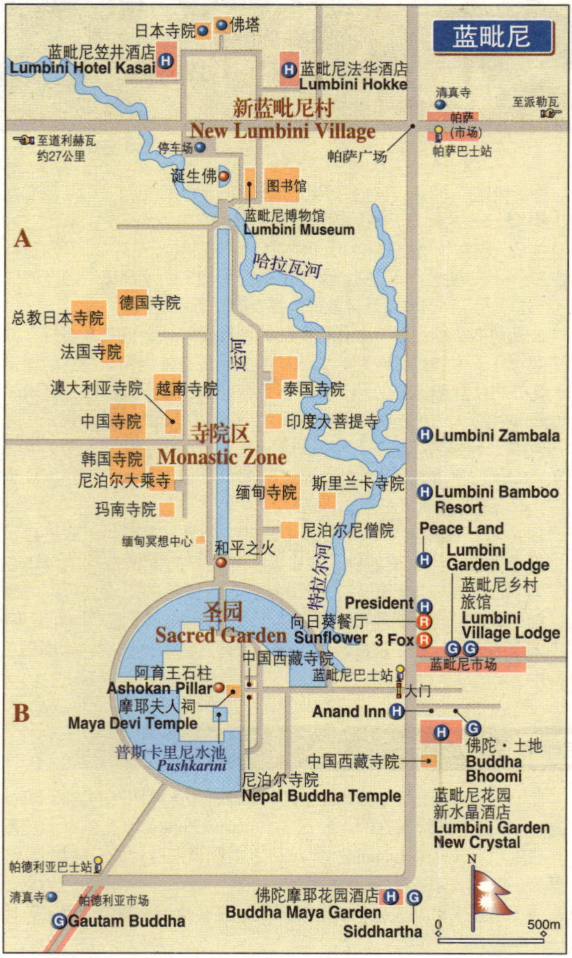

有用的信息

蓝毗尼博物馆

Map p.164-A

营 10:00~17:00（11/1~1/31，~16:00）

费 Rs50

休 周二及节日

摄影另外收费（照相机 US$1 或者 Rs85、摄像机 US$10 或者 Rs850）

旅行小贴士

在各国寺院里住宿

在各国的寺院中有一些为朝拜者准备了住宿设施。特别是韩国寺院很受背包客的欢迎，含 1 日 3 餐，收费为 Rs300，还有 Wi-Fi。

茶而已，所以最好自己准备饮用水。

如果住在新蓝毗尼村的酒店，就从帕萨巴士车站乘坐迷你巴士在蓝毗尼市场下车。在那里包一辆人力车巡游寺院区，然后在图书馆南侧横跨哈拉瓦河的桥上和人力车分手，之后步行回酒店。这样安排比较合适。或者在酒店租一辆自行车。

展示着遗迹里的出图文物

蓝毗尼 景 点

圣园 Sacred Garden

Map p.164-B

圣地蓝毗尼的中心

这里有摩耶夫人祠、阿育王石柱、佛塔遗址等。在遗址的周边是整修完善的小路。位于普斯卡里尼水池旁边的菩提树上挂满了写有经文的各种颜色的经幡，这些经幡随风飘摆，好像要把圣园覆盖住一样。

圣园
营 每天 6:00~18:30（11 月中旬 ~1 月末，~17:30）
费 Rs200
※ 门票 1 日有效，可以多次出入。寺内谢绝摄影摄像

摩耶夫人祠 Maya Devi Temple

现在的寺院建于 2003 年。原来修建于 19 世纪的祠堂所在地被发掘时，发现了据说是阿育王摆放的表示佛陀诞生场所的石头标志。另外，也挖掘出公元 3~7 世

池塘边的白色圣堂殿

寺内保存着历史遗迹

COLUMN

从出生到出家的佛祖

2500 多年前，在喜马拉雅南麓的罗西尼河岸边，以迦毗罗卫城为首都的释迦国国王净饭王一直在盼望等待着王子的出生。一天夜里，摩耶夫人睡觉时梦见有一头长着六颗金牙的白象从右肋钻进自己的腹中，于是知道自己怀孕了。

一个月圆的日子，摩耶夫人得到国王恩准，在众多宫女的服侍下，准备回到自己的父王拘利城善觉国王身边。途经蓝毗尼花园时决定稍事休息。这是一座宝树茂密、花香四溢、洒满金色阳光的花园。摩耶夫人在花朵压枝的娑罗双树下静静地漫步，伸出右手去够低垂的树枝。就在此时，突然间身体大放光芒，同时王子从她的右肋降生了。天地之间一片欢喜之声，庆祝王子的诞生，降下雨水来为王子沐浴。王子刚生下来就朝着四个方向各迈七步，并指着天地说道："天上天下，唯我独尊。"王子被迎接回王宫后，取名乔达摩·悉达多（是吉祥及一切功德成就的意思）。后来成为佛陀的人就这样诞生了。

王子出生一周后，他的母亲摩耶夫人就去世了。之后王子被摩耶夫人的妹妹摩诃波阇波提夫人抚养成人，同时学习帝王之道。在 16 岁时迎娶耶输陀罗为妻。王子住在分别适合冬季夏季和雨季居住的宫殿里，每天过着无拘无束、自由自在的宫廷生活。但是，当有一天王子走出宫殿的四门，遇到了一个老人、一个病人、一个死人以及一个修行者之后，产生了出家的想法（四门出游），于是在 29 岁时出家修行。

在蓝毗尼的尼泊尔寺院中安放的佛陀诞生石像的复制品

经幡绵延的菩提树

纪的寺院的基石。现在的寺院兼有遗迹保存馆的功能，摆放着这些文物。这里还有描绘悉达多王子诞生的石像，其表面在伊斯兰教徒攻击这里时被划损了。

■普斯卡里尼水池 Pushkarini

王子诞生后婴儿时期洗澡的水池，是在20世纪30年代修建的。为了纪念佛教公历2500年，马亨德拉国王种植了水池旁边矗立的高大的菩提树。摩耶夫人生产时右手碰到的是娑罗双树，不是这里的菩提树，这一点经常被混淆。

■阿育王石柱 Ashokan Pillar

这里是阿育王在印度各地所建的石柱之一。石柱使用了特殊石料建成，上面刻有几行古代婆罗门文字："阿育王，在即位典礼后的第20年亲自到释迦牟尼的诞生地做了一次皇家的拜访。减免蓝毗尼村1/8的税金。"

塔顶上曾经有马的雕像

■尼泊尔寺院 Nepal Buddha Temple

于1953年开始修建，是蓝毗尼被重新发现后最早修建的佛教寺院。正殿内摆放着佛陀诞生像的大理石复制品。从构图中可以看出摩耶夫人右手抓住娑罗双树，右下方站立的是刚刚出生的王子。在摩耶夫人旁边站立的是她的妹妹摩诃波阇波提，后来她成为悉达多王子的庶母。旁边还有梵天神和因陀罗神在进行祝福。

蓝毗尼最古老的寺院

酒店和餐馆
Hotel & Restaurant

蓝毗尼笠井酒店
Lumbini Hotel Kasai

Map p. 164-A

◆蓝毗尼最新建成的高档酒店。铺装了木地板的宽敞客房非常舒适，仿佛置身在一家悠闲安静的度假酒店。店内有一家日式餐厅，可以品尝到使用店内栽培的有机蔬菜制作的日餐。酒店的服务无微不至。

☎ 404036/404037

URL www.lumbinihotelkasai.com

费 A/B ⓈUS$120（含早餐）ⓌUS$150（含早餐）

税 13%

服 10%

卡 AJMV　NET Wi-Fi 免费

读者优惠 20%

蓝毗尼法华酒店
Lumbini Hokke Hotel

Map p. 164-A

◆有日式客房和西洋式客房，就餐提供日本、中国、尼泊尔菜肴和西餐。建设酒店过程中发现了一个冷泉，除了可以给客房浴室供水外，还是一间日式大浴场。

☎ 404056
FAX 404058
URL www.theroyalresidency.net/lumbini
费 A/B Ⓢ US$95 Ⓦ US$100
税 13%　服 10%
卡 A J M V
NET Wi-Fi 免费

蓝毗尼花园新水晶酒店
Hotel Lumbini Garden New Crystal

Map p. 164-B

◆位于圣园入口前方，占地面积很大的一家高档酒店。全馆配有空调、浴缸、冰箱，设施齐全。还有榻榻米的日式客房。

住 Mahilawar
☎ 580145
URL www.newcrystalhotesl.com
费 A/B Ⓢ US$90 Ⓦ US$99
税 13%
服 10%
卡 V　NET Wi-Fi（每小时 Rs100）
读者优惠 30%

佛陀摩耶花园酒店
Buddha Maya Garden

Map p. 164-B

◆在宽敞的花园餐厅里晚上有民族舞蹈的演出节目。淡季的 5~8 月，享受 30% 的折扣优惠。

☎ 580220　FAX 580219
URL ktmgh.com/buddha-maya-garden
费 A/B ⓈⓌ US$30~120
税 13%
服 10%
卡 J M V
NET Wi-Fi 免费

佛陀 · 土地
Buddha Bhoomi Guest House

Map p. 164-B

◆位于圣园入口的正对面，非常方便。店主是帕坦人。客房不是很宽敞，不过热水出水畅快。

☎ 580326
E-mail buddhabhoomiguesthouse@gmail.com
费 Ⓓ Rs150 A/B Ⓢ Rs500 Ⓦ Rs700~900
税 含
服 无
卡 不可
NET Wi-Fi 免费

蓝毗尼乡村旅馆
Lumbini Village Lodge

Map p. 164-B

◆旅馆位于蓝毗尼市场，价格非常便宜。店里可以租到自行车，还可以帮助购买前往印度的巴士车票。

☎ 580432
E-mail lumbinivillagelodge@gmail.com
费 A/B Ⓢ Rs550 Ⓦ Rs750
税 含
服 无
卡 不可
NET Wi-Fi 免费

向日葵餐厅
Sunflower

Map p. 164-B

◆由台湾人经营的中餐食堂，位于一家面对马路的旅馆的二层。炒饭 Rs100~、青椒牛肉 Rs280、牛肉面 Rs280 等。也可以品尝一下屋顶的中国茶、蛋糕套餐。

☎ 580004
营 每天 7:00~21:00 左右
税 含
服 无
卡 不可
NET Wi-Fi（每小时 Rs100）

踏着佛陀的足迹
探访蓝毗尼周边佛祖生活过的地方

当年摩耶夫人为了王子的诞生，从释迦国王宫迦毗罗卫城前往娘家拘利国王宫代沃达哈所走的道路，是古代印度的主要干道之一。蓝毗尼好像从那时开始作为宿营地而发展成为一个繁荣的市场。其周边有很多王宫遗迹以及佛祖的足迹。其中过去佛（佛陀的前世）的诞生地就有两处。这里一共出了三位佛祖，不愧是个重点景区。

被认为是王子出家的东门

●提罗拉科特 Tilaurakot

提罗拉科特距离蓝毗尼以西大约 27 公里。悉达多王子（后来的佛陀）29 岁以前生活过的释迦国王宫迦毗罗卫城的遗址所在地被考证就是这里。被确认为迦毗罗卫城遗址的场所，东西长 400 米，南北长 550 米。在杧果林包围的遗址中可以清楚地看到带有阳台的房屋、水井以及蓄水池等遗迹。挖掘出来的只是全部遗址的一部分，如今能看到的都是巽迦王朝到贵霜王朝时代的遗迹，即公元前 2 世纪以后的遗迹。要想追溯到佛陀时代还需要进一步挖掘。围绕王宫的城墙有 3 米厚，十分坚固。释迦国拥有 80 公里见方的领地，据说是以农耕为主体，好像村落共同体一样的一个小藩邦国。

博物馆 Museum

这里展示着从王宫遗迹中挖掘出来的银器、铜币以及首饰类物品。

☎（071）560128
营 周一 10:00~15:00
周二～周日 10:00~17:00
休 周三 费 Rs20

庭院里陈列的石雕

双子佛塔 Jori Sutupa

据说是悉达多王子的父母——净饭王和摩耶夫人火葬的场所。现在这里看到的是在孔雀王朝时期（前 4~2 世纪）修建的遗迹。

残留下来的两座佛塔的遗迹

●古丹 Kudan

佛陀悟道之后，6 年后第一次返回故乡。但是当时他并没有回到父亲的宫殿，而是来到了一片杧果园。这里据说就是尼格罗达树园遗址的所在地。

杧果树园中有僧院以及佛塔的遗迹

COLUMN

围绕迦毗罗卫城王宫遗址与印度产生的争议

根据在提罗拉科特的挖掘调查结果，表明这里有符合王宫规模的城堡遗迹。另外，玄奘法师在《大唐西域记》中记载“迦毗罗卫城城墙高达 7 米”，符合这一特征的除了提罗拉科特之外没有其他任何地方，这一点也佐证了这里才是迦毗罗卫城的遗址所在地。但是，印度的考古部门完全反对这一观点，认为本国的皮福拉瓦才是迦毗罗卫城的遗址所在地，因为在皮福拉瓦发现了《释迦牟尼佛陀》里记载的被认为装有佛陀舍利的舍利罐，所以这一观点也很有说服力。可是，这个“遗址”无论怎么看都不过是一座寺院的遗迹，由于没有城墙，说这里曾经是王宫，实在很勉强。由于这两个地方分别属于尼泊尔和印度，因此在认定迦毗罗卫城遗址的问题上，甚至已经把学术问题政治化。总之，要得出最终的结论可能还需要等待很长的时间。

●尼格里哈瓦 Niglihawa

柱旁边供奉的拘那含佛

在一座很大的被称为尼格里池塘的旁边，有一根阿育王石柱，上面记载着这里是出生在佛陀以前的过去佛之一——拘那含佛的诞生地。

●奥若拉考特 Aurorakot

悠闲的风景展现在眼前

在尼格里哈瓦东南约1公里处有一些城堡的遗迹。现在只剩下土墙的遗迹和散落在各处的砖块，据说在一座很大的被称为尼格利池塘的旁边，有一根阿育王石柱，上面记载着这里是拘那含佛的诞生地。

●戈提哈瓦 Gotihawa

低于地表的地方立着阿育王石柱

传说这里是过去佛中的拘留孙佛出生以及圆寂的地方。村外的广场上残存着阿育王石柱。保留下来的石柱的头部如今被移到古丹的僧院遗址并被那里的人们供奉。

●萨格哈瓦 Sagarhawa

据说这里的湖泊是马哥塔国灭掉释迦国时，虐杀抓来的释迦族人的地方。

水波平静的湖面

●代沃达哈 Devdaha

树林中的水井和小屋

与释迦族人同族的拘利族人的首都代沃达哈位于蓝毗尼以东54公里处。王子的母亲摩耶夫人与她的妹妹摩诃波阇波提夫人以及王子的妻子耶输陀罗都在这里出生。这里几乎没有怎么被挖掘，现在保留着水井和城墙的遗迹。

●拉玛古拉姆 Ramgrama

来佛塔参拜的佛教徒

佛陀圆寂以后，其骨灰被分成8份赠给相关的国家。这些国家建造了佛塔分别埋葬骨灰。据佛典记载，阿育王挖出了其中的7处骨灰，在自己的帝国范围内又建造了84000座佛塔，将骨灰再分配到每座佛塔。这里就是当时仅剩1处没有被挖的那个佛塔。

交通

■提罗拉科特周边

从6:00~18:20每间隔30分钟，有从派勒瓦的巴梅利广场开往道利赫瓦的巴士，所需时间大约1小时45分钟。从蓝毗尼的帕萨巴士站乘坐派勒瓦始发的巴士。道利赫瓦距离提罗拉科特大约有5公里，可以乘坐人力车往返。如果还想参观周围的其他遗址，包一辆出租车比较方便。从蓝毗尼往返加上游览的时间需要3~4小时，费用在Rs2500左右。

■代沃达哈与拉玛古拉姆

从布德沃尔有分别开往这两地的巴士。但是，用1天的时间游览这两个地方时间比较紧张。从派勒瓦包辆出租车费用在Rs3000左右。

派勒瓦 Bhairahawa

前往蓝毗尼的门户 भैरहवा

立着佛像的巴梅利广场

派勒瓦的正式名称是“悉达多讷格尔”（Siddharthnagar），源于蓝毗尼诞生的佛陀（释迦牟尼）的名字悉达多。这个名字是由内阁议会决定的，认为它更符合派勒瓦门户的感觉。但是由于派勒瓦这个名称已经使用了很长的时间，因此人们更愿意沿用旧称呼。乘坐巴士或飞机时，目的地的名称还都使用派勒瓦这个旧称。

这里地处恒河平原的一部分——德赖平原上。从位于市中心的市场到与印度国境边上的苏那利只有 4 公里左右。肥沃的土地使这里成为丰饶的谷仓地带，另外与印度进行频繁的国境贸易又使这里成为活跃的商业地带。

派勒瓦 漫　步

从机场到市内

西侧的米朗路口到东侧的德布科塔路口之间的银行路（Bank Road）是城市的中心区，特别是这附近的市场是最热闹的地方。整座城市规模不大，完全可以步行游览。市民的主要交通工具是人力车。另外在德布科塔路口的北侧可以看到等客的出租车，前往蓝毗尼等远处或者是前往机场时可以乘坐。但是这种出租车没有计价器，需要商量车费。这个路口的南侧是前往国境苏那利的合乘小巴以及电动三轮车的发车处。

每周四和周日的 11:00~18:00 会举办定期市场，此时会有很多露天摊，出售食品、服装、农机具、杂货、旧书以及草药等各种商品，前来购物的人非常多。如果正好是此时拜访这座城市，一定不要忘记去参观下，好好感受一下德赖平原上的城市活力。

☎长途区号 071

交　通

从加德满都出发

■飞机

每天有 5 趟航班，所需时间大约是 35 分钟，票价 US$121。从派勒瓦机场乘坐人力车到市内需要大约 20 分钟，车费 Rs50。

■巴士

从新公共汽车站出发到这里大约 9 小时。白天班车从 5:30 到 12:00，每隔 15 分钟有一班车，夜班车从 16:00 到 20:00，每隔 30 分钟有一班车，票价 Rs550。

从博卡拉出发

■巴士

从市公共汽车站出发到这里大约 9 个小时。从早晨 4:30 开始，大约每 30 分钟有一班车。也有夜班车。

从奇旺出发

■巴士

前往纳拉扬卡德（→p.152）的大桥广场，在那里乘坐各地出发前往派勒瓦的巴士。所需时间 4~5 小时。

派勒瓦发往加德满都的巴士

白天班车从早晨 4:20 到 12:20，每隔 30 分钟~1 小时有一班车，大约需要 8 个半小时。夜班车从 16:00 到 21:00，每隔 1 小时有一班车，大约需要 12 小时，票价 Rs510。

充满活力的定期市场

酒　店
Hotel

城中从高档酒店到便宜的旅馆应有尽有。价格在 Rs1000 以下的便宜旅馆主要集中在银行路上。这里几乎所有的酒店都会举办前往蓝毗尼或提罗拉科特方向的一日游活动。

涅槃酒店
Hotel Nirvana

Map p. 171-B

◆距离市中心街道有些距离，是派勒瓦最高档的酒店。40 间客房全部配有空调、电话、电视机以及浴缸。

住 Paklihawa Road　☎ 520516　FAX 521262
URL www.nirvana.com.np
费 A/B Ⓢ US$50 Ⓦ US$55
税 13%　服 10%
卡 A J M V　NET Wi-Fi 免费（限于大堂）
读者优惠 20%

拉科尔酒店
Hotel Lacoul

Map p. 171-B

◆位于戈达广场和公共汽车站的中间点，酒店餐厅提供多国菜肴，最值得推荐的是尼泊尔菜。停车场很宽敞。

住 Siddharthanagar-13
☎ 525575　FAX 523515
E-mail lacoul575@yahoo.com
费 A/B Ⓢ US$15~20　税 13%
服 无　卡 不可
NET Wi-Fi 免费

埃佛勒斯特酒店
Hotel Mt. Everest

Map p. 171-B

◆从代沃戈达广场向西步行 2 分钟即到。酒店附近是热闹的商街。一层有餐厅，价格实惠。热水淋浴设施很好，服务人员也很亲切。

住 Bank Road　☎ 520410　FAX 520317
E-mail hotelmteverest@gmail.com
费 A/B Ⓢ Rs800~1400 Ⓦ Rs1000~1600
税 含　服 无　卡 V　NET Wi-Fi 免费

阿育王酒店
Hotel Ashoka

Map p. 171-B

◆由于地处面对汽车总站的位置，所以方便旅途中的游客住宿。在这一带的酒店中，这里最干净。使用空调需要另外加收 Rs400。

住 New Buspark　☎ 525986
E-mail hotel_ashoka@yahoo.com
费 A/B Ⓢ Rs1000 Ⓦ Rs1300
税 13%　服 无
卡 不可　NET Wi-Fi 免费

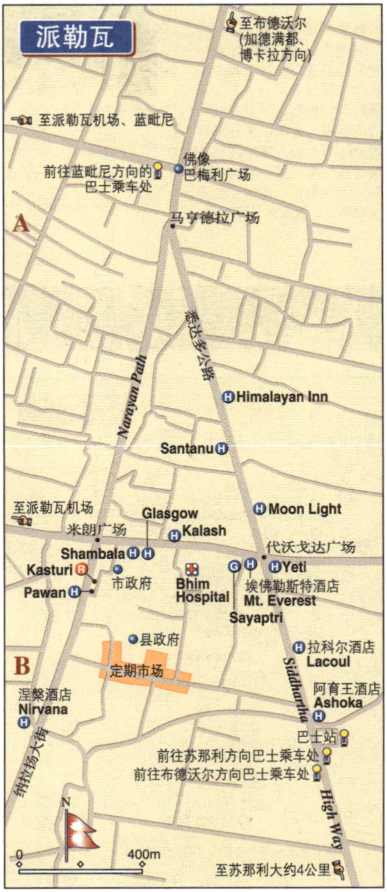

苏那利 *Sunauli*

与印度接壤的边境城市

सुनौली

装饰着佛塔的尼泊尔这一侧的大门

印度和尼泊尔之间有 6 个相交的国境区。其中旅游者来往最多的要数苏那利。苏那利在派勒瓦以西 4 公里处，位于连接印度北方的主要干道上。国境线上的市场非常热闹，这里也有可以住宿的酒店和宾馆。

从派勒瓦到达后，一直朝前走，就看到在尼泊尔这一侧的大门。在大门左侧的尼泊尔出入境管理处可以办理出境手续。由于印度那一侧几乎没有住宿设施，所以如果第二天早晨坐车前往戈勒克布尔或者是瓦拉纳西，那么就要在尼泊尔这边住 1 晚。这里几乎所有的旅馆都可以代订巴士车票，不过比起在印度一侧自己购买要多付 15%~25% 的手续费。跨过写着“Welcome to India”的大门后就是印度了。在左侧的印度出入境管理处出示印度签证，护照上就可以盖上入境章了。

☎ 长途区号 071

交 通

从派勒瓦出发

从戴维迦特广场附近有很多小巴或是合乘吉普经由汽车总站前往苏那利。所需时间 15 分钟，票价 Rs15。

从苏那利前往印度

一进入苏那利的印度一侧，马上就有前往戈勒克布尔的拉客的合乘吉普车。满员后即刻出发，所需时间大约 2 小时。也可以再向前步行 400 米左右，那里的巴士车站几乎每隔 1 小时有一班车。大约需要 3 小时。终点站都是戈勒克布尔火车站。

酒 店 *Hotel*

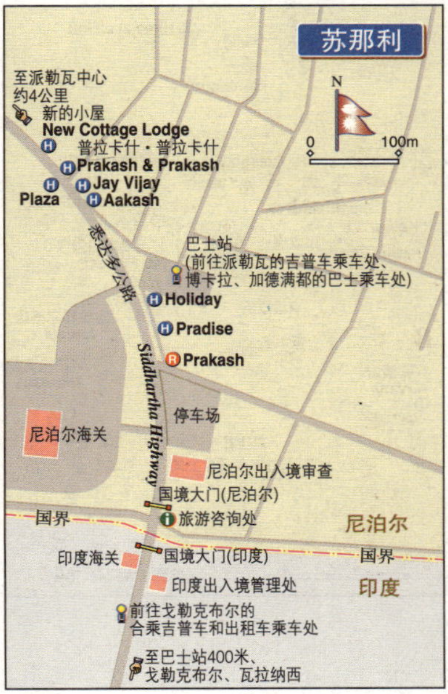

普拉卡什·普拉卡什
Hotel Prakash & Prakash Map p. 172

◆ 17 间客房里有 10 间配有空调。餐厅提供尼泊尔菜、印度菜、中餐以及西餐。

☎ 526994 FAX 524289

URL www.hotelprakash.com

费 A/B Ⓢ Rs1000~1300 Ⓦ Rs1200~1600

税 含 服 无 卡 不可

NET Wi-Fi 免费（限于公共区域）

新的小屋
New Cottage Lodge Map p. 172

◆从出入境管理处朝派勒瓦方向步行 4 分钟即到。与位于瓦拉纳西的一家旅行社有合作关系。这家旅行社还经营前往尼泊尔的巴士。

☎ 521968

费 Ⓓ Rs100 A/B ⓈⓌ Rs400~750

税 含 服 无 卡 不可 NET Wi-Fi 免费

丹森 Tansen

巴尔巴王国曾经的首都

तानसेन

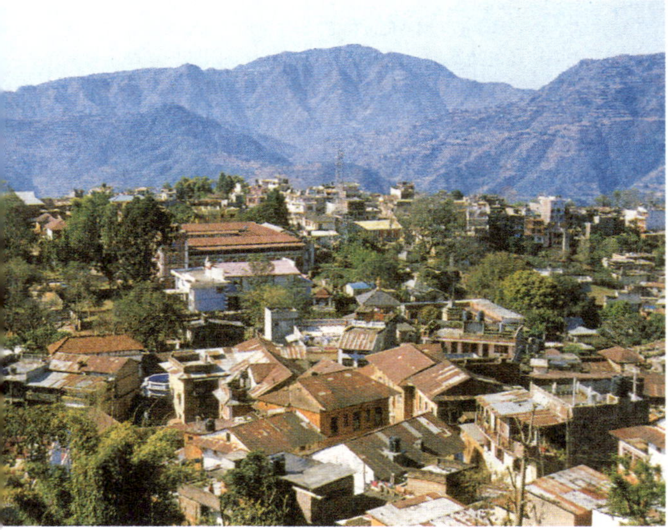

依山而建的丹森市街景

丹森位于博卡拉南面大约 120 公里、苏那利以北大约 65 公里的位置。从连接博卡拉和印度边境的悉达多公路的分岔点巴尔东（Bartung）沿着陡坡行驶大约 4 公里，在南侧山坡上就可以看到规模不大的小城——丹森的街景。丹森海拔 1350 米。这里的夏季气温很少超过 30℃，隆冬季节也很少下降到 10℃，气候宜人。

在尼泊尔中部小国林立的时期，15 世纪建成了巴尔巴王国，它的首都就设在丹森。16 世纪其领土扩大到南至印度的戈勒克布尔，北至博卡拉谷地，并且还有向加德满都谷地进攻的势头。此后由于统治势力分裂而逐渐变弱，最后被尼泊尔王国合并。至今还有很多人把丹森称为"巴尔巴"，有些巴士的目的地也仍写着"巴尔巴"。现在蓝毗尼专区的巴尔巴县政府所在地就设在丹森，这里已经成为巴尔巴地区的中心城市。

长途区号 075

交 通

从加德满都出发

■ 巴士

从新公共汽车站出发到这里大约 11 小时。7:20 发车和 20:00 发车，票价 Rs620。

从博卡拉出发

■ 巴士

从新公共汽车站乘坐直达巴士到这里大约需 6 小时，7:00 发车。此外从博卡拉发车经过巴尔东的巴士，每 20~30 分钟一班。巴尔东到丹森之间有合乘吉普车，大约 15 分钟。

从派勒瓦出发

■ 巴士

从汽车总站有直达巴士到这里，大约 2.5 小时，每天 3 班。另外，乘坐迷你巴士（每 10 分钟一班）到布德沃尔，在这里换乘前往丹森的巴士（每 30 分钟 ~1 小时 1 班）。

旅行小贴士

前往拉尼卡德的1日徒步游

从斯利那加酒店附近的Kailash Nagar沿着北侧的道路步行，前往喀利河岸边建有宫殿的拉尼卡德。可以体验一下这条线路的徒步游。往返大约6小时。

丹森 漫 步

丹森被称为“尼泊尔的大吉岭”，整个街区位于陡坡之上。巴士站位于城市的南端，从这里往上很少有汽车可以通过的铺装道路，随处是从前修建的陡梯和石级道路。

城市的中心是马坎街（Makhan Tole），这条街上有银行、邮局、商店，也是主要市场的所在地。从巴士站向上有一条很长的弯路是铺装道路，可以直通这条街。如果沿着陡坡修建的石板道路一直向上攀登，所需时间不到5分钟就可以到达马坎街。它的西侧是老王宫（Tansen Durbar），曾经是政府办公的场所，在2006年政府军与毛伊特军的枪战中被毁坏，如今已经逐渐废墟化。巨大的木雕大门（Baggi Dhoka）据说可以骑着象通过，虽然也曾在战争中遭到一定的破坏，但是大致的样子总算保留下来了。门前广场有一座八角亭建筑，被称为锡德尔巴蒂亭（Sital Pati）。

石板坡道边一家挨着一家的尼瓦尔样式的房屋

丹森 景 点

阿玛·纳拉扬神庙 Amar Narayan Mandir Map p.173

装饰着漂亮的木雕

从锡德尔巴蒂亭沿着石板小路向东走下去，就可以看到这座尼瓦尔层塔建筑样式的美丽神庙。这座神庙修建于1806年，里面供奉着毗湿奴神的化身——纳拉扬。

有3层屋檐的阿玛·纳拉扬神庙

巴格沃蒂神庙 Bhagawati Mandir Map p.173

建在老王宫北侧

为了纪念在布德沃尔战役中尼泊尔军队战胜英国军队，1851年修建了这座神庙。之后在1935年和1974年的地震后加以改建。其周边还有三座小寺庙，里面供奉着湿婆神、象头神，以及知识女神娑罗室瓦蒂。

斯利那加山 Srinagar Hill Map p.173

从喜马拉雅到印度平原都尽收眼底

市中心大街的背后是松林和杜鹃花覆盖的斯利那加山，海拔1650米。无论从城市的任何地方步行登上山脊，只需要20分钟左右。在晴朗的日子里可以从这里遥望道拉吉里峰到象神雪山之间的180度喜马拉雅山风光。转向南面在丹森城市的对面延伸开来的是德赖平原以及印度平原。

山峦对面喜马拉雅群峰连绵不绝

酒　店
Hotel

斯利那加
Hotel Srinagar

◆ 位于海拔 1475 米的山丘上，是这座城市最好的酒店。从汽车站乘坐吉普出租车 10 分钟，步行 30 分钟即到。有一栋 5 层的远景客房楼，可以看到远处的德赖平原和喜马拉雅山山脉的 360 度风景。

Map p. 173

住 Kailashnagar　☎ 520045
FAX 520590
URL www.hotelsrinagar.com
费 A/B Ⓢ US$30 Ⓦ US$40
税 13%
服 10%
卡 不可
NET Wi-Fi 免费

白湖酒店
Hotel White Lake

◆从汽车站步行过来需 10 分钟。是马坎街上的中档酒店。客房里面很宽敞，窗户很高，采光很好，带有阳台。同时设有餐厅。天气好的时候有热水淋浴 OK。

Map p. 173

住 Silkhan Tole
☎ 520291
费 C/BⓈⓌ Rs700 A/B Ⓢ US$12~25 Ⓦ US$15~30
税 含
服 无
卡 不可
NET Wi-Fi 免费

COLUMN

乔塔拉的菩提树

步行在尼泊尔的山里，途中一定要找到可以休息的地方——乔塔拉。乔塔拉能缓解你旅途中的疲劳，还为你遮阴蔽日。常见的乔塔拉是堆成正方形的一个石台，石台里面种植着一对枝叶繁茂的菩提树，一棵是印度菩提树，另一棵是孟加拉菩提树。

乔塔拉的高度正好适合用于卸下行李，坐在上面休息一阵。表面平平的，合适的宽度，让人坐上去感觉很舒适。另外还设计了放置行李的台阶。徒步游游客或者是喜马拉雅登山远征队的挑夫一般规定每人负重 30 公斤，但是给山村里的商店送货的人们中时常有人负重 100 公斤以上。

对于这些人来说，乔塔拉是不可缺少的。一旦卸到了地面就再也背不起来的重重的货物，能够顺利运送到目的地，完全是因为有了乔塔拉的缘故。对于同样的道路已经走了很多遍的人们来说，一边走一边数着“到山顶为止还有多少个乔塔拉”。乔塔拉已经相当于里程碑了。

这些数量众多的乔塔拉是由一位有志者个人倾囊而建的。在喜马拉雅山一带生活节俭的人们，为了旅途中的人有一个休息的场所，修建了远比自己的生命还要长久存在的乔塔拉。当地人认为，砌石修建乔塔拉，与引出泉水、在路旁修建水池，或者挖掘供水牛洗澡的池塘的做法一样，都是宗教意义上积累功德的行为。

新建的乔塔拉里面种植着两棵树苗，通常要把祭司请来，举办树与树的结婚仪式。多年以后，印度菩提树沿着叶脉长出顶部尖尖、又圆又薄的树叶；而孟加拉菩提树上的椭圆形厚厚大叶子闪着光，寄生的小树缠绕在树身，树根也露出了地表。这两棵枝繁叶茂的老树完全包住了乔塔拉。这个时候，如果问“这个乔塔拉当初是谁建的”，已经没有人再能回答这个问题了。这之间就是流逝的无尽的时光。

如果走累了，不妨找个乔塔拉休息一下

尼泊尔根杰 Nepalganj

德赖平原西部最大的城市

नेपालगंज

热闹的尼泊尔根杰是一座贸易城市

尼泊尔根杰位于德赖平原上，地处尼泊尔与印度的边境附近，是尼泊尔西部重要的交通要地。作为商业和贸易中心，尼泊尔根杰是一座繁荣的商业城市。在这座城市里生活着讲印度语支诸语言的人，以及巴浑族和沙提族等山地的印度教徒，还有蒙古人种的山民等，是一个多民族文化相交融的地方，可以说是多民族国家尼泊尔的象征。

☎ 长途区号 081

交 通

从加德满都出发

■ 飞机

每天有5趟航班，所需时间大约1小时，票价US$166。从机场出来步行三四分钟就是开往市中心比兰德拉路口的电动三轮车乘车处。另外在机场前面还可以看到等待拉客的人力车，到市内的价格是Rs100左右。

※ 从尼泊尔根杰有飞往锡米科特和久姆拉等尼泊尔西部各城市的航班，以及直升机班机。

■ 巴士

从新公共汽车站出发到这里大约13小时。白天班车7:00发车，票价Rs1150。夜班车在13:00~19:00之间有13趟车。票价有3种：标准巴士Rs1008，快车Rs1150，带空调和餐食的豪华巴士Rs1400。

从比拉德纳格尔、贾纳克布尔、派勒瓦、博卡拉、巴格隆、苏尔凯德等地也有巴士前往这里。

尼泊尔根杰 漫 步

在这座城市各处都可以看到清真寺，在来来往往的人流中还可以看到戴着黑色面纱的女穆斯林。每天早上从扩音器中会传来诵读《古兰经》的声音，从不同的方向还会不断地传来佛教徒“皈依佛、法、僧三宝”的诵经声。另外，在供奉着湿婆神的印度神庙——巴格索利神庙（Bageshwari Mandir），其正殿前有一座水池，在这里可以看到川流不息的朝拜者。神庙中供奉的湿婆神留着胡须，样子看起来非常独特。

苏尔凯德路（Surkhet Road）纵贯整座城市，从比兰德拉路口延伸出去的一条小路被称为迦尔巴里街（Gharbari Tole），这是一条非常热闹的小路，可以直通巴格索利神庙。在神庙水池的东侧根据城市规划修建了一条新路（New Road），把北面的巴士站与小路错综复杂的市场连接起来。被称为“Ek Laini Bazaar”的市场，意思是不能并排而过的小路市场，道路十分狭窄。在市场上最常看到的是金银首饰和装饰品商店。商店中的主人有些是头上围着大头巾的锡克教徒，有些则是留着胡须并戴着无檐帽子的伊斯兰教徒，充满了异国情调。

从苏尔凯德路向南大约3公里就是印度国境城市贾木纳哈（Jamunahaa）。对于印度人和尼

与印度接壤的国境大门

供奉湿婆神的巴格索利神庙

泊尔人来说这里是一个来去自由的开放式边境，早晚可以看到很多穿过边境去工作的人。在国境的两侧设有出入境检查处，只要有印度的签证，外国人也可以从这里入境印度。从印度一侧的 Rupediya 可以坐火车前往戈勒克布尔、马德拉方向，乘坐巴士可以直达拉库诺或德里。

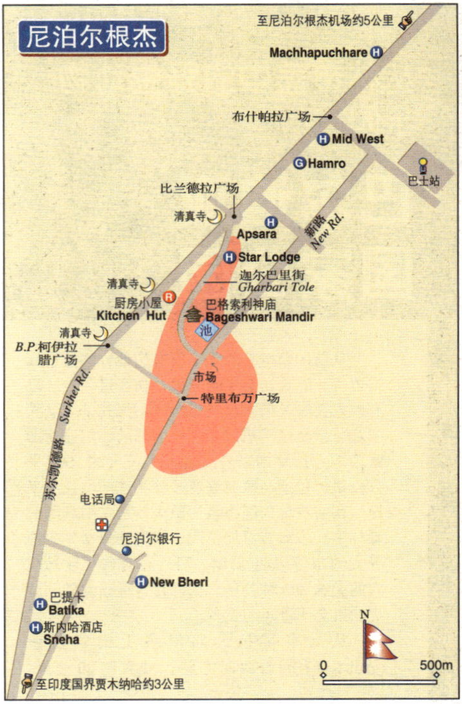

各民族的人来往于市场

酒店和餐馆
Hotel & Restaurant

比兰德拉广场到布什帕拉广场周边有很多价位在 Rs200~500 的旅馆。沿着新路也有不断修建的价位在 Rs500~1000 的新旅馆。在有些季节这里的蚊子很多，一定要事先确认好旅馆内是否有很好的防蚊措施。带空调的高档酒店位于苏尔凯德路的南面。

斯内哈酒店
Hotel Sneha

◆ 位于苏尔凯德路的南面，是靠近印度国境附近最高档的酒店。带空调。

Map p.177

☎ 520119 FAX 522573
URL www.hotelsneha.com
费 A/B Ⓢ Rs2300~4000 Ⓦ Rs2800~5000
税 13% 服 10% 卡 不可
NET Wi-Fi 免费

巴提卡
Hotel Batika

◆ 和斯内哈酒店相邻，配有空调。拥有室外游泳池。

Map p.177

☎ 521360 FAX 522318
URL www.hotelbatika.com
费 A/B Ⓢ US$28 Ⓦ US$36
税 13% 服 无 卡 不可
NET Wi-Fi 免费

厨房小屋
Kitchen Hut

◆ 位于巴格索利神庙附近，苏尔凯德路边。这里还提供蛋糕和冰激凌。

Map p.177

☎ 551234
营 每天 10:00~22:00 税 13%
服 10% 卡 JMV NET Wi-Fi 免费

BARDIA NATIONAL PARK

丛林覆盖中的野生动物乐园

巴尔迪亚国家公园

举办骑大象游猎等各种活动

从前的德赖平原几乎所有的地方都被丛林覆盖着。随着社会不断开放，如今这一地区没有被人类触及的大自然已经所剩无几了。这其中之一就是位于尼泊尔根杰西部的巴尔迪亚国家公园。这座国家公园占地面积大约 1000 平方公里，包括与摩诃婆罗多岭相连的山丘和平原。在面对着我国西藏为源头的格尔纳利河的森林中，生活着孟加拉虎、印度独角犀牛、鹿等大约 30 种野生动物，另外还有包括候鸟在内的大约 300 种野鸟。据说在这里碰到孟加拉虎的机会比奇旺还要多。

从马亨德拉公路沿线上的安巴萨（Anbassa）朝着西南方向行驶大约 20 公里，在达古尔德瓦拉（Takurdwara）可以看到公园的入口。周边有四五条山间小屋风格的旅馆，在这里游客可以充分接触大自然。公园也准备了骑大象游猎、乘吉普车巡游、乘船巡游等活动。

公园的周边是原住民塔鲁族的村庄。虽然同属于塔鲁族，但是居住在奇旺郊外的是那瓦尔·塔鲁族，这里的塔鲁族妇女在穿着上更鲜艳，而且语言也完全不同。当游客在巡游途中碰到这些与森林共同生活着的村民时，可以感觉到他们与在山岳地带生活的尼泊尔人是完全不同的。

交通

从尼泊尔根杰到公园入口所在的达古尔德瓦拉需要大约 1 小时的车程。在加德满都等地的旅馆办事处申请住宿时，可以前往机场或安巴萨迎接。

住宿设施

有些季节这里的旅馆会关闭，因此在去之前一定要确认清楚。以下的费用中包括了餐费和各种活动的费用。往返的交通费、到尼泊尔根杰机场的接送费，以及公园的入园费 US$60（有效期为两晚三天）需要另外付费。

在公园周边居住的塔鲁族女性

■格尔纳利丛林小木屋

Karnali Jungle Lodge

由举办著名的环保旅游的虎顶公司经营。在公园内的格尔纳利河岸边为游客预备了帐篷形式的住宿设施 Karnali Tented Camp。

☎（084）402061

加德满都预约办事处

☎（01）4411225 URL www.tigertops.com

费 Ⓢ US$375 Ⓦ US$500

税 13% 服 10% 卡 M V NET 无

■巴尔迪亚犀牛小木屋

Rhino Lodge Bardia

该公司在奇旺国家公园内也设有经营了 20 多年的山间小屋，服务质量获得好评。距离公园管理办公室步行 10 分钟，非常方便。

☎（084）402043

加德满都预约办事处 ☎（01）4701212

URL www.rhinolodgebardia.com

费 Ⓢ US$205 Ⓦ US$280

税 13% 服 10% 卡 A M V

NET 无

尼泊尔东部

East Nepal

米提拉艺术，贾纳克布尔

德赖平原上居住着很多印度裔的居民

基本介绍

尼泊尔东部

加德满都以东地区拥有世界上海拔最高的地形，在这一地区除了可以看到以我国珠穆朗玛峰为代表的海拔 8000 米级山峰组成的昆布群山外，在与印度接壤的国境边上还耸立着干城章嘉群山。此外，从喜马拉雅山的高原地带到南面的德赖平原之间地形变化丰富，各个民族按照各自不同的文化传承在这里生活着，如果有富余的时间，或者是经由卡卡比塔前往印度大吉岭的游客，可以顺便到印度教的圣地贾纳克布尔以及著名的红茶产地伊拉姆参观一下。这些地方与加德满都、博卡拉等旅游胜地有着完全不同的感觉，在这里你也许可以发现尼泊尔的别样魅力。

交 通

德赖平原的纳拉扬卡德和与印度国境接壤的卡卡比塔之间有一条东西公路，从加德满都都有巴士沿着这条公路朝着各个城镇运行。需要节省时间的游客，从加德满都前往贾纳克布尔、比拉德纳格尔、巴德拉普尔等地时，还可以乘坐飞机，非常方便。另外，如果前往珠穆朗玛峰的徒步游起点——卢克拉的话，从加德满都也有运行的航班。

住宿设施

德赖平原东部地区的中心城市是比拉德纳格尔和贾纳克布尔，在这些地方设有带浴缸或者是空调的中档酒店。其余的城镇和乡村只有一些简单的住宿设施，一些旅馆有可能只提供自来水淋浴。在春季到秋季这一地区会有很多蚊子，旅行时最好准备蚊香或驱蚊剂等物品。另外，从卢克拉前往珠穆朗玛峰脚下的小镇有接待徒步游游客的小木屋。

贾纳克布尔 *Janakpur*

曾经作为《罗摩衍那》舞台的圣地

जनकपुर

节日里大批的朝圣者前来参拜，并在水池中沐浴

印度教的圣地贾纳克布尔是古印度史诗《罗摩衍那》的主要舞台之一。这是一篇用梵文书写的长篇叙事诗，现在已经成为印度文学史上的经典，深受印度人的崇拜。后来史诗传播到亚洲各国，也影响了中国和日本等国的民间传说。

故事中的主人公罗摩被认为是毗湿奴神的化身，他的妻子悉多是遮那竭即贾纳克王的女儿，美貌无比。遮那竭王统治的米提拉国都城就在今天的贾纳克布尔，叙事诗最初的高潮部分就是描写罗摩王子和悉多公主在这座都城举行婚礼的场面。

每年在尼泊尔的芒西尔月（11 月末~12 月初），从新月之日开始数第五天会举办庆祝罗摩和悉多结婚的祭祀活动，这一活动在尼泊尔被称为 Bibaha Panchami 节。此时从尼泊尔全国各地，甚至是印度都会有大批的朝圣者前来参加。

包括印度比哈尔邦北部地区在内的这一带被称为“米提拉地区”，在这里生活的人们的母语是与印地语很接近的迈蒂利语。这一地区也曾经是佛教和耆那教的教祖大雄活动的场所。在尼泊尔会讲迈蒂利语的人口大约占总人口的 12.3%，仅次于官方语言尼泊尔语，形成了第二大语言集团。米提拉绘画是这一地区产生的独特的民间艺术，西班牙画家毕加索对其艺术性有着很高的评价。

供奉着悉多的贾纳基神庙

长途区号 041

交　通

从加德满都出发

■ 飞机

每天有 5 趟航班，所需时间大约 30 分钟。票价 US$101。

■ 巴士

从新公共汽车站出发到这里大约需要 11 小时。白天班车 6:00~7:00 有两班，夜班车 17:00 左右发车，票价 Rs723。

从博卡拉、派勒瓦、比拉德纳格尔、卡卡比塔等地也有巴士前往这里。

贾纳克布尔的节日

从11月底或者是12月初的新月之日开始数，数到第五天，举行再现罗摩和悉多结婚仪式的活动，那天会有几万名朝圣者前来观看。另外，从新月之日开始数，数到第九天，举行庆祝罗摩生日的活动。

拉姆·贾纳基结婚神庙

开 每天 6:00~20:00

费 Rs2

摄影摄像需要另外付费（携带照相机另付 Rs5、摄像机 Rs21）。

与贾纳基神庙相邻的拉姆·贾纳基结婚神庙

贾纳克布尔 漫 步

贾纳克布尔专区的占地是从与印度的边境到与我国西藏的边境之间的较广大的区域，虽然是贾纳克布尔区政府所在地，但是街区的规模并不大。在这里活动主要是靠步行或者是坐人力车。众多的神庙以贾纳基神庙（Janaki Mandir）为中心，其周边是迷宫般狭窄的小路。由于汽车的数量不多，可以享受悠闲地漫步其中的乐趣。

与贾纳基神庙东南侧相邻的是拉姆神庙（Ram Mandir），于1782年修建完成，是城中最古老的尼泊尔层塔建筑式样的神庙。在贾纳基神庙的北侧是拉姆·贾纳基结婚神庙（Ram Janaki Biwaha Mandap），里面再现了两个家族参加婚礼的场景，其中心供奉着罗摩王子和悉多公主的神像。围绕在贾纳基神庙周边的还有贾纳克神庙（Janak Mandir）、拉克曼神庙（LaxmanMandir）、哈努曼神庙（Hanuman Mandir）、湿婆神庙（Shiva Mandir）等，里面分别供奉着在《罗摩衍那》中出现的人物。

贾纳克广场（Janak Chowk）附近的贾纳克神庙里面供奉着悉多的父亲遮那竭王等神像，从这一路口一直向东北方向延伸的道路是城市的主街——车站路（Station Road）。这是城市里非常热闹的主要道路，途中会经过湿婆神所在的希布广场（Siv Chowk）、巴努广场（Bhanu Chowk），道路的尽头是尼泊尔唯一的铁路——贾纳克布尔铁路的贾纳克布尔圣地火车站（Janakpur Dham）。

贾纳克布尔不但是一座神庙众多的城市，而且还拥有很多池塘。在拉姆神庙的西侧就有两座大的沐浴池塘，分别叫达努什池（Dhanush Sagar）和冈迦池（Ganga Sagar）。在岸边有很多为朝圣者提供的住宿设施。平时这里很安静，只可以看到少年们钓鱼的情景。在祭祀和节日期间，这些池塘变成圣池，有很多印度教徒在里面沐浴。

散布在城市里的沐浴池塘

贾纳克布尔 景　点

贾纳基神庙 Janaki Mandir

Map p.182

位于贾纳克布尔中心的神庙

神庙中供奉着遮那竭王的女儿悉多。由印度中部的提卡姆戈尔藩国的王妃摩诃拉尼于 1911 年下令修建。建筑物本身的年代并不久远，却是尼泊尔全国唯一一座莫卧儿式样的建筑。壮观的神庙以白色墙壁为基调，有色彩艳丽的装饰和拱形大门。每天早晚会举行两次供奉活动。大殿内禁止摄影和拍照。

莫卧儿式样的神庙显得很壮美

COLUMN

关于《罗摩衍那》的传说

《罗摩衍那》与《摩诃婆罗多》并称为印度民间的两大叙事史诗，传说《罗摩衍那》的作者是诗圣蚁垤，据推定在 2~3 世纪才形成现在人们看到的样子。

恒河中游拘萨罗国的王子罗摩，在继母阴谋设计之下，为使父王不失信于自己，自愿被放逐到森林达 14 年之久。妻子悉多和弟弟罗什曼那跟随罗摩一起流放到当达卡森林，击退了森林中的恶魔罗刹。罗刹王罗波那因此非常恼怒，再加上早已垂涎于悉多的美貌，因此把她劫掠到罗刹城楞伽的王宫里幽禁起来。

罗摩和他的弟弟罗什曼那在猴神哈努曼率领的猴兵们的帮助下，攻入罗刹城，打败了罗刹王罗波那和下属的罗刹们，救出悉多，他凯旋并继承了王位。

但是由于悉多曾经被魔王困囚，因此罗摩开始怀疑她的贞操，拒绝她再次成为自己的妻子。悉多纵身投入熊熊燃烧的柴火中，以此来证明自己的清白。烈火并没有把悉多烧伤，此时火神阿耆尼现身，证实了悉多的贞洁。

由于梵天神曾向罗刹王罗波那保证，无论是神还是恶魔都没有办法把他杀死，因此众神灵对罗波那的恶行都束手无策。但是梵天神并没有保证魔王不会被人类杀死，此时毗湿奴神就化作了十车王的儿子罗摩来到人间。毗湿奴神的化身是罗摩，罗摩的妻子悉多就成为毗湿奴神之妻吉祥天女的化身。

尼泊尔最大的节日是秋季的十胜节，此时人们都要在额头上点一个红点，这也是为了庆祝罗摩救出悉多并杀死了罗波那。

在拉姆·贾纳基结婚神庙中供奉的罗摩王子和悉多公主的雕像

酒店和餐馆
Hotel & Restaurant

以贾纳基神庙为中心朝向车站路和巴士站方向的沿路上，有各个档次的酒店和旅馆，价位从每人 Rs200 到 Rs2000 以上，可供选择的余地很大。但是，这里在节日期间基本都处于满员的状态。有些季节蚊子很多，如果选择住在价格便宜的旅馆，最好自己准备好蚊香、电子驱蚊器。

玛纳基国际酒店
Hotel Manaki International

◆位于贾纳基神庙附近的希布路口，位置便利。一楼有餐厅。一出门，酒店门前是一条美食街。

Map p.182

住 Siv Chowk
☎ 521540 FAX 521496
E-mail hotelmanaki2010@hotmail.com
费 A/B ⓈRs900~2000 ⓌRs1200~2500
税 13% 服 10%
卡 不可
NET 无

悉多宫殿
Hotel Sita Palace

◆ 2010 年开业，位于朝向马亨德拉公路大道的十字路口。虽然距离城中心稍微远了一些，不过这里有提供丰富菜品的餐厅。

Map p.182

住 Ramanand Chowk
☎ 522642 FAX 527827
E-mail hotelsitapalace@gmail.com
费 A/B Ⓢ Rs1000~1200 ⓌRs1200~1800
税 13% 服 10%
卡 不可
NET Wi-Fi 免费

喇嘛酒店
Hotel Rama

◆位于贾纳克布尔圣地火车站附近的环路上。建筑物在道路的里侧，周围很安静，客房也很干净。

Map p.182

住 Mills Area
☎ 520059
FAX 524521
费 A/B ⓈⓌRs750~1500
税 13% 服 无
卡 不可
NET Wi-Fi 免费

欢迎
Hotel Welcome

◆位于市中心，非常方便。2011 年秋天改建工程结束，如今已经是一家拥有 50 间客房的三星级酒店。

Map p.182

住 Siv Chowk，Station Road
☎ 520646
E-mail abhi22np@hotmail.com
费 A/B ⓈⓌUS$45~105
税 13% 服 10%
卡 MV
NET Wi-Fi 免费

拉古帕提·密斯堂·邦达尔
Raghupati Misthan Bhandar

◆位于拉姆·贾纳基结婚神庙附近，是一家深受人们欢迎的甜品店。店主推荐撒上葡萄干的牛奶点心、奶油蛋糕。这里只提供素食的扁豆汤菜肴，价格 Rs70。

Map p.182

住 Janaki Chowk ☎ 522488
营 每天 6:00~21:30
税 无 服 10%
卡 不可
NET 无

COLUMN

乘坐贾纳克布尔火车前往喀久利村

在德赖平原上行驶的贾纳克布尔火车

贾纳克布尔铁路（Janakpur Railway）是尼泊尔唯一的铁路，铁轨宽度的 762 毫米，属于窄轨铁路。柴油机车牵引着 6 节车厢的小列车，每天往返两次。

从始发站贾纳克布尔圣地（Janakpur Dham）火车站（Dham 是圣地的意思）到印度比哈尔邦的终点贾纳迦（Jaynagal）站，全长 29 公里。中途有 4 个车站（Station）和 3 个没有站台的停靠点。

外国人不能乘坐列车穿越国境，最多只能够到终点前一站喀久利（Khajuri）。这也是尼泊尔一侧的最后一站。外国人只可以在始发站到喀久利的这 21 公里之间往返。到喀久利大约需要 1 个半小时。由于从贾纳克布尔圣地站出发的列车在起点与贾纳迦站之间往返，所以在喀久利站下车后等候 1~2 小时，就应该可以乘坐回到贾纳克布尔圣地站的列车了。

当火车驶出贾纳克布尔城市之后，展现在眼前的是一片田园风光。其间很少可以看到村落和人影。火车道旁的道路仅可以骑自行车，火车的行驶速度很慢，给人感觉好像骑自行车速度也可以超过火车。这条线路每天只有 4 次有火车经过，其他时间就成了村民们日常生活用的道路。途中在任何一个车站的周围都有一个小集市，出售水果和小食品，也有刮胡子和擦皮鞋的小摊。

在喀久利站一起下车的人会邀请你一起去逛逛喀久利村。喀久利村距离车站仅有 15 分钟左右的路程。村里的拉克什米·纳拉扬神庙（Laxmi Narayan Mandir）虽然是一座小寺庙，却比贾纳克布尔的贾纳基神庙历史悠久。朴素的木雕神像，色彩艳丽，很有米提拉地方的特色。其周边还有几座小寺院，在一座小池塘里可以看到这些寺院的倒影。村内的很多民宅上可以看到描绘的大象、山羊、花草等图案。

返回时乘坐的一等车厢虽然只有 13 个席位，但是在狭窄的空间内还是挤满了先上来的乘客，就连从印度运来的大件行李上也坐满了乘客。由于这一地区很少能看到外国人，所以虽然只是一次小小的火车之旅，却会受到当地人盛情的照顾。

贾纳克布尔铁路时刻表

2013 年 5 月为止，贾纳克布尔圣地站发车时间为 6:00 和 14:00，共 2 班。但是，列车上的乘客不满员就不发车，所以 6:00 出发的列车到达贾纳迦站后折返，回不来的话，原定 14:00 出发的列车就无法发车。说到底，时刻表仅是个参考。另外，列车运行情况经常变化，所以一定要事先确认好当地的最新信息。

满载着很多乘客和行李的列车

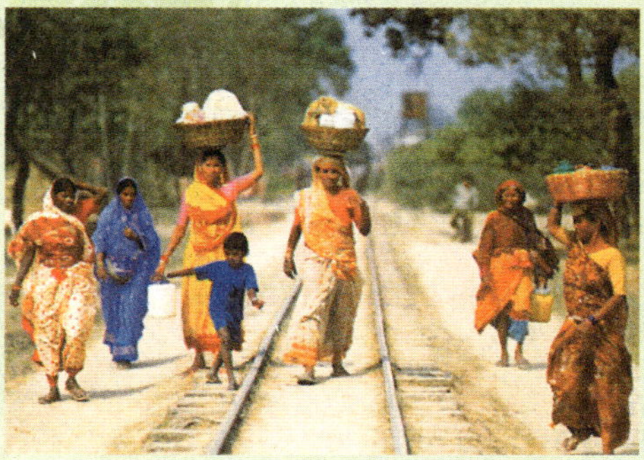

被作为生活道路使用的铁路

米提拉艺术 在贾纳克布尔郊外寻访民俗艺术

Mithila Art

农家土墙上朴素的绘画

3000 多年前居住在米提拉地区的女性们就开始在自家的墙壁上描绘出独特的绘画。她们从母亲那里继承了用绘画的形式来记录特殊的事件，例如在祭祀期间为了迎接神灵而绘画。在举行结婚仪式等庆祝活动时用绘画来祝福新人的新生活等。在屋里屋外的墙壁上都可以看到色彩艳丽的图案。

这种民俗艺术被称为米提拉艺术，在这一地区的村庄随处都可以看到。如果有时间前往贾纳克布尔参观的话，可以走出城市到乡间去看一看，特别是秋季的节日期间或者是妇女节期间，你会发现村里每户人家的墙上都有描绘太阳、月亮、森林、鸟儿等的图案，色彩极为鲜艳。有一些非常精美，有一些则不然；有些看起来苦下了一番功夫，有些则非常简朴。每幅画都如实地反映了该女性的品位，非常有趣。当然，也并不是所有的女性都要画画，有些人家的墙上就看不到。这也许是因为夫妻分担的责任不同，就像家的大小要看男性的能力一样，装饰得漂亮与否也要看主妇是否有绘画天赋。

绘画图案几乎都来自大自然，反映了农村单纯的生活状态。经常出现的图案是太阳和月亮，有时也可以看到太阳神和月亮神的样子。印度教的湿婆神和他的配偶也是经常被描绘的对象。其他神灵、森林、几何图案的组合也都是经常被描绘的对象。

这些绘画不仅在墙上可以看到，在家里的地板上，在庭院里也随处可见。节日期间还会装饰独特的陶土人偶，并有灯光照明，显得更加美丽。

据说在什么地方画什么样的画，以及根据不同的季节和不同的神灵等绘画对象也不同，都有不同的规矩，内容很是深奥。

1934 年印度的比哈尔邦遭遇大地震，英国的行政长官来此调查。据说在此之前一直没有把这一民族放在心上的行政长官，突然发现了这种民俗画具有很高的艺术性，因此开始把米提拉艺术介绍给世界。当时的尼泊尔正处于闭关锁国的状态，很少有外国人进出贾纳克布尔，米提拉地区的大部分划归比哈尔邦。印度独立以后，在比哈尔邦建起了米提拉美术学校。随着评价不断高涨，米提拉确立了它的艺术地位，并在比哈尔邦出现了一批优秀的米提拉绘画师。他们不仅在自家绘画，而且还把这门绘画艺术带到了校园里。

每个家庭的绘画形式都不一样

还有如此独特的壁画图案

NGO 团体在贾纳克布尔南郊大约 3 公里的地方，即机场附近的库瓦村设立了以帮助女性自立为主题的妇女发展中心（Janakpur Women's Development Center）。女性在这一地区的妇女发展中心一边学习技术，一边应用传统美术创造作品。（在库瓦村入口道路的左边可以看到写有 Mithila Craft Street 的大门）。中心分为几个部门，有描绘神话等情景的部门，有在马克杯、陶器、T 恤衫等上面绘图的图案创作部门，在木质镜框上描绘出艳丽的色彩和图案，以及制作皮包等的裁缝部门等。很多作品在加德满都的纪念品商店内都有出售，有些还出口到欧洲和日本等国家。当然，游客在这里也可以直接购买。

■贾纳克布尔妇女发展中心
Janakpur Women's Development Center
住 Kuwa Village-12，Janakpurdham
☎ （041）620932
营 10:00~17:00（周五以及 11 月～次年 1 月底～16:00）
休 周六及节日

在贾纳克布尔的妇女发展中心

图案中描绘的是湿婆神和雪山神女

比拉德纳格尔 Biratnagar

尼泊尔东部的中心城市

बिराटनगर

城市里最热闹的佛陀定期市场

☎ 长途区号 021

交 通

从加德满都出发

■ 飞机

每天有 10 趟航班，所需时间大约 40 分钟。票价 US$131。

■ 巴士

从新公共汽车站出发到这里大约 13 小时。白天班车 4:30~5:30、夜班车 16:00~18:00 发车，票价 Rs1024。豪华车票价 Rs1258。

从卡卡比塔、特兰、比尔根杰、贾纳克布尔、希勒也有很多巴士前往这里。从伊拉姆、派勒瓦、博卡拉、尼泊尔根杰、马亨德拉讷格尔每天各有一班巴士开往这里。

比拉德纳格尔是德赖地区最大的城市，在空中交通和陆路交通上都占有重要的位置，是前往尼泊尔东部各城市的门户。从德赖平原上东西延伸的马亨德拉公路沿线上的城市伊塔哈里（Itahari）向南大约 22 公里就是比拉德纳格尔的所在地。从这里再往南 5 公里左右就到达尼印边境，但是外国人不能从这里出入境。比拉德纳格尔是德赖地区唯一的工业城市，主要以加工其周边地区种植的黄麻为中心，此外还建立了糖厂、炼钢厂、制线厂等。在连接印度城市佐戈穆尼（Jogmuni）的道路上，可以看到来来往往的运输进出口物资的卡车。

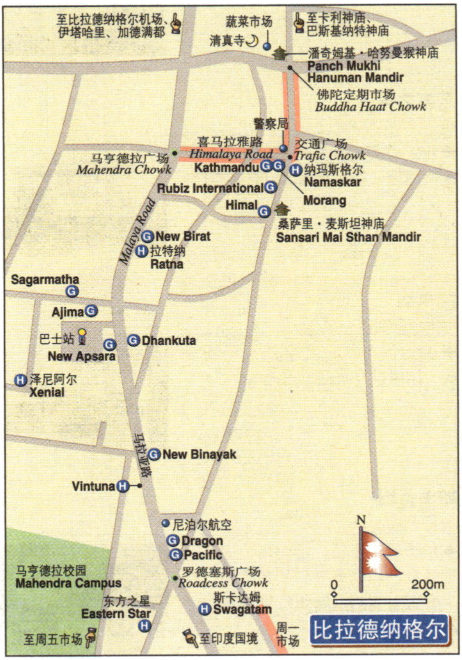

比拉德纳格尔 漫步

公共汽车站前面的道路被称为马拉亚路（Malaya Road），从这里向北步行大约 5 分钟可以看到马亨德拉广场（Mahendra Chowk）。在广场右转就是喜马拉雅路（Himalaya Road），这条路上是食堂街，可以品尝到美味的扁豆汤菜肴。道路的尽头是交通广场（Trafic Chowk），从这里继续向北一直到佛陀定期市场所在地，也是这座城市最热闹的地方。

在佛陀定期市场路口的一角是供奉着五面哈努曼神的潘奇姆基·哈努曼猴神庙（Panch Mukhi Hanuman Mandir）。

巴斯基纳特神庙里巨大的佛塔

神庙的里侧是蔬菜市场，再往里面是一座伊斯兰教的清真寺。往南行进在一棵巨大的菩提树下可以看到桑萨里·麦斯坦神庙（Sansari Mai Sthan Mandir），这是一座印度教神庙，意思是世界之母的场所。有时这里也会变成与它相邻的小学的校园。

孩子们在桑萨里·麦斯坦神庙里游玩

从佛陀定期市场向北走，可以看到卡利神庙（Kali Mandir）、萨提纳拉扬神庙（Satyanarayan Mandir）、拉达·克里斯纳神庙（Rada Krisna Mandir）。再往前走，还可以看到建于 2010 年、供奉着湿婆神的巴斯基纳特神庙（Basukinath Mandir）。可以包辆人力车，来到距离马亨德拉广场北面 2 公里处的巴鲁格奇广场（Bargachhi Chowk）附近，一边欣赏市场里热闹的气氛，一边游览，其乐融融。另外，每周一和周五，在罗德塞斯广场（Roadcess Chowk）南面两个地方也会举办热闹的定期集市。

酒　店
Hotel

在比拉德纳格尔，从高档酒店到低价位的旅馆应有尽有，选择余地很大。10 月下旬 ~ 次年 3 月上旬早晚凉爽，没有空调也会感觉很舒服。汽车站附近、特拉菲克路口以及罗德塞斯广场附近有价位在每人 Rs250~700 的旅馆。

泽尼阿尔
Hotel Xenial

Map p.187

◆位于汽车站的里面，是这座城市里最高档的酒店。使用客房带空调。提供免费机场接送服务。

住 Biratnagar-15
☎ 472950 FAX 471303
URL www.xenialhotel.com.np
费 A/B Ⓢ US$60~90 Ⓦ US$70~130
税 13% 服 10% 卡 MV
NET Wi-Fi（大堂免费）

东方之星
Hotel Eastern Star

Map p.187

◆位于罗德塞斯广场前面，是一家大型酒店。以上费用可以再打 7 折。

住 Roadcess Chowk
☎ 471626 FAX 471408
E-mail easternstar_brt@wlink.com.np
费 A/B Ⓢ Rs1350~3500 Ⓦ Rs1700~3700
税 13% 服 10%
卡 MV NET Wi-Fi 免费

拉特纳
Ratna Hotel

Map p.187

◆位于汽车站与马亨德拉广场中间，同时设有菜品丰富的餐厅。

住 Mahendra Chowk
☎ 531579 FAX 525714
E-mail ratnahotelbiratnagar@gmail.com
费 A/B Ⓢ US$30~95 Ⓦ US$40~115
税 13% 服 10%
卡 MV NET Wi-Fi（大堂免费）

斯卡达姆
Hotel Swagatam

Map p.187

◆位于罗德塞斯广场南面，这是很早就有的一家酒店。气氛安静。酒店旁边里侧的马路是每周一举办定期市场的地方。

住 Roadcess Chowk
☎ 472450 FAX 470299
E-mail swagatamhotel.brt@gmail.com
费 A/B Ⓢ Rs800~1500 Ⓦ Rs1200~2000
税 13% 服 10%
卡 MV NET Wi-Fi 免费

特兰 *Dharan*

出勒山山脚下的商业城市 धरान

建有钟塔的巴努广场是市中心

比拉德纳格尔向北可以到达伊塔哈里（Itahari），这座城市正好位于德赖平原上横断东西的马亨德拉公路沿线上。从这里继续向北大约18公里就到达了特兰。特兰这座城市则正好位于德赖平原和一直延伸到遥远的喜马拉雅山山岳地带的交界处。经由希勒、丹库塔前往巴桑塔布尔方向的巴士就从这里出发。特兰市场的繁华程度在尼泊尔东部是数一数二的。这里有着各种吸引人的魅力和特色，若是擦肩而过会有些可惜。

特兰 漫 步

特兰的海拔是305~700米。北侧是舒缓的出勒山脉，南侧是广阔的德赖平原，整座城市位于缓坡之上。在巴努广场（Bhanu Chowk）可以看到很多的人力车在等待拉客，出发和到达的大型巴士、迷你巴士、出租车以及电动三轮车车辆频发。在喧闹的广场前面，有一座2006年建成的地震纪念公园（Earthquake Memorial Park）。从巴努广场向北行进，是一条舒缓的上坡路，叫纳亚市场（Naya Bazaar）。

西郊有一片占地范围很大的地区，是英国军营遗址。如今，这里开设了医院，是尼泊尔东部的医疗中心。此外还有宾馆和高尔夫球场等设施。其途中偏北的一角是一片高级住宅区，里面居住着已经退役的廓尔喀雇佣军，以及在欧美、日本等国打工赚钱之后回国的人们及其家人。

在纳亚市场你会看到一家家的珠宝首饰店，很多商店的店铺装饰都很漂亮，出售

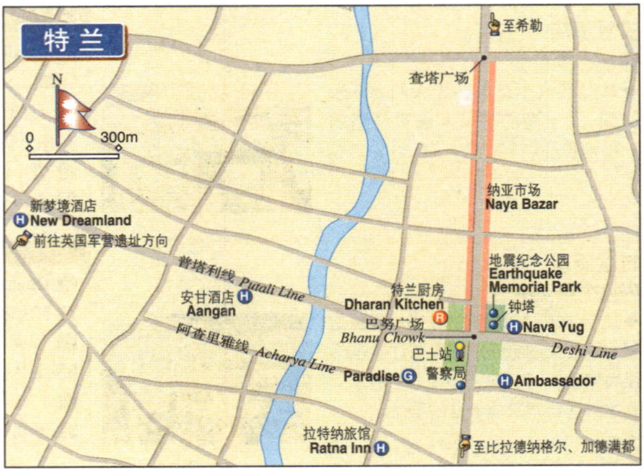

☎ 长途区号 025

交 通

从加德满都出发

■ 巴士

从新公共汽车站出发到这里大约13小时。白天班车4:30~5:30、夜班车15:30~16:30发车，票价Rs1024、豪华巴士票价Rs1258。

比拉德纳格尔、丹库塔、希勒也有地方巴士往来频繁。

旅行小贴士

特兰的猪肉馅饺子 Momo

尼泊尔是一个很少吃猪肉的国家，但是在特兰居住着人口较多的拉伊族和林布族的人却经常食用猪肉。因此在这里可以看到很多餐馆提供猪肉馅的尼泊尔饺子。在市场街附近的小路上，一些既没有招牌也没有菜单的小饭馆里，都可以看到猪肉饺子。佐料是用番茄和干辣椒调的汁，另外还有汤。一般一盘饺子10个，价格Rs50左右，非常便宜。

的服装无论设计还是布料色彩都不错。在特兰居住的大部分人生活都比较富裕，这座城市年轻女性的穿着打扮，引领着尼泊尔女性的流行趋势。客人挑选好中意的布料、量体裁衣之后，第二天就可以穿上身，所以有兴趣的游客不妨也尝试做一套最新流行的尼泊尔服装。

服饰商店林立的纳亚市场

特兰 景　点

地震纪念公园 Earthquake Memorial Park

Map p.189

从钟塔俯视一览无余的城市街景

在四季花开的公园里，建有一座纪念 1988 年大地震中牺牲者的纪念碑。还建有供奉象山雪神的神庙。登上高约 22 米的钟塔，山脚下开阔的特兰街景一览无余。

耸立在公园里的纪念碑

地震纪念公园

开 每天 7:00~17:00

休 无休

费 Rs 5（钟塔另外收费 Rs 10）

酒店和餐馆

Hotel & Restaurant

拉特纳旅馆

Ratna Inn

◆从巴努广场步行 5 分钟即到。开业于 2010 年秋，所有客房都配有空调。使用空调需要另付 Rs300。

Map p.189

住 Binayak Path

☎ 528397

E-mail sthana2001@hotmail.com

费 A/B ⓈRs900~1500 ⓌRs1100~1800

税 13%　服 无

卡 不可　NET Wi-Fi 免费

新梦境酒店

New Dreamland Hotel & Lodge

◆距离汽车站稍微有些远，但是周边环境非常安静。能够听到鸟鸣的前院做成了开放式餐厅。

Map p.189

住 Sunsari

☎ 525024

费 C/B ⓈⓌRs600 A/B ⓈⓌRs1000~2000

税 13%　服 10%

卡 不可

NET Wi-Fi 免费

安甘酒店

Aangan Hotel

◆从公共汽车站向西走大约 800 米即到。3 层高的建筑。面对马路的一层是餐厅。

Map p.189

住 Putali Line　☎ 520640

E-mail hotelaangan@gmail.com

费 C/B ⓈRs400 ⓌRs500 A/B ⓈRs800 ⓌRs1000~1600

税 含　服 无

卡 不可　NET Wi-Fi 免费

特兰厨房

Dharan Kitchen

◆位于钟塔对面建筑的 3 层。屋顶是摆放着餐桌的漂亮的家庭餐厅。虽然没有猪肉饺子，除了印度、尼泊尔美食之外还经营其他丰富的菜品。

Map p.189

住 Bhanu Chowk-6

☎ 521580

营 每天 11:00~23:00

休 无休

税 13%　服 无

卡 不可　NET 无

希勒 *Hille*

位于山脊之上可以遥望马卡鲁峰的小镇

हिले

市场上是悠闲的气氛

希勒的海拔是1850米。从前往山岳地带的入口城市特兰，沿着曲折的山路行驶大约65公里，乘坐巴士约需4小时，就可以看到展开在山脊上的这座城市。从特兰方向而来的巴士，途经希勒之后会继续向大山深处开去，一直到巴桑塔布尔（Basantapur）或是帕克利邦斯（Pakiribas）。登上希勒镇外的山丘，可以遥望马卡鲁峰等喜马拉雅山连绵的山脉。

☎ 长途区号 026

交　通

从加德满都出发

■ 巴士

从新公共汽车站出发到这里大约16小时。15:00发车，票价Rs1258。

※ 每间隔30分钟~1小时有一班车从特兰开往巴桑塔布尔或者是帕克利邦斯，乘坐这些巴士在希勒下车即可，所需时间大约4小时。或者，乘坐合乘的迷你巴士（大约3小时）或者出租车（大约2.5小时）。

希勒 漫　步

这里的市场规模很小，一条笔直的道路两侧是商店和酒店等建筑，步行不到10分钟就可以走到尽头。市场街道的两旁有两座藏式的佛教寺院（Gumba），由于这里有3家藏族人经营的旅馆，因此住在这里的游客可以感受到我国西藏的气息和氛围。

继续沿着前往终点——巴桑塔布尔的巴士路方向往上走，左侧看到的栅栏内是占据着很大一片地的军营。经过军营入口的大门之后，继续沿着这条路前行，左侧就可以看到覆盖着草地的缓缓的山丘——特利斯莱·达拉（Trisle Danda）。一路上可以寻找一些近道，只要大方向是沿着巴士行进的方向即可。踏着脚印登上山丘，渐渐地眼前会展现出喜马拉雅山的全景。

另外还有一个观赏喜马拉雅山脉的瞭望台——佐塔尔（Jautaar）。从马卡鲁风景和希勒风景这两家酒店面对的马路向北行进，在和市场的马路交会处的前面，向左登上没有铺装的土坡。沿着两侧散布着农家院的道路前行，没多久就看不到农家院了，出现在眼前的是赤杨树和松树的森林。看到松林环绕的亭子、长椅、小屋，再走2分钟视野渐渐开阔，就可以看到一个小小的圆形展望所。无论前往这两个观景台的哪一个，都需要从希勒的市场街步行40分钟。也可以乘坐摩托车前往。

从希勒遥望马卡鲁峰

酒 店
Hotel

在希勒的市场街上可以看到 5 家有英文招牌的旅馆，住宿价格每位 Rs200~500。其中的 3 家（Himali、Gajur、Gumba）是由藏族人经营的。即使不住在这里，也可以品尝一下藏式美酒——醪糟。一定要来尝尝。另外，小镇北侧、市场尽头一带的西侧建有数家拥有高台美景的酒店。

希勒 · 康吉罗巴 · 马卡鲁
Hile Kanjirowa Makalu Hotel

◆ 2010 年秋天开业，别墅小屋的风格，拥有餐厅，是希勒最大的酒店。虽然只距市场 1 公里左右，不过有提供公共汽车站到酒店的用车接送服务。

Map p.191

☎ 540181
E-mail hotelkanjirowa@gmail.com
费 C/B ⓈRs800 ⓌRs900 A/B ⓈRs1000~1700 ⓌRs1500~1800
税 13% 服 10%
卡 不可
NET Wi-Fi 免费

马卡鲁风景
Makalu View Hotel & Lodge

◆位于市场西侧的高台上，2010 年开业。正如酒店的名字，天气晴朗的时候从屋顶或阳台可以眺望以马卡鲁峰为首的喜马拉雅山脉的美景。客房清洁，这里的饭也好吃。

Map p.191

☎ 540209
E-mail furbabhing@yahoo.com
费 C/B ⓈRs500 ~600 ⓌRs700~800 A/B ⓈRs600 ~800 ⓌRs1300~1500
税 13% 服 10%
卡 MV
NET Wi-Fi 免费

希勒风景
Hotel Hile View

◆位于马卡鲁风景酒店对面。从这里的屋顶眺望，希勒的街景、山村景色也都尽收眼底。

Map p.191

☎ 540067 E-mail hotelhile@gmail.com
费 C/B ⓈRs400 ~700 ⓌRs500~1200 A/B ⓈRs1200 ~1500 ⓌRs1500~1800
税 13% 服 10%
卡 不可 NET Wi-Fi 免费

COLUMN

喝喝醪糟（Thumba）

希勒最具代表性的美味是被称为 Thumba 的酒，它的名气享誉尼泊尔。准确地说，Thumba 并不是一种酒的名字，它是指一种带盖的圆筒形容器。人们有利用吸管喝容器内的浊醪糟（这种醪糟在我国西藏被称为 Chang，在尼泊尔则叫 Jaar）。这是一种饮用方式很独特的酒。在藏族人经营的旅馆里可以喝到这种酒，一定要品尝一下。

在煮熟的小米中加入曲霉，放置一段时间进行发酵。然后把发酵后的醪糟放入容器 Thumba 中，加入热水瓶中的热水，盖上盖子等一段时间。当听到冒气泡的声音时，说明酒精成分已经溶解在水里，就可以用吸管慢慢地饮用了。口感酸甜。容器内的热水不多了可以继续加热，然后再饮用。大约加 3 次热水，就相当于喝了 3 杯中杯的啤酒，人会有一点微醉的感觉。加入曲霉的醪糟最少要放置 1 周。如果放置 1~2 个月，酒精的成分就会变得更高，在我国西藏高海拔地带不生产小米，就用大麦等粮食来代替。

品尝一下正宗的醪糟

伊拉姆 *Ilam*

与大吉岭齐名的红茶产地

इलाम

镇周边都是茶园

伊拉姆是尼泊尔著名的茶叶品牌“伊拉姆茶”的产地。这座小镇位于梅吉专区伊拉姆县，与印度西孟加拉邦的大吉岭接壤，地处尼泊尔最东端的丘陵地带。除了红茶以外，这里还盛产姜，一种叫“阿姆利索”的用来做扫帚的草，以及一种圆圆的很小却极辣的辣椒等，这些农产品源源不断地运往德赖平原的城市。伊拉姆位于海拔 1200 米的丘陵地带，人口数量不足 2 万，规模不大的小镇市场背后是一片片茶园，一直延伸到远处舒缓的山脊。

☎ 长途区号 027

交　通

从加德满都出发

■ 飞机

每天有 5 趟航班前往巴德拉普尔（Bhadrapur）机场，所需时间大约 50 分钟。票价 US$164。从机场乘坐出租车到伊拉姆大约要 3 小时。另外还可以步行或乘坐人力车到距离机场 1 公里的 Chandragari，从那里合乘电动三轮车大约 30 分钟前往 Charali。再从那里乘坐比尔塔莫德（Birtamod）过来的合乘吉普，大约 3 小时到伊拉姆。

■ 巴士

从新公共汽车站 14:00 出发，到这里大约 17 小时，票价 Rs1325。

从比拉德纳格尔和希勒每天各有 1 班开往伊拉姆的巴士。或者从比拉德纳格尔乘坐前往卡卡比塔的巴士，在比尔塔莫德换乘前往伊拉姆的巴士。

成为学生们的约会地点的恋爱山丘

伊拉姆　漫　步

伊拉姆的主街是从公共汽车站到市场路口之间，其间商店一家挨着一家。这里的市场规模很小，步行几分钟就能从头到尾逛上一遍。市场路口的西侧，每周四和周日举办定期市场。

从小镇的任何一个地方向北行进不久，都会看到一片茶园。沿着旅馆当飞（Danfe）前面铺装好的茶园间小路往上走，可以直达一座被称为恋爱山丘（Love Danda）的高台。从这里可以一览茶园覆盖的山丘和伊拉姆小镇的景色，高台附近还有水泥做的长椅和一间茶屋。除了冬季的 4 个月以外，从 3 月下旬到 10 月上旬都可以看到妇女们背着大大的茶篓采茶的情景。顺着市场的汽车道向南步行 10 分钟，可以看到供奉着多鲁格女神的神庙——辛哈·巴希尼神庙（Shingha Bahini Mandir）。Kanchanjungha 旅馆向北，步行 2~3 分钟，山的一侧有供奉毗湿奴神的纳拉扬堂神庙（Narayanthan Mandir）。另外，茶园中的小学校前面有一条延伸的小路，沿着这条小路一直向下走可以到达山腰，在这里俯视普瓦河上的吊桥，附近有一座小瀑布和色提·德韦神庙（Seti Devi Mandir）所在的洞穴。单程步行大约 40 分钟。

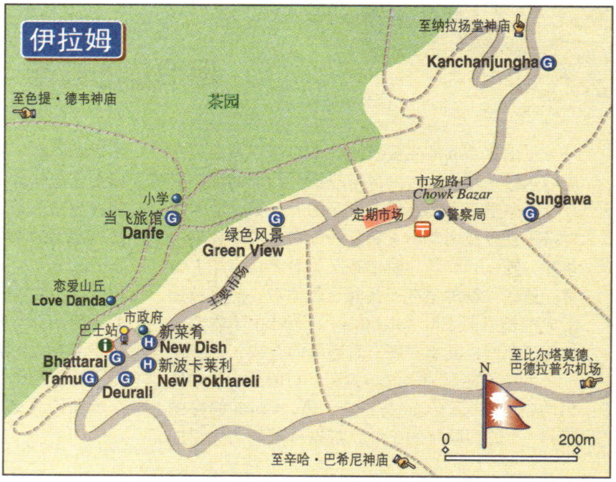

酒店
Hotel

新波卡莱利
Hotel New Pokhareli

Map p.193

◆位于距离公共汽车站很近的市场的中心。客房干净，餐厅的菜品丰富。

住 Bhanupath Ilam-2 ☎ 521181
E-mail pokhareliilam@yahoo.com
费 C/B ⓈRs500 ⓌRs600~800 A/B ⓈRs600 ~800 ⓌRs800~1000
税 含 服 无 卡 不可 NET Wi-Fi 免费

新菜肴
New Dish Hotel

Map p.193

◆面对公共汽车站和主街的 5 层楼建筑，一层有餐厅，菜品的味道不错。

住 Bhanupath Ilam-2 ☎ 520626
E-mail dishhotelnew@yahoo.com
费 A/B ⓈRs800 ⓌRs1200
税 13% 服 10% 卡 不可 NET Wi-Fi 免费

绿色风景
Green View Guest House

Map p.193

◆位于市场的北部，环境安静、干净整洁的一家旅馆。在四层餐厅可以俯视开阔的茶园风景。

住 Campus Road Ilam-2 ☎ 520103
E-mail greenview_ilam7@yahoo.com
费 C/B ⓈRs400 ⓌRs500 A/B ⓈRs600 ⓌRs900
税 含 服 无 卡 不可 NET Wi-Fi 免费

当飞旅馆
Danfe Guest House

Map p.193

◆这是一家简朴的旅店，带有徒步旅行的风格。虽然客房没有淋浴设施，但是旅店周边环绕着茶园，得天独厚。

住 Chiyabari Campus Road
☎ 520048
费 C/B ⓈRs300 ⓌRs600
税 含 服 无 卡 不可 NET Wi-Fi 免费

COLUMN

尼泊尔的红茶

尼泊尔茶叶的主要产地在其东部。其中，在尼泊尔最东端的梅吉专区伊拉姆县栽培的伊拉姆茶叶是非常有名的高级茶叶。另外，其北面的彭奇塔尔县以及西邻的戈希县丹库塔县等地栽培的茶叶，则以“喜马拉雅山茶”等名字在市场上销售。这些茶都种植在山岳和丘陵地带，然后被加工成细长形的茶叶（Reeftea）。茶叶中不需要添加任何东西，其本身就有着醇厚的香味。

另外，在尼泊尔的小镇和乡村的茶店经常使用的是 CTC 茶（Cut 剪、Tear 撕、Crush 粉碎的略称），即颗粒状的茶叶。把这种茶叶与大量的牛奶和砂糖一起煮，然后再加入香辛调料，就可以制作出味道浓厚的尼泊尔茶。这种茶叶有时也被称为粉末茶，但是它并不是在制作高级细叶茶之后剩下的茶屑。正如上面介绍的，细叶茶出产自丘陵地带，CTC 茶则正好相反，产自德赖平原地区，主要的栽培地区是梅吉专区伊拉姆县南面的贾帕县等地。在尼泊尔生产和消费的红茶以这种 CTC 茶为主，而伊拉姆等地生产的细叶茶则大多经由印度，然后以在世界上享有盛名的大吉岭茶的名义出口。

徒步旅行

Trekking

摄影：Machhapuchhare，Annapurna

徒步旅行前的准备

Preparation for Trekking

从安纳普尔纳地区的布恩山欣赏沐浴在晨光中的喜马拉雅山

旅行小贴士

关于地名的标记和海拔

本书的徒步旅行地图都尽可能使用当地的名称和海拔来标示。但是尼泊尔语的地名翻译成中文的时候有时会有几种不同的表示方式。另外关于海拔，不同的地图，测量值也会有差异，因此本书可能会出现与其他刊物不同的情况，敬请谅解。

读者来信

徒步旅行的地图

你去书店的时候发现有各种各样的地图，会不知道到底该选哪种，感觉很迷茫。我的建议是选择 *NEPA MAP*，这是尼泊尔出版社出版的地图，我个人觉得这份地图在便于查看、详尽细致、价格实惠等方面，性价比是最高的，请大家有机会看到后也跟其他地图比对一下。

徒步旅行

Trekking 一词最早来源于荷兰语中的 Trek（去旅行），19 世纪中期才被引入英语当中。据说在没有汽车和飞机的年代，步行或者坐牛车去旅行就被称为 Trek。直到 20 世纪 60 年代，Trek 这一单词才被频繁使用。而此时，尼泊尔正处于逐渐开放的时期，政府为了解决外汇不足的问题，开始对外宣布在喜马拉雅山脉举办徒步旅行，以此吸引观光游客到尼泊尔游览。

尼泊尔政府在登山和徒步旅行上有严格的区别，征服雪线超过海拔 6000 米的山峰（山顶）称为“登山”，步行穿越雪线在 6000 米以下的山脉则叫“徒步旅行”。尼泊尔对登山家收取高额的入山费用，但是对只在一般的道路上步行旅游的观光游客，却管理得非常宽松，只要在当地消费就可以。登山和徒步旅行不仅在政策上有区别，在实际行走中两者也有很大的不同。例如在喜马拉雅山脉登山就需要几个月的时间进行细致的准备，而且还需要非常完善的装备；而徒步旅行就很轻松，只要有简单的装备，第二天就可以上路。

徒步旅行就是所谓的长达几天的远足。旅行者沿着山里人的生活道路旅行，不需要任何的特殊装备，而且任何人都能够做到。在旅行途中的村庄里设有住宿设施和茶店。通过自己的汗水，用自己的足迹穿越山脉，不仅可以看到美丽的景色，还可以看到很多不同的东西，让旅行变得更加有趣。

徒步旅行的季节

从雨季结束之后的 9 月末开始到下一年雨季开始的 5 月初之间最适于徒步旅行。特别是 10 月、11 月，空气透明度好，喜马拉雅山脉映照在秋天蔚蓝的天空下。12 月～次年 2 月左右，天气非常寒冷，海拔 3000 米以上的高原开始有积雪，此时需要有相应的装备。从 3 月开始进入杜鹃花盛开的季节。4 月从午后开始天气会变得恶劣，要想眺望喜马拉雅山脉的风景仅限于上午的短暂时间。6 月到 9 月上半月，开始进入雨季，不太适合徒步旅行，不过此时的高山植物非常美丽。

3 月里盛开的杜鹃花

秋天空气清新，能见度好，是一年中最好的季节

徒步旅行的方式与预算

个人徒步旅行的时候，主要有以下三种方式。虽然一个人也可以单独徒步旅行，但是容易迷路，或者遭遇意外事故，因此建议尽可能组成一个团队或者雇向导一起徒步旅行。

①自己徒步旅行，雇用向导或者脚夫

在加德满都或者其他徒步旅行的出发点可以雇用流动的向导或者脚夫（→ p.200），不过为了避免纠纷，也可通过旅行社或者酒店帮助雇用。路上基本都是住宿在山间小屋，包括住宿费、餐费和向导的费用，每天 US$30~50。

② 通过当地旅行社安排进行徒步旅行

通过加德满都或者博卡拉的当地旅行社来安排徒步旅行。如果日程上没有富余的话，可以提前用邮件等方式进行沟通，让旅行社根据游客的需求来制定日程表。住宿可选择山间小屋或是自带帐篷，方式不同价格也不一样，一般包括向导、脚夫、住宿费、餐费等所有项目，每天 US$50~150。

③ 通过国内的旅行社安排徒步旅行

工作很忙没有时间订计划，又担心语言不通的游客，从出国到回国的一整套行程都可以请国内旅行社的专业人士来安排，虽然费用上有些贵，但是遇到任何问题都有相关人员出面处理，自己可以安心旅行。

具有代表性的徒步旅行线路

尼泊尔有很多适合徒步旅行的线路，其中最具代表性的是以下①～③的线路，途中设有很多山间小屋、餐厅，住宿和就餐方面完全不

旅行小贴士

行程所需的天数和时间

本书介绍的行程所需要的天数都是最低天数。实际上由于飞机晚点，或者高原反应，多数情况下游客需要休息一天。所以制定行程的时候最好留一些富余时间。另外，步行时间根据每人的体力以及天气因素也有很大的不同。本书刊登的时间仅供参考。

需要任何担心。

④～⑦的线路，需要准备食物以及帐篷等装备。而且由旅行社安排的两名以上团队才能够颁发徒步旅行许可证，不允许个人徒步旅行。

①安纳普尔纳 Annapurna

安纳普尔纳峰地区的徒步旅行线路的起点位于尼泊尔中部的博卡拉。这里既有一两天的短程徒步旅行，也有需要一个月时间的正规线路，不仅可以根据自己的日程安排自由地进行组合，而且无论是初次体验者还是徒步旅行的老手在这里都可以收获乐趣。除了环绕安纳普尔纳峰一周的线路之外，基本上不必担心会有高原反应。另外，这一地区的山间小屋以及餐厅的质量都不错，可以提供舒适的徒步旅行环境。

一边欣赏安纳普尔纳峰的风景，一边徒步旅行

②珠穆朗玛 Everest

这一区域徒步旅行的起点城市可以是机场所在的卢克拉，如果乘坐巴士从加德满都而来，还可以以吉里为起点。目的地是珠穆朗玛峰的展望台卡拉·帕塔尔或戈克尤峰。这一地区景色变化丰富，治安也比较好。另外还可以接触到生活在海拔 3000 米以上的昆布山区的夏尔巴人的文化。

以珠穆朗玛峰为背景拍摄纪念照

③朗当 Langtang

朗当溪谷位于加德满都北部30公里的地方，虽然前往朗当相对容易，但是与①②线路相比，这里的徒步旅行者却比较少。另外还有前往海拔 4500 米的戈赛因昆德湖和何兰普山地的组合线路，可以在众神灵所在的山区与普通人家之间慢慢地徒步游览。

④拉拉湖 Lala Lake

从尼泊尔西部的久姆拉出发，拉拉湖位于海拔 3000 米的山间，是一

个美丽的湖泊，被指定为国家公园。

⑤干城章嘉 Kanchenjunga

从尼泊尔东部的希勒、伊拉姆或者达布莱宗出发。还有一条线路是从印度境内的大吉岭出发的。

⑥道尔波 Dolpo

从久法尔（Juphal）机场所在的杜奈（Dunai）出发，也可以从久姆拉出发徒步前往。

⑦木斯塘 Mustang

从博卡拉或者佐莫索姆出发。直奔尼泊尔最深处、木斯塘王国（上木斯塘）的旧古都罗马丹。

办理徒步旅行的手续

徒步旅行必需的许可证以及进入这一地区所需要的费用各个区域都不相同，原则上许可证必须在徒步旅行开始之前取得。办理手续的方法经常会有变化，最好了解确认最新情况之后，办理必要的手续。

■ TIMS 许可证 TIMS Registration Card

TIMS，是 Trekkers Information Management System 的简称，是从 2008 年开始引入的许可证系统。规定安纳普尔纳、珠穆朗玛、朗当等几乎所有的区域，在徒步旅行之前都必须取得 TIMS 许可证。如果通过旅

朗当山谷是闻名的高山植物宝库

旅行小贴士

徒步旅行中的钱币兑换

安纳普尔纳地区的戈雷帕尼、塔达帕尼、佐莫索姆、马南等地可以用美元现金或者旅行支票兑换当地货币。而珠穆朗玛地区的纳姆泽可以用美元现金或者旅行支票兑换当地货币。徒步旅行过程中虽然可以使用 500 卢比的纸币，不过应该准备一些零钱，方便口渴的时候付茶资。

INFORMATION

开在秋天里的尼泊尔喜马拉雅山樱花

尼泊尔国内，从 11 月中旬到 12 月，在海拔 1000~2000 米的地方，到处可以看到喜马拉雅原产的、秋季开花的喜马拉雅山樱（以下简称樱花）。有人说是日本樱花的起源，当地物种，多经过人工栽培，即使同一地方的树木，开花时期也各不相同。外形豪放，与日本樱花相比，树木较矮小。

由于跟日本的吉野樱花开花的季节不同，看惯了日本樱花的人可能不会马上察觉到这是樱花，其实这个季节，樱花在尼泊尔已经是随处可见了。例如前往加德满都郊外纳加阔特或者卡卡尼方向，以及前往博卡拉郊外萨冉库特（Sarangkot）和日本山妙法寺的途中，那盛开的花朵将漫山遍野染成了淡淡的粉红色，看到这些，我才意识到那就是樱花。

徒步旅行的话，看到绝世美景的概率很大，其中安纳普尔纳地区的徒步线路，在达姆普斯～甘杜荣周边的很多地方，都可以同时欣赏喜马拉雅山的山姿和樱花的美景。车道一直通向景区附近，可以近距离接近美景。真正的徒步旅行，就算心中有些忐忑，不过却是很容易实施的一种出行方式，而宁静的田园风光，蔚蓝的天空下白雪皑皑的鱼尾峰和起伏蜿蜒的安纳普尔纳群山，以及四处盛开的樱花，这一切都令人感觉美不胜收。

鱼尾峰和喜马拉雅山樱花

尼泊尔旅游局（NTB）

■加德满都→p.43

■博卡拉→p.128

尼泊尔徒步旅行代理协会（TAAN）

■加德满都

Map p.35-B3

住 P.O.Box3612，Maligaun Ganeshthan

☎（01）4427473

FAX（01）4419245

URL www.taan.org.np

出入境管理办公室

■加德满都→p.43

■博卡拉→p.128

ACAP 事务所

■加德满都

位于尼泊尔旅游局内→p.43

■博卡拉

位于尼泊尔旅游局内→p.128

※申请时需要填写申请表（由事务所准备）、两张照片、护照、入境费 Rs2000。请注意如果没有申请许可证就进行徒步旅行的话，在检查站要交 Rs2000 的费用。

国家公园入园许可证 National Park Fee

珠穆朗玛和朗当等徒步旅行区域位于国家公园内，需要另付入园费。可以在位于加德满都的国家公园事务处（位于尼泊尔旅游局内→p.43），或者在国家公园入口处付费。途中须向检查站出示，因此在徒步旅行完成之前要始终随身携带。

旅行小贴士

与向导之间的纠纷

与缺乏专业精神的向导之间容易出现的纠纷包括：向导人品很差，与其他尼泊尔人发生争执；男性向导与女性徒步旅行社表现得过分亲密等。在徒步旅行途中遇到这些问题，一定要当场解雇，让他们回去，之后的费用也不必再支付。当然为了避免这种问题发生，最好雇用身份明确的人。

行社雇用向导或者脚夫的话，旅行社可以代办许可证（申请费 US$10）。不需要向导和脚夫的，或者准备自己在途中找流动向导或者脚夫的个人徒步旅行者，要向加德满都或者博卡拉的尼泊尔旅游局（NTB）或者尼泊尔徒步旅行代理协会申请获得（申请费 US$20），也可以通过旅行社代办许可证，不过需要支付手续费。

■徒步旅行许可证 Trekking Permit

由出入境审查办公室发行的许可证，进入道尔波、上木斯塘、玛纳斯鲁、胡姆拉、干城章嘉等 14 个区域需要这种许可证。必须两人以上才可办理许可证，在加盟 TAAN 的徒步旅行公司进行申请。

■安纳普尔纳保护区进入许可证 Annapurna Conservation Area Entry Permit

在安纳普尔纳地区徒步旅行时需要提供 ACAP（安纳普尔纳保护区计划局）发行的许可证。在加德满都或者博卡拉的 ACAP 事务所申请。

主要的徒步旅行区域需要的许可证和国家公园 / 自然保护区的门票

地区	TIMS/ 徒步旅行许可证等	国家公园 / 自然保护区的门票
安纳普尔纳	TIMS、安纳普尔纳保护区进入许可证	每人每次 Rs2000
珠穆朗玛	TIMS	每人每次 Rs3000
朗当	TIMS	每人每次 Rs3000
干城章嘉、下道尔波	徒步旅行许可证（前四周每周收费 US$10，之后每周收费 US$20）	干城章嘉每人每次 Rs3000，下道尔波不收费
玛纳斯鲁	徒步旅行许可证（9~11 月每周 US$90，12 月～次年 8 月每周 US$75）	每人每次 Rs2000
胡姆拉	徒步旅行许可证（前 7 天 US$90，之后每天 US$70）	无
上木斯塘、下道尔波	徒步旅行许可证（前 10 天 US$700，之后每天 US$70）	无

导游和脚夫

徒步旅行中为旅行者提供帮助的向导和脚夫

向导是徒步旅行中的带路人，游客在途中遇到任何问题都可与之商量，是值得信赖的人。脚夫只是帮助搬运行李的人，向导和脚夫属于不同的职业。一般情况下会讲英语或者其他外语的是向导，与旅行者边走边聊。不会说外语的是脚夫，只是背着沉重的行李默默地跟在身后。

雇用向导或者脚夫的时候最看重的是经验和人品。雇用向导的时候要确认是否有徒步旅行向导资格证，以前是否曾经走过这条线路，还要确认其责任心是否强。如果没有足够的责任心，不能时刻把徒步旅行者的安全放在最重要的位置的话，那么没有失去了雇用向导的意义。

■通过旅行社来斡旋安排

在徒步旅行公司或者旅行社登记的向导或者脚夫经验丰富，而且身份明确，基本不会引起纠纷。但是串街揽客的人带去的旅行社等单位介绍的向导，引起纠纷的概率却很大。所以最好问清楚之后，找一家可以信赖的旅行社提出申请。向导一般都会说英语，其中有些人会说几国外语。如果希望找一名会说汉语的向导，最好提前把自己的希望告诉旅行社。

如果只申请雇用向导或者脚夫的话，包括他们的住宿费和餐费在内的一天费用，向导是 US$20~30，脚夫是 US$15 左右。

■雇用串街揽客的向导或者脚夫时

在博卡拉或者卢克拉的徒步旅行出发点，经常会遇到串街揽客的向导或者脚夫的人过来打招呼。如果自己觉得可以承担责任，打算雇用这样的人，那么雇用之前一定要仔细交谈，充分确认对方的经验和人品，尽量避免使用身份不明的人，尽可能雇用住宿酒店介绍的人。

自己交涉价格的时候，包括其住宿费和餐费在内的行情大致是：向导每天 US$15，脚夫每天 US$10，当然根据季节和地区的不同，价格也会有一定的差异。另外如果脚夫认识路的话，也可以兼任向导。

关于住宿

安纳普尔纳、珠穆朗玛、朗当等主要线路的途中，各个村庄都有提供住宿的地方。有民宅改造的旅馆，也有正宗的山间小屋，建筑风格多种多样，收费差别不是很大，不过舒适程度却有很大的不同。最好在认真观察客房情况和主人的人品之后再做决定。客房内只提供简朴的床铺。如果需要可以跟主人借被子，不过大多数的徒步旅行者都会自己准备睡袋。多人间的价格是 Rs50~100，单人间是 Rs100~500 上下。一般单人间也是使用公用的淋浴和卫生间。带淋浴和卫生间的单人间价格是 Rs1000~2000。旅游旺季（10~11 月、3~4 月），主要线路上住宿的地方基本都会客满，一个人要求住单间（通常每个房间内有两张床）有时候会被拒绝。这些住宿的地方无法提前预约，只能早点到达住宿的地方，或者让向导提前过去把房间订下来。

很多山间小屋同时兼营餐厅

关于就餐

和住宿一样，在主要的徒步旅行线路上，途中经过的村庄必有山间小屋旅馆兼营餐厅或者茶屋。无论哪家餐厅都会提供扁豆汤套餐、炒饭、煮土豆等食物，经济实惠，分量十足。早餐和小吃主要是薄煎饼或者蛋

付给向导和脚夫的小费

在尼泊尔，有付给向导和脚夫小费的习惯，大致行情是向导每天 Rs200~300，脚夫每天 Rs100~150。这个数目要乘以徒步旅行的天数，在最后一天按照美元或者尼泊尔卢比一起结算，如果不愿意直接递交现金的话，可以提前在国内准备好红包装起来递交。

女性一个人的徒步旅行

女性单独雇用向导进行徒步旅行时，偶尔会遇到性骚扰等问题，如果没办法一定要单独徒步旅行的时候，最好通过旅行社或者酒店介绍信得过的向导，由于女性向导或者脚夫还很少，需要的话要提前跟以下旅行社联系并提出申请。

■切托丽姐妹酒店 Chhetri sisters adventure trekking
Map p.124-B1
住 Lake Side，Khahare，Pokhara
☎（061）462066
FAX（061）461749
URL www.3sisters adventure.com
每天向导 US$25、向导助理 US$20，脚夫 US$15（含向导、脚夫的住宿费和餐费），同时经营旅馆生意。（→ p.142）

背着行李的脚夫

简单素朴的山中小屋客房

旅行小贴士

帕提

尼泊尔传统的住宿设施被称为帕提。也兼营食堂和小酒馆。有些简朴的帕提甚至只要在那里吃一份扁豆汤套餐就可以免费提供住宿。一般都没有招牌，不太容易找到。徒步旅行者的尼泊尔脚夫大多住在这样的地方。当然外国人也可以入住。

徒步旅行中的淋浴

安纳普尔纳和朗当地区的山间小屋几乎都会提供太阳能热水器的淋浴。有些地方白天也可以使用热水淋浴。在珠穆朗玛地区，可以让店主人用柴烧开水洗澡，在山区热水非常珍贵，请一定节约使用，不要浪费。

关于数码器材的充电问题

在安纳普尔纳地区徒步旅行线路上多数有住宿的地方，以及珠穆朗玛地区丁波切附近住宿的地方电器都可以直接充电。每天借个插头就可以为数码相机或者随身携带的电池充电，不过其中很多地方充电需要收费，每30分钟加收Rs50。

吃午餐需要的时间

在淡季的时候，在餐厅点一份扁豆汤套餐，一般都是在点菜之后才开始做饭，多数情况需要等1小时左右才能吃上，在旺季的时候一般会事先做好准备，做得比较快，如果赶巧了，点完菜马上就能吃了。几个人结伴徒步旅行的时候，最好点一样的菜，这样不仅节约做菜的时间，也可以节省燃料。

旅行小贴士

步行途中的注意事项

具有代表性的徒步旅行线路也是当地人进行贸易活动的线路，因此路上经常会遇到村子里的人，途中几乎看不到路标，参照地图的时候也要多跟当地人进行确认，因为不慎迷路会浪费很多时间，而且非常危险。

肝炎的预防

在徒步旅行中感染肝炎的情况也时有发生。加德满都的医院或者诊所（→p.44）都可以注射预防肝炎的疫苗丙种球蛋白。

吃扁豆汤套餐的徒步旅行者们

包饭，而且在各家餐厅都能吃到。规模较大的村庄内设有藏餐餐厅，可以品尝藏餐特有的饺子和面条。有的地方还可以吃到比萨和牛排。菜肴味道都出自在店内服务的大妈之手。就餐是在徒步旅行过程中最快乐的一件事情，旅行者之间可以在这里交流各种信息。费用大概是扁豆汤套餐Rs100~400，饺子Rs80~250，炸土豆片Rs60~120。饮料或者茶水Rs20~80。也有可乐和啤酒。海拔越高的地方价格就越贵，而味道却越来越差，当然这也是无可奈何的事情。

徒步旅行中有可能发生的纠纷

虽然并不多见，不过徒步旅行中发生因盗抢事件而受重伤或者下落不明的事情还是会偶尔发生的。所以尽可能避免单独行动，最好结成团队，或者跟向导一起出行。徒步旅行途中有些路段行走困难，充满危险。一定要听从当地人的告诫，不要过分勉强。天黑之后危险丛生，尽可能避免夜间行走。

徒步旅行出发前跟向导确认徒步线路

■偷盗和抢劫

山里人虽然性格都很朴素温和，但是如果贵重物品不小心收好，很容易被偷盗。睡觉时尤其要注意。另外由于强盗团伙抢劫而负伤或者死亡的不幸事件也时有发生。以山贼为业的土匪就连当地人也会敬而远之。如果在山里遭遇袭击确实很难逃脱。贵重的金银首饰尽量不要戴在身上以免被人看到，同时避免单独行动，安纳普尔纳地区发生的盗抢事件较多，前往同一地区的人，一定要结伴而行，或者雇用向导或脚夫同行。

■蚂蝗

雨季的山中最令人讨厌却又躲不开的是蚂蝗。尼泊尔语叫“久卡”，英语是“Leech”。在海拔1000~3000米的森林中有很多蚂蝗，在其他高度的地方却几乎见不到它们的身影。而且在干旱季节也很少见到蚂蝗，蚂蝗在吸血前会变成细长条类似牙签的样子，趁人不备从鞋子下往上爬，钻入人的腿部、腹部或者后背等处。吸完血之后变得圆滚滚的，就像鼻涕虫一样，然后“啪嗒”掉到地上。蚂蝗闻到人类呼出的二氧化碳就会扑过来，预防的办法只有不停地快速前进，或者是喷洒防虫剂。如果被叮上，一定不要强行往下拽，否则会导致出血不止。可以用香烟头烧一

蚂蝗生活在海拔1000~3000米的森林之中

下，或者撒一些盐，这样很简单就可以把蚂蝗除掉。就算蚂蝗自然掉下去，它残留下来的蚂蝗素（一种使血液无法凝固的化学物质）也会使伤口血流不止，因此一定要把蚂蝗素跟周围血液一起挤出来才行。

高原反应（High Altitude Sickness）

超过 2500 米的海拔之后，任何高度都有可能出现高原反应。预防措施就是多花些时间慢慢往上攀登，感觉身体有异常反应时一定要马上下山。如果轻视的话可能会有生命危险。昆布山区每年都有数人因高原反应而死亡。

■高原反应的症状

高原反应是指在没有适应氧气稀薄的情况下登上高原使身体出现异常反应，并出现一系列症状，甚至有可能最终导致死亡。高原反应并不是疾病，把它当作缺氧症可能更容易理解。它与低海拔地区的身体状况以及登山经验完全没有关系，任何人都有可能出现。到了 4000 米以上的高原，半数以上的徒步旅行者都会出现高原反应。

高原反应的初期症状是头痛、心悸、食欲不振、呕吐、失眠、呼吸困难等。这是人体已经缺氧的警告。大多数人的感觉像是感冒。如果感觉到身体有这些异常变化的时候，应当立即下山。一定不要想着再往前走走，看看情况再说。要趁着还处于初期症状，休息恢复之后再慢慢地攀登，这样才能逐渐适应。

如果忽视初期症状，高原反应就有可能对肺部造成很大伤害，进而会伤及大脑。引起肺气肿的话，会出现体力减退、呼吸急促、脉搏跳动加快、咳嗽加重并且痰中带血、呼吸越来越急促并口吐白沫，嘴唇和指甲的颜色变暗等症状。这种情况必须马上下山，到医院进行治疗和休养，等到体力恢复之后还有可能继续自己的徒步旅行。

如果引起脑浮肿 Hape，会出现呕吐、步行困难、剧烈的头痛、行动和言语发生异常、意识不清等症状。这是非常危险的状态，无论使用哪种手段都必须马上下山，立即入院治疗。此时可以说距离死亡只有一步之遥，而且此后也不可能继续完成后面的徒步旅行。

很多徒步旅行的人，归来后反而比出发之前健康状态要好得多，但是其中也有人因为高原反应留下了后遗症，甚至有人死亡。这些人都是一些无视初期症状的人。超过 3000 米的高原，属于大多数旅行者都不熟悉也没有经验的环境，不要对自己的体力太过自信，做出下山决定的时候要干脆，不能犹豫不决。

■如何预防高原反应

①不要过分赶行程，要慢慢攀登。

②注意防寒，特别是头部和手足要保护好。

③一天当中攀登的高度差最多不要超过 500 米。

④登山容易引起脱水症状，因此每天需要饮水 3~4 升。

⑤在到达海拔 3600 米和 4300 米左右时，要各自休整一天，以适应这两个海拔高度的环境。

■如果出现高原反应时

①症状比较轻时，可以在周边漫步游览，等待身体逐步适应。但是

旅行小贴士

步行速度

高原反应的症状因人而异，适应能力也各不相同。不能逐步适应高度的人比适应能力快的人，在步行上要花费 2 倍的时间，人数多的时候，可以考虑分成不同的小组分头行动。

食物和服装

疲劳和寒冷可以说是造成高原反应的主要原因，在高原肉类和奶酪很难吃到，可以喝一些加糖的茶水，同时补充能量和水分。另外还要穿防风性能好的服装，用以遮挡寒风。

一定要大量补充水分

在高原上由于缺氧呼吸量就会自然增多。呼出的气体会带有水分，因此很容易造成体内水分缺失。大量饮水可以防止出现脱水症状。最好带一些运动饮料冲剂。

关于直升机救援

如果没有付款的保证，直升机公司是不会进行救援工作的，因此一定要事先与帮助办理徒步旅行手续的旅行社联系，如果是个人进行徒步旅行的话，则要与在尼泊尔的中国大使馆联系，要求协助救援。救援费用 US$3000 左右，因此提前购买海外旅行保险比较安心。购买保险之前，要确认是否包含徒步旅行中请求救援的费用。

要注意随时补充少量水分

尽量不要白天睡觉。

②症状加重时立即下山。患者一定要有人陪同，即便是深夜也要立即下山。此时患者可能会失去正常的判断力，周围人可以强制其下山。

③紧急情况下可以要求出动直升机。

服装与装备

徒步旅行需要具备灵活的头脑和健康的体魄，还需要能够随时加减、活动自如的服装。海拔低的地方与高原的温差，或者白天与夜间的温差高达几十摄氏度，白天只穿一件 T 恤都会出汗，夜里却需要穿羽绒服，这种情况一点都不罕见。

一般情况下，海拔每升高 100 米，气温就会下降 0.6 摄氏度。另外风速每增加一米，体感温度就会下降一摄氏度。例如，10 月的加德满都清晨气温 12 摄氏度左右，同一时刻的珠穆朗玛山区纳姆泽的气温却在 0 摄氏度左右，在卡拉·帕塔尔遇到强风的话气温会降到零下 20 摄氏度左右。因为温差很大，根据不同的旅行方式，准备的服装也大不一样，一般徒步旅行者按照以下两种类型来准备必要的装备。

■年轻的背包客

如果在印度次大陆进行长期旅行的话，途中大概只需带 T 恤衫和长袖衬衫就可以了，根本不需要担心什么。在加德满都或者博卡拉的徒步旅行用品店内可以购买睡袋或者羽绒服，也可以用便宜的租金租借，购买的时候可以多听听有经验的夏尔巴店员的建议之后再做决定。

不过鞋最好带自己常穿的鞋上路，在海拔 3000 米以下的地方，当地人基本都是光脚或者穿凉鞋走路，徒步旅行者准备厚底结实的运动鞋就可以了。裤子如果是常穿的牛仔裤也没问题，不过太紧身的裤子不太适合走山路。短裤也可以（女性在习俗上不能露出大腿），如果徒步旅行的目标是海拔 3000 米以上的高原，最好准备保温性能好的内衣。

由于山区风很凉，需要准备风衣，随身携带的行李，如果自己背的话最好在 10 公斤以下，因为如果行李太重的话只会留下痛苦的回忆，如果行李交给脚夫搬运的话可以控制在 30 公斤以内。

■中老年登山家

泰米尔地区的徒步旅行用品商店

爬山的时候，要把几件高品质的衣服很巧妙地套穿在身上，例如挑战 8000 米高的山峰时，登山家只穿三件衣服。内衣，夹层，外套如果都选择保暖性或者运动性能优良的服装，就不需要穿那么多了，这样也不至于热得出汗，而且运动性能也不受损，穿着也很舒服。

如果目标是海拔 3000 米以下的地方，准备行装的时候，跟国内同时期去低海拔地区旅行装备差不多就行，如果目标是海拔 4000 米以上的话，准备行装的时候，就要准备保温性能更好的装备。服装或者装备最好使用在国内用惯的那些东西。

旅行小贴士

徒步旅行用品商店

加德满都的泰米尔地区或者博卡拉的湖滨地区有很多徒步旅行用品商店，可以购买徒步旅行所需的所有物品，服装睡袋等物品多为尼泊尔生产的产品，质地优良，足以用来进行徒步旅行。不过带有 NORTHFACE 或者戈尔特斯标志的产品几乎都是仿制品，NORTHFACE 的正品销售商店（Map p.37-B2）在加德满都有一家，除此之外，在同一条大街的著名品牌店里也有销售。

需要从国内带来的东西

虽然在尼泊尔什么都能买得到，不过鞋最好还是带自己常穿的鞋比较好，还有睡袋，如果有的话，最好带自己的，虽然在尼泊尔日用品商店可以租赁，不过大多清洁度不够。

羽绒服和睡袋

在徒步旅行用品商店，羽绒制品大概 Rs2000，轻型高性能的产品花 Rs6000 就能买到，睡袋的价格也大致相同，不过同样产品不同商店相差很多，需要特别注意。如果租赁，不同质量价格不同，一天需 Rs100~200。

服装与分层着装

尼泊尔的徒步旅行，最吸引人的线路是从海拔 1000 米以下的亚热带地区，经过几天的跋涉到达海拔 5000 米的冰河地带附近。不同的地方气候以及自然特点也有很大的区别，因此需要准备符合各地特点的服装。

准备服装的时候，需要准备速干内衣、保暖内衣、抓绒夹层、羽绒服、透湿防水外套五种类型的服装，徒步旅行中，最基本的常识是要学会如何把这几种服装巧妙地分层穿在身上。所谓分层着装，就是即使在寒冷地区，也只是穿两三件速干衣服巧妙地达到保暖的效果，而且活动自如，感觉舒适，分层穿衣是徒步旅行中的一种穿衣技巧，跟以前那种只是单纯地“叠穿”在身上的概念有所不同，所以称为分层着装。

■外套

徒步旅行刚开始的时候，由于海拔较低，只穿一件 T 恤可能还会热得出汗，不过随着海拔的提高，会吹来猛烈的寒风，徒步旅行时防风防水的外套成为必不可少的服装。在海拔 3000 米以下的地方，可以在 T 恤外面直接穿外套，最好选择那种没有多余衬里的简单外套。

使用透湿防水面料的便于活动的外套

外套的面料，最好使用以戈尔斯特为代表的透湿防水面料。因为这种面料可以把自己蒸发的水蒸气排到外面，而外面的水却无法侵入。这种面料的服装最适合进行徒步旅行。而且可以兼作雨衣，这样就可以减少一些行李，方便又省事。

■羽绒服

如今虽然防寒面料的开发突飞猛进，不过还没有出现比羽绒保暖性能更好的中棉，因此既轻巧又可以压缩包装的羽绒在户外用品中仍然是最适合的防寒服装。不过羽绒服穿在身上的时候，身体与羽绒服之间的空间部分容易变冷，无法发挥羽绒服原有的保暖性能，所以购买的时候请选择那种刚好贴身的便于活动的羽绒服。虽然尺寸大些的羽绒服可以当作时尚的便装来穿，可是在山中没有暖气的小屋里，却只是显得体积庞大，很难暖和起来。

春秋季节在海拔 2000 米左右的地区穿这种薄薄的羽绒服就足够了

冬季或者在海拔 3000 米以上的地区，需要穿这种很暖和的羽绒服

■上衣（中间夹层）

上衣（中间夹层）选择的时候主要考虑能否在气温与体温之间起到平衡的作用，要根据不同的季节以及想要保持的温度来进行选择。代表性的面料是抓绒面料，这种面料的特征是既轻便又保暖，通气性也很好。即使出汗也不会感觉闷热，正好适合徒步旅行时穿在身上。不过这种衣服不防风，所以无法兼作风衣。在海拔 3000 米以上的地方，要穿比较厚的抓绒衣，在 3000 米以下的地方可以穿比较薄的抓绒衣，或者穿化纤长袖 T 恤衫也可以。如果徒步旅行的路线要穿越从海拔 1000~5000 米的区域，需要准备薄抓绒衣和厚抓绒衣两种，或者其他可以很好地进行分层着装的衣物。

建议准备轻便保暖的抓绒衣，可以通过打开或者拉上前面的拉链来调节体温

■短裤（裤子）

登山用的休闲裤等，使用弹性布料、具有收缩性、活动方便的裤子。即使湿了也很容易晾干的化纤制品比较好。如果从功能方面挑选

裤子要选择裤型设计比较好的那种

在海拔 3000 米以下的地方，把紧身裙套在六分裤外面穿，可以显示风格的多样性

的话，运动服裤子是最适合徒步旅行的，不知道是因为虚荣还是别的什么问题，穿运动服裤子徒步旅行的人几乎看不到。如果在海拔3000米以下的地方，穿一条紧身裤外加上一条短裤就可以，如果天气热的话只穿一条短裤就可以，既凉快又舒适（女性不可以）。

■防寒内衣

在步行中，如果出汗的话，衣服贴在身上感觉很不舒服，休息的时候由于出汗会浑身发冷，成为损伤身体健康状况的主要原因。从这点来看，纯棉内衣是最不适合徒步旅行的面料，属于选择对象范围之外的内衣。应该尽量选择吸汗挥发性能高的化学纤维内衣。虽然价格有些贵，不过运动或者登山用的内衣，由于吸汗、保暖以及运动性能好，适合保持身体体温的平衡，无论哪种品牌，面料的厚度都分为薄、中间、厚三个类型，可能选择起来有些麻烦，不过在海拔4000米以下，薄的就足够了，即使在更高的海拔高度行走，薄的也基本够用。

最重要的防寒衣是贴身穿的内衣，运动衣或者户外用品的内衣比较便于活动

■T恤

在海拔1500以下，由于天气炎热，不需要穿防寒内衣，穿一件T恤，还可以兼作内衣，最好准备吸汗挥发性能好的T恤。

速干面料的衣服穿着感觉很舒服

关于其他装备

■徒步鞋

登山暂且不说，徒步旅行很少有人会穿那种皮革制的重登山靴。还是穿轻快的徒步鞋潇洒地行走吧。为了便于在海拔超过4000米以上的陡峭悬崖峭壁行走，最好选择鞋跟比较厚的鞋。而且路上可能会有雨水或者积雪，所以穿的鞋必须具有透湿防水的功能。

在海拔4000米以上的地方行走的话，比较适合穿高帮厚底的鞋。在海拔3000米以下的地方，穿低帮鞋也没问题

挑选鞋子时最重要的是要确认尺寸（长度）和足围（全宽）是不是完全适合自己的脚，如果穿不合脚的鞋，很容易造成拇指外翻，而且会因为疼痛行走困难，甚至会出现危险的情况。

买鞋的时候最好跟袜子配套买，先选袜子，然后穿着袜子来挑鞋。在店里试鞋的时候，要把鞋带全部解开，坐在椅子上把脚穿进鞋里，脚后跟完全进去之后，把鞋带系结实，鞋带要系得不能太紧也不能太松，像平常那样系好后刚好适合自己的脚才行。如果紧鞋带系得不特别紧就感觉鞋没穿好的话，说明那双鞋并不适合自己的脚，这一点要特别注意。

■袜子

通常都认为选袜子是一件很容易的事情，其实袜子选得好可以给步行带来大不相同的舒适感觉，所以要尽量选择质地好的袜子。据说人走一天的路，脚大概会出半杯左右的汗，被汗湿透的袜子把脚闷得很不舒服，容易感觉疲劳。脚肿胀之后很容易跟鞋产生摩擦，所以尽量选择吸汗挥发性好的面料或者羊毛混纺的袜子。保暖性好的袜子，在高原以外的地方，由于气温太热容易出汗，所以要配合目的地的海拔挑选合适的袜子。

进行长时间的徒步旅行最好还是选择质地好的袜子

跟选鞋子一样，一定要仔细选择完全适合自己身体的旅行包

■旅行包

按内容量尺寸分为40~80升，按背部尺寸分为S、M、L，在挑选的时候要注意这几种不同的尺寸标准。最近的旅行包设计，与其说是用背来负重，不如说是用腰带来承担背包的重

量，试用的时候要用腰带先把旅行包固定在腰骨的位置，然后让旅行包刚好贴在背上，大小不能兼用，所以挑选大小的时候要慎重，如果自己背负的话最好把重量控制在10公斤以下，否则徒步旅行会太辛苦，内容量60升左右的比较合适，不过，如果雇用脚夫的话，就不必因为行李的总重量过于费心了，

如果只装水或者上衣的话，10升左右的包就够用了，快乐的徒步旅行最关键的秘诀就是身轻

■小背包

徒步旅行中把所有行李全都交给脚夫，自己空手前进也可以，不过最好带一个装风衣或者瓶装水等东西的20升左右的小背包，太便宜的背包可能背着感觉不舒服，最好购买专用背包。

透湿防水面料，上衣和裤子分开的两件套

■防雨服

6~8月是雨季就不用说了，即使9~12月的旱季有时也会下雨。在海拔3000米以上的山脊，雨从下面吹上来，雨披根本就不起作用，下雪的时候如果浑身湿透的话，会有生命危险，所以一定要准备质地好的防雨服。一般分上衣和裤子两件套，在挑选的时候主要看透湿性能是否良好，是否立体剪裁，面料的厚度是否合适。如果面料太厚，在叠起来的时候体积太大，因此比较薄的防雨服适合携带，也可以从国内购买品质好的国产防雨服。

■折叠伞

如果是小雨，没到穿防雨服的程度，使用折叠伞比较方便。

■帽子

高原的直射阳光非常强烈，为了防紫外线最好选择戴宽檐帽子。不过帽檐越宽越容易被风吹，一不小心很容易被风刮到谷底，所以一定要把下颌的带子系结实。

如果只是一两天的短途徒步旅行的话，戴这种无檐盖帽就够了，如果准备去海拔3000米以上的地方，最好准备宽檐帽子

■墨镜

可以戴在眼镜上的墨镜

一般情况下，海拔每增高1000米，紫外线就会增加10%，如果面对海面的话，在海拔5000米的地带，按此计算，紫外线强度会增加80%，实际的观测结果是比这个还要厉害得多。在雪原紫外线强度增加50%，由于日光的强烈反射甚至会造成雪盲，所以要戴墨镜，保护眼睛不受紫外线的伤害，挑选的时候最好选择那种可以防止从两侧进光的样式，而且选择不易坏损变形的墨镜。

■护踝鞋罩

为了防止小石子或者积雪进入鞋里，需要使用护踝鞋罩。在高原还可以兼作防寒用具，防止寒风吹坏脚腕，在海拔3000米以上的地方，常年都需要这种护踝鞋罩。

徒步旅行用品店里的护踝鞋罩就是这样的

■登山杖

在4000米以上的岩壁，很容易失去平衡，即使不是老年人，也需要携带登山杖。有单卖一根的，也有是两根一套的，到底选择一根还是两根，有些微妙的区别。都说用两根容易掌握平衡，不过也有人不愿意两只手都被登山杖占用，所以最好选择适合自己的方式。

■手套

纯棉手套在刮风下雨的时候用起来不方便，如果进行长时间的徒步旅行的话最好准备尼龙质手套。冬季的高原寒风凛冽，吹在身上如刀割一般，所以最好准备防风性好的羊毛或者抓绒等质地的保暖手套。

防风防寒必需的手套有很多选择，徒步旅行用的手套不需要太厚

■睡袋

睡袋也被称为 Schlafsack 或者 Sleeping bag，有羽绒和化纤两种制品。保暖性能差不多的睡袋，折叠后羽绒睡袋比化纤睡袋占用的空间小得多，价格越高，收缩力越强，需要注意的是羽绒睡袋被水打湿后不能自然晾干，而且无法继续使用，所以处理的时候要特别小心。如果自己随身携带行走的话，带小型羽绒睡袋比较方便，如果委托脚夫携带的话，就无须担心尺寸大小的问题，可以选择容易处理的化纤睡袋。化纤睡袋的价格比羽绒睡袋便宜。在山间小屋住宿的时候基本没有必要铺防潮垫，不过严冬季节还是铺上暖和一些。

徒步旅行装备一览表

物品名称		年轻背包客		中老年登山家		一句话总结
		3000米以下	3000米以上	3000米以下	3000 米以上	
服装	外套			○	○	穿在最外面。使用戈尔斯特等透湿防水面料，可以兼作防雨服
	羽绒服		○	○	○	适用于海拔高的地方或者冬季的徒步旅行
	上衣	○	○	○	○	抓绒衣轻便易穿
	防寒内衣		○	○	○	保暖性好，速干性高，便于活动的户外用服装
	贴身内衣	○	○	○	○	速干性内衣比较好
	运动鞋	○				鞋跟厚而结实耐用的运动鞋
	徒步鞋		○	○	○	防水徒步鞋
	拖鞋	○	○	○	○	在山上小屋休息时穿拖鞋非常方便，可以穿着袜子直接穿的，不是人字拖
	短裤	Δ				在海拔低的地方徒步时穿，女性不可
雨具	防雨服	Δ				戈尔斯特等透湿防水面料
	雨披	Δ				有人把雨披当作防雨服使用
	折叠伞	○	○	○	○	轻便雨伞，既可当作雨具也可用于遮阳
	护踝鞋罩		○			为了防水可以穿在防雨裤和鞋子外面
其他需要随身携带的物品	墨镜		Δ	○	○	应对紫外线必备，冬季为防止雪盲的必需品
	旅行包	○	○	○	○	需要跟身体刚好吻合，也可以交给脚夫
	背包罩	Δ	Δ	○	○	为了防止被雨淋湿
	小背包			○	○	无法交给脚夫的贵重物品自己随身携带
	登山杖			○	○	有一根比较方便，老年人可以准备两根
	睡袋	○	○	○	○	适应季节和海拔的睡袋
	手套	Δ	○	○	○	羊毛制品，如果有戈尔斯特绝缘手套更好
	袜子	○	○	○	○	速干性和保暖性都要好的袜子
	帽子	○	○	○	○	在海拔低的地方用于防晒，在海拔高的地方需要羊毛帽
	耳罩		○		○	用于冬季的徒步旅行
	轻便冰爪				Δ	适用于冬季冰雪地带
	围巾		Δ		Δ	在加德满都可以购买羊绒围巾
日用品	手电	○	○	○	○	头灯很方便
	备用电池	○	○	○	○	可以在加德满都购买
	医药品	○	○	○	○	感冒药、肠胃药、止泻药、止痛药、创可贴等
	防晒霜	Δ	○	Δ	○	海拔高的地方紫外线很强
	唇膏	Δ	○	Δ	○	海拔高的地方非常干燥
	毛巾	○	○	○	○	运动毛巾一条
	香皂	○	○	○	○	对于环境影响较小的香皂
	洗发液	Δ	○	Δ	○	对于环境影响较小的小瓶装
	刀子		Δ		Δ	瑞士军刀比较方便
	绳子		Δ		Δ	用于晾晒衣服
	蜡烛	Δ	○	Δ	○	有的山间小屋没有准备蜡烛
	水壶		○		○	塑料瓶可以替代，3000 米以下可以直接去茶屋喝水
	手纸	○	○	○	○	可以使用纸巾
	塑料袋	○	○	○	○	用于装垃圾或者防水
食品	运动饮料冲剂		Δ	Δ	Δ	对于应对高原反应比较有效
	巧克力 / 饼干		Δ		Δ	作为应急食品
	中国食品			Δ	Δ	如果身体健康情况不好，能喝粥或者汤就不用担心了
贵重物品	护照	○	○	○	○	一定小心保管，千万不可丢失
	现金	○	○	○	○	按需要准备，准备美金
	TIMS/ 徒步旅行许可证	○	○	○	○	一定要事先获取

徒步旅行途中顺便前往

喜马拉雅山温泉

Hot Springs in the Himalaya

本书介绍的安纳普尔纳地区的温泉有：塔托帕尼温泉（→p.219）及其下游的拉托帕尼温泉（→p.219），另外还有圣地线路中的基努温泉（→p.227）。除此之外，尼泊尔的其他地方还有很多温泉。虽然没有一个温泉刚好位于徒步旅行的线路上，不过很方便前往，下面介绍几个值得推荐的著名温泉。需要说明的是，并不是所有自然涌出的温泉都是温度适当，也并非随时都可以充满浴槽，如果时间不对可能无法进入，或者连温泉本身可能都会消失得无影无踪。所以，什么样的季节去参观体验是个问题。由于各自所处的地理位置不同，不能一概而论，不过一般河流水量最少的初春是最好的泡温泉季节。

农忙期前的初春是当地人泡温泉的季节

辛哈温泉（道拉吉里专区聂拉古迪县）Map p.212

温泉位于从贝尼（Beni）出发沿着捏拉古迪河边平坦的道路往上走大约 9 公里的地方，乘坐小巴大概需要 50 分钟，如果步行则需要 2 个半小时左右，如果从贝尼出发去温泉可以当天返回。由于这个温泉是远近闻名的疗养温泉，所以村里可以提供住宿和就餐的帕提有好几家。

位于河滩上的带顶棚的巨大温泉浴池，旺季的时候可以容纳 200 多人泡温泉，入浴时间男女有别，在这里泡温泉的男女都必须穿长短裤，女性上身必须穿胸罩或者女式背心。浴池周边，随处可见从温泉出来的人，从头到脚裹着厚毛巾蹲在那里，那是一种毛巾桑拿。河边一块巨大的岩石后面是温泉水涌出的地方，被人们用作淋浴场或者洗衣服的地方，饮用的温泉水也从这里打取。

大量泡温泉的客人使得辛哈温泉热闹非凡

帕拉冈温泉（巴格玛蒂专区拉斯瓦县）Map p.254

温泉水冲打在身上，感觉很舒服

从朗当线路的起点斯亚布贝斯出发步行大约 6 小时，就可以到达帕拉冈温泉。沿着发源于我国西藏的博特河的支流奇里梅河向上游前进，温泉位于海拔 2400 米的森林之中，从加德满都有巴士可以通往途中的奇里梅（Chilime），乘坐这趟巴士可以将步行所需的时间缩短一半，前往奇里梅的巴士，从加德满都的马洽珀卡里停车场（Map p.34-A2）6:20 发车，乘车时间大约 12 小时。

山腰上用大石头堆积了三个大浴池，里面是含有铁成分的黄褐色温泉水，有 6 根 2 米高的水管向浴池中注入温泉水，水管中的温泉水冲到身上感觉很舒服。浴池的正下方，正在修建厨房和客房分别位于不同建筑内的一座酒店。

安纳普尔纳 *Annapurna Trekking*

有用的信息

许可证和入境费

在安纳普尔纳山区徒步旅行，除了 TIMS 许可证之外，还需要在 ACAP 事务所支付 Rs2000 的入境费，领取安纳普尔纳保护区入境证，在徒步旅行线路上有几处检查站，如果没有携带入境证，除了支付 Rs2000 的入境费之外，还需支付 Rs2000 罚款，或者不得不返回博卡拉领取入境证，领取的办法参考→ p.199

旅行小贴士

徒步旅行的季节

6~9 月受雨季的影响不利于欣赏山景。10~11 月天空晴朗是欣赏山景最好的季节。12 月 ~ 次年 1 月虽然晴朗的天气也很多，但是在海拔 3000 米以上的地方，天气已经变冷，还有可能遭遇雪天。2~3 月是山花盛开的季节，特别是 2 月末到 3 月之间，在海拔 2000 米附近的森林中，大朵的杜鹃花竞相绽放，绿油油的森林和耸入云霄的白色雪山形成鲜明的对比，景色非常漂亮。在 4~5 月步行，白天会感觉很热。

服装和装备

如果在山间小屋住宿，而且在小屋就餐的话，几乎就没什么可准备的东西了。大约每隔一小时就可以看到山间小屋和茶屋，如果去当普斯附近徒步旅行，有一件风衣就足够了。如果再往前一直到塔托帕尼，只要不是冬季，除戈雷帕尼会感觉有些冷之外，其他地方都不需要羽绒服，但是在冬季前往海拔 3000 米以上高原的徒步旅行者，就必须准备可以抵御零下 20 摄氏度严寒的装备，尤其是积雪期，有些地方可能根本无法通行，要是这样只有返回，别无他法。

从布恩山遥望道拉吉里群山

费瓦湖位于博卡拉的郊外，倒映在湖面的安纳普尔纳群峰以及远处直插云霄的鱼尾峰，可谓真正的众神之山。即使在酒店的庭院或者湖畔看上一天，那瞬息万变的山景也会令人百看不厌，仅此一项，就让人感觉到博卡拉一趟真是不虚此行。如果能够尽自己所能走进山中，比博卡拉更近距离地接近喜马拉雅山，你一定会被它的气势所震撼。

相比之下，在安纳普尔纳山区徒步旅行要比在其他区域出现高原反应的情况少一些，这里的道路状况不错，面向徒步旅行者的住宿设施也很完善。以博卡拉为起点的徒步线路中，既有两天一夜的短途旅行，也有 1~2 周的真正的徒步旅行，各种线路应有尽有，初次体验徒步旅行的人，建议从这里开始，从博卡拉到穆格蒂纳特之间的汽车通道几乎已经全部开通，往返利用巴士或者出租车的话，走近神山就会变得更加轻松容易。

标准徒步线路

出发和终点都是博卡拉。各条线路可以自由组合，根据日程做出相应的安排，所需天数是指一边徒步一边游览所需的最低限度的天数。

线路 1　从博卡拉到当普斯　行程需要 1~2 天 p.214~215

从博卡拉出发的两天一夜的行程，是一条相对轻松的短途线路。从位于山间的当普斯村可以正面欣赏鱼尾峰以及安纳普尔纳连绵群山的神圣山姿。

线路 2　前往戈雷帕尼 & 塔托帕尼　行程需要 3~4 天 p.216~219

从海拔 2853 米的戈雷帕尼山口前往布恩山，从布恩山上展望的效果在安纳普尔纳徒步旅行线路中是数一数二的。在塔托帕尼还可以泡温泉，悠闲惬意地度过一段美好时光。

线路 3　前往戈雷帕尼 & 甘杜荣　行程需要 4~5 天 p.220~221

从戈雷帕尼先前往布恩山，然后前往古隆族村落甘杜荣，再经由当普斯返回博卡拉。这条线路是从博卡拉出发的最受欢迎的一条线路。

线路 4　前往佐莫索姆 & 穆格蒂纳特　行程需要 10 天 p.222~225

经由戈雷帕尼、塔托帕尼前往圣地穆格蒂纳特。这条线路曾经是我国西藏和印度之间的贸易商路，周边风景也具有藏族特色。如果单程乘坐飞机前往佐莫索姆的话，行程可以缩短 4 天。

线路 5　前往安纳普尔纳圣地　行程需要 9 天 p.226~229

这条线路可以进入安纳普尔纳南峰以及鱼尾峰的深山地区。从安纳普尔纳 B.C. 可以遥望非常壮观的景色。归途选择不同线路的话，可以充分体验富于变化的徒步旅行带来的无限乐趣。

线路 6　安纳普尔纳环线　行程需要 13 天 p.230~233

从安纳普尔纳东侧翻越海拔 5416 米的托龙山口前往圣地穆格蒂纳特。时间很充裕，适合体格健壮、体力充沛的徒步旅行者。

治安状况

在安纳普尔纳山区的部分地区，曾经发生过徒步旅行者遭遇山里土匪袭击而受伤的事件。在当普斯、乔姆隆、戈雷帕尼之间的三角地带，至今抢劫事件还时有发生，所以要尽可能避免单独一人的徒步旅行，最好选择团体旅行或者跟向导和脚夫一起行进。另外这一地区还经常发生偷盗事件，贵重物品一定要随身携带，客房一定要上锁。甚至还发生过早上洗脸时照相机放在旁边就不翼而飞的事情，因此不可掉以轻心。

不断发展变化的徒步旅行线路

2008 年佐莫索姆街道开通了汽车通道，游客可以乘坐巴士或者与其他人合乘出租车从博卡拉经由贝尼前往穆格蒂纳特，从 2013 年 5 月到现在，什卡～奇特雷、纳亚布尔～夏乌里市场～吉姆切之间的路也都已经竣工。前往山里的途径会变得越来越简单。与此相对，当地人对于道路开通的意见却褒贬不一，有很多人认为这种发展未必是好事。

旅行小贴士

风雨对策

在安纳普尔纳南侧，即使进入旱季之后也时常会有降雨，10~11 月虽说是徒步旅行的最好季节，但还是要充分做好防雨对策才行。另外在海拔 3000 米以上的高原，午后经常会出现伴随尘土飞扬的大风，因此最好准备一件质地优良的透湿防水外套。

读者投稿

徒步旅行中的食物

在安纳普尔纳的住宿旅馆中基本都有古隆面包和玉米面包，我非常喜欢玉米面包，每天早上都把它当早餐。几乎所有的餐馆也都有尼泊尔蒸饺，虽然味道各不相同，不过都还不错。即食面（面条汤）中加入了蔬菜和鸡蛋，很适合在身体状况不太好的时候食用，此外，炒面、炒饭、炸土豆等在哪家餐厅都能吃得到。

在佐莫索姆附近行驶的吉普车

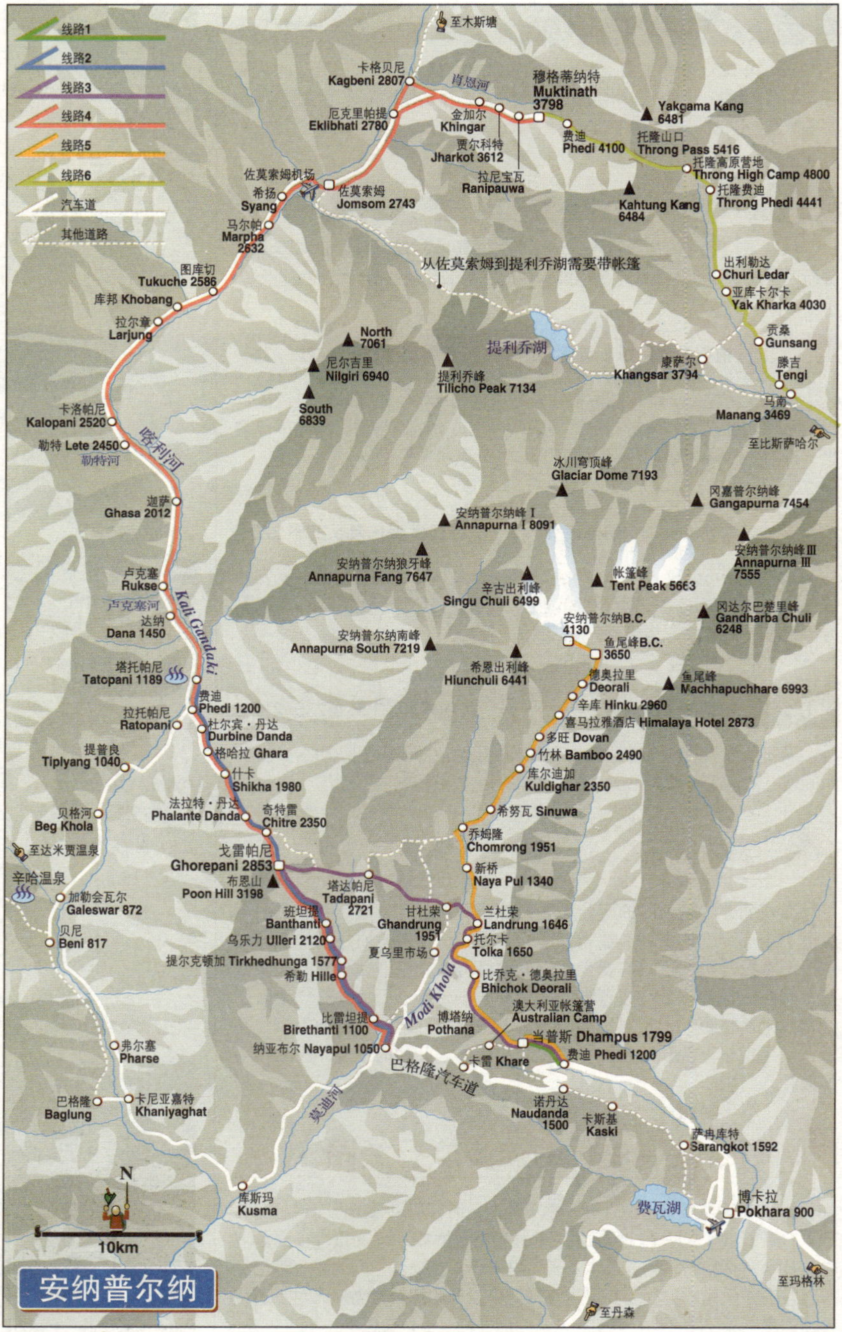

线路1
线路2
线路3
线路4
线路5
线路6
汽车道
其他道路
至木斯塘
卡格贝尼
Kagbeni 2807
肖恩河
穆格蒂纳特
Muktinath
3798
Yakgama Kang
6481
厄克里帕提
Eklibhati 2780
金加尔
Khingar
贾尔科特
Jharkot 3612
拉尼宝瓦
Ranipauwa
费迪
Phedi 4100
托隆山口
Throng Pass 5416
托隆高原营地
Throng High Camp 4800
托隆费迪
Throng Phedi 4441
佐莫索姆机场
希扬
Syang
佐莫索姆
Jomsom 2743
Kahtung Kang
6484
马尔帕
Marpha
2632
从佐莫索姆到提利乔湖需要带帐篷
图库切
Tukuche 2586
库邦 Khobang
拉尔章
Larjung
出利勒达
Churi Ledar
亚库卡尔卡
Yak Kharka 4030
North
7061
尼尔吉里
Nilgiri 6940
South
6839
提利乔峰
Tilicho Peak 7134
提利乔湖
康萨尔
Khangsar 3794
贡桑
Gunsang
滕吉
Tengi
马南
Manang 3469
至比斯萨哈尔
卡洛帕尼
Kalopani 2520
勒特 Lete 2450
勒特河
喀利河
冰川穹顶峰
Glacier Dome 7193
冈嘉普尔纳峰
Gangapurna 7454
迦萨
Ghasa 2012
安纳普尔纳峰 I
Annapurna I 8091
安纳普尔纳狼牙峰
Annapurna Fang 7647
安纳普尔纳峰 III
Annapurna III
7555
卢克塞
Rukse
卢克塞河
Kali Gandaki
达纳
Dana 1450
辛古出利峰
Singu Chuli 6499
帐篷峰
Tent Peak 5663
冈达尔巴楚里峰
Gandharba Chuli
6248
安纳普尔纳B.C.
4130
鱼尾峰B.C.
3650
安纳普尔纳南峰
Annapurna South 7219
希恩出利峰
Hiunchuli 6441
塔托帕尼
Tatopani 1189
德奥拉里
Deorali
鱼尾峰
Machhapuchhare 6993
费迪
Phedi 1200
辛库 Hinku 2960
拉托帕尼
Ratopani
杜尔宾·丹达
Durbine Danda
喜马拉雅酒店 Himalaya Hotel 2873
格哈拉 Ghara
多旺 Dovan
竹林 Bamboo 2490
提普良
Tiplyang 1040
什卡
Shikha 1980
库尔迪加
Kuldighar 2350
贝格河
Beg Khola
法拉特·丹达
Phalante Danda
奇特雷
Chitre 2350
希努瓦 Sinuwa
乔姆隆
Chomrong 1951
至达米贾温泉
戈雷帕尼
Ghorepani 2853
新桥
Naya Pul 1340
辛哈温泉
布恩山
Poon Hill 3198
塔达帕尼
Tadapani
2721
加勒会瓦尔
Galeswar 872
班坦提
Banthanti
甘杜荣
Ghandrung
1951
兰杜荣
Landrung 1646
贝尼
Beni 817
乌乐力 Ulleri 2120
托尔卡
Tolka 1650
提尔克顿加 Tirkhedhunga 1577
夏乌里市场
希勒 Hille
Modi Khola
比乔克·德奥拉里
Bhichok Deorali
比雷坦提
Birethanti 1100
博塔纳
Pothana
澳大利亚帐篷营
Australian Camp
当普斯 Dhampus 1799
纳亚布尔 Nayapul 1050
费迪 Phedi 1200
弗尔塞
Pharse
卡雷 Khare
巴格隆汽车道
巴格隆
Baglung
卡尼亚嘉特
Khaniyaghat
莫迪河
诺丹达
Naudanda
1500
卡斯基
Kaski
萨冉库特
Sarangkot 1592
N
库斯玛
Kusma
费瓦湖
博卡拉
Pokhara 900
10km
至玛格林
至丹森
安纳普尔纳

戈雷帕尼附近
5km
线路1
线路2
线路3
线路5
线路6
汽车道
其他道路
至塔托帕尼
法兰特 Phalante
奇特雷 Chitre 2350
戈雷帕尼 Ghorepani 2853
布恩山 Poon Hill 3198
南格坦提 Nangethanti 2460
班坦提 Banthanti
乌乐力 Ulleri 2120
提尔克顿加 Tirkhedhunga 1577
希勒 Hille 1524
马塔坦提 Matatanti 1120
比雷坦提 Birethanti 1100
纳亚布尔 Nayapul 1050
至巴格隆
德奥拉里 Deorali 3103
班坦提 Banthanti
塔达帕尼 Tadapani 2721
达拉温蒂河
丘姆罗 Kyumnu
库姆隆 Komrong
拜西卡尔卡 Bhaisi Kharka
甘杜荣 Ghandrung 1951
吉姆切 Kimche
夏乌里市场 Shauli Bazaar 1170
莫迪河
章德拉科特 Chandrakot 1580
澳大利亚帐篷营 Australian Camp
卡雷 Khare
巴格隆汽车道
诺丹达 Naudanda 1500
卡斯基 Kaski
至萨冉库特
至博卡拉
费迪 Phedi 1220
当普斯 Dhampus 1799
博塔纳 Pothana 1890
比乔克·德奥拉里 Bhichok Deorali 2149
贝里卡尔卡 Bheri Kharka
比乔克 Bichok
托尔卡 Tolka 1650
Modi Khola
兰杜荣 Landrung 1646
新桥 Naya Pul 1340
乌蒂 Udi
基努 Jhinu
丘姆罗河
道伦 Taulung 2180
乔姆隆 Chomrong 1951
希努瓦 Sinuwa 2340
至安纳普尔纳B.C.
安纳普尔纳环线
中华人民共和国
卡格贝尼 Kagbeni
穆格蒂纳特 Muktinath
托隆山口 Throng Pass 5416
佐莫索姆 Jomsom
图库切 Tukuche
托隆费迪 Throng Phedi
亚库卡尔卡 Yak Kharka
马南 Manang
至马纳斯卢
尼尔吉里
卡洛帕尼 Kalopani
安纳普尔纳峰 I
奥姆德
皮桑 Pisang
安纳普尔纳峰 III
达纳克尤 Dhanakyu
查梅 Chame
巴迦尔恰普 Bagarchhap
安纳普尔纳B.C.
IV
II
塔托帕尼 Tatopani
安纳普尔纳南峰
鱼尾峰
拉姆章
达拉帕尼 Dharapani
塔尔 Tal
贝格河 Beg Khola
乔姆隆 Chomrong
查姆杰 Chamje
贝尼 Beni
戈雷帕尼 Ghorepani
盖尔姆 Gherm
巴浑丹达 Bahundanda
当普斯 Dhampus
布尔布勒 Bhulbhule
巴格隆
库迪 Khudi
费瓦湖
贝格纳斯湖
比斯萨哈尔 Besisahar
博卡拉 Pokhara
至博卡拉、加德满都
20km

线路 1 Map p.212

从博卡拉到当普斯

难易程度：适合初级徒步旅行者　行程需要天数：1~2 天　最高到达点：1799 米

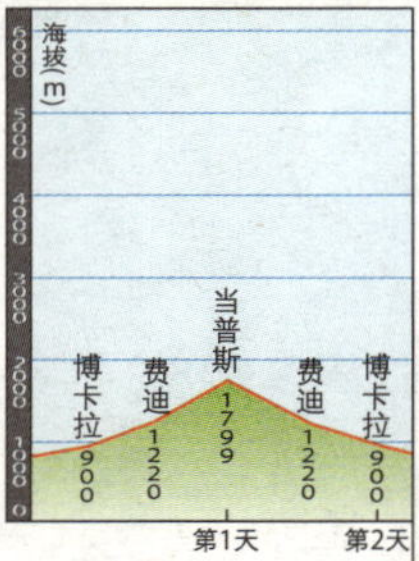

从当普斯的村庄可以从正面欣赏鱼尾峰的风景

有些游客好不容易来到博卡拉，很想徒步旅行，可是又没有那么充足的时间，不能安排多日的徒步旅行，对于这样的旅行者最值得推荐的就是参加从博卡拉出发的短途徒步线路。从博卡拉住宿的地方乘车 30 分钟，往山的方向步行 1.5 小时左右，就可以到达当普斯的村庄，从那里可以欣赏面前连绵起伏看不到边际的安纳普尔纳·喜马拉雅山脉。不需要支付 Rs2000 的入境费，基本可以轻装前进的徒步线路。如果下午出发，需要住宿一夜，可以尽情欣赏被晚霞或者朝霞染红的鱼尾峰；如果上午出发，可以当天返回。

有用的信息

关于 ACAP 许可证

当普斯的深处有 ACAP 许可证的检查站，只要不从检查站门前经过就不需要支付 Rs2000 的入境费。不过如果检查站的位置变更，有关的规定也可能会随之改变，所以去之前最好在当地确认当时的最新情报。

第一天　博卡拉（900 米）　需要 2.5 小时　当普斯（1799 米）

从博卡拉到登山口的费迪（Phedi），如果乘坐出租车从湖边住宿的地方出发，单程需 30 分钟左右；如果乘坐巴士，从巴格隆车站出发后大概 45 分钟后到达。从费迪沿着茶屋旁边的石级开始往上爬，由于需要一直不停地往上爬，当日往返的旅行者最好选择比较凉爽的时间往上爬。步行 1 小时左右即可到达当普斯下面的村庄。虽然有茶屋可以休息，不过如果再往上走一会儿很快就可以到达当普斯（Dhampus）了。

当普斯有十几家可以入住的旅店

当爬到当普斯村的一个山脊之上的时候，正前方就是高耸入云的鱼尾峰，如果顺着路往左走的话，村子里到处都有可以住宿的山间小屋，可以挑一家满意的地方投宿。

在当普斯遇到的孩子们

※在标准徒步线路中标注的日程所需时间中，就餐或者休息的时间不包括在内。

第二天	当普斯（1799 米）	需要 2 小时	博卡拉（900 米）

可以沿着从费迪过来的路原路返回。在费迪基本上都有等候游客的出租车，也有很多频繁开往博卡拉的巴士。

如果时间有富余，可以从费迪乘坐前往诺丹达（Naudanda）的巴士，经由萨冉库特（Sarangkot）返回博卡拉。如果从诺丹达步行返回的话，需要在名为“卡斯基达拉”的山脊上行走，视野开阔，便于行走。从诺丹达大概步行 1.5 小时后会经过一个名为卡斯基的村庄，从那里再走 2 小时左右就可到达萨冉库特。

从萨冉库特朝着费瓦湖的方向往下走 1.5 小时左右到达湖畔，沿着湖畔可以走回湖边的住处，路上也可以搭乘当地途经的巴士返回。

从诺丹达看到的鱼尾峰

有用的信息

从博卡拉到费迪

乘坐从博卡拉的巴格伦巴士公园开往纳亚普尔或者贝尼的巴士约 45 分钟，早上 5:15 到晚上 17:15 间每 20 分钟一班。乘坐出租车时，从湖边到这里需要 30 分钟，最便宜 Rs800~1000

坐车去当普斯

通往当普斯的公路已经开通，所以可以坐车过去。从湖边坐出租车约 1.5 小时，单程 Rs2000、往返 Rs3000 左右。另外从哈里·乔克(Hari Chowk)（P.124-A2）有合乘吉普可以利用，一天 2 班。

当普斯的住宿

“风之旅行社”经营的“月之屋”是非常出色的木屋，可观赏喜马拉雅的景致，并配有铁钢浴盆，招待也很热情。

Map 37-B2

住 住 Tridevi Marg,Thamel

☎（01）4249140

FAX（01）4249986

URL www.tibet-travels.com

INFORMATION

前往澳大利亚帐篷营的短途步行线路

如今前往海拔比当普斯高 500 米左右，位于高岗之上视野非常开阔的帐篷营的徒步线路，已经成为非常受欢迎的短途线路，出发点位于巴格隆汽车道上的卡雷（Khare），从博卡拉乘坐出租车需要 50 分钟左右。乘坐前往纳亚布尔或者贝尼方向的巴士也可以到达。需要携带 ACAP 入境证，要提前办好。

穿过市场之后开始徒步，从森林中的道路一直往上走需 1 小时左右就能到达。澳大利亚人曾经在这里支帐篷露营，所以因此而得名。从这里的山冈上可以看到高耸入云的鱼尾峰山顶，从东面可以看到萨冉库特以及费瓦湖。有 4 间山中小屋，也可以提供午餐。菜单从饺子到比萨一应俱全。不过非旅游旺季的话，由于没有事先准备，饭菜做好需要花费很长的时间。如果选择尼泊尔扁豆汤套餐，可以即刻用餐。

返回的时候，既可以原路返回，也可以沿着山脊步行 1.5 小时，朝着当普斯的方向下山。

以鱼尾峰为背景就餐真是一件赏心悦目的事情

Annapurna Trekking

线路 **2**

Map p.212/213

前往戈雷帕尼 & 塔托帕尼

难易程度：适合初级徒步旅行者　日程需要天数：3~4 天　最高到达点：3198 米

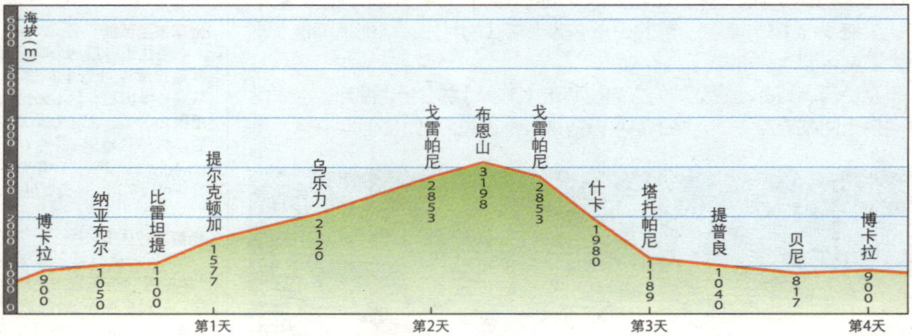

有用的信息

从博卡拉前往纳亚布尔的交通工具

从博卡拉的巴格隆公共汽车站乘坐前往纳亚布尔或者贝尼方向的巴士，大概需要 2 小时。从早上 5:15 到 7:15，每隔 20 分钟发一次车。如果乘坐出租车沿湖边道路行驶大约需要 1 个小时，收费为 Rs1500~2000。

可以从布恩山眺望美景是这条线路最大的亮点

从布恩山可以遥望安纳普尔纳峰和道拉吉里峰的 180 度美景，登山之后可以到喀利河旁的塔托帕尼村享受泡温泉的乐趣，然后乘车返回博卡拉。对于想在安纳普尔纳进行 3~4 天徒步旅行的游客建议选择这条线路。

这条线路以位于巴格隆汽车道上的纳亚布尔为起点，从那条作为与我国西藏之间的贸易商道而曾经繁华的山道开始徒步旅行。目标是接近布恩山顶的海拔 2853 米的戈雷帕尼山口，可以在茶屋休息一会儿再慢慢攀登，从戈雷帕尼到塔托帕尼，是一段一直下山的轻松路程。如果不去塔托帕尼，也可以从什卡利用合乘吉普车前往博卡拉，体验 2 晚 3 天的徒步线路。

3 月是杜鹃花盛开的季节

※在标准徒步线路中标注的日程所需时间中，就餐或者休息的时间不包括在内。

第一天　博卡拉（900米）　需要5.5小时　提尔克顿加（1577米）

从博卡拉前往纳亚布尔（Nayapul）时可以乘坐在巴格隆汽车道上行驶的巴士或者出租车（大概需要1小时）。（行程上标注的需要5.5小时，是指从博卡拉乘坐出租车的情况。）

到达纳亚布尔之后，沿着莫迪河（Modi Khola）的溪流往上游进发。慢慢地从正面可以看到高高耸立的鱼尾峰的壮观景色，经过几个小型市场之后，再步行20分钟左右就可以到达比雷坦提（Birethanti）村。有一座横跨莫迪河的铁桥通往本村。在铁桥前面与从章德拉科特方向过来的道路（也是从当普斯过来的道路）会合。过桥之后马上有个岔路口，左手方向通往戈雷帕尼，右手方向通往甘杜荣。

从纳亚布尔前往提尔克顿加

比雷坦提是一个以河岸为中心向两边展开的村庄，村里有十几家山间小屋。从外延式的餐厅或者咖啡厅可以尽情欣赏溪流的风景，是享受午餐的最佳选择地。

提尔克顿加周边都是广阔的梯田风光

走出村庄之后，是一条沿着达拉温蒂河缓慢上升的山路，从这里走到有山间小屋的马塔坦提（Matatanti）大概需要30分钟。经过三个村庄之后再往上爬1小时，就来到了古隆族和马嘉族居住的村落希勒（Hille）。从这里到提尔克顿加（Tikhedhunga）只剩下20分钟的路程。住宿选择哪个村都可以，如果还有多余的体力，也可以一直行走当天到达乌乐力（Ulleri），这样第二天的行程就轻松多了。

第二天　提尔克顿加（1577米）　步行6小时　戈雷帕尼（2853米）

通过提尔克顿加的一座小吊桥之后，马上就到了这条线路中最大的一个难点，一段高度差达600米的陡坡。虽然路上修有石级，比较方便攀爬，不过因为坡度太陡，最好趁着早上凉爽的时段攀爬。

爬一个多小时之后，可以看到修建在陡坡途中的一间茶屋，这里的视野很好，可以看到处于群山之中的安纳普尔纳南峰。从这里再攀登30分钟，就到了拥有5间山中小屋的乌乐力本村。

从乌乐力开始线路进入森林之中，在坡度平缓的路上攀

在戈雷帕尼的集市上购买一些食物或者日杂用品

需要通过几座吊桥

穿过茂密的森林前往戈雷帕尼

登1小时后可以到达班坦提（Banthanti）。这里有两个村落，大概相隔10分钟的距离，两个村落都有山间小屋，从这里开始进入茂密的森林，沿着这样的山路步行1小时后到达南格坦提（Nangethanti）。这个村子被溪谷分为两个村落，两个村落也都有山间小屋。从这里一直到戈雷帕尼不再有茶屋，所以最好在这里休息一下。

从南格坦提到戈雷帕尼大概需要一个多小时，戈雷帕尼分为上村（戈雷帕尼）和下村（戈雷帕尼·德奥拉里）两部分，首先映入眼帘的是下村。下村的山间小屋都是新建的，只是根本看不到什么山景，如果想欣赏一下山景，还是再爬20分钟到上村去比较好。德奥拉里在尼泊尔语中是山口的意思，除了这里之外，其他地方也经常会看到这样的地名。

山中小屋聚集的戈雷帕尼山口

戈雷帕尼山口除了拥有10家以上的山间小屋之外，还有网吧和诊疗所。从这里前往布恩山（Poon Hill，海拔3198米）还需要1小时的路程。布恩山上设有观景台，可以欣赏安纳普尔纳山脉和道拉吉里峰美丽的景色。这里的日出格外壮观，最好在第二天一大早登山欣赏日出美景。

有用的信息

从什卡前往贝尼的交通工具

从2010年秋天开始，开始运营多人合乘的吉普车，早上7:00左右到中午，从什卡出发，一天往返两次，乘坐公共车辆可以到达什卡，从什卡到奇特雷之间的道路已经竣工，可以包吉普往返。

第三天 戈雷帕尼（2853米） 步行7小时 塔托帕尼（1189米）

戈雷帕尼山口地处交通要道，汇集了前往甘杜荣、塔托帕尼、乌乐力的道路以及攀登布恩山的登山路。除了徒步者可以住宿的山间小屋之外，几乎家家都设有尼泊尔传统的帕提（向尼泊尔提供住宿的房间），尼泊尔脚夫通常会在这样的地方住宿。以布恩山为目的地的游人可以按原路返回博卡拉，也可以向东继续前进，选择在塔达帕尼和甘杜荣各住一晚后再返回博卡拉的线路（→p.220~221）。

沿着从乌乐力来的那条路一直往北前进，是一条前往塔托帕尼的下坡路，在树木茂密的森林中的石板路上走一个多小时，穿过森林就来到了遍地梯田的奇特雷（Chitre）。在这占地广阔的村落中分布着几家山间小屋，从这里前往甘杜荣的道路有两条。在村庄的正前方可以看到道拉吉里峰。

当地来来往往的人也很多

穿过奇特雷之后就到了法拉特·丹达（Phalante Danda）。在这里道路分为两条，前往塔托帕尼要选择左手比较窄的道路。从奇特雷到什卡需要走一个多小时的下行缓坡。村里除了山间小屋外，还有药店和邮局。在这里享用午餐是一个比较不错的选择。不过这里还是什卡的分村，距离本村还有 1 小时的路程。

从什卡本村到塔托帕尼还需要 3 小时，因此路上不能过多耽误。出了本村到拥有山间小屋的贾拉（Ghara）还需要 1 小时。稍微休息一下之后再继续走 30 分钟，朝着位于视野开阔的杜尔宾·丹达（Durbine Danda）山丘前进。山丘上也有一家茶屋，从这里可以俯瞰之前所有经过的村庄以及之后需要经过的村庄。甚至可以看到遥远的地方流淌着的喀利河溪谷。

从这里再往前走是通往喀利河的一条陡峭的坡路。步行 1 小时左右就到了费迪（Phedi），这里在喀利河及其支流上建有两座吊桥，从贝尼来的道路在此会合。村子里有数家提供住宿的帕提。过了吊桥之后，道路与从贝尼来的汽车道合为一条。走 10 分钟左右，从左手边的小路往上走就到了塔托帕尼（Tatopani）。

塔托是"热"的意思，帕尼是"水"的意思，塔托帕尼是指热水。这个村子在河边有个温泉水涌出的地方，村子因此而得名。沿着汽车道下到河滩之后，有一个用石头围起来的四方形浴槽，这是露天浴场。如果不脱光，或者把浴巾围在腰里都不能入浴，因此最好准备游泳衣。入浴费交给负责清扫的人，浴池旁边有一家茶屋。

贾拉呈现出一幅悠闲舒适的山里风光

第四天	塔托帕尼（1189 米）	需要 4~7 小时	博卡拉（900 米）

等候运送客人的巴士和出租车都停在贝尼巴士停车场

从塔托帕尼前往贝尼的合乘吉普车，发车地点位于温泉上游的一处河边的停车场。发车时间是 11:30、15:30。到达贝尼需要 1.5 小时。这吉普车是从佐莫索姆方向开过来的，有时候没有坐满不发车。出租车到贝尼大概需要 Rs2000，到博卡拉需 Rs5000 左右。具体价格需要当时讲价，也许还能更便宜一些。从塔托帕尼直达博卡拉的话，路上大约需要 4 小时。

贝尼是聂拉古迪县的政府所在地，是一座比较大的城市。从合乘的吉普车下车之后，除了前往博卡拉的巴士或者前往加德满都的夜行巴士之外，还有很多候客的出租车，到博卡拉巴士需要 4 小时左右，出租车需要 2 小时左右。

喀利河畔石滩上有温泉水涌出的塔托帕尼温泉

旅行小贴士

拉托帕尼温泉

这里的温泉规模与塔托帕尼村不相上下，入浴的客人相对较少，可以更悠闲更舒服地泡温泉，从塔托帕尼朝着贝尼的方向步行 1 小时即可到达。通过塔托帕尼村的吊桥走到对岸，从桥旁边的一条道路往下走就可以看到位于喀利河畔的温泉了。

充满乡土气息的拉托帕尼温泉

有用的信息

从贝尼前往博卡拉的交通工具

巴士从早 7:00 到下午 17:00 每隔 1 小时发车，路途需要 4 小时左右，乘坐出租车的话，价格根据车租车求情况而定，为 Rs3000~3500，路程需要 2 小时。

Annapurna Trekking

线路 3 Map p.213

前往戈雷帕尼 & 甘杜荣

难易程度：适合初级徒步旅行者　日程需要天数：4~5 天　最高到达点：3198 米

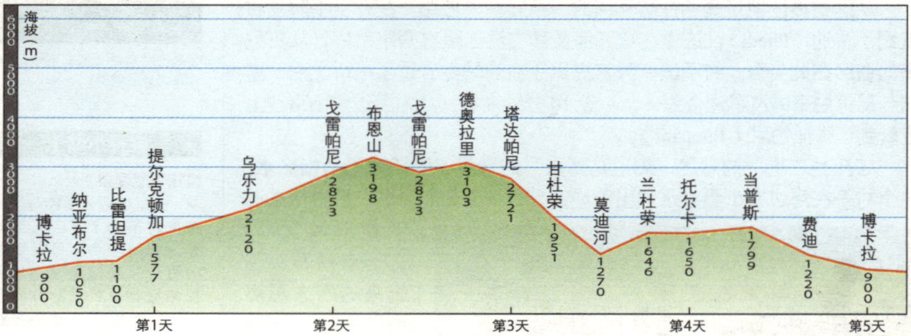

从戈雷帕尼前往德奥拉里的途中看到的道拉吉里峰

从博卡拉到戈雷帕尼的行程跟线路 2（→ p.216）相同。只是到了戈雷帕尼之后不是前往塔托帕尼，而在转向这一地区最大的古隆族村落甘杜荣，然后经由兰杜荣和当普斯返回博卡拉。这条线路最少需要 4 天，如果慢慢走需要 5 天，线路上有很多上上下下的陡坡，比较适合身体强健的人。

第一天 第二天　博卡拉（900 米）　需要 2 天　戈雷帕尼（2853 米）

参照 p.216~218。

第三天　戈雷帕尼（2853 米）　步行 4 小时　塔达帕尼（2721 米）

前往班坦提的下坡路非常陡峭

一早往返布恩山需要 3 小时左右，所以从戈雷帕尼的出发时间应该是在早餐后的 9:00 左右。从道拉吉里小屋旁边的小路进去，在开满杜鹃花的丛林中步行 1 小时后，就来到了视野开阔的山脊。这里的海拔高度跟布恩山大致相同，可以看到雄伟壮观连绵起伏的安纳普尔纳山脉。继续在丛林中步行一段时间后，就到了视野更加开阔的德奥拉里（Deorali）。从这里开始是一条往下走的路，在山口处有两间小屋，再往下走还有一间。

下坡的路很陡，有积雪的季节路上特别滑，一定要非常小心。沿着山谷往下走到河边需要 1 小时左右，然后就到了班坦提 Banthanti（与戈雷帕尼前面的村庄同名不同地）。从德奥拉里到这里一口气差不多下降了近 400 米左右。村里有三家非常质朴的山间小屋，再往前走还有另外两家。

※在标准徒步线路中标注的日程所需时间中，就餐或者休息的时间不包括在内。

继续朝着更深的山谷往下走，经过一条小河后，就到了这一天需要往上攀登的最后一段山路。往上爬 30 分钟之后就到了塔达帕尼（Tadapani）。这里有五六家气派的小屋并排而立，正对面就是高耸入云的鱼尾峰。

行走在杜鹃花盛开的丛林之中

第四天 塔达帕尼（2721 米） 步行 6 小时 托尔卡（1650 米）

从塔达帕尼开始，道路分岔，朝着三个不同的方向延伸，前往甘杜荣需要走右边的那条路。沿着河边的缓坡往下走，相对比较轻松，只是走的人很少，不太明显。最好避免一个人单独在这条路上行走。穿过有猴子出没的森林，就来到了拜西卡尔卡（Bhaisi Kharka）。这里有 3 间小屋，从塔达帕尼到这里步行大约需要 2 小时。

从这里往前走 1.5 小时左右就到了甘杜荣（Ghandrung）。从甘杜荣村外沿着石板路一口气可以下到谷底。请注意山腰有一条比较平缓的道路是通往纳亚布尔方向的。通过架在莫迪河上的吊桥之后，又到了需要一口气往上爬的路段，在这一层层的梯田之中穿行之后，就来到了兰杜荣（Landrung）。这里也是一个很大的村庄，有多处可以住宿的地方。可以选择在这里留宿一晚，如果到得早也可以朝着视野更加开阔的托尔卡（Tolka）继续前进。

在甘杜荣村保留着古隆族人传统的房屋

再沿着平缓的山路走 1 小时，经过一座小吊桥，再向上攀登一段陡坡，就来到了一个 3 家山间小屋集中在一起的地方，这里就是托尔卡。从这里往前还有 5 家山间小屋。

隆族女性

第五天 托尔卡（1650 米） 需要 6 小时 博卡拉（900 米）

从托尔卡出发，沿着山腰上一条平缓的盘山路上升 1 小时左右，就到了拥有山间小屋的贝里卡尔卡（Bheri Kharka）。从这里开始进入茂密的森林，林中的那段路是这条线路上最后的一段陡坡，步行 1 小时后就到了比乔克·德奥拉里（Bhichok Deorali）。这里的山口处有两家茶屋，从那里可以远望群山。从这里开始是一条通往当普斯的平缓的下山路。

从山口走 1 小时左右就到了拥有 8 家山间小屋的博塔纳（Pothana）。从这里到当普斯（Dhampus）还需要 1 小时的路程。从当普斯眺望以鱼尾峰为中心的喜马拉雅群山，景色真是无比壮观。

村外的山坡上，当普斯观景台前面，有两条通往费迪方向的道路，一条是步行道，一条是汽车道。不论沿哪条路下山，都可以乘坐在巴格隆汽车道上通行的巴士，向东行驶的巴士都是去博卡拉方向的，随便坐哪辆车都可以。从步行道下山后，也可以到前面不远的费迪茶屋，有专门在那里候客的出租车。

如果时间富余可以在当普斯住一晚，尽情欣赏被夕阳或者朝霞辉映的鱼尾峰美景。

从当普斯可以欣赏鱼尾峰的景色

Annapurna Trekking

线路 4 Map p.212

前往佐莫索姆 & 穆格蒂纳特

难易程度：适合初级徒步旅行者　日程需要天数：10 天　最高到达点：3798 米

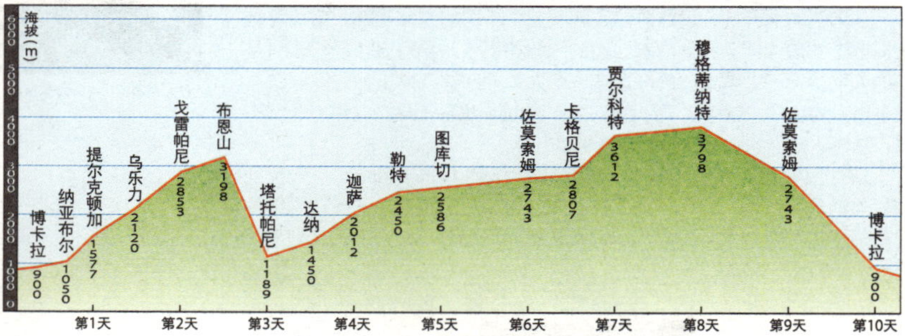

在喀利河的河滩上行走的驴子运输队

有用的信息

飞往佐莫索姆的航班

每天都有从博卡拉出发的航班，航程大约 20 分钟，票价 US$95。但是由于天气原因，有时候可能几天都不能起飞，所以在安排行程的时候一定要留出富余时间。从佐莫索姆乘飞机返回博卡拉的游客，千万不要忘记在佐莫索姆机场附近的各航空公司办事处进行机票确认。

佐莫索姆街道刚好位于以前我国西藏地区和印度之间的商贸通道上，沿着喀利河往北，经过佐莫索姆，可以通向圣地穆格蒂纳特。到了塔托帕尼附近，可以看到一系列具有尼泊尔特征的中部山区村庄，从迦萨附近开始，则是具有西藏风情的塔克利族人居住的村庄。路上的景色逐渐变得有些荒凉了。日程需要的天数，是指去的时候从博卡拉出发徒步前进，回来的时候从佐莫索姆乘飞机或者坐车返回，一共十天，由于汽车道基本都已经开通，所以日程得以大幅度地缩短。由于天气原因，航班有时候不太确定，甚至可能需要等候几天才有航班，所以制订行程的时候尽可能留出富余时间。

※在标准徒步线路中标注的日程所需时间中，就餐或者休息的时间不包括在内。

第一～三天 博卡拉（900 米） 塔托帕尼（1189 米）

参照 p.216~219。

第四天 塔托帕尼（1189 米） 步行 6 小时 迦萨（2012 米）

迦萨的住家零星地分布在街道两边

从塔托帕尼往北沿着汽车道朝着耸立的尼尔吉里山峰前进。每隔 15 分钟左右就会有一间茶屋。走一个半小时就到了一个美丽的村庄，这是塔克利族人生活的达纳（Dana），村里的房子成排地排列着，看起来很漂亮。从达纳往前走，茶屋逐渐减少，不过差不多每隔 1 小时就会看到一家。

从达纳走 1 小时左右就到了卢克塞（Rukse）。穿过流经村庄的瀑布，爬上一个陡坡，沿着喀利河在汽车道上步行大约 2 小时之后，就到了迦萨（Ghasa）。迦萨村口设有检查站。

第五天 迦萨（2012 米） 步行 7.5 小时 图库切（2586 米）

前四天的徒步线路都位于聂拉古迪县境内，从迦萨开始，进入了木斯塘县境内。当地的文化特征开始出现很大的变化。即将走出村子的时候，在道路的正中央可以看到并排的两座藏传佛教式样的佛塔，这是这条线路上首次出现的佛塔。用石头堆砌而成的佛塔看起来很简朴，为了表示尊敬，最好从左侧走过去。从佛塔步行大约 20 分钟就到了迦萨上村。村庄的入口处有一扇气派的大门，门上装有转经筒。上村也有几家山间小屋。

边走边欣赏道拉吉里的山景

从上村步行 1.5 小时后，经过勒特河后就来到了勒特分村。从这里到勒特本村还需要步行 1 小时。本村设有邮局，从村子向左边可以看到道拉吉里第一峰和图库切峰。向右可以看到安纳普尔纳峰 I 和尼尔吉里峰。从勒特本村走 15 分钟左右，就可以到达有 10 家左右山间小屋的卡洛帕尼（Kalopani）。从卡洛帕尼继续前行 3 小时，就到了拉尔章（Larjung），拉尔章也有几家山间小屋，要是当天步行时间比较长，可以选择在这里住宿。

前面经过有两座寺院的库邦

旅行小贴士

佐莫索姆街道可以行驶车辆

2008 年从贝尼到佐莫索姆的汽车道竣工通车。每天有 3~5 趟合乘吉普车来往于贝尼—迦萨，迦萨—佐莫索姆之间。从博卡拉到贝尼可以利用公共交通出行，如果换乘顺利的话，一天内就能到达。从佐莫索姆前往穆格蒂纳特，每天有往返三次的合乘吉普车，除此之外还可以包一辆吉普车。不过这些道路路面上都还没有铺好柏油，有些地方，在雨季时无法通行。

佐莫索姆街道上行驶的巴士

从塔托帕尼到佐莫索姆，大多是沿着喀利河西岸的车道步行

图库切村里整齐地排列着的石造住宅

村（Khobang）。过河之后再走 1.5 小时左右到达图库切（Tukuche）。图库切曾经是一个贸易繁荣的村庄，在街道两旁可以看到很气派的住宅，村里有 15 家山间小屋。村内有藏传佛教宁玛派的寺院。

第六天 图库切（2586 米） 步行 4 小时 佐莫索姆（2743 米）

因与我国西藏贸易往来而繁荣一时的马尔帕村

从图库切到马尔帕（Marpha），途中没有一家茶屋，要在荒凉的河滩上步行 1.5 小时左右。虽然石头有些时候发出隆隆的声响，不过道路还算平坦，走起来也不算费劲。穿过村门之后就进入了马尔帕村庄，到处是一片片的苹果园，在这里还可以品尝到美味的苹果蛋糕。

马尔帕是这条线路上最美的村庄，有 10 家左右的山间小屋，有一些徒步旅行者会在这里停留几天，村子里有一座藏传佛教宁玛派的寺院，供奉阿弥陀佛。

经过马尔帕之后，景色开始具有了藏族特色。步行 1 小时后，可以看到佐莫索姆机场。左手边有一座木斯塘生态博物馆，可以进去参观一下。机场附近有很多山间小屋一字排开。既有药店，也有品种齐全的日用品商店。经过机场再走 20 分钟左右就是佐莫索姆本村了。

第七天 佐莫索姆（2743 米） 步行 5 小时 贾尔科特（3612 米）

从佐莫索姆本村沿着喀利河向上游前进，步行 1.5 小时后到达厄克里帕提 Eklibhati（这个词是一间帕提的意思）。以前就像它的名字一样只有一家住宿的帕提，如今这里已经有五家山间小屋了。

卡格贝尼村也有藏传佛教寺院

有用的信息

佐莫索姆山区度假村
（→ p.10）

是尼泊尔高原最早的一家五星级酒店，酒店内现代化的设施非常完善，住在这里会让人忘记身处山中，酒店内会举办各种短途旅行以及矮马骑乘活动，住宿预约可以通过加德满都的酒店办事处办理，也可以通过旅行社预订。

住 P.O.Box3488，Kathmandu
☎（01）2004262
FAX（01）4497569
URL www.jmr.com.np
费 ⓈUS$160 ⓌUS$170

往返于佐莫索姆和穆格蒂纳特之间的吉普车

佐莫索姆与穆格蒂纳特发车时间都是 9:00、12:00、15:00，一日三次，路上需要 1.5 小时，单程车费 Rs680。需要注意的是如果满员可能会比预定时间提早发车。

酒店内配有温水游泳池

从厄克里帕提开始线路分为两条，沿河而行可以前往卡格贝尼。从右手的山路上去可以不经由卡格贝尼前往贾尔科特。沿河行走大约 40 分钟就来到了世外桃源般的卡格贝尼（Kagbeni）。这里有一个检查站，没有徒步旅行许可证的旅行者不能前往北面的木斯塘王国。前往穆格蒂纳特方向的旅客需要从这里往东走。

从卡格贝尼经过一段向上的山路，经过金加尔（Khingar），再往前步行 2.5 小时，穿过一片荒凉的地区，就到了拥有古城墙的贾尔科特（Jharkot）。贾尔科特是一个非常气派的藏族风格村落，这里有一座藏传佛教萨迦派的寺院，寺院内有一家日本 NGO 援建的藏医学诊疗室。

第八天 贾尔科特（3612 米） 步行 1 小时 穆格蒂纳特（3798 米）

圣地穆格蒂纳特神庙

从贾尔科特沿山路攀登 30 分钟就到了拉尼宝瓦（Ranipauwa）。这里也设有警察检查站。从拉尼宝瓦到穆格蒂纳特（Muktinath）只需要 20 分钟左右。

穆格蒂纳特是藏传佛教和印度教的圣地，除了尼泊尔的朝圣者之外，在这里还可以看到很多从印度过来的朝圣者。朝圣的季节是 4~6 月，其他时期这里会显得很安静。由于这里是当地人心中的圣地，所以游客即使不信仰宗教，在这一地区行走的时候也要心怀敬意。

圣地境内右端是一座藏传佛教寺院，名为石火寺，寺院的本尊是观音菩萨，在其坐像下面的石缝之间可以看到摇曳的火光，这是天然气的火苗，在这里成为人们对于伟大的大自然进行崇拜的对象，在境地内最里侧是印度教神庙穆格蒂纳拉扬，其周边有 108 个龙头，从这些龙头中流淌出来的圣水形成了一道水壁，据说从每个龙头喝口水的话，有消除罪孽的功效。

在圣水中沐浴的朝圣者

第九天 穆格蒂纳特（3798 米） 步行 6 小时 佐莫索姆（2743 米）

步行到佐莫索姆需要 6 小时，乘坐吉普车需要 1.5 小时。合乘吉普车每天 9:00、12:00、15:00 发车。尽早买票可以保证有座位。

第十天 佐莫索姆（2743 米） 需要 20 分钟 ~12 小时 博卡拉（900 米）

乘坐飞机回到博卡拉只需要 20 分钟。但是经常会出现飞机停飞的情况，制定日程需要留出富余的时间。

旅行小贴士

木斯塘生态博物馆

这座博物馆的主题是木斯塘的自然环境与藏族文化。位于佐莫索姆机场的南端，博物馆内展出了动植物的资料、传统医学使用的草药等，这里还设有诊疗所，如果有医生还可以进行传统的医学诊疗。大展示厅内分为两部分，其中一个是展示传统工艺品的民族学区域。展示的内容都很丰富，这座博物馆是喜马拉雅山保护协会的活动成果之一，这个协会为了促进尼泊尔的山村活跃，援助修建了这座博物馆。

有用的信息

拉尼宝瓦的山间小屋

这里有十几家山间小屋，可以先参观一下客房以及洗浴设施然后再决定入住哪家。警察的检查站所处的建筑内也有为朝圣者准备的客房，但是没有床，也没有暖气，房费为捐赠方式。

有用的信息

从佐莫索姆乘车经由贝尼返回博卡拉

前往贝尼的合乘吉普车售票处位于佐莫索姆的酒店“Alkas Marcopolo”的右手边，发车时间为 8:00、12:00、16:00，一天发车三次。除此之外，有时会在 10:00 或者 14:00 发车，不过这两趟车时间不固定，而且坐满了就出发，到达迦萨大概需要 3 小时。如果中途换乘迷你巴士的话到达贝尼需要 3 小时左右，途中可以在塔托帕尼等地下车，从贝尼前往博卡拉的方法请参照 p.219 的边栏。

Annapurna Trekking

线路 5

Map p.212/213

前往安纳普尔纳圣地

难易程度：适合初级～中级徒步旅行者　日程需要天数：8~9 天　最高到达点：4130 米

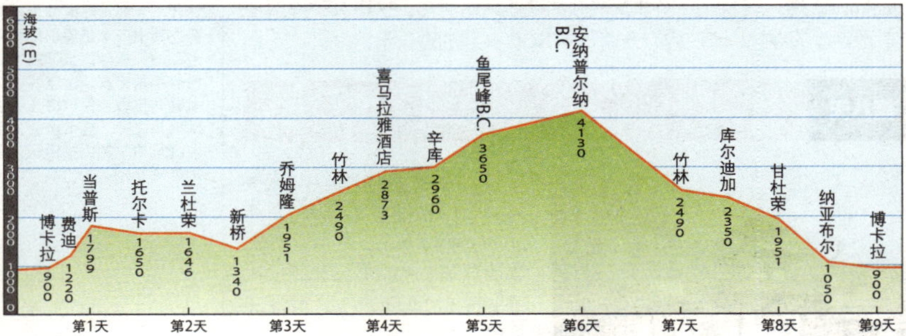

沐浴在朝阳中的安纳普尔纳峰 I

旅行小贴士

关于装备

有的季节可能要在雪地中行走，因此最好准备一双防水性能好而且轻便的登山鞋。尤其是在冬季海拔 3000 米以上的高原需要准备羽绒服和羽绒睡袋。2~3 月进入山谷有可能会遭遇降雪，还有可能遇到雪崩，一定要收集信息做好充分的准备。徒步旅行的旺季，路上有很多旅行者，途中街道两边也有很多山间小屋和帕提，不需要随身携带太多的食物。

内院是指 Sanctuary，也就是圣地的意思。鱼尾峰是一座雄伟的山峰，从博卡拉经常可以看得到。鱼尾峰西侧与安纳普尔纳南峰之间流淌着莫迪河，沿着河边溪谷向上攀登，最终可以到达位于南安纳普尔纳冰川旁边的安纳普尔纳大本营（简写为 B.C.）。从山脚下仰望喜马拉雅山，其壮观和俊美的山姿令人震撼。另外，甘杜荣等古隆族村庄与大自然和谐共存，这些与周边绿色的森林和白色的雪山共同营造出的风景，被誉为尼泊尔数一数二的美景。

这里我们列举的是从当普斯到兰杜荣的线路，大家也可以考虑选择从博卡拉出发乘车前往纳亚布尔，沿着莫迪河经甘杜荣前往乔姆隆的线路。往返走不同的线路，可以欣赏到更多不同的风景，也可以带给旅行者更多的乐趣。

※在标准徒步线路中标注的日程所需时间中，就餐或者休息的时间不包括在内。

第一天	博卡拉（900 米）	需要 2.5 小时	当普斯（1799 米）

参照 p.214

第二天	当普斯（1799 米）	步行 6.5 小时	兰杜荣（1646 米）

从当普斯开始沿林中的缓坡向上攀登 1 小时左右，就会来到博塔纳（Pothana），这是佛教徒古隆族人居住的村庄，有 8 家山间小屋。随着不断走近，鱼尾峰也越来越显得高大雄伟了。

古隆族的村庄博塔纳

从博塔纳出发需 10 分钟左右，地上的石板路就分为了两条，右边那条通往兰杜荣，左边那条通往章德拉克特。沿右边那条道路走没多久就会遇到一个岔路口，右边那条通往比乔克·德奥拉里，左边那条通往比乔克。在这里，还是选择右边那条路，在比乔克·德奥拉里（Bhichok Deorali）有两家山间小屋。道路从这里开始进入陡峭的下坡路，也看不到远处的山景了。到达贝里卡尔卡（Bheri Khare）需要 45 分钟。之后进入山腰的盘山道，大约 30 分钟后到达可以欣赏梯田风光的托尔卡（Tolka）。这里是最适合用午餐的地方。从托尔卡沿着石级往下走，经过一座小河吊桥，再步行 1.5 小时就到了兰杜荣（Landrung）。这个村子建在一片山坡上，村子的上方有 10 家左右的山间小屋。

第三天	兰杜荣（1646 米）	步行 4 小时	乔姆隆（1951 米）

兰杜荣村的下方也有两家山间小屋。在这里道路分为两条，喜马拉雅酒店和帕比塔小屋之间的小路通往乔姆隆方向，而往左拐向下的石级路通往甘杜荣。

一路往下走到莫迪河岸边，可以边欣赏左手边流淌的河水，边朝着上流方向前进，没多久就可以到达新桥 New Bridge（也被称为 Nayapul），这里有四家山间小屋。雨季的时候，这附近有很多蚂蝗，渡过莫迪河之后，沿着山腰上的道路步行 1 小时左右就到了基努 Jhinu（Ghinudanda），基努并不是一个村庄，这里只有 5 家山间小屋，附近有一个很受欢迎的温泉，从这里步行单程大概需要 15 分钟。

从基努开始有一段海拔落差高达 400 米的陡坡，该陡坡是这条线路上一个最大的难点，向上攀登 1.5 小时后就到了设有山间小屋的村落道伦 Taulung（也被称为库顿丹达 Kuddundanda）。这里也是前往库姆隆、塔达帕尼、甘杜荣方向的岔路口。从岔路口沿着山腰上的盘山路走到乔姆隆的第一家山间小屋只需要 5 分钟的时间。

乔姆隆的山间小屋

旅行小贴士

近道的线路

从费迪和纳亚布尔之间的卡雷出发，有一条线路可以不经由当普斯而直达博塔纳。从卡雷到博塔纳步行需要 3 小时左右。如果一早从博卡拉出发的话，当天就可以到达博塔纳或者兰杜荣。

读者投稿

观察动物的建议

在安纳普尔纳圣地的徒步旅行线路中，我曾经几次见到了长尾叶猴的身影，地点在喜马拉雅酒店到竹林之间的森林里。在漫长的林中路上穿行的时候，可以边走边观察各种动物，以此来消除旅途的疲惫。如果有向导同行的话，可以跟向导提出想看长尾叶猴的想法，这样向导就会为了旅客特别留心那些猴子了。

读者投稿

关于饮用水的建议

从基努往上走，就买不到瓶装水（矿泉水）了，路边卖的是过滤水，当地人把它倒入游客随身携带的水壶里，每升收费 Rs40。没有带水壶的人可以使用装矿泉水的瓶子替代。

在安纳普尔纳 B.C. 上瞭望喜马拉雅山

旅行小贴士

乔姆隆前方的住宿情况

从这里往前，山间小屋越来越少，而住宿的费用与其他地方相比也比较贵。尤其是 10~11 月的旅行旺季，床位经常不够，因此应该尽量提早到达。也可以让脚夫先行前往，以确保床位。

第四天　乔姆隆（1951 米）　步行 6 小时　喜马拉雅酒店（2873 米）

从乔姆隆沿着长长的石级一直往下走，走过丘姆罗河上的吊桥之后，又开始继续向上攀登，经过这条线路上最后的民宅以后，有一段很陡峭的山坡，爬上陡坡之后就到了有两家山间小屋的希努瓦（Sinuwa）。从乔姆隆到这里需要步行 2 小时左右。壮观的梯田风景到此就看不到了。接下来是在昏暗的丛林中沿着缓坡继续往上行走。

在喜马拉雅酒店附近眺望到的景色

从希努瓦出发 1 小时后就来到了库尔迪加（Kuldighar）。这里的建筑以前曾经作为山间小屋使用过，但是现在已经无法住宿了。再往前走 30 分钟就到了竹林（Bamboo），那里除了有 5 家山间小屋外，还有小型的水力发电站，因此可以洗热水澡。往前再走 1 小时左右是多旺（Dovan），多旺有三家山间小屋。可以选择在多旺住宿，也可以选择继续前行 1 小时到喜马拉雅酒店（Himalaya Hotel）附近住宿，这里也有一家山间小屋。

第五天　喜马拉雅酒店（2873 米）　步行 3.5 小时　鱼尾峰 B.C.（3650 米）

沿着时常出现碎石路段的线路步行 1 小时左右，就到了有一大块岩石的辛库（Hinku），从这里可以看到前方的德奥拉里（Deorali），德奥拉里有 5 家山间小屋。翻过德奥拉里之后，逐渐走出丛林，就来到视野开阔的莫迪河畔。从这里可以看到前方耸立的冰川穹顶峰（Glacier Dome 海拔 7193 米）。这一带从冬季到春季很容易发生雪崩，因此在旅行之前一定要充分收集各种信息。鱼尾峰大本营有 5 家山间小屋，这里距离安纳普尔纳南峰冰川的冰碛很近，鱼尾峰就这样巍峨地矗立在眼前了。

莫迪河以及冰川穹顶峰

读者投稿

喜马拉雅酒店的住宿

只有一家营业的山间小屋，这里提供的比萨饼和苹果卷都很好吃，量也够多，如果在这里吃晚餐，每人需要另外支付 Rs20 的取暖费用。

第六天	鱼尾峰 B.C.（3650 米）	步行 1.5 小时	安纳普尔纳 B.C.（4130 米）

到安纳普尔纳大本营的道路是平缓的上坡路，一路上视野变得越来越开阔，一种来到圣地的真实感涌上心头。在大本营有 4 家山间小屋，登上大本营背面的山丘，安纳普尔纳 I 峰及Ⅲ峰、冈嘉普尔纳峰、鱼尾峰等 12 座连绵的雪峰可以一览无余，尽收眼底。往下看可以看到 4 座冰川。

如果一早从鱼尾峰大本营出发的话，可以有充足的时间在当天之内到达竹林，不过得经过千辛万苦才能到达圣地。要是不好好欣赏一下喜马拉雅山的美景、夕阳西下以及旭日东升就回去的话，真是有些可惜。

被夕阳染红的鱼尾峰

安纳普尔纳 B.C. 的山间小屋

第七天	安纳普尔纳 B.C.（4130 米）	步行 5 小时	竹林（2490 米）

从安纳普尔纳出发后选择在竹林住宿一晚的人比较多，不过如果一早就从大本营出发，完全可以在当天内返回到乔姆隆。

第八天	竹林（2490 米）	步行 6 小时	甘杜荣（1951 米）

如果在第七天返回到乔姆隆的话，可以在这一天返回到博卡拉。

第九天	甘杜荣（1951 米）	步行 6.5 小时	博卡拉（900 米）

从甘杜荣沿着石板路平缓下降，就到了吉姆切。接下来需要从一条非常陡的石级路下降 400 米左右，来到河流附近的夏乌里市场。走到这里需要大约 1.5 小时，以前夏乌里市场有很多候客的出租车，可是现在由于途中的桥梁被大雨冲毁了，汽车开不过来了，所以要沿着河流一直走 2 个小时左右才能走到位于汽车道上的纳亚布尔（Nayapul）。从纳亚布尔可以乘坐巴士或者出租车前往博卡拉。

Annapurna Trekking

线路 6

Map p.212/213

安纳普尔纳环线

难易程度：适合中级以上的徒步旅行者　日程需要天数：13 天　最高到达点：5416 米

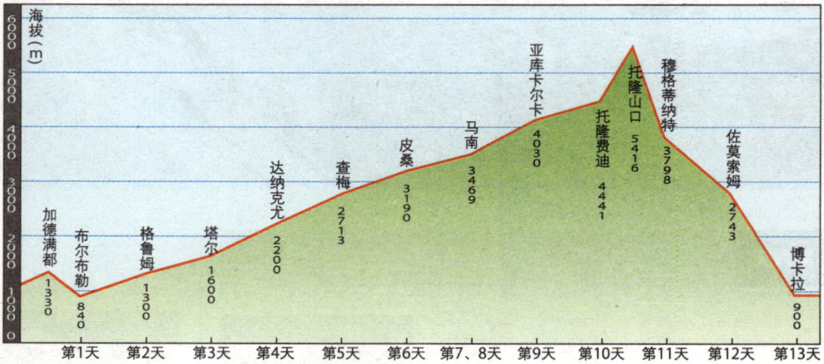

旅行小贴士

关于旅游季节

最好的季节是 9 月下旬 ~12 月上旬或者 4~5 月。冬季过于寒冷，托隆山口由于积雪无法翻越。在海拔 3000 以上的高原，到了下午强风凛冽，体表温度下降，所以一定要做好充分的防风准备。如果积雪期不去托隆山口，要是以马南为最终目的地的话，可以进行徒步旅行。在 6~9 月中旬的雨季，前往喜马拉雅山的路会让人步履艰难，而且看不到山景，不过如果前往安纳普尔纳北侧高地的话，即使雨季也不会有太多的降雨。

向导 & 脚夫

在比斯萨哈尔或者佐莫索姆也可以雇用向导或者脚夫，最好通过住宿的酒店来进行交涉协商。

走这条线路最大的难点是翻越托隆山口

环绕安纳普尔纳·喜马拉雅山脉一周的景色壮观的线路被称为“安纳普尔纳环线”，这条线路在尼泊尔仅次于珠穆朗玛线，深受徒步旅行者的欢迎。线路刚开始时沿着马斯扬第河漫步在古隆族牧歌般的村庄风景之中，然后景色逐渐变得荒凉起来，最终变成具有我国西藏风情的荒地，在整条线路中，可以不断地感受到景色和文化的变化。

线路上的住宿与餐饮都很不错，让人很难想象正身处山中。线路的东半部分由于行程较长，相比亚洲的徒步旅行者，欧美人会更多一些。线路上最大的亮点就是翻越海拔 5416 米的托隆山口。线路的难点是在一天之内先要上升近 1000 米，然后再下降 1500 米。如果这条线路倒着走的话，很容易出现高原反应。

※在标准徒步线路中标注的日程所需时间中，就餐或者休息的时间不包括在内。

第一天 加德满都（1330 米） 需要 7~8 小时 布尔布勒（840 米）

从加德满都乘车前往布尔布勒（Bhulbhule）。以前安纳普尔纳环线的出发点是区域最大的市场所在地比斯萨哈尔（Besisahar），现在从加德满都或者博卡拉到布尔布勒之间开通了地方巴士，而且前往布尔布勒前面的查梅也可以乘坐合乘吉普车。

可以拜托旅馆的老板给介绍信得过的脚夫，不过如果不想走吉普车通行的道路，而是想经由巴浑丹达在古老的街道上行走的话，需要事先把自己的想法告诉脚夫。

第二天 布尔布勒（840 米） 步行 6 小时 格鲁姆（1300 米）

从布尔布勒出发，沿着马斯扬第河的右侧开始步行，吉普车道位于河的对岸，所以这边很安静。登山路的坡度平缓，不过这里海拔低，白天很热，大约步行 3 个小时前往巴浑丹达（Bahundanda）。

在巴浑丹达之前，要经由塔满族的村庄卡尼噶恩（Kanigaon），步行 2 小时到达架在溪流上的渡桥桥头，眼前就是格鲁姆村（Gherm），对岸是香格（Shange）。不管哪边都可以，找个满意的地方入住。

第三天 格鲁姆（1300 米） 步行 6 小时 塔尔（1600 米）

从香格出发沿着马斯扬第河右岸（前行方向的左侧）步行，到贾加特（Jagat）的道路基本都比较平坦。查姆杰（Chamje）有几家山间小屋，不过最好继续走 2 个小时到塔尔再住宿。村外的寺庙里有转经筒。

第四天 塔尔（1600 米） 步行 5 小时 达纳克尤（2200 米）

今天也沿着山边的溪谷行走，巴迦尔恰普（Bagarchhap）是一个具有浓郁藏族风情的村庄，来这里住宿的人很多，不过再走 30 分钟后到达达纳克尤（Dhanakyu），那里也有很多新建的山间小屋，在那里住宿也可以。

第五天 达纳克尤（2200 米） 步行 5.5 小时 查梅（2713 米）

从达纳克尤出发步行 2.5 小时到达拉塔玛朗（Latamarang），河对岸有温泉，从这里再走 3 小时到查梅。村里有银行，可以兑换美元。查梅的山中小屋大多是在市场的对岸，需要经过一座吊桥才可以过去。另外，如果从布尔布勒乘坐合乘的吉普车过来的话，花费一天的时间就可以到达查梅。

第六天 查梅（2713 米） 步行 6 小时 皮桑（3190 米）

从查梅出发后在林中穿行。1.5 小时后到达拥有山间小屋的巴拉塘（Bharatang）。冬季这附近的道路会出现积雪，当眼前出现一片广阔的山谷，森林也变得稀疏的时候，就来到了皮桑（Pisang）新村。这里有多家

有用的信息

从加德满都出发前往布尔布勒的巴士

当地巴士，从加德满都的新停车场出发，出发时间是早上 6:45 和 8:00，路上需要大约 8 小时。车费 Rs475。需要在乘坐的前一天通过车站或者旅行社预约。

行走在山路上的驴子运输队

走近皮桑的路上，周围的环境开始逐渐变成了类似我国西藏的风光

山间小屋，河对岸的村庄是皮桑的本村。本村有两座藏传佛教寺院，本村也有几家山间小屋，跟新村相比，在本村可以更好地欣赏安纳普尔纳的风景。

皮桑的山间小屋

第七～八天　皮桑（3190 米）　步行 4.5 小时　马南（3469 米）

马南位于安纳普尔纳峰里侧

从第七天开始，线路上的视野开始变得越来越开阔，喜马拉雅山也很清晰地展现在眼前。从皮桑走 40 分钟左右到达位于山口的茶屋，茶屋正前方耸立着提利乔峰，下面可以俯瞰奥姆德机场。奥姆德（Homde）镇上有很多山间小屋和食堂，从左手边可以看到安纳普尔纳峰Ⅱ、Ⅳ、Ⅲ各峰那高大雄伟的山姿。从奥姆德开始要在林中穿行，1.5 小时后到达紧贴右侧岩壁而建的村庄巴拉加（Baraga）。这里既有寺院也有山间小屋，从这里前往马南（Manang）还有 30 分钟左右的路程。

冈嘉普尔纳峰就耸立在面前

马南是这个地区最大的村庄，这周边居住的人都被称为马南人，他们之间非常团结。为了适应海拔高度，可以在这里住宿两晚，周边有好几处可以参观的景点。

第九天　马南（3469 米）　步行 3.5 小时　亚库卡尔卡（4030 米）

从马南走 30 分钟左右到达腾吉（Tengi）。回首过来的方向可以清楚地看到马纳斯鲁峰。经过腾吉之后，徒步线路顺着右手方向盘旋，从前方可以逐渐地看到亚卡瓦·康峰。托隆山口就在其下方，不过从这里看不到。道路平坦易行，在荒凉的景色中步行 1 小时左右就到了拥有数家山间小屋的贡桑（Gunsang）。冈嘉普尔纳峰和安纳普尔纳峰也越来越高大雄伟了。再继续前行 1 小时就可以到达亚库卡尔卡（Yak Kahrka）。这里有 5 家山间小屋。

放牧着牦牛的亚库卡尔卡

旅行小贴士

去观赏冰川湖

从马南到马斯扬第河对岸的山丘上，可以看到一家茶屋，从茶屋看到的景色非常漂亮，海拔 3700 米左右，用不了 1 小时就能爬到顶。从这里可以清楚地看到冈嘉普尔纳峰的冰川以及冰川湖。

小寺院

在马南上方 3900 米的山坡上有一座小型的寺院 Praken Gompa。登上这里需要 1.5 小时左右，顺便当作海拔上升的体能训练。

可以看到山脉对面的马纳斯鲁峰

读者投稿

从马南到提利乔湖的徒步旅行

经过康萨前往提利乔湖的徒步线路有两条，一条是沿着马斯扬第河前进的线路（老线路），一条是沿着山路走的线路（新线路），这里有提利乔大本营的山间小屋。如果住在这里的小屋，从马南到提利乔湖当天就可以返回，不需要在夜里搭帐篷，可以近距离欣赏高大雄伟的喜马拉雅山和山上的湖泊，这是很值得推荐的一条徒步线路。

第十天	亚库卡尔卡（4030 米）	步行 3 小时	托隆费迪（4441 米）

从亚库卡尔卡沿着平缓的徒步线路往上攀登，迎面吹来的风越来越强烈寒冷，40 分钟后到达有几家山间小屋的出利勒达（Churi Ledar）。从这里前往托隆费迪（Throng Phedi）还需要走 2 小时左右，托隆费迪虽然只有两家山间小屋，不过却有足够多的客房。第二天就要翻越托隆山口了，所以晚上要早点上床睡觉。

第十一天	托隆费迪（4441 米）	步行 8 小时	穆格蒂纳特（3798 米）

很多人在早上 5:00 左右就出发了，沿着正面的大陆坡向上攀登 1 小时左右就到了托隆高地营地，在海拔 4800 米的山腰上有 2 家山间小屋。从这里前往托隆山口（Throng Pass）还需要走 2.5 小时左右，冬季降雪期间根本看不清道路，所以最好避免单独行动。托隆山口的最高点是德奥拉里（顶点），海拔 5416 米，那里有一家茶屋。

通过德奥拉里之后一路都是下坡，途中有些山坡会遇到冻结的残雪，一定要特别小心。带着轻便冰爪的旅行者最好放到容易拿到的地方，以便随时用到。下行 2.5 小时后到达费迪（Phedi）。费迪在尼泊尔语中是山脚的意思，所以这样的地名经常出现在山口的两侧。费迪有一间茶屋，刚好可以在这里吃午餐。从这里到穆格蒂纳特还需要 1 小时的路程。

经幡飘扬在海拔 5416 米的德奥拉里

第十二天	穆格蒂纳特（3798 米）	步行 6 小时	佐莫索姆（2743 米）

最好选择在风景像世外桃源般的村庄卡格贝尼吃午餐，如果乘坐吉普车前往佐莫索姆的话，路程大概 1.5 小时，发车时间分别为 9:00、12:00、15:00。从佐莫索姆到博卡拉的飞机只有上午才有，所以无法在当天转乘飞机。

第十三天	佐莫索姆（2743 米）	需要 20 分钟 ~12 小时	博卡拉（900 米）

飞往博卡拉的航班只需要 20 分钟左右就到了，但是由于天气原因经常停飞，所以最好在安排日程的时候留一些富余时间。乘车返回博卡拉的话，请参照 p.225 边栏。

朝着托隆费迪的山间小屋前进

旅行小贴士

托隆高地营地的山间小屋

与托隆费迪一样，这里的设施也很不错，由于地处海拔 4800 米的高地，从亚库卡尔卡方向过来的游客要注意高原反应。

从穆格蒂纳特眺望道拉吉里山脉

珠穆朗玛峰（萨加玛塔国家公园）

Everest Trekking

世界遗产

在珠穆朗玛峰街道上行进的牦牛与犏牛（牦牛与牛的杂交种）的队伍

尼泊尔东部与我国西藏地区之间的地带是一片连绵的山脉，这一片以世界最高峰珠穆朗玛峰为代表的群山被称为珠穆朗玛群山，或者昆布群山。一般从纳姆泽到喜马拉雅山一带被指定为萨加玛塔国家公园，通常也把这一带称为昆布山区。

这条线路的魅力在于可以最近距离地接近珠穆朗玛峰，同时还可以接触到拥有独特文化的山岳民族——夏尔巴族人的生活。以珠穆朗玛峰为攀登目标的登山家以及徒步旅行者们走过的道路被称为“珠穆朗玛峰街道”。沿着这条街道一直走可以到达海拔5000米以上的大本营。还可以到达能从正面仰视珠穆朗玛峰的卡拉·帕塔尔山丘。在这些地方可以看到大量的冰川和岩壁。这种充满荒凉感的美妙世界，在加德满都是根本无法想象的。

海拔4000米以上的高原是夏尔巴人生活居住的地方，这里有着在平地生活的民族根本没有体验过的严酷环境。与其他线路相比，在这里更容易出现高原反应，不管怎么说，身体健康状况才是最重要的，因此安排徒步旅行的行程时一定要留出充裕的时间。

标准线路

徒步旅行的出发点有两处，一处是从加德满都乘巴士前往吉里，然后从吉里开始步行。另一条线路是从加德满都乘飞机直达卢克拉，无论从哪里出发都需要先经过昆布山区最大的村庄——纳姆泽。从纳姆泽再往前，线路分为两条，一条通往卡拉·帕塔尔，另一条通向戈克尤峰。

以下线路标注的所需时间是指最低限度所需的时间。考虑到对海拔

有用的信息

许可证和入境费

在珠穆朗玛峰区域进行徒步旅行需要申请TIMS许可证，并要支付萨加玛塔国家公园的入境费Rs3000。入境费可以在加德满都的国家公园办事处（→p.200）支付，也可以在佐尔萨勒（→p.241）前的检查站支付。

旅行小贴士

徒步旅行的季节

徒步旅行的季节是10月～次年5月的旱季，其中10月~12月中旬和3~5月中旬是最好的季节。10月在这里可以欣赏到湛蓝的天空下喜马拉雅山的壮丽雄姿。12月中旬到次年2月是冬季，天气非常寒冷，有些地方的积雪厚达膝盖。不过如果拥有充足的装备，也可以步行到卡拉·帕塔尔。这个季节的徒步旅行者很少，白雪皑皑的喜马拉雅山在阳光下闪烁出耀眼的白色光芒。

高度的逐渐适应问题，以及飞机无法按时起飞的问题，在安排行程的时候一定要留出足够的富余时间。

线路 1　从吉里前往卢克拉　需要 6 天（单程）p.236~237

从加德满都乘坐巴士到吉里，然后从吉里前往卢克拉附近的乔利卡尔卡需要 6 天的时间。一路上道路险峻，上下起伏很大，只适合有足够富余时间的旅行者。

线路 2　从卢克拉前往纳姆泽　需要 4 天 p.241

从加德满都乘坐飞机的话，卢克拉就成为徒步旅行的出发点。如果没有时间往深处走，可以步行前往夏尔巴人居住的村庄纳姆泽去看一看，在这里也可以欣赏到珠穆朗玛峰的山景。

线路 3　从卢克拉前往卡拉·帕塔尔　需要 11 天 p.246~249

可以参观作为珠穆朗玛峰观景台而闻名的卡拉·帕塔尔。这条线路在尼泊尔喜马拉雅山线路中最受欢迎，从纳姆泽到卡拉·帕塔尔往返需要 8 天的时间。

线路 4　从卢克拉前往戈克尤峰　需要 10 天 p.249~251

从戈克尤峰欣赏喜马拉雅山美景与卡拉·帕塔尔相比毫不逊色。在这里可以充分感受到大自然无穷的变化，从纳姆泽返回戈克尤峰需要 7 天的时间。

如果线路 3 和线路 4 都想体验的话，从纳姆泽往返需要 12 天的时间。

容易出现高原反应的难关

在昆布地区进行徒步旅行很容易出现高原反应症状，一般情况下，4 个徒步旅行者之中只有 3 个人能够到达目的地卡拉·帕塔尔，这其中还有大约一半人是在途中一度下山，恢复之后再来挑战的，或者是在同一个地方连续停留数日来调整身体适应海拔高度。

①佐尔萨勒→纳姆泽：高度差大约 600 米，是一段非常陡峭的上坡路，需要 3~4 小时，最好攀登一会儿休息一下。

②普恩吉·滕加→丹波切：这里的高度差也是 600 米左右，非常陡的上坡路，很多人在这里出现高原反应症状而下山，放弃了继续进行的打算。

③图克拉→罗布切：高度差只有 350 米，不过是在海拔接近 5000 米高处的陡坡，还没有完全适应海拔高度的人很容易出现高原反应。

④戈拉克谢普→卡拉·帕塔尔：能够到达这里基本已经适应了海拔高度的变化，但是如果在这 400 多米的山坡上上升得太急的话，也许之后就一步都走不了了。

旅行小贴士

关于装备

特别需要准备羽绒睡袋，这个在纳姆泽市场的徒步旅行用品商店里也可以租用，鞋可以准备徒步旅行专用鞋，也可以是轻便的登山鞋。冬季最好准备防水性好的鞋，除此之外，还需要准备防风衣和御寒的帽子、手套，以及保暖性好的内衣。积雪季节别忘了准备墨镜，另外这里的紫外线特别强烈，最好准备防晒霜。

日程安排比较紧，时间不够的时候

可以步行到因一座很大的藏传佛教寺院而闻名的丹波切。从纳姆泽往返需要 2 天的时间，虽然距离有些远，不过从这里也可以看到珠穆朗玛峰及洛子峰，甚至还可以看到阿玛达布拉姆峰的雄美山姿了。

在珠穆朗玛峰街道就餐和住宿

在线路上途经的村庄，食物基本都是从加德满都空运过来的，或者是由犏牛（牦牛与牛的杂交种）或者人从下面背上来的，出于这个原因，住宿处的餐厅价格有些偏高。住宿费用方面，使用公用卫生间的房间，Rs100~200（热水淋浴需要另外收费），带卫生间和淋浴的房间 Rs500~1000，这个价格与供电供水情况都很差的加德满都相比并不贵，但是这个价格的前提条件是必须在这里用晚餐和早餐，如果在别处用餐，或者自带厨师和粮食的团队客人，需要另外收费。

读者投稿

关于餐费预算

由于珠穆朗玛峰街道的物价很高，我觉得一天的平均餐费按照 Rs1500 来算的话比较合适。当然了，也许比这个更便宜一些也够吃，不过徒步旅行非常消耗体力，餐费尽量还是多留出一些富余比较好。

Everest Trekking

线路 1 Map p.236

从吉里前往乔利卡尔卡

难易程度：适合初级徒步旅行者　需要天数：6 天　最高到达点：3530 米

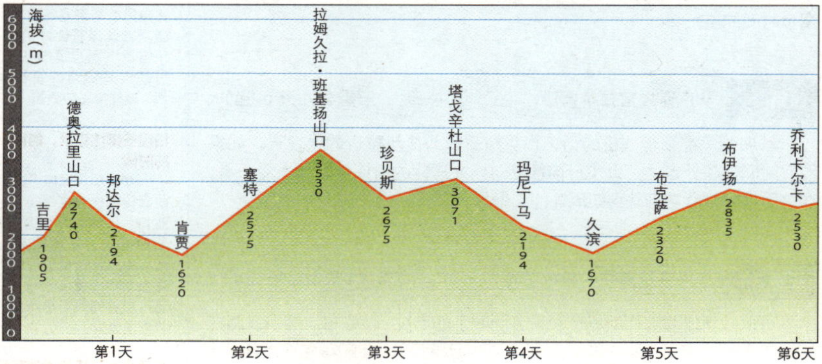

有用的信息

前往吉里的交通工具

从加德满都的城市公交车站出发，大约需要 8 小时，早上 5:30~9:00 发车，一天发 3 趟车。票价 Rs524。

关于地名的标记

线路介绍中在尼泊尔地名的后面看到（She.~）是夏尔巴族语的地名。

不是乘坐飞机前往卢克拉，而是从萨加玛塔专区索尔县的吉里开始步行的徒步线路。这条线路需要具备强健的体力和坚持不懈的精神，途中可以接触到山里人的生活，这条路线上的徒步旅行者并不多，但是能体验到与以卢克拉为起点的旅行完全不同的感受。

第一天　吉里（1905 米）　步行 7 小时　邦达尔（2194 米）

从吉里过来的巴士道路的终点处走进入山道，经过湿巴拉亚（Shivalaya），向德奥拉里山口（Deorali）前进。从山口开始往下走，道路分为两条。左边向下通往邦达尔（Bhandar（She. 强玛 Chyangma））。邦达尔的山间小屋集中在佛塔所在的村中心地区。

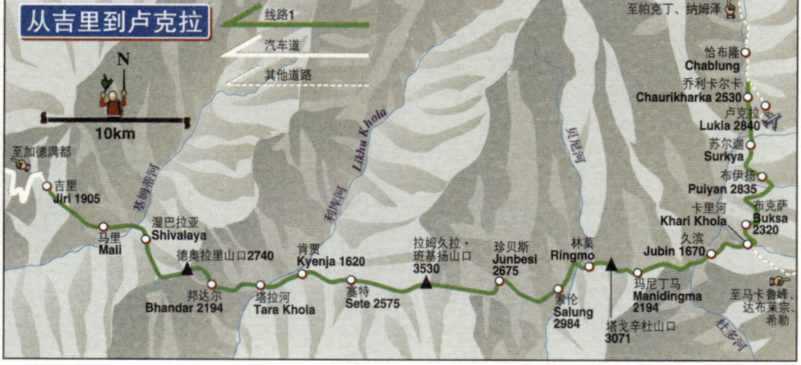

※在标准徒步线路中标注的日程所需时间中，就餐或者休息的时间不包括在内。

第二天　邦达尔（2194米）　步行6小时　塞特（2575米）

从邦达尔出发沿着高台上宽敞的道路前进，经过一段向下的陡坡后到达一个名叫塔拉河（Tara Khola）的小村庄，穿过村庄后沿着利库河的西岸行走，经过第二座桥后就到了肯贾（Kyenja）。从肯贾开始又是一段向上攀升的陡坡，大约2小时后可以看到山间小屋，再攀登一会儿就到了塞特（Sete）。

从吉里到卢克拉的途中可以看到一片片连绵不断的梯田

第三天　塞特（2575米）　步行6小时　珍贝斯（2675米）

从塞特开始的登山路大多是在森林中穿行，经过几家茶屋，爬到顶之后就到了这条线路的最高点拉姆久拉·班基扬山口（Lamjura Bhanjyang）。

从山口往下走，在右下方可以看到一条河流，此时不要朝着河流的方向走，而是要朝着左边的方向走盘山道，渐渐地可以看到有很多家山间小屋的珍贝斯（Junbesi）。这个村庄有一座藏传佛教宁玛派的寺院，据说是索尔地区最古老的寺院。

第四天　珍贝斯（2675米）　步行6.5小时　玛尼丁马（2194米）

走过珍贝斯的寺院之后，过桥后向左开始向上攀登，前方沿着山腰上的路可以到达索伦（Salung）。再往前下到索伦河边的道路，过河后向林莫（Ringmo）方向攀登。穿过林莫村广阔的苹果园之后，又开始了向塔戈辛杜（Thagsindhu）山口的攀登。山间小屋集中在市场一带。

在徒步旅行途中经常可以看到刻着经文的玛尼堆

第五天　玛尼丁马（2194米）　步行5小时　布克萨（2320米）

走出玛尼丁马之后，沿着左侧的道路下到山谷，经过杜多河上的吊桥可以到对岸拉伊族人很多的村庄久滨（Jubin）。从这里再翻过一座山丘就可以下到卡里河（khari khola）的村庄。从这里再往上爬30分钟左右陡峭的山坡，就到了布克萨（Buksa）。

第六天　布克萨（2320米）　步行7小时　乔利卡尔卡（2530米）

从布克萨沿着平缓的坡路往上走直到布伊扬（Puiyan）。从布伊扬开始进入一段高地平坦的道路，前方看到苏尔迦（Surkya）所在的山谷后，就可以沿着道路一直往下走，下去紧接着又开始往上爬，途中出现一个岔路口，要走左边那条路（右边的路通往卢克拉）。就这样一边俯视下面的河流，一边往上爬，直到乔利卡尔卡。道路在右手边跟从卢克拉下来的路合二为一，再一直往前走就到了纳姆泽。

与从卢克拉过来的道路合二为一的乔利卡尔卡

卢克拉 *Lukla*

珠穆朗玛峰徒步线路的起点

लक्ला

☎ 市外电话 038

有用的信息

前往卢克拉的途径

从加德满都乘坐飞机需要大约30分钟，票价US$159，一天大概十架航班。由于天气原因也许几天都不能起飞，安排行程时要留出足够的富余时间，返程机票，需要在前一天傍晚之前在卢克拉航空公司办事处进行确认。

旅行小贴士

到达卢克拉之后

乘坐早上的航班到达卢克拉后，很多人不需要入住，就可以直接开始徒步旅行，但是不要忘记开始徒步旅行之前先预订返回这里时住宿的旅馆，并确认好返程机票。在任何一家旅店都可以确认机票，必要的话也可以通过向导或者脚夫帮助确认。

位于斜坡上的卢克拉机场

位于海拔2840米的卢克拉，是珠穆朗玛峰徒步线路的起点，这个村庄有机场，从加德满都飞来的小型飞机就在这里着陆。机场的跑道很短，设在坡度很陡的山坡上，从机场通往纳姆泽方向的道路两侧，二十几家山间小屋、航空公司办事处，土特产品商店、银行、咖啡店以及面包房等连成了一片。秋季的徒步旅行旺季，或者由于天气恶劣飞机取消飞行的时候，小村子里一下子会聚集很多徒步旅行者。

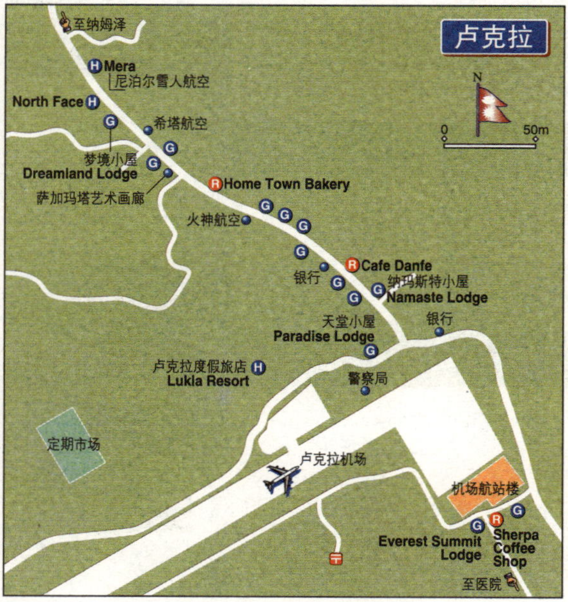

机场航站楼的跑道南侧也有几家可以住宿的地方，还有邮局，沿着珠穆朗玛峰山顶小屋（Eberest Summit lodge）和夏尔巴咖啡店（Sherpa Coffee Shop）之间的小巷往里走，一直走到村外可以看到一座由瑞士NGO运营的医院（Pasang Lhamu&Nicole Niquille Hospital）。每周四在跑道北侧的广场还有定期举办的市场。

酒店 *Hotel*

卢克拉度假旅店
Lukla Resort

◆位于机场的前方，无论庭院还是客房都是既宽敞又舒适。经营者彭巴·诺尔布先生曾经是这里的村长，可以帮助旅行者做些徒步旅行的安排。

Map p.238
☎ 550084 E-mail pembathsn@wlink.com.np
费 C/B ⓈUS$10 ⓌUS$15 A/B ⓈUS$12 ⓌUS$18
税 包含 服 无 卡 不可
NET Wi-Fi 收费

纳玛斯特小屋
Namaste Lodge

◆在机场附近，航班变更的时候，可以帮助住宿客人办理变更手续。餐厅菜品很丰富。

Map p.238
☎ 550068
费 C/B ⓈⓌ Rs200 A/B ⓈⓌ Rs1000
税 包含 服 无 卡 不可
NET Wi-Fi 收费

天堂小屋
Paradise Lodge

◆客房都以喜马拉雅山各座山峰的名称命名的。餐厅的牦牛牛排量足味美。

Map p.238
☎ 550029
费 C/B ⓈⓌ Rs250~500 A/B ⓈⓌ Rs1500
税 包含 服 无 卡 MV NET Wi-Fi 收费

梦境小屋
Dreamland Lodge

◆只有 8 间客房的小旅馆，所有客房均使用公共卫生间，不过客房和卫生间都很干净，餐厅价格相对便宜，在单人徒步旅行者之间很受欢迎。

Map p.238
☎ 550079
费 C/B ⓈⓌ Rs100~150
税 包含 服 无 卡 不可
NET Wi-Fi 收费

COLUMN

世界最高峰——珠穆朗玛峰

偶有西方人把珠穆朗玛峰称为“埃佛勒斯特”（Everest），这来源于在英国殖民统治期间，曾作为印度测量局长官的英国人乔治·埃佛勒斯特的姓氏。不过在夏尔巴人居住的这片土地上很少有人会说到这个名字，尼泊尔政府更愿意使用尼泊尔的名字，称为萨加玛塔峰。这个名字来自梵文，据说意思是“宇宙之巅”。

那么居住在这里的夏尔巴人如何称呼这座山峰呢？他们称呼它为“丘莫伦玛”或者“丘莫朗玛”，在夏尔巴语中是“大地之母”的意思，这个发音与藏语的发音很相似，汉语中的珠穆朗玛峰的名字应该就来源于此。

珠穆朗玛峰的海拔在 1954 年经印度测量局测定为 8848 米，但是 1999 年全美地理学协会根据 GPS 测定，测定值为 8850 米，另外中国国家测量局于 2005 年 5 月发表的测量结果是 8844.43 米（海拔测量中没有包括峰顶 3.5 米的冰雪高度）。然而尼泊尔政府不承认这些测定值，官方依然使用 8848 米的海拔高度。

1921 年第一次出现了准备登顶的珠穆朗玛峰远征队，经历数次挑战之后，1953 年 5 月 29 号，英国登山队的埃德蒙·希拉里和夏尔巴人丹增·诺盖才第一次成功登上峰顶。顺便提一句，曾经参加第一次珠穆朗玛峰登山队的英国著名登山家乔治·马洛里在到达珠穆朗玛峰北坡之后失踪（1999 年他的遗体在海拔 8160 米处被发现），至今人们还在争论他是否实现了人类的第一次珠穆朗玛峰登顶。

从卡拉·帕塔尔遥望珠穆朗玛峰

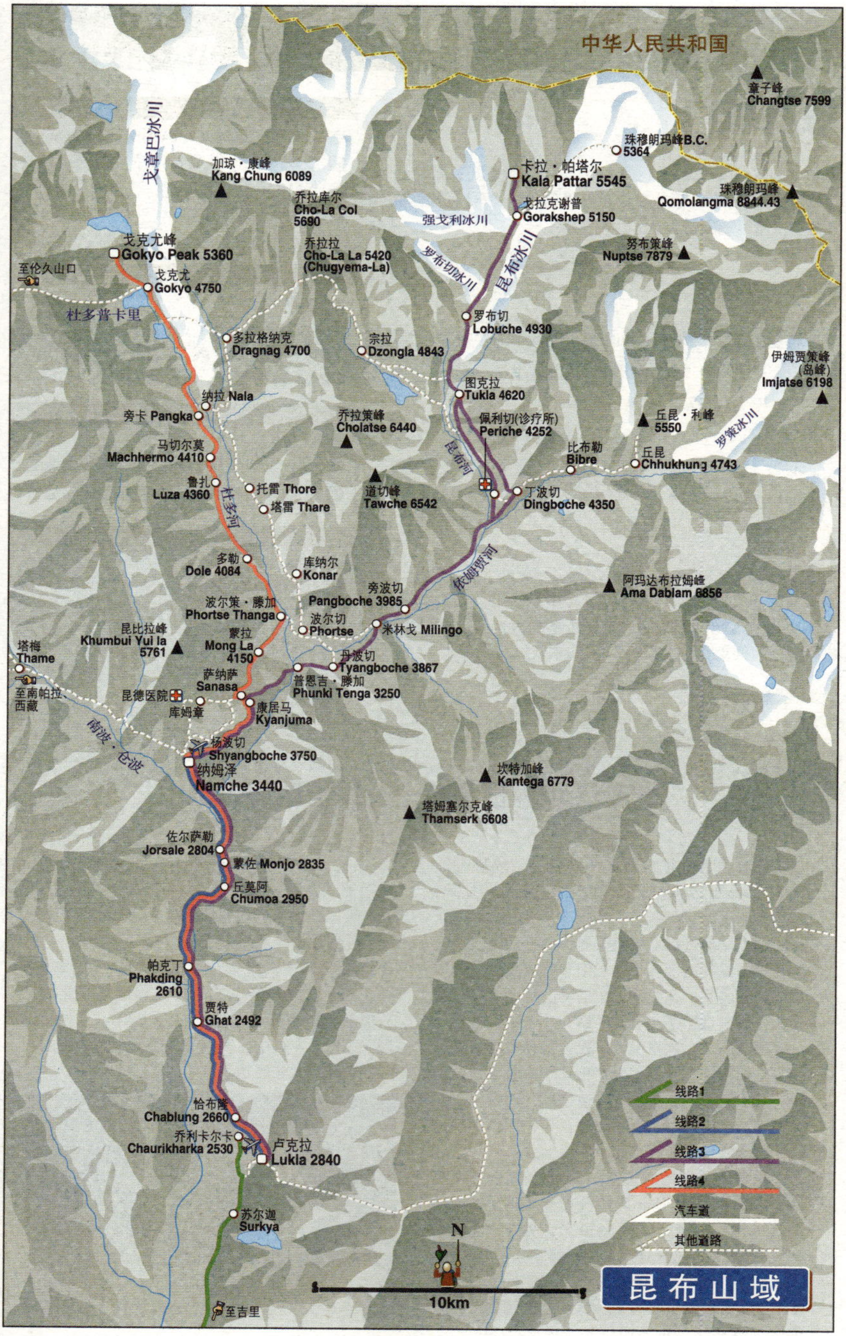

中华人民共和国
章子峰
Changtse 7599
珠穆朗玛峰B.C.
5364
卡拉·帕塔尔
Kala Pattar 5545
珠穆朗玛峰
Qomolangma 8844.43
戈拉克谢普
Gorakshep 5150
强戈利冰川
罗布切冰川
昆布冰川
努布策峰
Nuptse 7879
戈章巴冰川
加琼·康峰
Kang Chung 6089
乔拉库尔
Cho-La Col
5690
乔拉拉
Cho-La La 5420
(Chugyema-La)
戈克尤峰
Gokyo Peak 5360
至伦久山口
戈克尤
Gokyo 4750
杜多普卡里
多拉格纳克
Dragnag 4700
宗拉
Dzongla 4843
罗布切
Lobuche 4930
伊姆贾策峰
(岛峰)
Imjatse 6198
图克拉
Tukla 4620
纳拉 Nala
旁卡 Pangka
乔拉策峰
Cholatse 6440
佩利切(诊疗所)
Periche 4252
丘昆·利峰
5550
罗策冰川
马切尔莫
Machhermo 4410
昆布河
比布勒
Bibre
丘昆
Chhukhung 4743
鲁扎
Luza 4360
托雷 Thore
塔雷 Thare
杜多河
道切峰
Tawche 6542
丁波切
Dingboche 4350
多勒
Dole 4084
库纳尔
Konar
依姆贾河
阿玛达布拉姆峰
Ama Dablam 6856
旁波切
Pangboche 3985
波尔策·滕加
Phortse Thanga
波尔切
Phortse
米林戈 Milingo
昆比拉峰
Khumbui Yui la
5761
蒙拉
Mong La
4150
塔梅
Thame
丹波切
Tyangboche 3867
萨纳萨
Sanasa
普恩吉·滕加
Phunki Tenga 3250
至南帕拉
西藏
昆德医院
库姆章
康居马
Kyanjuma
南波·仑波
杨波切
Shyangboche 3750
纳姆泽
Namche 3440
坎特加峰
Kantega 6779
塔姆塞尔克峰
Thamserk 6608
佐尔萨勒
Jorsale 2804
蒙佐 Monjo 2835
丘莫阿
Chumoa 2950
帕克丁
Phakding
2610
贾特
Ghat 2492
线路1
线路2
线路3
线路4
汽车道
其他道路
恰布隆
Chablung 2660
乔利卡尔卡
Chaurikharka 2530
卢克拉
Lukla 2840
苏尔迦
Surkya
N
10km
至吉里
昆布山域

线路 2 Map p.240

从卢克拉前往纳姆泽

难易程度：适合初级徒步旅行者　需要天数：4 天　最高到达点：3750 米

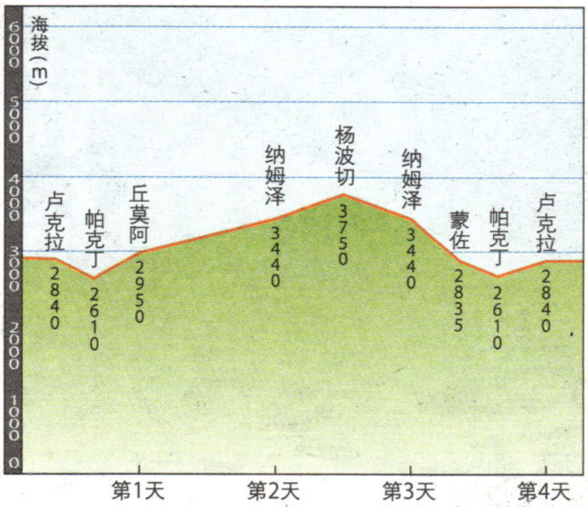

卢克拉附近很多绿色植被

第一天　卢克拉（2840 米）　步行 4 小时　丘莫阿（2950 米）

从卢卡拉开始步行，道路很快分为两条，一条通往乔利卡尔卡（吉里方向），另一条通往恰布隆（纳姆泽方向）。由于路上没有什么专门的路标，朝着进山的方向行走就可以了。

从卢克拉步行 2 小时左右到达拥有 12 家山间小屋的帕克丁（Phakding）。一早从卢克拉出发的旅行者沿着杜多河再走 2 小时的话可以到达丘莫阿（Chumoa），可以在丘莫阿住宿一晚。这里有六家山间小屋，这里距离下个村子蒙佐不远，也可以一直走到蒙佐再住宿。

第二～三天　丘莫阿（2950 米）　步行 3.5 小时　纳姆泽（3440 米）

蒙佐设有国家公园办事处，在这里需要出示在加德满都申请获得的 TIMS 许可证，并且支付 Rs3000 入境费。在河滩上步行一段时间后，经过一座吊桥，开始攀登一条高度差达 600 米前往纳姆泽的陡坡，这个陡坡相当陡峭，途中有茶屋，从窗口可以遥望珠穆朗玛峰。

如果看到了道路右手边那些石砌的房屋，就快到纳姆泽（Namche）了。在纳姆泽可以登上杨波切的高台远望。

第四天　纳姆泽（3440 米）　步行 6 小时　卢克拉（2840 米）

在卢克拉住宿一晚，乘坐次日的飞机前往加德满都，如果天气恶劣，飞机有可能停飞，所以安排日程的时候要留出富余的时间。

读者投稿

佐尔萨勒的住宿
Nirvana Garden Lodge

前往纳姆泽的路上，佐尔萨勒快走到头的时候，在路的左侧就是这家旅馆，有点像日本的民宿，档次跟其他旅馆比高出很多，餐饮的水准也很高，点心和自家焙煎的咖啡味道相当不错。就像是一片沙漠中的绿洲一样，珠穆朗玛峰街道的这家旅馆给人一种清新宜人的感觉。

蒙佐的住宿
Monjoe G.H.

旅馆内有宽敞舒适的餐厅，给客人一种在家的感觉。即使严冬季节，也有住宿的徒步旅行者，便于沟通交换旅行信息。

从佐尔萨勒前往纳姆泽的攀登过程中，最初看到珠穆朗玛峰的样子

※在标准徒步线路中标注的日程所需时间中，就餐或者休息的时间不包括在内。

纳姆泽 *Namche*

नाम्चे

定期开办市场的夏尔巴人村庄

☎ 市外电话 038

旅行小贴士

珠穆朗玛峰观景酒店

Hotel Everest View

从纳姆泽向上攀登大约3小时，可以看到矗立在杨波切山丘上的这座高大的酒店，喜马拉雅山就位于酒店的正前方，在这里住宿可以欣赏珠穆朗玛峰的朝霞和夕阳。

纳姆泽村里建于山腰的石造房屋

从纳姆泽市场抬头仰望，可以看到市场西侧博特河谷对岸的孔德峰（6187米）。纳姆泽是一个据点式的村庄，前往珠穆朗玛峰周边的各条徒步游线路都是从这里分开的。村子的海拔是3440米，从卢克拉方向来的游客为了适应高度的变化，会在这里停留几天进行休整。对于从高海拔地区的深山里下来的游客来说，这里给人的感觉又像是结束了严酷的高山之旅重新回到了文明社会的入口处一般。这些让这个大村庄总是给人一种很热闹的感觉。纳姆泽三面环山，背后是杨波切村所处的山脊，其高度差达300多米，村内的住宅建筑呈马蹄形分布，这些2~4层的建筑都是白色石砌的墙壁，蓝色或绿色的窗框，以及铁皮屋顶。

从杨波切山丘上看到的珠穆朗玛峰

纳姆泽 漫步

从卢克拉和蒙佐方向过来的旅行者，进入纳姆泽村之后可以看到右手边有一片空地，这里会定期举办市场。穿过一座画着佛像的大门，左侧可以看到一座白色的佛塔，有几家并排的小屋中都摆放着很大的转经筒，从这里拾级而上，就到了纳姆泽的主要街道，陡坡或者石板路的两侧，有很多旅馆，还有面包房，徒步用品商店，旅游纪念品或者土特产品商店，外币兑换处，以及咖啡店和书店等，一家家夹道相连。这里兑换的汇率比加德满都低一些，上网费用和国际长途费用也贵了不少。

中心大道两侧都是销售礼品的小店

每周五的下午和周六的上午，在村口附近的空地上举办定期市场，有很多销售蔬菜、水果、牛肉、灯油、日用杂货等生活用品的露天摊位。有很多东西都是从南面的索尔地区或者更远的村庄运过来的，山间小屋和旅馆为徒步旅行者提供的肉类、蔬菜和大米等食物都是从这里购买的。以前也从中国境内西藏往这里运送物资，不过现在国境已

定期市场上可以看到从很远的村子前来买东西的人

经被封锁了。

村子东侧的乔尔昆（Chhorkung）的山丘上有军队设施，萨加玛塔国家公园的总部也在这里。另外穿过军营大门不久还可以看到国家公园博物馆（National Park Headquarter Museum），国家公园内有动植物展览和夏尔巴族人生活资料展览。这一带是最好的观景点，在村子里无法看到的珠穆朗玛峰、南峰、阿玛达布拉姆峰、塔姆塞尔克峰等著名的山峰在这里可以一览无余。

山丘入口大门的左下方有一家酒店名叫 Sherwi Khangba，意思是夏尔巴人之家。在其占地范围内保留了古老夏尔巴族人的住宅，里面可以看到厨房、佛堂等，并展示了各种生活用具和佛具，现在成了夏尔巴文化博物馆（The Sherpa Culture Museum）。除此之外，这里还有照片画廊，展示着夏尔巴人举行结婚仪式的照片和各种节日的照片，还有登上珠穆朗玛峰的著名登山家的照片等。

夏尔巴文化博物馆所在的 sherwi Khangba 酒店

国家公园博物馆

开 8:00~16:00

休 周六、节假日

费 免费

夏尔巴文化博物馆

URL www.sherpa-culture.com.np

开 每天 8:00~17:00

费 Rs100

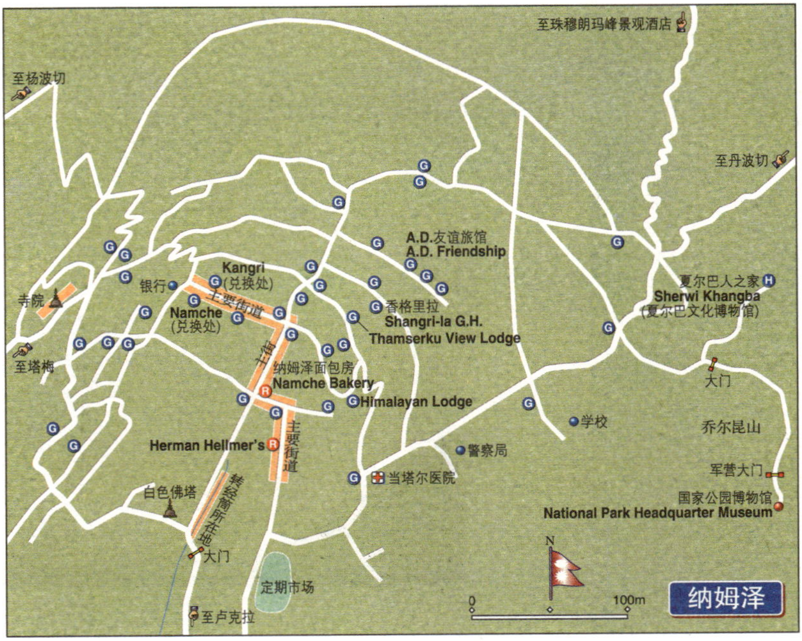

夏尔巴人之家
Hotel Sherwi Khangba

Map p.243

◆位于展望台入口附近乔尔昆山坡上，馆内有私人开设的夏尔巴文化博物馆，还有一个照片画廊，里面展示的照片大多数是摄影家兼店主自己拍摄的照片。

☎ 540005 FAX 540260
URL www.sherpa-culture.com.np
费 C/B ⓈⓌ Rs200 A/B ⓈⓌ Rs500
税 & 服 包含
卡 不可 NET Wi-Fi 收费

A.D. 友谊旅馆
A.D.Friendship Lodge

读者推荐

Map p.243

✉ 老板也做向导，所以对于徒步旅行耳熟能详。

☎ 540201 E-mail adflodge@hotmail.com
费 C/B ⓈⓌ Rs200~300
税 包含 服 无 卡 不可 NET 无

香格里拉
Shangri-La G.H.

Map p.243

◆客房只提供公共浴室，女店主和一个年轻的帮手亲自下厨做饭，是一个充满家庭氛围的旅馆，女店主的丈夫是一个有很多登山经验的夏尔巴人，对各条徒步线路都很了解，可以为旅行者提供合适的建议。

☎ 540127 E-mail cpacsherpa@yahoo.com
费 C/B ⓈⓌ Rs200 税 & 服 包含
卡 不可 NET Wi-Fi 收费

纳姆泽面包房
Namche Bakery

读者推荐

Map p.243

◆这家面包房有几家连锁店，旗下还经营一家 Herman Hellmer's，统称纳姆泽面包房，在当地很受欢迎。读者来信中说道："比萨使用牦牛奶酪，味道浓厚香郁，非常好吃。"

☎ 540119
营 每天 6:00~21:00
休 6~8 月
NET 无

COLUMN

环绕在珠穆朗玛峰周边的群山

从纳姆泽或者丹波切可以看到珠穆朗玛峰前面高高耸立着努子峰和洛子峰的山脊，右手边尖挺的山峰是洛子峰。

洛子峰（Lhotse 海拔 8516 米）中的"Lho"在藏文和夏尔巴语中是"南"的意思，因此洛子峰的意思就是南峰。努子峰（Nuptse，海拔 7879 米）中的"Nup"是西的意思，也就是说努子峰的意思就是西峰。另外"北"是"Chang"，位于珠穆朗玛峰北面的是我国西藏境内的章子峰（Changtse 海拔 7599 米），也就是说章子峰是北峰，登上卡拉·帕塔尔，就可以看到这座山峰位于珠穆朗玛峰的左内侧，是一座巍峨而光芒四射的山峰。

剩下的就是东峰了，"东"是"Shar"，因此东峰应该被称为砂子峰（Shartse）才对。在丁波切有一家名为 Shartse View Lodge 的山间小屋，这里的人认为依姆贾河谷上方，也就是洛子峰的东面深处可以看到的山峰应该就是砂子峰，不过这一说法并没有得到证实。这样说来，洛子砂（Lhotse-Shar）大概指的就是"南岳的东峰"吧。

珠穆朗玛峰（左内侧）和洛子峰（右）

MINI TERKKING From Namche

从纳姆泽出发的2天1晚的

短途徒步旅行

下面介绍的线路主要针对没有足够的时间和体力前往卡拉·帕塔尔或者戈克尤峰的旅行者，或者为了能够慢慢适应不断上升的海拔高度以便继续行程，而在这里进行短暂休整的旅行者，这些短途线路中也有很多值得好好欣赏的景观。

从纳姆泽出发，沿着朝丹波切方向流淌的杜多河向上攀登的途中，道路出现了岔路口，顺着右边的那条路前进，从纳姆泽村后面那条通往丹波切的弯弯曲曲的陡峭山路向上缓慢攀登2小时左右，就到了直升机起降的机场东端，这里的直升机主要运送入住珠穆朗玛峰观景酒店（→p.242）的客人，在机场前方看到的那座漂亮建筑就是丹波切全景酒店。

从放牧着牦牛或者犏牛（牦牛与牛的杂交种）的陡峭的斜坡横穿过去，走20分钟左右就可以透过树林看到雄伟厚重的珠穆朗玛峰观景酒店，这两家酒店都是绝好的观景点，可以观赏以珠穆朗玛峰为代表的喜马拉雅山脉的昆布山区的风光。

从珠穆朗玛峰观景酒店向左转，沿着道路往下走大约30分钟就来到了库姆章村，这个村子很大，平缓的山坡上到处是广阔的田地。村里有十几家山间小屋，在这里用过午餐后继续赶路的话，从行程上来说，其实当天就能返回纳姆泽，不过库姆章是尼泊尔国鸟帝王雉的故乡，如果在这里住宿一夜，没准可以遇到这些美丽的鸟，所以推荐在这里落脚住宿。另外村子北头有一座寺院（藏传佛教寺院）。寺院里的一个玻璃质盒子里收藏着一些被认为是属于男性雪人的褐色头发，锁在一个钢质的壁橱里保存。

从珠穆朗玛峰观景酒店看到的珠穆朗玛峰和洛子峰

位于昆比拉峰（Khumbila, Khumbi Yul Lha）山脚下的库姆章村

在一条长长的道路两侧排列着很多刻有经文的玛尼石，沿着这条路一直往前走，可以看到一座很大的学校，这是第一个登上珠穆朗玛峰顶峰的埃德蒙·希拉里先生捐建的学校。穿过村子的出口大门，朝着丹波切山脊的方向攀登一个平缓的山坡，放眼望去，可以看到山坡上悠闲地吃着青草的牦牛，白色的佛塔在阳光的照射下熠熠生辉，真是一幅绝美的风景。

横穿杨波切机场西部，沿着陡峭的下坡前进，大约2小时后就可以回到位于纳姆泽西侧的寺院了。

线路 3 从卢克拉前往卡拉·帕塔尔

Map p.240

难易程度：适合中级徒步旅行者　需要天数：11 天　最高到达点：5545 米

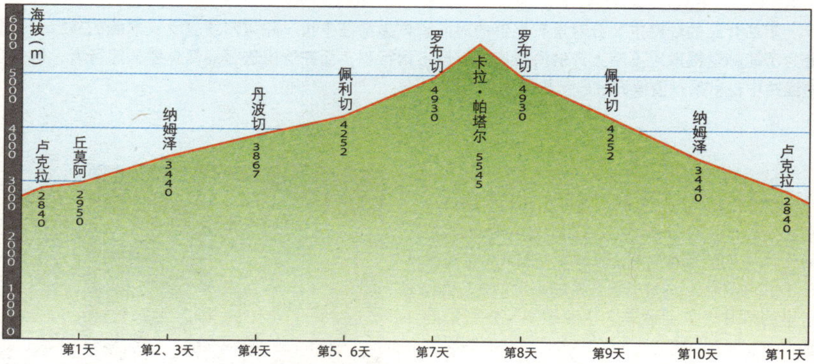

有用的信息

佩利切的诊疗所

这家诊疗所由喜马拉雅山救助协会经营，徒步旅行旺季期间，欧美医师会不定期常驻这里，如果感觉身体状况不好，最好来就诊，但是针对高原反应，预防是首要的，一旦出现高原反应，最有效的方法就是马上下山。

这条线路是从夏尔巴人的村庄纳姆泽出发，一直朝着可以眺望珠穆朗玛峰的瞭望台卡拉·帕塔尔 Kala Pattar（黑色岩石的意思）前进。这条线路是这一地区最主要的一条线路，所以路上的徒步旅行者很多，途中的住宿和就餐都不要担心，只要一心朝着眼前矗立的白色山峰前进就可以了。不过每天都在海拔 4000 米以上的高地行走，一定要特别注意有无高原反应。在昆德有一家医院，佩利切有一家喜马拉雅山救助协会（Himalayan Rescue Association）的诊疗所。

从卡尔·帕塔尔仰望群山

第一～三天　卢克拉（2840 米）　纳姆泽（3440 米）

参照 p.241。为了适应不断上升的海拔高度在纳姆泽住两个晚上。

路上经常会见到生活在喜马拉雅高原上的牦牛或者犏牛

※在标准徒步线路中标注的日程所需时间中，就餐或者休息的时间不包括在内。

第四天 纳姆泽（3440 米） 步行 5.5 小时 丹波切（3867 米）

从纳姆泽沿着山腰上的道路前进不久，会经过一个康居马（Kyanjumu）的村庄，走过村庄之后就是一条藏族风情的市场街，路上摆满了出售各种装饰品的摊位。这一带被称为萨纳萨（Sanasa），沿着右手往下的道路一直走到山谷，经过一座吊桥，就到了海拔 3250 米的小村庄普恩吉·滕加（Phunki Tenga）。从这里到丹波切是一条海拔差达 600 米的陡峭山路，丹波切村里有 5 家山间小屋。

丹波切由于占地很大的丹波切寺院而闻名，不过那座古老的寺院由于一场火灾被烧毁了，现在人们看到的是 1995 年重新修建的。面对寺院正面，左侧有一条小路，可以直通视野开阔的山脊。

拥有一座寺院的丹波切

第五～六天 丹波切（3867 米） 步行 5 小时 佩利切（4252 米）

从丹波切广场往下走，朝着左下方的河谷一路下降，过桥之后，沿着山腰上的道路向上攀登，到达旁波切（Pangboche），旁波切分为上村和下村，沿着下面的街道可以到达下村，下村沿路有 3 家山间小屋，上村有纳姆泽寺院，有 4 家山间小屋。

继续往前走，右手边有路标指向佩利切诊疗所，从第二个路标处道路分岔，往左到佩利切，直行通往丁波切。路标和岔路不太明显，所以走的时候要特别注意才行。沿着左侧的坡路往上走，可以看到山谷间有一片宽敞的河滩，这里就是佩利切（Periche）。为了适应海拔的上升，最好在佩利切或者丁波切住两天后再继续前进。

世界上屈指可数的大岩壁——洛子峰南坡

旅行小贴士

经由丁波切前往罗布切

也可以不去佩利切的方向，而是从旁波切的一条岔路上直行，很快就到了丁波切（4360 米）。从丁波切开始，路两旁都是雄壮的山峰，沿着山谷的道路往上走，到达丘昆（4743 米）。可以一边欣赏雄伟得令人震撼的洛子峰南坡，一边行走在安静的山路上。从丘昆往上攀登 4 小时左右到达丘昆·利峰（5550 米），从那里可以看到的景色真的是无与伦比。丘昆有 5 家山间小屋，从丁波切不往佩利切方向下降，而是沿着一段段山丘一直前往图克拉。路途易行，景色也很宜人。

读者投稿

丹波切的观景台

沿着从正面能看到的寺院后面那条路往上攀登，可以看到非常壮观的景色，从下面到能看到风景的途中需要 15 分钟，如果要爬到山顶需要 1 小时左右。山路坡度非常陡峭，据说是为了寺院的僧侣修行而修的道路，一般游客很难爬上去，正因如此，到达山顶的时候才会感慨万千。如果行程紧张没有办法前往卡拉·帕塔尔的话，到达丹波切的当天或者返回纳姆泽之后可以考虑到这里看看。

丹波切的住宿
Tyangboche G.H.

是一对很热情的夫妇管理这家旅馆，丈夫是英国一家大旅行社的导游，在当地导游中也很受欢迎，严冬季节来丹波切住宿的游人大多数会选择这里。

第七天	佩利切（4252 米）	步行 4 小时	罗布切（4930 米）

从佩利切沿着河滩向上缓慢攀登，经过一条小河后来到有几家山间小屋的图克拉（Tukla）。从这里开始沿着昆布冰川末端的碎石道路一直向上攀登，可能会有一种上气不接下气的感觉。在山口附近可以看到成排的佛塔，这些都是因攀登珠穆朗玛峰不幸遇难的夏尔巴人的坟墓，前方是开阔的昆布冰川，正对面是巨大的普莫利峰，在下方看起来很小的地方就是目的地卡拉·帕塔尔。沿着左侧的道路往下走，然后顺着冰河西侧的缓坡向上可以到达罗布切（Lobuche），罗布切的正面是巍峨的努子峰，这里有 5 家山间小屋。

第八天	罗布切（4930 米）	步行 4 小时	卡拉·帕塔尔（5545 米）	步行 3 小时	罗布切（4930 米）

把行李寄存在罗布切一早就出发的话，到卡拉·帕塔尔爬上山顶再下来，往返需要大概 7 小时。

从罗布切出发后不久就接近了从西而来的与昆布冰川河流的强戈利冰川。在巨大的岩石之间行进时，很难看清楚前方的足迹，一定要特别小心。前方的普莫利峰越来越显得高大雄伟了，白色的岩壁垂直下方就是卡拉·帕塔尔。

在卡拉·帕塔尔的山脚下有一片宽敞的白沙地，那是戈拉克谢普（Gorakshep）。在徒步旅行的旺季期间，这里有 3 家山间小屋，可以在这里住上一宿，然后前往卡拉·帕塔尔或者珠穆朗玛峰 B.C.。在珠穆朗玛峰大本营没有山间小屋，从戈拉克谢普到大本营需要跨过冰川，步行大约 3 小时。

眼前的黑色山丘是卡拉·帕塔尔，可以看到远处的普莫利峰

第九～十一天	罗布切（4930 米）	卢克拉（2840 米）

罗布切→佩利切（住宿）→纳姆泽（住宿）→卢克拉（住宿）（合计 12 天 11 晚）。但是从卢克拉前往加德满都的飞机可能不能按预计时间起飞，所以在安排行程时要留出一定的富余时间。

旅行小贴士

从卡拉·帕塔尔前往戈克尤峰

可以从罗布切出发，翻越乔拉拉（Cha-La-La，夏尔巴人称其为 Chugyema-La，有些地图则称其为 Cho-La）前往戈克尤峰，这是 2 天 1 晚的线路。在宗拉 Dzongla 的山间小屋住宿，次日一早出发翻越山口。在途中的戈章巴冰川可能会遇到冰川裂缝等危险地带，一定要跟向导同行才可以。积雪期不可以翻越山口，这个季节宗拉的住宿地也会关闭，所以去之前一定要收集确认信息。

读者投稿

戈拉克谢普的住宿 Buddha Lodge

工作人员很亲切，让人感觉很舒服，与其他山间小屋相比，餐费价格稍微便宜一些。严冬季节住宿客人很少，就餐的话住宿免费。

旅行小贴士

尼泊尔的国鸟——帝王雉

雄性帝王雉拥有五彩斑斓的羽毛，是一种非常漂亮的鸟，英语是 Imperial Phesant。鸟如其名，样子很威风，令人过目不忘。帝王雉生活在海拔 2600 米以上的高原，能够百分百观赏到帝王雉的地方是纳姆泽北面库姆章村（→ p.245）。在村里的田野上，早晚都可以看到出来觅食的帝王雉，一般可以看到十只以上，不过季节不同，情况也不太一样。

库姆章村的帝王雉

线路 4 Map p.240

从卢克拉前往戈克尤峰

难易程度：适合中级徒步旅行者　需要天数：10 天　最高到达点：5360 米

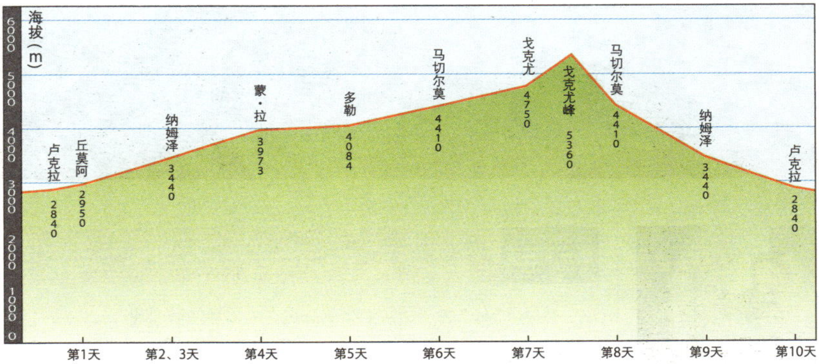

前往拥有美丽冰川湖的戈克尤峰（Gokyo Peak）线路，与前往卡拉·帕塔尔线路相比，旅行者相对少得多，所以在旅行途中可以享受安静的感觉。从纳姆泽往返需要 5 晚 6 天，如果去过卡拉·帕塔尔，已经适应了海拔的变化，这条线路差不多 4 晚 5 天就够了。杜多河两岸也有道路，从波尔策经由纳拉前进的道路，途中只有几家茶屋，有些不太方便。纳拉有 3 家山间小屋，只是在除旺季之外的其他时间都关闭不开。

读者投稿

山间小屋的设施

山间小屋的设施，并没有随着海拔的升高而变得不完善，不过根据所处的位置，还是出现了明显的差距。从戈克尤峰附近开始排位的话，设施方面排第一的是马切尔莫，第二是戈克尤，第三是多勒。

从戈克尤峰看到的珠穆朗玛峰群山

※在标准徒步线路中标注的日程所需时间中，就餐或者休息的时间不包括在内。

在纳姆泽附近遇到的夏尔巴姐弟

读者投稿

关于展望

有时候为了避免高原反应，登上顶峰的时候需要先在看不到风景的地方停留，下山的时候可以在风景好的地方（例如蒙·拉）停留或者选择跟来路不同的路线，这样的话旅途会更多些情趣。我们的归路选择了从波尔策·滕加经由波尔策在丹波切停留，因此充分享受了一路风景的变幻莫测。另外，带有“滕加（下的意思）”的地名，我感觉好像大多都没有什么可观赏风景的地方。

位于戈克尤的冰川湖杜多·普卡利

第一～三天 卢克拉（2840 米）→ 纳姆泽（3440 米）

参照 p.241。为了适应海拔的升高在纳姆泽住宿两晚。

第四天 纳姆泽（3440 米） 步行 4 小时 蒙·拉（3973 米）

从纳姆泽朝着丹波切的方向前进的途中，从萨纳萨前面的康居马（Kyanjuma）开始向左攀登，与从库姆章过来的道路重合，沿着这条道路向右攀登，可以看到位于海拔 3973 米山口处的佛塔。这里就是蒙·拉（Mong La）。蒙·拉有 5 家很小的山间小屋。由于位于通风好的位置，所以比较寒冷，不过要想适应海拔变化的话，在这里住一宿比较好，如果还想继续前进的话，可以下到波尔策·滕加住宿，或者继续前往下一个目的地多勒，这样可以在多勒附近连住两宿。不过如果曾经去过卡拉·帕塔尔，基本已经适应了海拔的变化，就不必住在蒙·拉，也没必要在多勒住两晚了。

第五天 蒙·拉（3973 米） 步行 4 小时 多勒（4084 米）

从蒙·拉往下走，直到来到右下方看到的河流附近，就到了有茶屋的波尔策·滕加（Phortse Thanga）。从右走过桥，可以前往波尔策、丹波切、旁波切方向。如果不过桥继续往上爬的话，穿过浓密的森林之后过一条小河就到了多勒，这里有 5 家山间小屋，从这里再往前走，一直到马切尔莫附近，经常会有人因为高原反应而病倒，因此需要充分考虑自己的身体状况之后再决定是否在此住宿。

第六天 多勒（4084 米） 步行 3 小时 马切尔莫（4410 米）

从多勒出发爬上山丘，通过右下方可以看到从戈章巴冰川流淌下来的杜多河水，沿着山腰的道路继续前进，就到了鲁扎（Luza）。如果再往上爬一段的话，就到了有 4 家山间小屋的马切尔莫（Machhermo）了。如果已经适应了海拔的变化，也可以继续往前走到戈克尤。

第七天　马切尔莫（4410 米）　步行 3.5 小时　戈克尤（4750 米）

前往戈克尤的道路首先需要爬上一个山坡，然后就看到了远处的卓奥友峰，沿着山腰缓慢右行，可以看到下方的杜多河与支流汇合在一起的情况。沿着左侧的河流前行，就到了有很多牦牛卡尔卡（一种石砌的放牧小屋）的旁卡（Pangka）。

在马切尔莫回首走过的道路

通过旁卡之后需要攀登一段岩壁。爬到上面之后就会看到一个小湖泊，沿着大大的 U 字形的平坦道路前进，就到了第三大冰川湖杜多·普卡利（Dudh Pokhari）旁边的戈克尤（Gokyo），这里有 7 间山间小屋，冬季（12 月～次年 2 月）只有 2 家开放。

如果戈克尤到得早的话，可以直接去攀登戈克尤峰，但是最好还是在这里休息一夜，第二天一早去攀登戈克尤峰。不管哪种选择，第二天下午都可以返回到马切尔莫附近。

从戈克尤峰（海拔 5360 米）放眼望去，下面是荒凉而广阔的戈章巴冰川，而冰川湖杜多·普卡利呈现出蔚蓝的颜色（在冬季结冰的时候呈现白色）。北面卓奥友峰、加琼·康峰、耸立在尼泊尔与我国接壤的边境，东面是珠穆朗玛峰、洛子峰、马卡鲁峰等几座巨大的山峰，真是令人不由得感慨万分。

第八～十天　戈克尤（4750 米）　卢克拉（2840 米）

戈克尤→马切尔莫（住宿）→纳姆泽（住宿）→卢克拉（住宿）（合计 10 晚 11 天）。但是前往加德满都的飞机可能不会按照预定时间起飞，因此安排行程时要留出一定的富余。

读者投稿

珠穆朗玛峰观景台

从戈克尤出发不去攀登戈克尤峰，而是朝着卓奥友峰的方向径直前进，大概 3 小时后就可以到一处观景台，从那里可以观赏到珠穆朗玛峰从上到下的整体样貌。如果时间有富余的话，还可以在攀登戈克尤峰之后在戈克尤再住一晚，我觉得这条线路不错。这里作为观赏珠穆朗玛峰的最佳观景台，在尼泊尔销售的大多数地图上都有介绍，不过来这里的徒步旅行者却并不多。

COLUMN

尼泊尔的山岳民族——夏尔巴族

脸型跟中国人有些相似的夏尔巴人

“夏尔巴”一词几乎是“为喜马拉雅山登山队服务的当地向导”的代名词。其实，尼泊尔是一个多民族国家，夏尔巴只是民族构成中的一个民族，却是知名度很高的山岳民族。据说大约500年以前，夏尔巴族人从我国西藏东部翻越喜马拉雅山迁移至西南部。在藏语中，夏尔巴的意思是“东部人”。

夏尔巴人主要生活在以珠穆朗玛峰为代表的高山林立的昆布山区。大致的范围是以其南面的杜多河沿岸的索尔地区为中心，东至大吉岭，西至何兰普山谷一带的喜马拉雅高原地带。他们使用的夏尔巴语也被认为是藏族的方言，信仰藏传佛教，其生活习惯以及风俗与我国西藏非常接近。

在这块严酷的土地上，他们在高度不同的地方耕种、放牧，度过一年四季。主要的农作物是土豆和大麦等，家畜有牦牛（长毛的高原牛）、牛，以及他们的杂交品种。在农业和畜牧上也做到尽可能最大限度地利用土地。

很早以前，夏尔巴人就在我们西藏高原和喜马拉雅山南部的低地之间一直进行着活跃的物资交易。位于昆布地区中央位置的纳姆泽就是一个因为这种贸易往来而繁荣的村庄，至今，在纳姆泽还会举办定期市场。

此后，随着贸易往来的逐渐衰退，夏尔巴人转为去大吉岭打工，他们卓越的登山能力开始为世人所知。现在很多的登山队和徒步旅行者会到尼泊尔，因此昆布地区的夏尔巴人就开始从事向高处搬运物资或者为徒步旅行者当向导的工作，以此为生。

在昆布地区进行徒步旅行期间，自始至终都会与夏尔巴人接触，夏尔巴族的男性大多在外面工作，山间小屋或者商店则由女性来打理。夏尔巴尼（夏尔巴女性）非常要强而且能干。另外，这个民族在做生意方面也很有名，从中也可以看出他们非常精明的一面。

在这严酷的山岳环境中生活的人们，最值得欢庆的日子是他们的节日和正月（藏历中夏尔巴人的正月是在2月前后）。这个时间他们会准备各种好吃的，并且跳起夏尔巴民族舞蹈。

夏尔巴人最大的宗教活动是假面具舞蹈节，每年的11月在丹波切的寺院内举行，这种时候寺院的僧侣们会戴上代表各位神灵的面具进行舞蹈仪式，很多夏尔巴人为了祈求祝福从很远的村庄赶来，每当这时，特意来观看这一仪式的徒步旅行者也会增加。另外5月在塔梅的寺院也会举办假面具舞蹈节。

夏尔巴尼在做藏式面条

朗当

Langtang Trekking

从加德满都可以轻松前往的朗当山谷

耸立在加德满都北部的山峰是朗当·喜马拉雅山。1949 年英国著名探险家蒂尔曼把这里誉为"世界上最美丽的山谷之一"，从此这里开始受到人们的关注。朗当山谷海拔 6000 米以上的山峰林立，塔芒族和藏族人生活在这里。连接加德满都和朗当山谷之间的绿色丘陵地带是何兰普，经过印度教的圣地戈塞因昆德之后，可以一边在村里漫步，一边遥望远处的喜马拉雅山脉。与其他线路相比，这里绿色植被茂密，动植物丰富，对于喜欢观察鸟类或者对花草比较了解的人来说，这里是最适合徒步旅行的地方。

标准线路

线路 1　从斯亚布贝斯前往朗当山谷　需要 7 天 p p.256~258

从加德满都乘巴士或者出租车出发前往斯亚布贝斯，然后步行前往朗当山谷最深处的村庄坎金寺。夏季可以在这里看到很多种高山植物，别有一番美丽的景致。

线路 2　前往戈塞因昆德 & 何兰普　需要 8 天 p p.261~264

徒步旅行的起点是通泽，从海拔 4380 米的戈塞因昆德湖出发，穿过何兰普那一段段美丽的梯田，步行返回加德满都。也可以跟朗当山谷线路组合在一起。

有用的信息

许可证和入境费

在朗当山区徒步旅行需要 TIMS 许可证和朗当国家公园入境费 Rs3000。入境费可以在加德满都国家公园办事处（→ p.200）或者通泽（→ p.256）前方的国家公园办事处支付。

旅行小贴士

最低影响法则

把朗当山谷推荐给世界人民的蒂尔曼先生也是实践"最低影响法则（当我们踏入这片土地的时候，一定不要给这里带来任何恶劣的影响）"的先驱者，如今这一法则已经成为了一种常识性的约定。我们也要像蒂尔曼先生那样，时刻牢记着把自己带来的影响降低到最低限度，为保护这里的森林和文化做出贡献。

住宿

朗当山谷和坎金寺等地的住宿设施很完善，几乎所有的山间小屋都是单间，1 月的严冬季节也会有部分山间小屋坚持营业，所以住宿问题不需要有任何担心。不过从戈塞因昆德到戈普特之间的山路，有时会因为积雪而无法通行，不能翻越劳雷比纳亚克山口，那时候山间小屋就都关闭了，关闭的时间长短根据降雪量来确定，可以在辛恩寺院等地方了解前方的情况。另外，在竹林和喇嘛酒店等处有泥石流的危险，雨季尽量避免在这里住宿。

就餐

推荐的菜单是：早上吃藏式早餐，晚上是尼泊尔疙瘩汤和土豆蒸饺。在住宿客人较少的山间小屋，不仅可以与当地人充分交流，饭菜做得也比较快，一般只有一个炉灶，人多的时候就吃扁豆汤套餐吧。

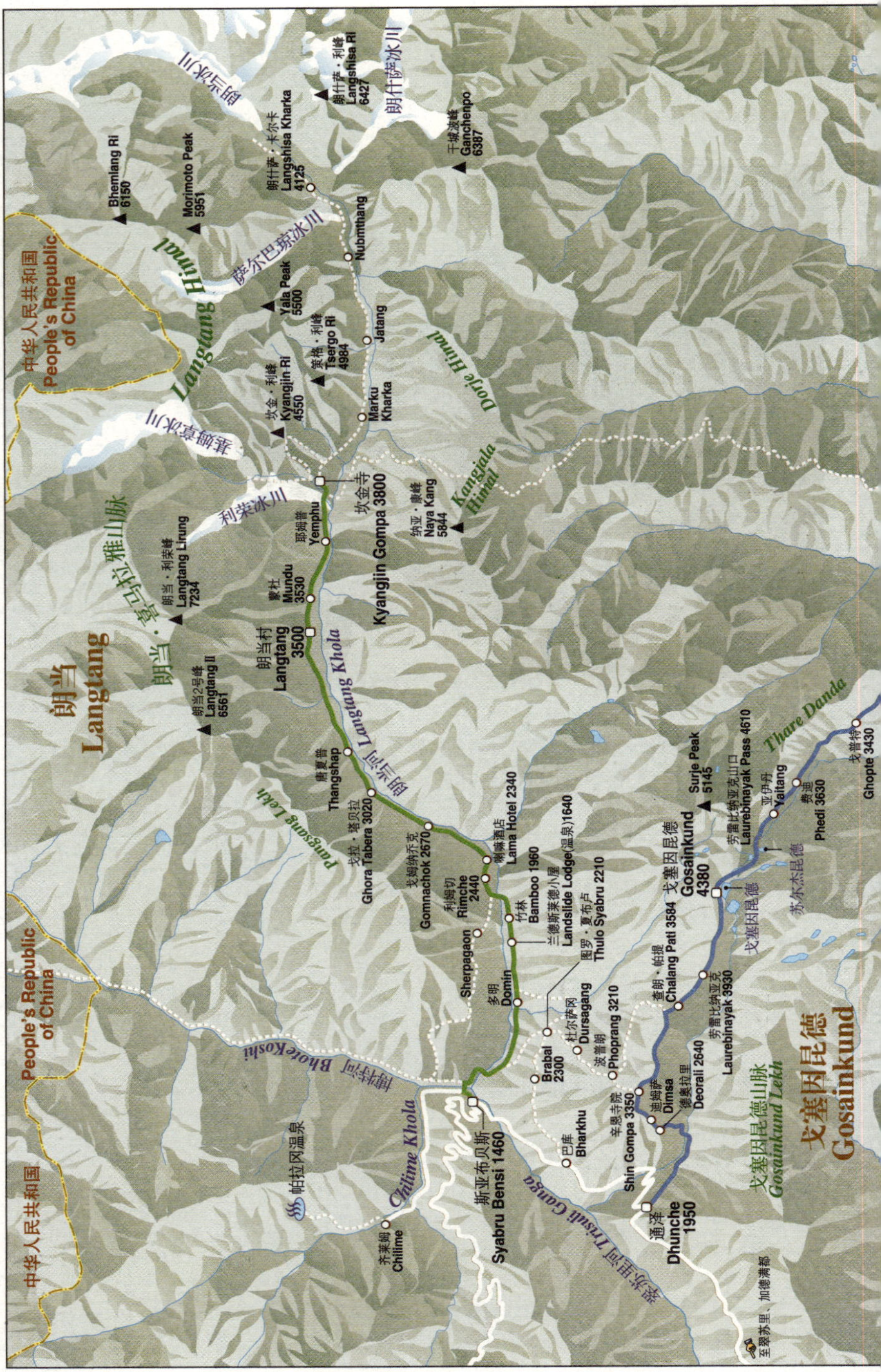

朗当 Langtang
朗当·喜马拉雅山脉
Langtang Himal
中华人民共和国 People's Republic of China
Bhemlang Ri 6150
Morimoto Peak 5951
萨尔巴琼冰川
Yala Peak 5500
朗什萨·卡尔卡 Langshisa Kharka 4125
朗什萨·利峰 Langshisa Ri 6427
朗什萨冰川
千城波峰 Ganchenpo 6387
Nubmthang
Jatang
赞格·利峰 Tsergo Ri 4984
坎金·利峰 Kyangjin Ri 4550
Marku Kharka
Dorje Himal
坎金寺 Kyangjin Gompa 3800
纳亚·康峰 Naya Kang 5844
Kangjala Himal
利荣冰川
耶姆普 Yemphu
朗当·利荣峰 Langtang Lirung 7234
蒙杜 Mundu 3530
朗当村 Langtang 3500
朗当2号峰 Langtang II 6561
Langtang Khola
朗当河
唐夏普 Thangshap
戈拉·塔贝拉 Ghora Tabera 3020
Pangsang Lekh
戈姆纳乔克 Gomnachok 2670
喇嘛酒店 Lama Hotel 2340
利姆切 Rimche 2440
竹林 Bamboo 1960
兰德斯莱德小屋 Landslide Lodge(温泉) 1640
图罗·夏布卢 Thulo Syabru 2210
Sherpagaon
多明 Domin
杜尔萨冈 Dursagang
波普朗 Phoprang 3210
Brabal 2300
查朗·帕提 Chalang Pati 3584
劳雷比纳亚克 Laurebinayak 3930
戈塞因昆德 Gosainkund 4380
Surje Peak 5145
劳雷比纳亚克山口 Laurebinayak Pass 4610
亚伊丹 Yaitang
费迪 Phedi 3630
Thare Danda
戈普特 Ghopte 3430
苏尔杰昆德
戈塞因昆德
戈塞因昆德 Gosainkund
戈塞因昆德山脉 Gosainkund Lekh
迪姆萨 Dimsa
德奥拉里 Deorali 2640
辛恩寺院 Shin Gompa 3350
巴库 Bharkhu
博特河 Bhote Koshi
斯亚布贝斯 Syabru Bensi 1460
特里苏里河 Trisuli Ganga
通泽 Dhunche 1950
帕拉冈温泉
Chiline Khola
齐莱姆 Chilime
至翠苏里、加德满都

朗当/何兰普
塔雷帕提 Tharepati 3510
Melamchigaon 2530
塔尔凯格扬 Tarkeghyang 2740
马金·格特 Magingoth 3285
Gangiawal 2770
Sermathang 2590
库图姆桑 Khutumsang 2470
戈卢·邦贾扬 Golphu Bhanjyang
Melamchi Khola
梅拉姆奇河
Palchok Danda
卡卡尼 Kakani 1996
加尔顿 Gyalthung 1020
何兰普 Helambu
Indrawati Khola
奇普林 Chipling 2170
Golpha Khola
帕提·邦扬 Pati Bhanjyang 1830
梅拉姆奇市场 Melamchi Bazar 870
线路1
线路2
汽车道
其他道路
至通泽、斯亚布贝斯
湿婆波利山脉 Shivapuri Lekh
卡卡尼 Kakani 2073
乞索盘尼 Chisopani 2170
N
10km
布达尼尔干塔 Budhanil Kantha
加满德都 Kathmandu
穆尔卡尔卡 Mulkharka 1852
孙达里贾尔 Sundarijal 1460
至环路
至加德满都

Langtang Trekking

线路 1

Map p.254-255

从斯亚布贝斯前往朗当山谷

难易程度：适合初级～中级徒步旅行者　需要天数：7 天　最高到达点：3800 米

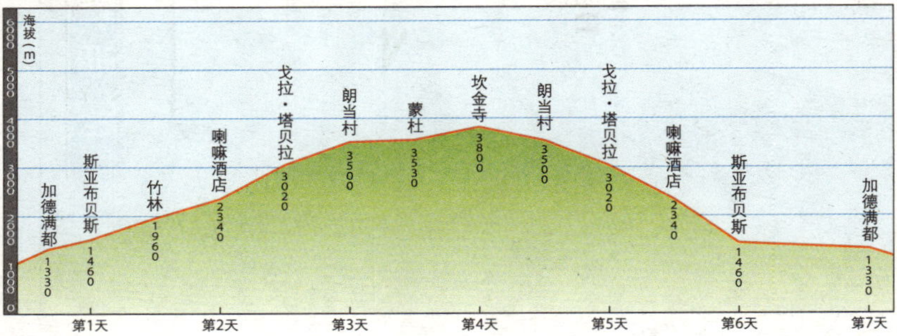

有用的信息

前往斯亚布贝斯的巴士

从加德满都的马查波卡里停车场出发，特快巴士 6:20 发车，路上需要大约 8 小时，票价 Rs500。普通巴士发车时间是 7:00、7:30，路上需要 10 小时，票价 Rs340，途中经由翠苏里和通泽。这趟巴士非常拥挤，一定要提前预约，如果从加德满都包租一辆陆地巡洋舰的话，路上大约需要 7 小时，包一辆车需要 Rs5000~2 万。

斯亚布贝斯的住宿

Hotel Sky（010670141）酒店客房带淋浴和卫生间，明亮、干净。可以帮助旅行者介绍向导和脚夫，还可以帮忙购买巴士车票和租吉普车等。

与冰川相连的坎金寺

朗当徒步线路是沿着左右海拔超过 6000 米的山峰之间的山路，朝着朗当河溪上游的方向向上攀登。目的地坎金寺因繁花似锦的高山植物而闻名，如果一到达就马上折返未免有些可惜，最好能住上几晚，到附近的冰川去散散步，好好欣赏下这美丽的景色。

第一天	加德满都（1330 米）	需要 7~10 小时	斯亚布贝斯（1460 米）

斯亚布贝斯市场

在通泽跟前设有国家公园事务处，在这里要支付入境费 Rs3000（事前在加德满都支付过这笔费用的人需要出示收据），从加德满都过来的巴士，停靠在斯亚布贝斯的新市场，这里有很多山间小屋，可以选择一家中意的地方住宿。

※在标准徒步线路中标注的日程所需时间中，就餐或者休息的时间不包括在内。

第二天	斯亚布贝斯（1460 米）	步行 5.5 小时	喇嘛酒店（2340 米）

斯亚布贝斯是一个位于谷底的市场，因此早上天亮得很晚，首先从 Hotel Village Lodge 旅馆斜对面的小台阶下去，走过横跨博特河的大桥之后，就是斯亚布贝斯的本村，经过本村后要经过朗当河上的一座桥，过桥后需要选择左岸的道路继续前行。

沿着朗当河步行大约 30 分钟后，会有一条岔路，直行是通往朗当山谷的道路，右边那条登山路是通往图罗·夏布卢方向的。一直往前走 1 小时左右就到了多明（Domin），这里也有一条通往图罗·夏布卢的道路。

从多明开始道路变得起伏颠簸，大约 30 分钟后到达兰德斯莱德小屋（Landslide Lodge）。这里的对岸有一个可容纳两个人的温泉，可以在那里吃午餐，休息，再泡个温泉。在山间小屋的前面可以看到前往温泉的指示牌。

从兰德斯莱德小屋出发，在森林中步行 20 分钟后，道路跟从图罗·夏布卢过来的道路会合，河水上游方向就是朗当山谷的方向，继续前行一段时间后到达有三家山间小屋的竹林（Bamboo）。很多旅行者会选择在这里吃午餐。

从竹林走大约 30 分钟后会经过一座铁架吊桥，过桥之后沿着朗当河右岸前行，到处是滚落下来的大石头，在这样的道路向上攀登 1 小时后有一家茶屋，再继续往上爬就到了利姆切（Rimche），这里有 2 家山间小屋，这里距离喇嘛酒店（Lama Hotel）还有 15 分钟的路程。

沿着朗当河往上走

第三天	喇嘛酒店（2340 米）	步行 5.5 小时	朗当（3500 米）

沿着林中的道路走一段时间后，会看到一座白色的山峰，开始看到的是朗当 2 号峰，过一会儿会看到朗当·利峰。走 1 小时后到达戈姆纳乔克（Gomanachok）。再走 1.5 小时后穿过树林地带，周围低矮的树木逐渐增多，这里就是有 2 家山间小屋的戈拉·塔贝拉（Ghora Tabera）。再往前海拔就超过了 3000 米，远处的景色也越来越清晰美丽了。

朗当村当地人

旅行小贴士

帕拉冈温泉

从斯亚布贝斯沿着奇里梅河向上游方向前进，单程需要 6 小时左右，这里的温泉水量充沛，可以解除旅途劳顿，如果行程安排有富余的话，可以去体验一下。详细情况参阅→ p.209。

在林间若隐若现的朗当 2 号峰

经过一个检查站之后再往前走 1 小时后就来到了有 5 家山间小屋的唐夏普（Thangshap）。从这里到朗当还需要 2 小时。朗当村分为两个区域，首先看到的是朗当寺院所在的村落，再往前走 10 分钟左右就到了有很多家山间小屋的村落。从这里可以看到头顶上方露出山尖的朗当·利峰，周边是放牧牦牛的地方，这里的奶酪和酸奶味道都很不错。

第四天 朗当（3500 米） 步行 4 小时 坎金寺（3800 米）

沿着一条平坦的道路往前走，路上可以欣赏干城波峰的山貌，这样走 40 分钟后，会通过一个藏族人居住的村庄蒙杜（Mundu）。这里也有几家山间小屋。继续前行一段时间后到达耶姆普（Yemphu）。从这里开始牦牛的足迹开始多了起来，一边留意脚下一边朝着右面的大桥前进。横穿过利荣冰川的一条河流之后，往上攀登就到了坎金寺（Kyangjin gompa）。这里的海拔容易出现高原反应，一定要注意确认自己的身体状况。

旅行小贴士

坎金寺的住宿

这里有 17 家山间小屋，寺院旁边还有一座由寺院经营的 Monastery Lodge 山间小屋。奶酪工厂只在夏季开放。

坎金寺的山间小屋

群山近在眼前的坎金寺

第五 ~ 七天 坎金寺（3800 米） 加德满都（1330 米）

返回时从坎金寺到加德满都大约需要 2 天的时间，途中可以选择曾经住过的山间小屋，也可以到其他经过的村庄住宿。在斯亚布贝斯住宿一晚，第二天早上乘坐巴士返回加德满都。

这条线路只有 7 天的时间，其实途中会感觉有些仓促，最好是在坎金寺住一晚，8 天的时间就会觉得更充实了。另外，如果时间富余，还可以经由线路 2 中介绍的戈塞因昆德、何兰普返回加德满都。

路上会遇到在高原生活的牦牛

MINI TERKKING

Walking Around Kyangjin Gompa

行走在坎金寺周边 之一

除非出现高原反应不得已返回的情况外，在坎金寺只住一晚就回去的话确实有些可惜。在寺院周围有不少可以当天往返的旅行线路，可以期待看到非常壮观的景色。在这里我们介绍 3 条线路，在出发前一定要再次确认自己的身体状况，然后带上非常时期需要的食物、水壶、防寒用具后就可以出发了。

线路 A　近距离仰望朗当·利荣峰和冰川

眼前是广阔的基姆章冰川

从山间小屋朝着寺院的方向攀登，沿着巨大的岩石和佛塔旁边的一条道路一直往北走就可以到达。另外还有一条沿河向下的道路，这条路通往大本营，途中没有桥梁，因此具有一定的危险性，路上注意小心躲避放牧的牦牛，一直往北走，朗当·利荣峰的全貌就逐渐地展现在眼前，令人激动万分。

最后沿着一条弯弯曲曲的陡峭山路向上攀登之后，有一间卡尔卡（放牧小屋），广阔的基姆章冰川展现在眼前，冰川在朝阳的照射下熠熠生辉，冰川对面就是我国西藏，静下心来似乎可以听到冰川崩裂的声音，回首来路，流云之间不时可以看到纳亚·康峰（5844 米）的轮廓。

线路 B　环视朗当山谷 360 度全景

在坎金·利荣峰山顶上

这条线路的目标是坎金寺上面经幡飘舞的山峰（坎金·利峰，海拔 4550 米）。参加这条线路的前提条件是身体已经完全适应了海拔的变化。

先沿着 A 线路前进，在途中不再往上攀登，而是沿着寺院前巨石旁边的道路向东走，周围有很多牦牛留下的足迹，慢慢地爬向高处，注意视线不要离开经幡。从村中也可以看到的这座山峰海拔 4350 米，在这前面还有另外一座海拔 4550 米的坎金·利峰，就这样横穿过去，一边欣赏左手边的朗当·利峰，一边沿着山脊的小路往前走，最后一段山路非常陡峭。在坎金·利峰的周边是一片草原，可以躺在上面睡会儿午觉，正对面是基姆章冰川，环视周围可以看到亚拉山、多杰拉克帕峰、干城波峰，可以环视一圈 360 度。从这里翻越山口向下走可以看到卡尔卡，沿着溪边有几条道路，都可以返回坎金寺。这里的高山植物非常稀少，走路的时候千万不要踩踏，秋天这里到处盛开着龙胆花。

Walking Around Kyangjin Gompa
行走在坎金寺周边 之二

C线路 **前往朗当山谷更深处的线路**

从坎金寺再往前，既没有山间小屋，也没有茶屋，如果旅行者没有带帐篷的话只能当天往返。出发前一天可以在住宿的地方预订藏式面包。

朗什萨·卡尔卡周边的景色

步行30分钟后要经过一条河流，然后继续朝着草原般的机场往下走，返回到这里的时候天色就黑了，所以最好事先把这里的地形和经过的一些地方记清楚，从这里到努布姆唐之间有很多沼泽水流，不需要担心缺水。

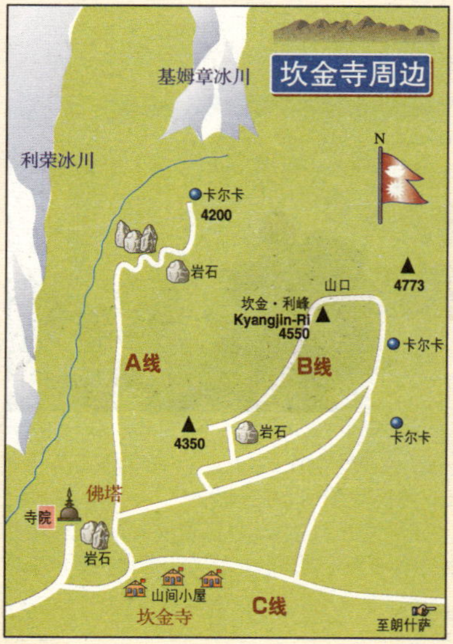

沿着朗当河前进，从马尔库·卡尔卡附近开始可以看到正对面的朗什萨·利峰，河滩上的沙子很细，走在上面发出沙沙的声音，感觉很舒服。沿着平缓的坡路往上走，就到了一个名为贾丹的卡尔卡，在这里可以看到从左上方屏风般的岩石上往下流淌的瀑布，下面是清澈的流水。在朗什萨·利峰左侧可以看到彭丹卡尔波·利峰时，就来到了有十几间卡尔卡的努布姆唐。这里的水很清澈，在这里露营的话要比朗什萨·卡尔卡条件好些。即使由于身体状况不得不返回，也已经感觉很满足了。

继续沿着平坦的道路前进，有一片湿地挡住了去路。这时可以避开正前方冰川碎石堆积的道路，而是朝着朗当河的方向前进，走过朗当河附近架在溪流上的吊桥之后，就可以绕到冰川末端石堆的前面了，从这里缓慢上升，可以看到有一间卡尔卡的朗什萨·卡尔卡。眼前的朗什萨·利峰像石臼一样，山脚牢牢地扎入地下，在两侧可以看到把朗什萨冰川和朗当冰川包围起来的莫里莫托峰和多杰拉克帕峰，如果返回的时间和体力都有富余的话，还可以在周围随便转转。

Langtang Trekking

线路 2 前往戈塞因昆德 & 何兰普

Map p.254-255

难易程度：适合初级～中级徒步旅行者　需要天数：8 天　最高到达点：4610 米

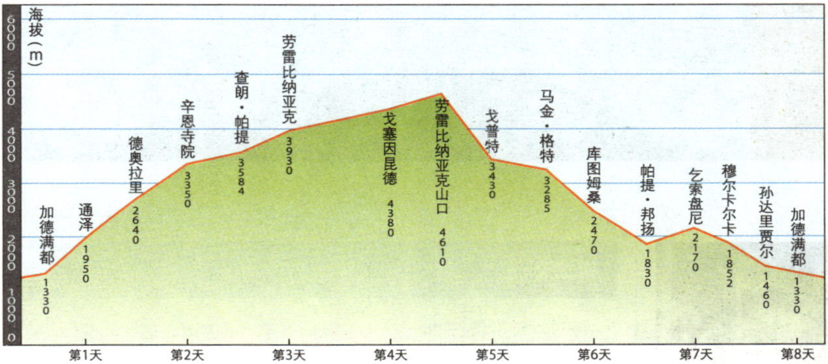

走在戈塞因昆德的雪地上

被称为毗湿奴神睡觉之所的戈塞因昆德湖，是一处夏季很多人从印度来朝拜的海拔 4380 米的圣地，从这里看到的喜马拉雅山非常壮观，与马哈巴拉塔山脉相连的丘陵看起来也很雄伟。这种从雪山圣地，一步步下降返回到世俗世界的加德满都街道的徒步旅行，让人感觉很有气势。从出发地点通泽一出发海拔就马上大幅度升高，一样要注意是否出现高原反应。

第一天　加德满都（1330 米）　需要 6~8 个小时　通泽（1950 米）

通泽前面有一个检查站，在这里需要支付入境费 Rs3000（如果事先在加德满都国家公园事务所支付过，需要出示支付收据）。这里有很多山间小屋，可以选择中意的一家住宿。

有用的信息

从加德满都前往通泽

乘坐前往斯亚布贝斯的巴士（→ p.256）或者 8:30 发车的前往通泽的巴士，路上需要大约 8 小时，从加德满都的马查波卡里停车场（Map p.34-A2）发车，车费 Rs255。这趟车非常拥挤，一定要提前预约才行。如果从加德满都包一辆陆地巡洋舰的话大概需要 6 小时。一辆车需要 Rs1.2 万 ~2 万。

关于高原反应

由于戈塞因昆德海拔很高，从通泽过来需要攀登一段很陡的山路，很多人容易出现高原反应，要特别注意自己的身体状况。

通泽市场

※在标准徒步线路中标注的日程所需时间中，就餐或者休息的时间不包括在内。

从劳雷比纳亚克山口眺望喜马拉雅山

木雕精美的图罗·夏布卢村的房屋

有用的信息

辛恩寺院的住宿

这里的山间小屋都很高，住着很舒服，如果住在 Red Panda Hotel 的话，还可以借到寺院的钥匙。

奶酪工厂

在辛恩寺院有一座国营的奶酪工厂，即便是关门以后，只要管理人员在什么时候都能购买。

前往查朗·帕提的道路

第二天 通泽（1950 米） 步行 6 小时 辛恩寺院（3350 米）

从加德满都过来的巴士停靠以后下车，沿着道路继续向前行，这里有一个拐弯处，从那里的岔路口往右拐（有个上面写着 Gosainkund 的路标指示牌），沿着田地里的路往前走，有一座桥，从那里往山脊的方向攀登，途中会经过有山间小屋的迪姆萨（Dimsa）。

■从朗当前往辛恩寺院

先从喇嘛酒店前往塔芒族人居住的村庄图罗·夏布卢（Thulo Syabru）。经过兰德斯莱德小屋后再向上攀登 2 小时后可以在这里住一宿，这里有 20 家左右可以住宿的旅馆。

从图罗·夏布卢出发，在村子上方的水库前面的道路分为三条。沿着左边的路往上攀登 10 分钟有一座佛塔，佛塔前边沿着耕地旁边的路往前走，这里视野很好，从这里要一直不停地往上走，1 小时后到达有山间小屋和茶屋的杜尔萨冈（Dursagang）。继续往上攀登，在森林的尽头道路分成两条，选择左边的道路沿着山腰前进，然后还要继续往上爬。

在森林里往上攀登 2 小时后，就来到了位于山脊上的波普朗 Phoprang。这里有两家山间小屋，视野非常好，很适合在这里用午餐。从这里开始沿着山脊前进，走起来很轻松，在树林里步行 1 小时后到达辛恩寺院（Shin Gompa）的夏尔巴酒店（Hotel Sherpa），在这里道路与从通泽过来的路会合。

第三天 辛恩寺院（3350 米） 步行 3 小时 劳雷比纳亚克（3930 米）

从辛恩寺院出发后是一条很宽阔的道路，可以看到与戈塞因昆德相连的山脊。穿过山脊北侧的山口处是查朗·帕提（Chalang Pati），有两家山间小屋。

劳雷比纳亚克（Laurebinayak）是一个非常不错的观赏风景的地方。可以看到喜马拉雅山西侧的五座山峰，从右到左分别为朗当山、象神山、马纳斯鲁山、拉姆章山、安纳普尔纳山，这里很容易出现高原反应，为了适应高度的变化，最好在这里住一宿，从朗当过来的人基本已经适应了高度的变化，可以不在这里住宿，而直接前往戈塞因昆德。

第四天 劳雷比纳亚克(3930米) 步行2.5小时 戈塞因昆德(4380米)

从劳雷比纳亚克出发，沿山路攀登1小时左右有一座小祠堂，从这里开始进入一条位于山腰的凹凸不平的岩石路，慢慢地可以听到小溪流水的声音，就接近了溪水的源头地带。首先映入眼帘的小湖是萨拉斯瓦蒂昆德，然后是白布昆德湖，第三个湖泊才是戈塞因昆德湖(Gosainkund)。这里有4家山间小屋，哪家都不大，一下子就住满了，如果身体情况不错的话，也可以第二天爬到经幡飘扬的山顶上看一看。

静静的戈塞因昆德湖

第五天 戈塞因昆德(4380米) 步行6.5小时 戈普特(3430米)

沿着湖泊按顺时针方向登上一个山坡，回首望去，可以看到远处的马纳斯鲁峰和象神雪山，渐渐地戈塞因昆德湖从视线中消失，不久后可以看到右手边的苏尔杰昆德湖，一边欣赏湖色，一边朝着劳雷比纳亚克山口(Laurebinayak Pass)前进。到达山口需要1.5小时，山口上飘扬着经幡，前方可以看到何兰普的崇山峻岭，从山口开始一路下坡，再往下走一段路就到了亚伊丹(Yaitang)，这里有1家山间小屋。

劳雷比纳亚克山口

经过茶屋后道路很快分为两条，选择下面的一条路，一直往下走1小时左右到达费迪(Phedi)，在这里享用午餐，从费迪出发后不久看到一座佛塔，通往戈普特要选择左边那个陡坡，千万不要直行，到戈普特之间道路上上下下起伏很大，在陡峭的山路上走2.5小时左右，等上坡的路基本上没有的时候，就到了有2家山间小屋的戈普特(Ghopte)。

有用的信息

劳雷比纳亚克的住宿

有4家山间小屋，除了暴风雪季节之外，全年营业，第一家是Hotel Mount Rest，这里可以提供牛角面包或者月桂面包等好吃的面包和三明治，此外还可以尝到牛排等菜肴，其他的山间小屋在上方，可以看到远处更美的风景。

旅行小贴士

圣地戈塞因昆德

据说戈塞因昆德湖是毗瑟奴神睡觉的地方，湖岸有两座祠庙供奉着林伽和尤尼神像，在它的前面似乎是圣河翠苏里的源流，因此这里还矗立着翠苏卢(湿婆神右手拿着的三股叉)。据说这里大约有108个湖泊，刚好与佛教的108个烦恼数目相同。

第六天	戈普特（3430 米）	步行 6.5 小时	库图姆桑（2470 米）

绿色山峦和层层梯田相连的何兰普

从戈普特出发往下走 30 分钟左右到达水边，此后沿着森林中的盘山道徐徐上升就到了塔雷帕提（Tharepati）。从戈普特到这里需要 2 小时，这里有 6 家山间小屋，不过不一定全都营业，如果在这里住宿的话，第二天一早可以登上有经幡的山脊，遥望远处的喜马拉雅山脉。

从塔雷帕提沿着山脊的道路前进，1 小时后经过一个很多石头堆积而成的类似佛塔的地方，再往前是一个卡尔卡，然后就要离开山脊，从左手的柱状岩石的石级往下走，不久之后就到了有 3 家山间小屋的马金·格特（Magingoth）。从那里再往上爬 15 分钟就到了山口，那里也有一家山间小屋。

再往前是连续陡峭的下坡路，走 1.5 小时后，穿过密林地带，眼前突现一段段梯田，这就是有着牧歌般风景的村庄库图姆桑（Khutumsang）。从村子入口处的佛塔开始到山间小屋所在的中心地区需要步行 20 分钟左右。

第七天	库图姆桑（2470 米）	步行 7 小时	乞索盘尼（2170 米）

乞索盘尼村庄牧歌般的风景

从库图姆桑到乞索盘尼是一条沿着山脊的道路，在广阔的梯田道路上步行 1 个小时后有一家茶屋，从那里向左拐，再往下走 1 小时后就到了戈卢·邦贾扬（Golphu Bhanjyang），这里居住的人大多是古隆族，有 3 家小型山间小屋，如果再往前走大约 2 小时，就到了一家位于山丘上的茶屋，从这里可以一览何兰普的风景。可以选择在这里吃午餐，也可以继续步行 30 分钟，在奇普林（Chipling）吃午餐。

从奇普林的戈塞因昆德湖景小屋（Chipling Gosainkundo View Lodge）前面的石级走下去，然后沿着汽车道般宽敞的道路继续前进，位于山口的帕提·邦扬是一个尼瓦尔族的村庄，村子里也有茶屋。过了村子沿左侧的路一直往上走，途中多为一人高的开凿通道。

往上爬 1 小时后，就跟汽车道交会了，再沿着汽车道走一段，就看到了乞索盘尼（Chisopani）。这里有 6 家山间小屋，是一个观赏风景的好地方。

第八天	乞索盘尼 2170 米	需要 4.5 小时	加德满都（1330 米）

从乞索盘尼出发往上攀登，有时候会经过两人高的开凿通道。当身后的象神雪山慢慢看不到的时候，加德满都谷地就开始进入了视线之中。

途中没有茶屋，不过到穆尔卡尔卡（Mulkharka）村庄之后有几家食堂。沿着居民住宅之间的道路往下走就走到了孙达里贾尔（Sundarijal）汽车站。可以在这里等候坐下一辆车，也可以乘坐出租车返回加德满都。

旅行小贴士

从戈普特到塔雷帕提

从戈普特向前大约 2 小时后可以到达塔雷帕提，从这里可以欣赏东方喜马拉雅山脉的美丽风光，如果体力和时间都允许的话，也可以一直走到塔雷帕提去看一看。

旅行小贴士

从图库姆桑出发前往加德满都的另一条线路

在丘陵下方的加尔通（Gyalthung）有直达加德满都的汽车，路上需要 6 小时，经由机场南侧到拉冈凯尔（帕坦南面）。利用这趟车可以把徒步旅行的日程缩短一天。

旅行小贴士

从孙达里贾尔到加德满都

乘坐面包车到达城市巴士停车场需要 1.5 小时，于 16:30 左右到达加德满都。

其他的徒步旅行线路

反方向的线路也很受欢迎。但是这条线路从戈普特到戈塞因昆德之间可以用来适应高度变化的地方很少，需要时刻注意自己的身体状况。其他线路还有，从塔雷帕提向东走，经由塔尔凯格扬、卡卡尼，然后从梅拉姆奇市场乘坐巴士返回加德满都，此外还有加德满都—乞索盘尼—纳加阔特的 3 晚 4 天的徒步旅行线路等。

旅行准备和技巧

Travel Information

Tanmachi Square，Bhaktapur

前往尼泊尔的线路

加德满都的特里布万国际机场是尼泊尔的空中门户

飞往尼泊尔

在尼泊尔只有首都加德满都才有国际机场。目前中国直飞尼泊尔的城市有成都（国航 CA）、广州（南航 CZ）、昆明（东航 MU）、香港（尼航 RA）。

中国南方航空（CZ）从广州飞往加德满都的飞机每天都有。中国国际航空公司（CA）从成都飞往加德满都的飞机一周有 6 趟航班（8~10 月末每天都有）。昆明也有航班直飞或者经由其他城市到尼泊尔。此外还可以经由中国香港、曼谷、德里等国际城市或新加坡、马来西亚、韩国等国家飞往尼泊尔。

■ 关于打折机票

打折机票其内涵千差万别。在机票的使用方法以及限制事宜等方面都有详细的规定。购票的时候一定要了解清楚都有什么附加条件。以下是具有代表性的一些限制条件，购票者至少要了解清楚这些。

①不可以变更航空公司 Not Endorsable

只要购买了 A 航空公司的机票，就只能够乘坐 A 航空公司的飞机。如果遇到预订的航班停飞的时候，就一定要等下一班飞机（如果下一班飞机已经满员的话，还要继续等待）。

②不可以变更线路 Not Rerotable

不可以变更线路和乘机时间。即便是在飞行线路上的城市，持票人中途私自下飞机或是变更时间，此后的区间都变为无效。但是只要追加付费的话，还是有可能在中途下飞机的。

③ 不能退票 Not Refoundable

出票之后就不可以退票。在出票前还可以取消预约，但是需要支付一定的手续费。

另外，有些航空公司还会规定打折机票不允许取消预约、机票的有效期间有限制等。各种限制条件在购票的时候一定要咨询清楚。

旅行小贴士

尼泊尔航空的机票确认

如果不会打电话确认的话，可以前往位于加德满都新路上的尼泊尔航空公司的办公室，把机票出示给对方，进行确认。

旅行者多的旺季

前往尼泊尔旅行者最多的季节是徒步旅行旺季的 10~11 月和 3~4 月。另外 8 月、十一黄金周、以及年初年末等时期游人很多很拥挤。打算在这样的时期去旅行的游客，一定要提前购买机票。

■ 乘飞机时的注意事项

机票的再确认　　Reconfirm

有些航空公司规定，在起飞前的 72 小时之前必须进行机票的再确认，如果不确认预约有可能被取消。现在不需要确认的航空公司越来越多，但是对于要进行长途飞行的人来说，起飞时间很有可能出现变化，因此还是确认一下更令人放心。可以去航空公司售票处确认，或者打电话确认。

超员　　Over Booking

有些航空公司会超席位售票，此时运气好的话，虽然购买的是经济舱机票，但有可能被安排到商务舱。但是如果碰到全部满员时，就有可能坐不上飞机。为了防止这种事发生，最好是尽早确认机票，或者是尽早办理登机手续。

■ 旅游提示

关于电子票

如今，各个航空公司的机票开始出现电子票的方式，机票的预约信息都由航空公司的计算机进行管理。旅客必须凭购票时使用的有效身份证原件到所属航空公司指定的柜台办理乘机手续。若旅客身份证件信息与订票系统信息不相符时将被拒绝登机。旅客身份得到确认后，工作人员将为旅客打印、登机牌及行李牌，旅客必须凭登机牌与身份证明才能通过安检。

在曼谷转机时

乘飞机经由泰国前往尼泊尔时，通常会在曼谷住一宿，然后第二天再转乘飞往加德满都的飞机。此时如果不需要入境泰国，而是在机场内过夜的话，可以入住转机旅馆 Day Rooms（☎ 66-2134-6565，收费标准是 4 小时 2400 泰铢 ~）。此外也可以利用 24 小时营业的咖啡店。

如果需要入境泰国时要在出国前申请泰国签证，下飞机后在入境审查处 Immigration 排队，出示在机内已经填写好的入境卡，并在护照上面加盖入境章。然后到行李传送带 Baggage Claim 处提取行李，经过海关后来到到达大厅。首先需要做的是兑换外币，1B（泰铢）约兑换 0.2 元人民币。

想要预约酒店的旅游者可以前往到达大厅的 THA（泰国酒店协会）柜台。曼谷中档以上的酒店几乎都可以在这里进行预约，只要告知对方大致的预算，就可以找到相应的旅馆。想要在机场寄存行李的话，可以在到达大厅或者四层的出发大厅寄存。

前往曼谷市内可以乘坐机场出租车、计价式的出租车、机场大巴等。

一辆机场出租车的价格是 750B~，可以在到达大厅的柜台申请。计价式出租车在到达大厅的外面就可以看到，到市内的价格在 200~300B。另外还要支付 50B 的手续费，需要经过收费道路时，还要支付过路费（根据不同的线路，收费为 25~65B）。到市内 30 分钟 ~1 小时。

机场巴士共有 AE1、AE2、AE3、AE4 四条线路，收费 150B。在航站楼的一层是巴士的售票处。5:00（AE4 是 9:00~）到 24:00 每间隔 45 分钟 ~1 小时有一班车。到市内 1~2 小时。

在曼谷办理完转机手续之后，就要向着目的地尼泊尔出发了。国际航线的出发大厅在四层。在自己所要乘坐的航空公司的柜台前办理完登记手续，领取登机牌，然后就可以去办理出境审查了。

■位于加德满都的各航空公司办事处

尼泊尔航空
住 Kanti Path
☎（01）4220757

泰国国际航空
住 Durbar Marg
☎（01）4223565

大韩航空
住 Heritage Plaza，Kamaladi
☎（01）4252048

国泰航空
住 Osho Bhawan Fhantaghar，Kama Ladi
☎（01）4248944

中国南方航空
住 Marcopolo Business Hotel1F，Kamal Pokhari
☎（01）4440761

中国国际航空
住 The North Gate of Royal Palace
☎（01）4440650

巴基斯坦航空
住 Hattisar
☎（01）439324/439565

卡塔尔航空
住 Sundar Bhawan，Hattisar
☎（01）4440467

印度航空
住 Hattisar
☎（01）4437520、4416721

办理旅行手续以及准备工作

申请护照（普通护照）

申请材料

（一）近期免冠照片一张以及填写完整的《中国公民因私出国（境）申请表》；

（二）居民身份证和户口簿及复印件；在居民身份证领取、换领、补领期间，可以提交临时居民身份证和户口簿及复印件；

（三）未满十六周岁的公民，应当由其监护人陪同，并提交其监护人出具的用以出境的意见、监护人的居民身份证或者户口簿、护照及复印件；

（四）国家工作人员应当按照有关规定，提交本人所属工作单位或者上级主管单位按照人事管理权限审批后出具的同意出境的证明；

（五）省级地方人民政府公安机关出入境管理机构报经公安部出入境管理机构批准，要求提交的其他材料。

尼泊尔驻中国大使馆
住 北京市朝阳区三里屯路西6街1号
No.1.Xi liu jie，Sanlitun lu
☎ 010-65321795
FAX 010-65323251
E-mail beijing@nepalembassy.org.cn
URL www.nepalembassy.org.cn

办理程序

公民申请普通护照，应当由本人向其户籍所在地县级以上地方人民政府公安机关出入境管理机构提出，并提交以上真实有效的材料。

现役军人按照管理权限履行报批手续后，由本人向所属部队驻地县级以上地方人民政府公安机关出入境管理机构提出。

收费标准

首次申请、换发、补发（不含丢失补发）护照200元/本，丢失补发护照400元/本，加注20元/本。

办理期限

北京：市局出入境管理处、东城分局、西城分局、朝阳分局、海淀分局、丰台分局、石景山分局、通州分局、顺义分局、昌平分局、大兴分局、门头沟分局、房山分局、平谷分局为7个工作日；怀柔分局、密云县局和延庆县局为10个工作日；取证日期自递交申请后第二个工作日开始计算。

上海：10个工作日

南京：自受理之日起15日内办结

天津：受理交费之日起10个工作日

杭州：自收到申请材料之日起15日

苏州：15个工作日

深圳：15日

成都：15个工作日

武汉：自受理之日起15日内

重庆：受理申请后5个工作日内办结（需要核查或调查的时间不计算在内）

办理单位

本人到户籍所在地的公安局出入境管理处办理，军人在部队或工作单位驻地的公安局出入境管理处办理。

签证、入境和海关

（一）尼泊尔对中国公民实行免费签证。中国公民可在尼驻华使馆（北京）、总领馆（拉萨、香港）和上海名誉领事处申请签证，也可在机场及边境出入境管理处办理落地签证，但在上海申请时需交 60 元人民币手续费。到尼泊尔后，签证到期如果还想继续停留，可到移民局申请延期，但延期需交费，每月 30 美元（延期 1 天按 1 个月计算）。一年内，在尼停留期累计不得超过 150 天。

（二）在尼泊尔，逾期滞留要受到惩罚：一是不交签证费（每月 30 美元）；二是缴纳住租费，按每天 2 美元计算；三是罚款，其数额由移民局决定，最高可达 7000 美元。无力补缴上述款项者将被监禁。

（三）入出境事项。每人入出境只允许携带现钞 2000 美元，超过者必须申报。否则，一经查出，除没收全部外币外，还将处以 3 倍的罚款，或者入狱。禁止携带面额为 500 和 1000 的印度卢比出境，否则违法。

※ 以上信息摘自中华人民共和国外交部网站

中国驻尼泊尔大使馆
☎ 009771-4411740
FAX 009771-4414045，4430145
E-mail chinaemb-np@mfa.gov.cn

尼泊尔移民局
☎ 009771-4223590
FAX 009771-4223127
E-mail deptimi@ntc.np

旅游意外伤害保险

目前我国许多人出门旅行还没有买保险的习惯，这一方面是由于旅游者自我保护意识淡薄，普遍抱有侥幸心理；另一方面是混淆了旅行社责任险和旅游意外险两个险种，误以为旅行社责任险已经附带了旅游者发生意外时的保险责任。

事实上，旅行社责任险是国家旅游管理部门要求旅行社必须为旅客投保的险种，属于强制险，是指旅行社在从事旅游业务经营活动中，因旅行社的疏忽或过失造成旅游者损失而应由旅行社承担的责任，转由保险公司承担赔偿保险金的行为，其投保人、被保险人、受益人均为旅行社。

这意味着，如果游客的受伤或遇难是由旅行社直接造成的，将会得到保险公司的赔偿；换言之，一旦遇到地震、海啸等不可抗拒的灾害，或是高风险的旅游活动造成游客伤害时，保险公司可以拒绝赔偿。

专家形象地比喻说，旅行社责任险相当于“保险丝”，主要保护的对象是旅行社，对于游客来说其作用十分微小。在旅行社为自己拧上“保险丝”的同时，游客还应该为自己也系上一条结实的“安全带”——投保一份意外险，用“双保险”保平安。

如果是去境外，在国外就诊的费用与风险相对较高，建议选择全面的海外旅行保障。国内各大保险公司都有相应的险种，可以在出发前去保险公司咨询。

旅行的季节

旅行小贴士

■尼泊尔的四季

春天（3~5 月）进入 3 月之后加德满都和博卡拉已经可以感受到初夏的天气。在季风来临前的 4 月末到 5 月是最热的季节，气温经常会超过 30℃。

夏天（6~8 月）季风时期。在加德满都这三个月的降雨量达到全年的 65%。

秋天（9~11 月）季风结束之后，到处是绿色的植被，空气清新凉爽，是尼泊尔一年中最美的季节。

冬天（12 月 ~ 次年 2 月）天气寒冷干燥，但是白天感觉还是比较温暖，这段时期几乎没有降雨，可以清楚看到喜马拉雅山脉的概率是最大的。

旅游的最佳季节是何时?

一说起尼泊尔，人们就会联想到世界最高峰珠穆朗玛峰和喜马拉雅山脉。在介绍尼泊尔的大多数照片中其背景一定会有冰雪覆盖的白色山脉。正因为如此，有很多人都误认为尼泊尔是一个寒冷的国家，其实尼泊尔在北纬 27° 到 30° ，与我国四川省纬度相似，因此只要不到海拔很高的地方去，就不会觉得寒冷。

尼泊尔气候的最大特征是只有雨季和旱季之分，每年多少会有些不同，但是大致上从 6 月左右开始到 9 月初属于雨季，从 9 月中下旬开始到第二年的 5 月左右属于旱季。一般旅行时应该避开雨季，在旱季到这里来旅游。

但是根据所游览的地区和目的不同，旅游最适宜的季节也会有所不同。另外，即便是雨季，也不是完全不能旅行，雨季也有雨季的好处，可以体验尼泊尔非同一般的风情。

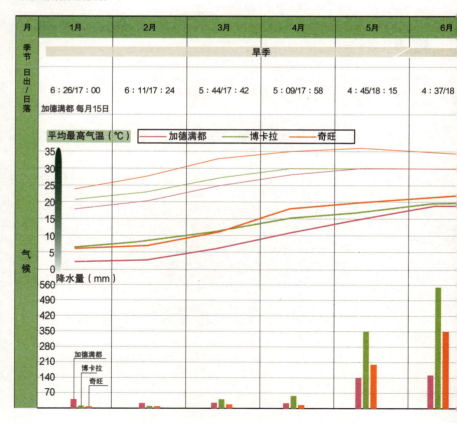

月	1月	2月	3月	4月	5月	6月
季节	旱季					
日出/日落	6：26/17：00 加德满都 每月15日	6：11/17：24	5：44/17：42	5：09/17：58	4：45/18：15	4：37/18

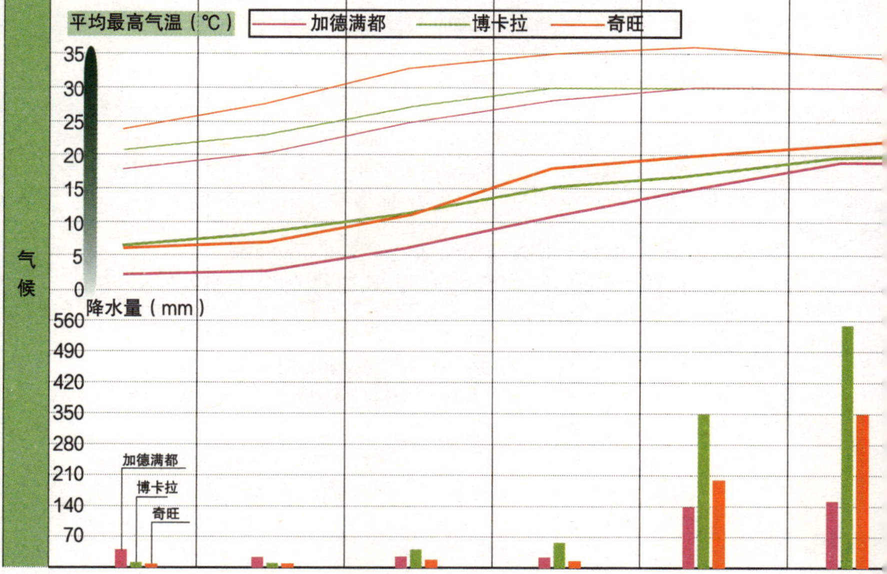

不同地区的气候特征

加德满都

这里一年四季的气候都很温暖。夏季日照比较强烈，但是湿气很少，感觉干燥，即使没有电扇或者空调也不会觉得特别闷热。冬季昼夜温差很大，在白天可以穿一件毛衣，但是早晚很冷需要穿防寒服。冬季的清晨经常起雾，却鲜有降雪。

雨季的尼泊尔到处是绿色的植被，非常漂亮

博卡拉

博卡拉的海拔是 850 米，这里一年四季都比加德满都更暖和一些。即使在冬季，白天也只需要一件衬衫，到了 2 月末以后就可以穿短袖了，这里的降雨量比加德满都大，在雨季的时候会感觉很闷热。

旅行小贴士

有些地方雨季也不下雨

安纳普尔纳峰北侧在雨季也很少下雨，7、8 月从加德满都乘坐早上第一班飞机到佐莫索姆，虽然云层很厚，但还是能清楚地看到耸立的安纳普尔纳峰和道拉吉里峰等几座山峰。

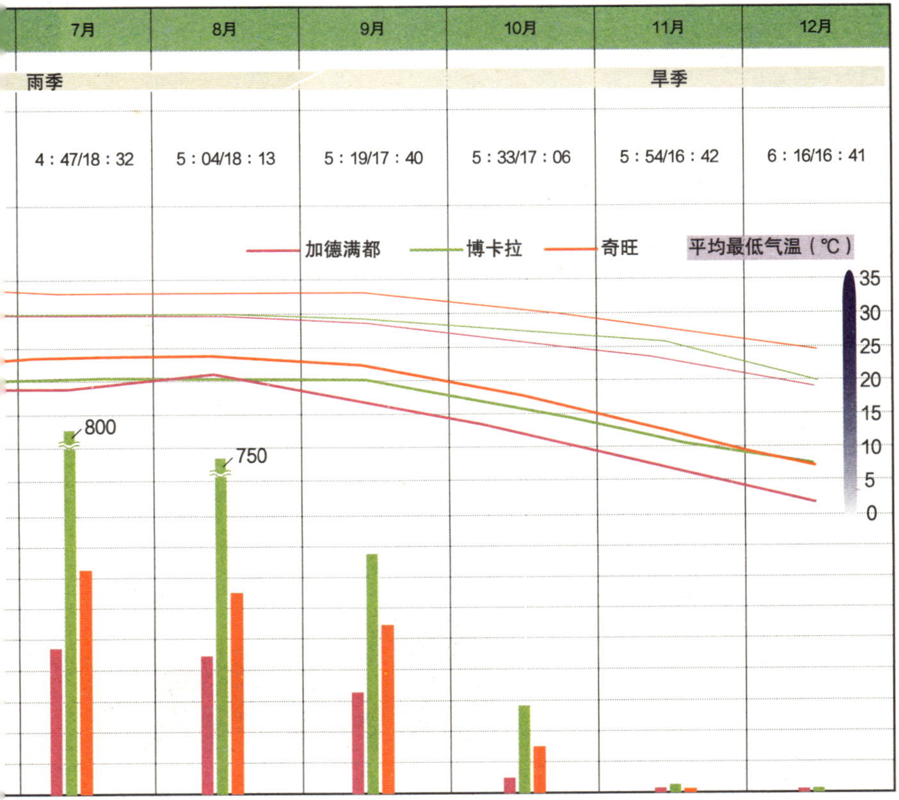

■奇旺（德赖平原）

位于尼泊尔南部的德赖平原与印度北部有着相同的气候特征，夏季高温潮湿，特别是雨季前的4~5月，白天的气温有时候可以达到40℃以上。冬季的白天温暖，早晚气温下降，跟加德满都差不多。

■尼泊尔的雨季

中国南方虽然有梅雨季节，但不同于热带和亚热带地区的雨季。这里所说的雨季是指在一天当中雨淅淅沥沥地下个不停，还是像瀑布般的倾盆大雨呢？如果不亲自体验的话，还真的很难说清楚。

雨季的序幕是在傍晚时分开始下骤雨，在此之前每天都是晴空万里的好天气，但是突然山边不断地涌出积雨云，而且这种云每天都有逐渐增加的趋势，直到有一天傍晚一场倾盆大雨从天而降。不过这个时段的雨一般只会持续10~20分钟，最长也不会超过1小时就停止了。雨一旦停下来，太阳就会重新钻出来，而且发出耀眼的光芒。

这种傍晚的阵雨持续时间一天比一天长，有时候降雨时间会持续2小时以上，还有一天下两三回的时候，就说明已经完全进入雨季了。即便如此，也不意味着每天持续下雨，在雨季期间每天也至少会有一次太阳从乌云之间冲出来，发射出强烈的阳光，也就是说，这里的降雨让人感觉好像是阵雨一般，很少看到淅淅沥沥下一整天的雨，但是这时候在高原地区整天都是云雾笼罩，在大多数情况下，三四天也看不到太阳。

COLUMN

欣赏喜马拉雅山风景的季节

要想在加德满都周边的丘陵地带欣赏喜马拉雅山脉的巨峰（朗当雪山和象头神雪山），最好的季节是11月~次年2月的4个月，也就是说寒假或者春节长假是最适合去旅游的时间，

3月还算可以，到了4~5月就开始出现持续的降雨，有时候连续三天都是阴云密布，根本就看不到喜马拉雅山的真面目。到了5月的黄金周，如果停留5天，有3天能看到喜马拉雅山就是非常幸运的事情了，如果只有1天能看到就算是运气不佳，但是如果连续5天都看不到的话，那就真的挺倒霉了。

过了5月中旬之后，虽然加德满都的天气是晴空万里，但是喜马拉雅山脉一带还是容易产生云雾，此时大概5天当中有1天能看到喜马拉雅山的样貌，而且还都是早晨的那段时间。进入6月之后，除了极少数的情况之外，几乎很难看清楚喜马拉雅山脉，一般这一状况会持续到8月下旬，也就是说，此时虽然正好是我们的暑假期间，却不是游览尼泊尔的最佳季节。要想清楚地看到喜马拉雅山需要等到8月20日以后，也就是暑假快要结束的时候。即便这段时间在加德满都停留一周，幸运的话也只有一两天左右能看到喜马拉雅山那白色的巨峰。由于大气污染等原因，从加德满都可以看到喜马拉雅山脉的日子呈逐年减少的趋势。

从博卡拉欣赏鱼尾峰或安纳普尔纳峰的最好季节也是寒假和春节期间，这段时间可以拍出很漂亮的照片。五一黄金周的时候，一般逗留3天会有2天的晴天，而且就算遇到小雨，也不会一整天都下，至少有1小时可以看到群山的景色。

从加德满都郊外的纳加阔特可以看到喜马拉雅山脉

旅行标准线路

制订简要的旅游计划

说到海外旅游，令很多人头疼的事情就是如何在短期内尽可能地游览更多的城市。其实这种方法不是旅游，而只是一种走马观花式的“移动”而已，打算在多少天内走多少公里，看多少景点，这种想法下的旅游很难放松心情，只是一种“匆匆走一遍”的旅游方式。

在尼泊尔的旅游要想做到完全按照自己的设想进行是不太可能的，即使你的日程安排得非常合理，但在实际实施的过程中很难完全按照计划进行，因为旅游会受到交通状况以及身体状况等的影响，有时还会不经意地在一个小镇上多待几天，那一定是因为不期而遇地发生了一些很精彩的事情而延长了逗留时间。

在旅途中要珍惜与当地人相遇的机会

以下介绍的旅行标准线路所需要的天数都是“最低限度的时间”，因此在日程安排上应该留出一定的富余时间，也可以自己设计出一条线路，创造一次自由之旅。

加德满都谷地之旅

日程安排比较紧张的游客，可以尽量在加德满都及其周边游览。在加德满都谷地中可以游览的地方有被列为世界遗产的帕坦和巴克塔普尔等，这些地方都曾经作为王国的首都，并因此而繁荣发展起来。

日程

第一天： 到达加德满都

第二天： 在加德满都市内观光

第三天： 在帕坦等地观光

第四天： 在巴克塔普尔等地观光

第五天： 从加德满都回国

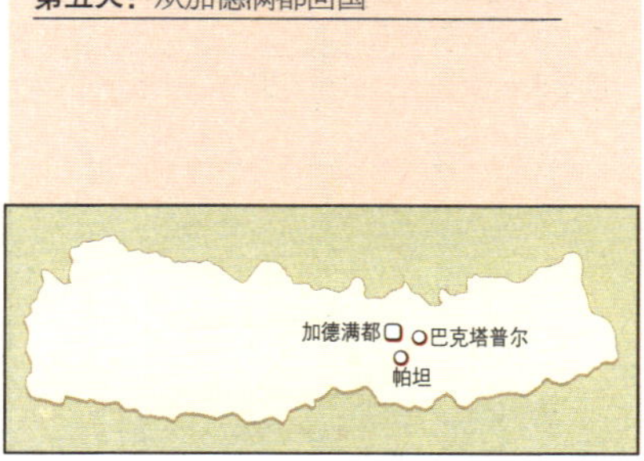

游览加德满都和博卡拉

尼泊尔的两大观光胜地指的是加德满都和博卡拉。博卡拉是欣赏喜马拉雅山脉风景的地方，有一种很悠闲的氛围，而加德满都作为首都，非常热闹。另外，还可以顺便参观谷地内的帕坦、巴克塔普尔等其他古都。

日程

第一天： 到达加德满都

第二天： 乘坐巴士或飞机前往博卡拉

第三天： 在博卡拉逗留参观

第四天： 乘坐巴士或飞机返回加德满都

第五天： 在加德满都市内和郊外观光

第六天： 从加德满都回国

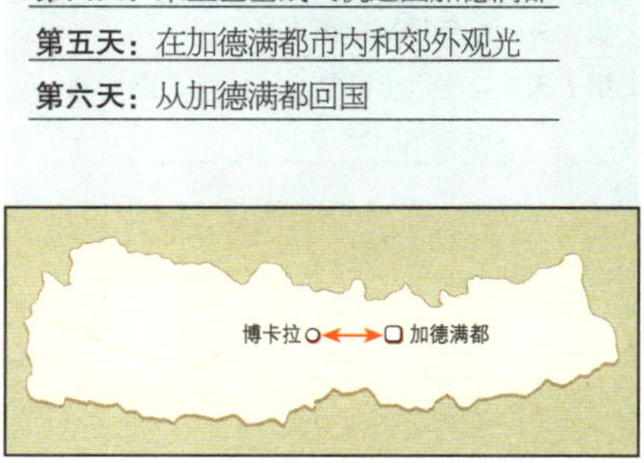

巡游世界遗产

游览加德满都谷地、奇旺国家公园、蓝毗尼。乘坐山岳观光飞机从上空观赏珠穆朗玛峰，这样也可以看到尼泊尔的 4 处世界遗产地。

日程

第一天： 到达加德满都

第二天： 乘坐巴士或飞机前往奇旺

第三天： 在奇旺逗留参观

第四天： 乘坐巴士或者其他车辆前往蓝毗尼

第五天： 乘坐巴士或飞机返回加德满都

第六天： 在加德满都的市内和郊外观光

第七天： 从加德满都回国

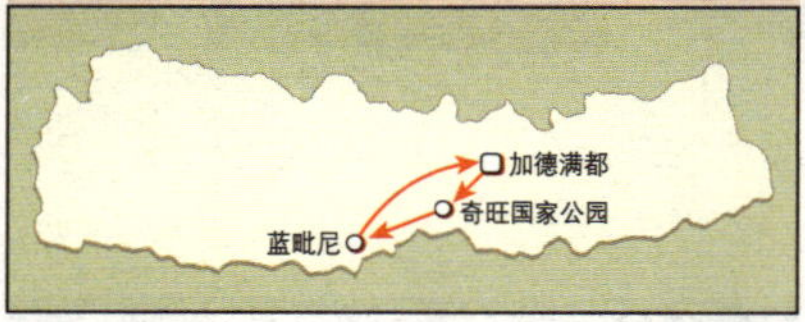

尼泊尔西部之旅

这条线路可以经由尼泊尔西部前往印度的德里。从蓝毗尼开往马亨德拉纳格尔的巴士，途经的道路比较险峻，行程安排较为艰苦。

日程

第一天： 到达加德满都

第二天： 加德满都观光

第三天： 乘坐巴士或飞机前往蓝毗尼

第四天： 在蓝毗尼逗留观光

第五天： 乘坐巴士前往尼泊尔根杰

第六天： 在尼泊尔根杰逗留观光

第七天： 乘坐巴士前往马亨德拉纳格尔

第八天： 从尼泊尔出境

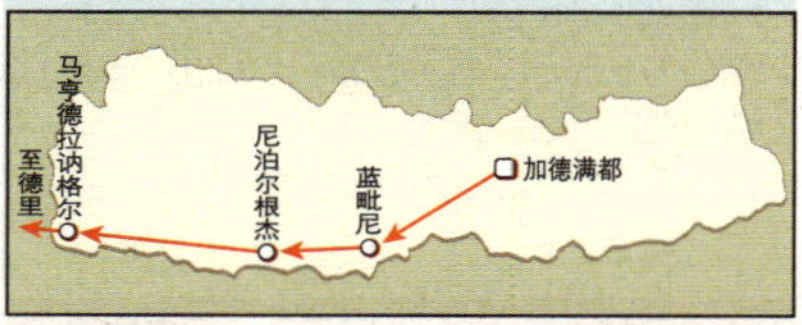

尼泊尔东部之旅

从尼泊尔陆路前往印度的大吉岭时会走这条线路。途中可以顺便参观印度教圣地贾纳克布尔，以及著名的产业产地伊拉姆。

日程

第一天： 到达加德满都

第二天： 在加德满都观光

第三天： 乘坐巴士或飞机前往贾纳克布尔

第四天： 在贾纳克布尔逗留参观

第五天： 乘坐巴士前往伊拉姆

第六天： 在伊拉姆逗留观光

第七天： 乘坐巴士前往卡卡比塔，然后从尼泊尔出境

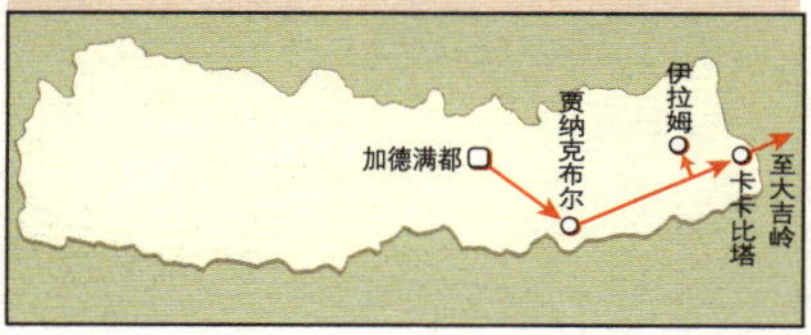

周游尼泊尔和印度

游览尼泊尔和北印度时经常会选用这条线路，从博卡拉南下前往蓝毗尼参观，然后穿过尼泊尔国境前往印度的瓦纳拉西。

日程

第一天： 到达加德满都

第二天： 在加德满都观光

第三天： 乘坐巴士或飞机前往博卡拉

第四天： 在博卡拉逗留参观

第五天： 乘坐巴士前往蓝毗尼

第六天： 在蓝毗尼逗留参观

第七天： 乘坐巴士前往苏那利，从尼泊尔出境

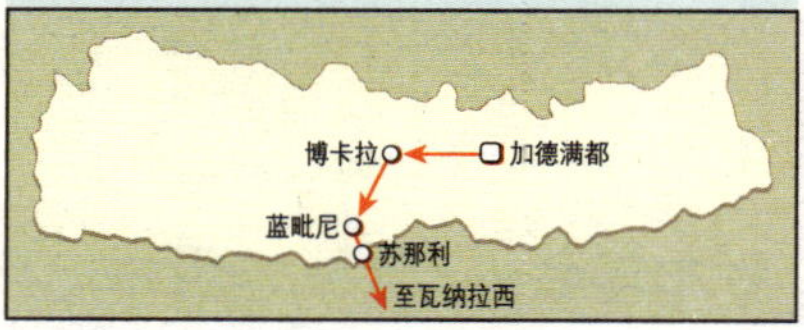

旅行的预算

在面向尼泊尔人的食堂里吃扁豆汤套餐

一天大概花多少钱

说到旅行的预算，根据日程和旅游目的地不同，费用会有很大的出入。最主要的是本人对旅游所采取的态度，还有就是对尼泊尔的消费定位，有时候会花很少钱，有时候也可能花很多钱。简单地说就是，在这里无论花多少钱都可以旅游，重要的是你想要什么样的旅游。

尼泊尔的物价相对比较便宜。如果以 Rs100 ≈ 6.18 元人民币（2014 年）来计算的话，只要可以睡觉就行的便宜旅社等收费是 Rs200，相当于 12.3 元人民币，这种价格会让你觉得像是在做梦，但是要知道大多数尼泊尔人的月收入只有 Rs1~2 万。

最初你也许会按照国内的物价来衡量和判断这里的价格，但是当渐渐地感觉到 Rs1 在当地人们的生活中的真实价值时，此时的 Rs1 的价值在你的心中也会不断增值，你也会越来越看紧自己的钱包了。等到那个时候，也就是你真正了解尼泊尔真实面貌的时候。

不同旅游形式的预算

不同的旅游形式到底每天需要花多少钱，下面我们会举一些具体的例子来说明，但是这里面并没有包括长途飞机的机票费用以及购买旅游纪念品的费用，是最低需要花费的金额。意外的开支经常会出现，因此最好多带上一些钱。

第 2、第 3 种形式的旅游如果超过预算，可以把标准降下来进行调整，但是要想有比第 1 种形式还节省的办法，应该很困难了。最好是准备总支出 1.5 倍的钱最令人安心。

■第 1 种形式：节约派

针对预算很少但是又希望尽可能想进行长途旅行的人，或者是想尽量接触尼泊尔现实生活的人，可以在一座城市长期逗留，慢慢地来

旅行小贴士

■尼泊尔的金钱感

到外国游览最困难的是没有办法了解当地的货币价值。花多少钱可以买多少东西？对于一些服务项目应该花多少钱合适？不了解这些不仅购物困难，还容易上当受骗。所以要尽快了解当地货币的价值。例如，在加德满都乘坐市内公交车时大概 Rs13~，在茶屋喝茶 Rs10~，在食堂吃一份扁豆汤套餐大概 Rs00。可能与实际的汇率多少有些差别，不过按照 Rs100 差不多 6.5 元人民币换算的话，对于金钱的感觉就不会那么模糊了。

通过逛市场可以了解尼泊尔的物价

在面向旅游者的餐厅享受美食

在高级餐厅享受豪华的尼泊尔套餐

了解这里的生活。当习惯了这里的一切时，你就变成了一个真正的尼泊尔通了。住宿在便宜的旅社中，单人间和多人间的价格为Rs100~200，可以在尼泊尔的普通食堂就餐。市内的交通选择使用公交车和租借自行车，或者步行游览。一天的预算是Rs500~1000（相当于人民币32~64元）。

■第2种形式：中流派

“不想太过于节省，好不容易来一趟尼泊尔，不管花多少钱都想玩得痛快”。抱着这种想法的人在住宿时一般选择档次比较高的旅馆或者中档酒店，就餐主要在面向旅游者的餐厅，市内移动主要乘坐出租车，偶尔也会乘坐公交车。即便平时是第1种形式的人，偶尔也需要体验一下这样的生活，如此旅途才会有张有弛。一天的预算是Rs3000~5000（190~310元人民币）。

■第3种形式：豪华型

这种形式针对的是那些即使去尼泊尔也要保持在国内的生活水平，花多少钱都无所谓的人。不过在尼泊尔也只有加德满都和博卡拉才能够享受到豪华的旅游，实际情况是其他区域，就算想花钱也没什么可花钱的地方。住宿在五星级酒店，吃饭在酒店内的高级餐厅，交通选择包车，这样一天的预算是Rs1万~3万（630~1800元人民币）。

■第4种形式：以徒步旅行为主的游客

以徒步旅行为目的前往尼泊尔时，在国内或者当地委托旅行社安排各种事宜，与自己雇用向导或者脚夫的支出费用有很大差距，前者也会因住山间小屋还是住帐篷而有所不同，一天的预算是Rs3000~1万（190~630元人民币）。后者把山间小屋的住宿费、餐费、向导或者脚夫的费用都包括进去，一天的预算是Rs2500~5500（150~330元人民币）。餐费随着海拔的高度而上涨，如果准备前往海拔3000米以上的地方，最好预算费用多准备一些富余。

随着海拔的上升，餐费的价格也不断上涨

INFORMATION

小费给多少合适

经常听到有人问“小费给多少钱合适”，最近很多酒店和面向旅游者的餐厅都要求支付10%的服务费。这种情况，就把小费包含在服务费里了。如果没有这样的规定，可以放下消费总额的10%作为小费。

另外，给向导或者脚夫支付小费是一种常识性的礼貌，如果有带团的领队，一般小费由领队一起支付。但是如果观光和徒步旅行都是个人联系，或者当地安排的话，需要在支付旅费的同时另外准备一份小费。

到底给多少小费，并没有什么明确的规定，市内观光的话一天给Rs500~700，徒步旅行的向导一天Rs200~300，脚夫一天Rs100~150，这算是最低限度。旅行结束的时候，在表达谢意的同时亲手把小费交给他们。

旅行的装备和服装

加德满都泰米尔地区的徒步旅行用品商店

在尼泊尔旅游需要准备的东西

在旅游前很多人都会感觉很忙乱，急急忙忙地直到上了飞机才会松一口气。这其中也有人会把去尼泊尔旅游需要的东西列成表，然后一样样采购，也让人感觉忙得不可开交的样子，而且旅游的目的各自不同，除了护照、现金等必需品之外，行李中带的东西可算是百人百样。

其实去尼泊尔旅游最需要的是健康的身体和灵活的头脑。与其在出发前买这买那忙个不停，不如静下心来想一想在即将到来的旅途中会不会遇到很难忘的精彩瞬间，以此来度过出发前的忐忑时间。日用品在当地的超市、百货或者市场几乎应有尽有，建议大家尽可能到了当地再购买。

行李轻便是愉快旅行的一个重要条件

在旅游中最拖累人的就是沉重的行李，行李重不仅浪费体力，而且会使自己的行动范围受到限制。因此带多少行李出发，会在很大程度上影响旅行的方式。在没有铁路设施的尼泊尔，最重要的交通工具就是公交车，如果自己的行李少，可以抱着坐在车上，不必特意放到车顶上去，也避免了偷盗和丢失的可能，如果行李很重的话，下了车寻找酒店就会很麻烦，最后不得不随便选择一家就近的酒店。

■如何选择旅行包

尽可能把行李减到最低限度，然后开始选择旅行包，如果只是乘坐飞机，或者只是在加德满都和博卡拉逗留的话，可以使用行李箱或者带轮子的拖箱。如果不是这样的话，最好选择旅行包或者软包。旅行包最大的好处是可以把两只手解放出来，买票、付钱、出示护照或者其他任何时候，只要把东西从旅行包中拿出来就行，不需要一样一样把东西都拿出来，也无须担心被拿走。

另外，不能够放入行李箱或者旅行包里的贵重物品，比如相机、旅

旅行小贴士

■能在尼泊尔买的东西

大部分日常用品都能在加德满都的超市里买到，而且比国内便宜。特别在意的东西可以从国内带过去，然后剩下的在当地补足。衣服类，从品牌到一般在加德满都都可以买到。只是，如果去地方城镇或者山区的话，必要的东西还是在加德满都准备好为妥。

去市场能买到便宜的衣料

旅行小贴士

■为停电做准备

尼泊尔的电力供应不足，经常会出现计划性的停电（一周数天或者每天在不同的时间段，不同区域实行停电措施）。一般高档酒店和中档酒店都自备发电机，但是普通的旅馆或者山间小屋就只有使用蜡烛了，即便不去山区游览的游客，也应该准备一支手电筒。

■冬季的尼泊尔非常寒冷

12月～次年2月是尼泊尔的冬季，加德满都或博卡拉白天的气温可以达到20℃以上，但是早晚气温会降到5℃以下，很多酒店或者餐厅没有配备取暖设备，因此最好准备厚靴以及保暖内衣或者一次性的暖手宝等御寒物品。大多数便宜的旅馆床上只准备一床毛毯，如果提出要求可以借到一床毛毯，不过最好还是自己准备睡袋（在当地的徒步旅行用品商店可以租用睡袋）。

游指南书等经常需要拿出来放进去的东西，最好放入挎包，这种挎包一定要带拉链，或者上面带盖的，而且肩上的背带可以调节长短，把包斜挎在肩上，需要的时候随时可以从里面拿出来。当然非常贵重的东西最好放进贵重物品袋里，挂在脖子上或者缠在腰间。

■方便步行的服装

最好携带自己习惯穿的衬衫或者裤子，换洗的衣服尽量少带，勤洗就可以了。根据不同游览的季节，需要准备的服装也有很大的差别，其实很多服装都可以在当地购买，因此没必要花费太多的心思。

4~9 月准备短袖就可以，早晚或下雨的时候气温会下降，最好再准备一件长袖衫或者薄外套。博卡拉或者德赖平原相当酷热，男性可以准备一条短裤，女性可以准备一条薄的棉布裙，这样会比较方便。从尼泊尔的习俗来看，不主张女性穿着过于暴露身体肌肤的服装，所以尽量不要穿着超短裙或者无袖衫在外面行走。

10 月 ~ 次年 3 月昼夜温差很大，所以要准备相应的服装，最好准备 T 恤衫、长袖衫、毛衣和外套等。特别是 12 月 ~ 次年 2 月，白天只穿一件毛衣就可以在外面行走，可是早晚很冷，跟中国的冬天差不多，所以一定要准备羽绒服等御寒服装。

■提供便利的小物件

虽然旱季降雨很少，但最好还是带一把折叠伞。这样白天的时候还可以当遮阳伞使用。雨季除了雨伞外，最好再准备一件可以防风的雨衣，回国前如果觉得以后用不着了还可以在市场上卖掉，也可以进行物物交换。另外，雨季游览的时候，需要经过很多未经铺装的道路，鞋子很快就变脏了，所以最好准备一双可以在雨中行走的沙滩鞋，这种鞋可以在当地购买。

为了更好地防止紫外线的照射，最好准备防晒霜、帽子和太阳镜等。尼泊尔的冬季光照也很强烈，除此之外，由于灰尘或者废气污染，很多游客在游览期间会感觉嗓子疼，所以最好准备口罩、漱口水、湿纸巾等进行预防。

读者投稿

■徒步旅行中随身携带可以提供很多便利的物品

①小背包：把旅行包交给脚夫的时候，可以把脱下的衣服、瓶装水装进容量为 20 升左右的小背包，用起来很方便。

②偏光太阳镜：可以使山姿和风景看起来更美

③凉鞋：到达山间小屋脱下登山鞋之后可以换上凉鞋，淋浴的时候也可以穿

④带高度计的手表：徒步旅行过程中上下起伏很大，与其知道从现在开始需要走几公里，不如知道需要爬升多少米感觉更轻松一些。

⑤扑克：可以跟向导或者当地人一起玩，轻快轻松地打发时间。

⑥自带筷子：有些食品使用刀子和叉子不方便吃，所以自带一副筷子很方便。

⑦口罩：我是在 10 月末到 11 月初进行的徒步旅行，在海拔 1500~2500 米花粉满天飞，飞入鼻子眼睛，使得鼻涕眼泪一直流，苦不堪言。

行李携带物品清单

	物品	必要度	确认	提示
贵重物品	护照	◎		确认剩余的有效时间
	机票（电子客票）	◎		
	现金（外币、人民币）	◎		准备一些小额美元纸币会很方便
	旅行支票（T/C）	○		准备了比较放心
	信用卡	○		可以在ATM机上提取现金
	国际现金卡	○		在全世界通用，非常方便
	海外旅行保险	◎		最好加入保险，以防万一
	证件照片	◎		申请签证或者丢失护照时使用
衣服	衬衫	◎		即使夏天也要准备一件长袖衬衫
	裤子、裙子	◎		耐脏、易洗的那种
	毛衣	○		冬天旅行的人，也可以在当地购买

	物　品	必要度	确　认	提　示
衣服	内衣	◎		除了身上穿的之外，最好再准备两身
	袜子	○		夏天可以光脚穿凉鞋
	睡衣	△		可以用T恤衫替代
	鞋、凉鞋	◎		最好是穿惯了的鞋
	沙滩鞋	○		淋浴的时候穿很方便
	帽子	○		白天步行时需要戴
	游泳衣	△		夏天如果入住高档酒店可以游泳
洗漱用品	香皂	△		买不到的时候备用，带块小的就行
	洗发水、护发素	○		旅行用小包装很方便
	牙刷、牙膏	○		可以在当地购买
	毛巾	△		除了极便宜的旅店，一般都有毛巾
	剃须刀	△		时间长的话也可以留起来
药品	药品类	◎		创口贴、感冒药、肠胃药、腹泻药
	卫生巾	○		可以在当地购买，也可以从国内带
	洗涤剂	○		用来清洗内衣或者袜子
	防晒霜	○		冬天尼泊尔的光照也很强
	手绢、纸巾	○		带湿纸巾比较方便
电器	数码相机	○		别忘了带内存卡
	手机	△		也可以在当地购买
	笔记本电脑、移动终端	△		很多地方可以使用Wi-Fi
	随身音乐播放器	△		要注意确保电源
书类	旅游指南	◎		一本就够了
	会话集	○		跟当地人沟通交流时使用
其他物品	闹钟	○		旅行用的小闹钟
	指甲刀、挖耳勺	○		可以用棉签替代挖耳勺
	针线	○		小型随身携带的针线包
	圆珠笔	◎		填写出入境卡时需要
	日记本	○		记录旅游见闻
	雨伞·雨具	○		雨季时带雨衣很方便
	手电筒	○		徒步旅行者，或者住廉价旅馆的人
	计算器	△		便于旅行预算管理
	电池	△		不够了可以在当地购买
	墨镜	△		也可以用于防尘
	塑料袋	○		便于集中行李物品
	锁	○		小～中号锁

◎：必需品　　○：有的话比较方便、特定旅行者需要　　△：即使没有也没有关系

入境和出境

旅行小贴士

■入境审查的注意事项

在护照和签证上加盖入境章之后，一定要当场确认日期是否准确，如果错了，出国之际会遇到麻烦。

■在机场银行兑换

机场银行的汇率不如市内银行兑换处好，因此在机场只需兑换最小额度的现金即可。兑换之后会有一张兑换凭证，一定要确认好金额。

■从机场乘坐出租车时的注意事项

有时酒店或者旅行社的负责拉客的人会坐在助手座位上，如果需要对方帮忙联系酒店的话另当别论，如果已经订好酒店的话，一定要断然拒绝，使用这些人介绍的旅行社很容易发生纠纷，最好也要咨询其他旅行社的价格，认真研究比较之后再做决定。

特里布万国际机场的国际航站楼

入境的顺序

当飞机逐渐接近加德满都特里布万国际机场时，机内空乘人员开始给大家发放出入境卡和海关申报单。参照 p.281 进行填写，空乘人员同时会发放签证申请表，没有申请尼泊尔签证的旅客需要填写（持中国护照的旅客需要事先获得签证），有些飞机上可能不发，可在机场入境审查柜台前填写。

入境审查　Immigration

下飞机后，跟随其他乘客一起走到位于机场二楼的入境审查柜台。这里也有银行柜台，换钱也可以到一层的到达大厅兑换处，办理入境手续需要排队，行动要迅速，不然会排起长队，入境审查需要花费一些时间。

入境审查的时候，持尼泊尔签证的旅客排在“With Visa”的柜台前，没有签证的旅客排在“Without Visa”的柜台前。

领取行李　Baggage Claim

入境审查后下到一层，在这里可以看到行李提取处。出发前托运行李的旅客，可以在这里的行李传送带处提取自己的行李，万一没有看到自己的行李，可以出示行李牌（一般贴在登机牌后面），要求管理人员帮忙寻找。

海关　Custom

领取行李之后在海关出示海关申报单，没有需要申报物品的旅客可到绿色标志的“Green Channel”通过。一般对外国人不会进行检查。需要申报的旅客，可在红色标志的“Red Channel”办理申报手续。

■尼泊尔出入境卡的填写方法 Immigration Card

❶姓
❷名
❸中间名
❹性别（Male：男性、Female：女性）
❺出生年月日（日 / 月 / 年）
❻国籍
❼居住国（City：市　State：县　Country：国）
❽护照号码
❾签证号码
❿签证有效期（入境卡只限于事先获得签证的情况下才填写）
⓫职业
⓬入境或出境的方法（By Air：航空　By Lang：陆路）
⓭是否初次访问尼泊尔（初次选择“Yes”，非初次选择“No”）
⓮航班号，陆路的情况写车牌号
⓯入境地点
⓰停留日期
⓱尼泊尔入境前的出发地或者出境后的目的地
⓲一人旅行选择“Single”，团体旅行选择“Group”
⓳到达日期（日 / 月 / 年）
⓴在尼泊尔停留期间的地址（酒店名称等）
㉑访问目的（选择适合自己的内容）
㉒签名（与护照相同的字体）

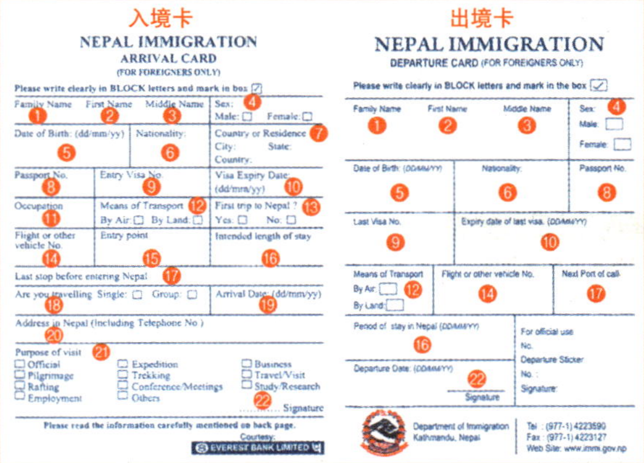
入境卡

NEPAL IMMIGRATION
ARRIVAL CARD
(FOR FOREIGNERS ONLY)

Please write clearly in BLOCK letters and mark in box ☑

Family Name ❶ First Name ❷ Middle Name ❸ Sex: ❹ Male: ☐ Female: ☐
Date of Birth: (dd/mm/yy) ❺ Nationality: ❻ Country of Residence ❼ City: State: Country:
Passport No. ❽ Entry Visa No. ❾ Visa Expiry Date: (dd/mm/yy) ❿
Occupation ⓫ Means of Transport ⓬ By Air: ☐ By Land: ☐ First trip to Nepal? ⓭ Yes: ☐ No: ☐
Flight or other vehicle No. ⓮ Entry point ⓯ Intended length of stay ⓰
Last stop before entering Nepal ⓱
Are you travelling Single: ☐ Group: ☐ ⓲ Arrival Date (dd/mm/yy) ⓳
Address in Nepal (Including Telephone No.) ⓴
Purpose of visit ㉑
☐ Official ☐ Expedition ☐ Business
☐ Pilgrimage ☐ Trekking ☐ Travel/Visit
☐ Rafting ☐ Conference/Meetings ☐ Study/Research
☐ Employment ☐ Others
㉒ Signature

Please read the information carefully mentioned on back page.
Courtesy:
EVEREST BANK LIMITED

出境卡

NEPAL IMMIGRATION
DEPARTURE CARD (FOR FOREIGNERS ONLY)

Please write clearly in BLOCK letters and mark in the box ☑

Family Name ❶ First Name ❷ Middle Name ❸ Sex: ❹ Male: ☐ Female: ☐
Date of Birth: (DD/MM/YY) ❺ Nationality: ❻ Passport No. ❽
Last Visa No. ❾ Expiry date of last visa. (DD/MM/YY) ❿
Means of Transport By Air: ☐ By Land: ☐ ⓬ Flight or other vehicle No. ⓮ Next Port of call ⓱
Period of stay in Nepal (DD/MM/YY) ⓰
Departure Date: (DD/MM/YY) ㉒ Signature
For official use
No.
Departure Sticker
No.:
Signature:

Department of Immigration
Kathmandu, Nepal
Tel: (977-1) 4223590
Fax: (977-1) 4223127
Web Site: www.immi.gov.np

■尼泊尔海关申报单的填写方法
Customs Declaration Card

❶如果没有需要申报的物品在这里打“√”
❷如果有需要申报的物品在这里打“√”
❸行李件数（包括旅行包）　❹姓名
❺护照号码　❻国籍　❼航班号　❽出发地
❾签名　❿到达日期（日 / 月 / 年）

可以免费带入尼泊尔的物品

●个人携带物品

❶双筒望远镜 1 架　❷相机和摄像机各 1 台　❸便携式音乐播放器和 10 张内存卡　❹服装和日用品　❺婴儿车和三轮车各 1 台　❻自行车 1 辆　❼手表 1 只　❽手机 1 部　❾职业道具 1 套

●烟酒等消耗品

❶威士忌或葡萄酒等 1.15 升或者啤酒 12 瓶
❷香烟 200 支（1 条）、雪茄 50 支或者烟草 250g
❸相机胶卷 15 卷 和录像带 12 卷
❹不超过 10 万尼泊尔卢比的食品
❺不超过 10 万尼泊尔卢比的药品
❻不超过 10 万尼泊尔卢比的水果

●现金

不超过 US$2000 或者同等价值的其他货币

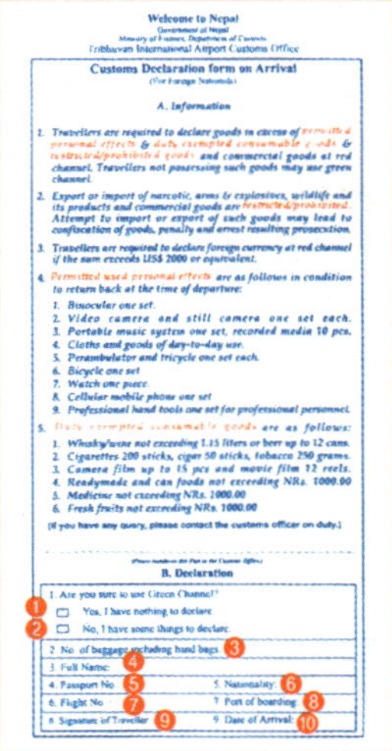
Welcome to Nepal
Government of Nepal
Ministry of Finance, Department of Customs
Tribhuvan International Airport Customs Office

Customs Declaration form on Arrival
(For Foreign Nationals)

A. Information

1. Travellers are required to declare goods in excess of permitted personal effects & duty exempted consumable goods & restricted/prohibited goods and commercial goods at red channel. Travellers not possessing such goods may use green channel.
2. Export or import of narcotic, arms & explosives, wildlife and its products and commercial goods are restricted/prohibited. Attempt to import or export of such goods may lead to confiscation of goods, penalty and arrest resulting prosecution.
3. Travellers are required to declare foreign currency at red channel if the sum exceeds US$ 2000 or equivalent.
4. Permitted used personal effects are as follows in condition to return back at the time of departure:
   1. Binocular one set.
   2. Video camera and still camera one set each.
   3. Portable music system one set, recorded media 10 pcs.
   4. Cloths and goods of day-to-day use.
   5. Perambulator and tricycle one set each.
   6. Bicycle one set
   7. Watch one piece.
   8. Cellular mobile phone one set
   9. Professional hand tools one set for professional personnel.
5. Duty exempted consumable goods are as follows:
   1. Whisky/wine not exceeding 1.15 liters or beer up to 12 cans.
   2. Cigarettes 200 sticks, cigar 50 sticks, tobacco 250 grams.
   3. Camera film up to 15 pcs and movie film 12 reels.
   4. Readymade and can foods not exceeding NRs. 1000.00
   5. Medicine not exceeding NRs. 1000.00
   6. Fresh fruits not exceeding NRs. 1000.00

(If you have any query, please contact the customs officer on duty.)

B. Declaration

1. Are you sure to use Green Channel?
❶ ☐ Yes, I have nothing to declare.
❷ ☐ No, I have some things to declare.
2. No. of baggage including hand bags ❸
3. Full Name: ❹
4. Passport No. ❺ 5. Nationality: ❻
6. Flight No. ❼ 7. Port of boarding: ❽
8. Signature of Traveller ❾ 9. Date of Arrival: ❿

有用的信息

从机场出发的出租车费用

泰米尔地区	Rs650
帕坦	Rs725
巴克塔普尔	Rs1000
纳加阔特	Rs2400
※21:00 之后要加收	Rs100

在到达大厅

通过海关后迎面可以看到旅游咨询服务台、银行、酒店预约柜台。在这里预约的酒店几乎都是酒店游览表中列出的酒店，如果旅客已经预约好酒店，只要告知柜台酒店的名称，对方就可以帮助旅客给酒店打电话。当然还是旅客亲自到酒店进行交涉，价格会更便宜一些。

在旅游咨询服务处获得相关资料

从机场到市内（→ p.32）

走出机场到达大厅，右手边是预付费出租车柜台，出口对面有很多等候拉客的人，还没有预约酒店的旅客，如果发现有想入住酒店的拉客者也可以进行交涉，有的酒店可以负担旅客从机场到酒店的出租车费用。

出租车柜台

旅行小贴士

严谨购买伪劣假冒商品

在旅行目的地有很多模仿名牌商品的标志、设计和动漫人物而伪造的假名牌、游戏或者音乐软件等仿制品，请千万不要购买，如果携带这些商品回国，不仅会被机场海关罚没，而且还可能根据情况支付赔偿金，这种时候“不知道”并不能成为一个有效的借口。

关于出境

乘坐国际航班的时候，尽可能于起飞时间前 2 个小时到达机场，到达国际航站楼之后，首先在入口处出示电子客票，并且接受行李的 X 光检查。然后到所乘坐的航空公司柜台办理登记手续。如果有用剩下的尼泊尔卢比，可以在银行换回本国货币（→ p.284），从出发大厅上二层就是出境审查柜台，在这里需要出示护照、登机牌、填写相应事项的出境卡，然后在护照上加盖出境章。出境审查结束之后，然后前往候机室，接受手提行李安检后，到登机口等候。

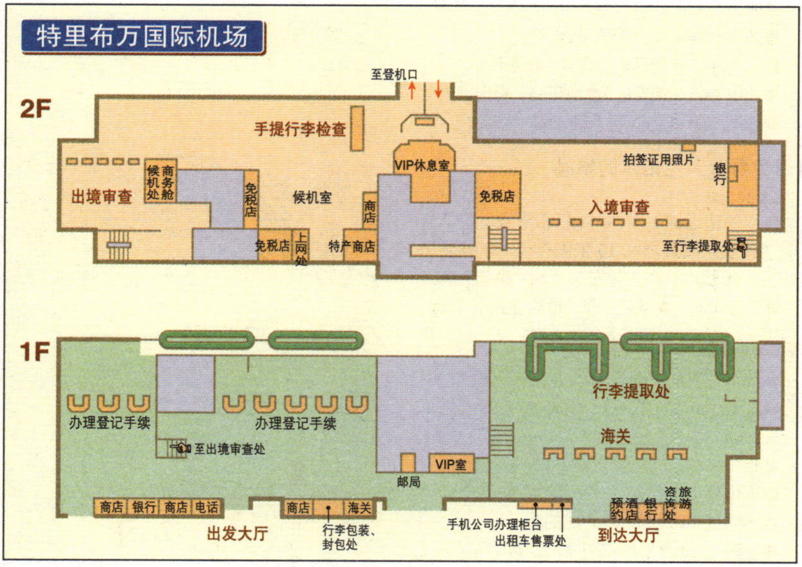

货币和外币兑换

尼泊尔的货币与汇率

尼泊尔的货币与印度一样，也称为卢比（Rupee）和派沙（Paisa）。卢比用 Rs 来表示，派沙用 P 来表示。为了与印度卢比区别开来，也称为尼泊尔卢比（Nepalese Rupee），或者 NC（Nepalese Currency）。Rs1 相当于 100 派沙，但是在日常生活中很少使用派沙。

流通的硬币有 Rs1、Rs2（旧版纸币的 Rs1、Rs2 也在使用），纸币有 Rs5、Rs10、Rs20、Rs50、Rs100、Rs500、Rs1000。在一些小的商店或者食堂，如果使用 Rs500 以上的纸币，对方可能找不开零钱，所以尽可能准备一些面额小的纸币。

Rs1

Rs2

Rs5

Rs10

Rs20

Rs50

Rs100

Rs500

Rs1000

尼泊尔卢比和人民币的汇率 Rs100≈6.18 元人民币（2014 年）

去尼泊尔旅行需要携带的货币

■现金

在尼泊尔一般的外汇有美元、欧元、日元、人民币等。在加德满都和博卡拉等观光地可以直接用人民币兑换卢比。在购物的时候也可以直接使用人民币。不过购买机票和支付酒店住宿费时，如果想用外币结账，一般只有美元的价格，需要通过美元的价格进行折算，所以用外币结算的话不太方便，在汇率上也比较吃亏。最好是携带人民币和美元两种货币前往尼泊尔，兑换尼泊尔卢比时使用人民币，可以用美元结账的地方就用美元结账。

■信用卡

中档以上的酒店和餐厅大多都能刷信用卡，只是有时候刷卡需要一定的手续费，请在刷卡之前先确认。另外，因停电或者系统自身出问题而不能刷卡的情况也很多见。

如果想刷卡结账的话，办理入住手续或者进入店里的时候就先确认

旅行小贴士

用信用卡结账时的注意事项

在国外使用信用卡结账的时候，不是使用当地货币结算，而是直接用人民币结算的情况比较多，虽然用人民币结算不算违法，不过可能对方设定的汇率不合适，所以要特别注意。结账的时候对方有时候会问一句“用人民币结算吗”，有时候什么都不问就直接用人民币结算了，签字前一定要确认结算币种和金额。

有用的信息

ATM 机的使用方法

在加德满都或者博卡拉城区增加了很多24小时对外开放的ATM机，使用VISA信用卡或者MASTER信用卡以及国际现金卡都可以直接从ATM机提取尼泊尔卢比，只是考虑到信用卡丢失或者因ATM机故障无法提取现金的情况，还是使用现金和旅行支票（T/C）比较方便。

一般的操作顺序是先选择语言（英语），把卡放入机器中，输入密码，跳出现金的时候选择“WITHDRAWAL”，从画面上选择要取钱的金额，机器不同，显示方法也不一样，如果机器显示“OTHER AMOUNT”，就需要自己输入想要提取的金额。

好比较放心，否则如果结账的时候被告知不能刷卡，而手头的现金又不够的话就麻烦了。

此外，如果使用信用卡在ATM机上取现金的话，有时需要输入密码（英语称为PIN Code）。如果记不住密码的话，可以在出发前跟信用卡公司进行确认。

ATM 机的标志

■国际现金卡

这是一种非常方便的银行卡，可以解除兑换的麻烦和顾虑，很多货币都比在国内兑换的汇率还要划算，出发前到银行或者ATM机存入现金，就可以跟信用卡一样当现金购物，而且可以在旅行当地取出现金，虽然需要加收一定的服务费，不过不会超额使用，也没有携带现金的那种不安，与信用卡不同的是，发行无须审查，可以直接发行。

■旅行支票

如果旅行一个星期的话，只携带现金和信用卡基本就够用了；如果旅行时间较长的话，为了以防万一，建议携带旅行支票（T/C）。写好金额的旅行支票，除本人之外不能使用，即使不慎丢失或者被盗，只要符合条件还可以重新申请，使用起来比较放心。

在尼泊尔兑换外币

不同银行或者分店的营业时间各不相同，通常为10:00~15:00（周五~12:00），周六、周日和节假日休息。在加德满都新路上的尼泊尔银行和泰米尔地区的喜马拉雅银行（→p.43）换钱比较方便。

此外政府认可的外币兑换商（Money Changer）以及中档以上的酒店都可以进行外币兑换。货币兑换处一般位于加德满都的泰米尔地区以及博卡拉的湖滨区游客比较多的地方。汇率比银行差一些，不过营业时间每天从9:00~19:00，换钱比较方便。

■再兑换

是指把尼泊尔卢比再换回外币（美元、其他货币等），在特里布万机场的一楼出发大厅的银行或者城里的兑换处都可以进行再兑换。不过在银行再兑换的时候，需要出示用外币兑换尼泊尔卢比时的收据（兑换凭据），而且规定再次兑换只允许兑换凭据上总金额的15%。

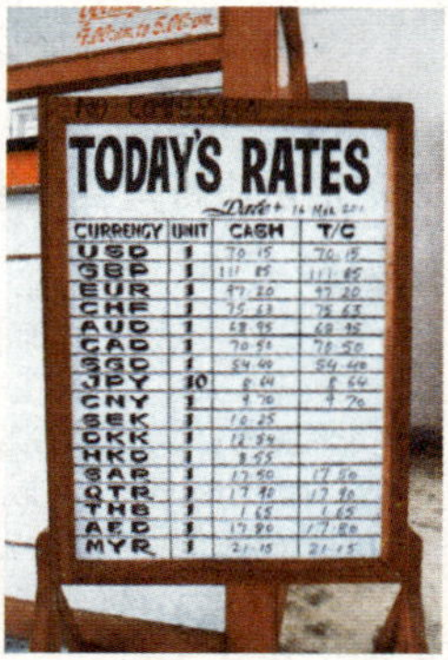

兑换处的汇率表

邮政和电信

尼泊尔的邮政

■明信片、信件

可以把明信片或者信件直接投入街边的邮筒或者委托酒店前台，不过最快的方法还是直接拿到邮局去邮寄。加德满都有中央邮局 GPO（→ p.43）。寄到中国的信件一般需要一周左右，只要在明信片或者信封上用中文书写就可以。重要的信件最好寄挂号信（Registered）

在徒步旅行途中，一些小村庄也设有邮局，也可以试着寄一些明信片。但是到达的时间会比较长，一般 1~2 周。

■小包裹、EMS

寄往国外的小包裹可以在加德满都的邮政总局最里侧的柜台办理，考虑到中途也许会丢失的问题，最好不要寄贵重物品。在邮寄之前工作人员会检查包内物品，因此去邮局之前不要封死。

需要准备的东西：①大小合适的纸箱或塑料袋；②把包裹捆起来的白布（结实的棉布 2~3 米，如果拜托邮局工作人员捆绑的话则不需要）；③写地址和姓名用的黑色油笔；④护照。

顺序：①填写海关用的申报单和发货单。寄的物品归类为出口（Export），因此在填写品名和价格时，尽量填写便宜的价格。服装等可以当作二手（Used）处理，这样不需要写价格，可以尽量少交税。

②海关检查完毕之后，可以把东西放入纸箱或塑料袋，外面用白布一层层包裹好之后用针线缝好，然后用蜡封印（也可以让邮局工作人员来捆绑）。用黑色油笔在包裹上写明地址和姓名。还要写明是用航空（Air Mail）还是船运（Sea Mail），以示区别。

③ 在柜台称重量，付费。税费要根据物品的申告金额来决定，一般都需要支付一定的费用。

另外如果利用 EMS（国际快递）要比邮寄包裹更有保障。EMS 可以追踪邮件进程，万一丢失或者遭窃还可以得到赔偿。

在尼泊尔打电话

从尼泊尔整体来看，普及电话的地区还不算太多，不过最近手机的普及不再稀奇。城区就不用说了，就连喜马拉雅山中只要是主要的徒步旅行区域，能够使用手机通话的地方越来越多了。

尼泊尔没有公用电话，除了酒店之外，也可以利用随处可见的电话屋打电话，电话屋大多兼营杂货店，一边招牌上会写有“STD”、“ISD”字样。各店收费情况不太一样，一般拨往中国的电话是 1 分钟 Rs150 左右。也有兼营网吧和电话屋的小店，如果打 IP 电话，打到中国大概每分钟收费 Rs50。

有用的信息

寄往中国的大概邮资（航空）

明信片：Rs25
航空信件：Rs28
信件：20 克以下 Rs35，20 克以上 50 克以下 Rs78（2009 年 5 月）

寄往中国的包裹大概邮资

■海运

一件收费 Rs917，每公斤加收 Rs280

■航空

一件收费 Rs947，每增加 1 公斤加收 Rs370，再增加的话每 500 克加收 Rs250

■ EMS

500 克以下是 Rs900，超重之后，每 500 克加收 Rs300。

购买纪念邮票

在邮政总局的集邮爱好中心 Philatelic Counter 可以购买纪念邮票

从尼泊尔往中国拨打电话

国际电话识别号码		中国的国家代码		区号（去掉前面第一个 0）		对方电话
00	+	86	+	×××	+	××××××××

从中国往尼泊尔拨打电话

国际电话识别号码		尼泊尔的国家代码		区号（去掉前面第一个 0）		对方电话
00	+	977	+	××	+	××××××

关于上网

最近在尼泊尔无线 LAN（Wi-Fi）正在快速普及，无论酒店还是旅馆或者面向旅游者的餐厅等，很多地方可以免费使用。如果从国内带去对应无线 LAN 的智能手机、移动终端或者笔记本电话，可以在与平时相同的环境下使用网络，不过在徒步旅行区域里，只有在安纳普尔纳地区的戈雷帕尼或者佐莫索姆，或者珠穆朗玛峰地区的纳姆泽市场等地方，这样一小部分区域才能使用网络。

也有些地方可以免费使用 Wi-Fi

在旅行者较为集中的加德满都泰米尔区地区以及博卡拉的湖滨区，可以看到很多网吧。似乎没有无线 LAN 的普及率高，网吧的收费价格是 1 小时 Rs20~30，博卡拉则是 1 分钟 Rs2 左右。

关于酒店

住酒店需要预约吗

在博卡拉湖滨地区很多酒店的指示牌都排在一起

加德满都或者博卡拉的酒店很多，不可能所有的酒店都会住满。如果打算入住中档酒店或者旅馆，既没有必要预约，也没有必要取消预订，只有在深夜到达的时候。如果担心不预约可能会没有房间，可以提前在国内进行预约。最近可以通过网络或者电话预约订房的酒店或者旅馆越来越多了，有些酒店如果提前订房还可以免费去机场迎接。

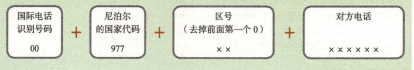

如果入住高档酒店，还是预约比较好，因为酒店比较欢迎身份背景明确的客人。即使

临时入住也最好先打个电话说一声比较好，这样的酒店如果提前通过网络订房的话，还可以享受各种各样的优惠打折待遇，比临时入住要便宜很多。

寻找酒店的窍门

就像曼谷的考山路和加尔各答的萨德大街一样，亚洲的各个城市都有世界各国旅游者相对集中的酒店街，在加德满都，酒店街就位于泰米尔区，而博卡拉的酒店街位于湖滨区附近。要寻找酒店的话，可以先去这些地区看一看，从中选一家中意的酒店。其他城市规模都不大，下车后，走不了多远，就能看到旅馆。

选择住宿酒店的时候，一般中档酒店和宾馆在办理入住手续之前都可以先参观一下客房。仅从价格或者外观来看，很难断定是否住得舒适愉快，要通过查看客房和浴室的清洁程度、门锁是否安全可靠、热水是否流畅，以及工作人员的应对方式来确认。如果认可了这些，还要确认客房价格以及是否含税和服务费等事宜。

尼泊尔住宿设施的种类

■高档酒店

五星级酒店的设施都很完善，基本上没什么可以挑剔的，在里面入住，很容易忘记这是尼泊尔。客房内都配有浴缸、卫生间和空调，还有餐厅和游泳池，可以保证住宿期间的舒适愉快，单人间费用是US$100~200，标准间是 US$150~250。

加德满都高档酒店内的客房“牦牛 & 雪人”

■中档酒店

同样是中档酒店，档次和设施也是各不相同，有些比旅馆稍显舒适，有的则跟高档酒店差不多，前者有时被称为酒店、公寓、别墅等，单人间价格是 US$20~50，标准间是 US$30~60。后者单人间价格 US$50~80，标准 US$60~100。

配有电视、冰箱的中档酒店的豪华间

■旅馆和山间小屋

尼泊尔的便宜住宿设施大多数被称为旅馆或者山间小屋，这种等级的数量很多，在街上可以边走边找，寻找自己中意的地方。加德满都和博卡拉的旅馆一般都会提供热水淋浴，但是乡镇旅馆大多只有冷水淋浴，在这样的旅馆中可以看到来自世界各地的旅游者，是交换各种徒步旅行信息和穿越国境信息的好地方。带淋浴和卫生间的房间，单人间价格 US$10~20，标准间 US$15~30。使用公共浴室和公共厕所的宿舍 US$2，单人间价格 US$5，标准间 US$10 左右。

既便宜住着也舒服的旅馆有很多

■旅行线路中的住宿设施

主要的徒步旅行线路途经的村庄都设有面向外国游客的山间小屋，

旅行小贴士

协助当地节约资源

在加德满都，由于水资源不充足，因此经常出现停水的情况。酒店或者旅馆一般会从供水处购水，然后储存在水箱内备用。因此长时间淋浴时要注意节约用水，尤其是在便宜的旅馆住宿时，淋浴或者洗衣服，由于用水太多而造成的花费可能会超过住宿费的收益，所以除内衣自己清洗外，其他裤子或者衬衫等最好交给旅馆的洗衣房清洗。另外还要注意节约电力，随手关掉不用的电器。

旅行小贴士

小心那些为酒店拉客的人

在加德满都的特里布万国际机场，有些旅行业者强拉客人入住酒店使客人蒙受损失的事情时有发生。这些人有时候通过花言巧语把刚到达的旅客骗上出租车（说入住酒店可以享受免费乘坐出租车），把客人拉到跟旅行社有协议的酒店，强行跟旅客签徒步旅行合同并索取高额费用。为防止此类事件发生，最好在询问几家旅行社的费用和服务内容之后，经过慎重研究和比较再签旅行合同。

在安纳普尔纳地区有时也能洗上热水澡

以及面向尼泊尔人的住宿设施“帕提”。这些地方都是餐厅兼住宿的形式，而且也都是面向徒步旅行者。有些简朴的旅社是由民宅改建而成的，当然也有很多正规的山间小屋，设备相差很大。随着海拔的上升，夜晚会变得越来越冷，最好准备一个羽绒睡袋。在小村庄住宿时，不可能有淋浴设施，不过有些地方可以通过炉灶烧水，或者使用太阳能来进行热水淋浴，住宿舍的费用为 Rs50~100，单人间 Rs100~500，使用公共浴室和公共厕所的单人间为 Rs1000~2000。

房间里只有两张简单的床铺

INFORMATION

关于酒店费用

本书中介绍的酒店价格都是公开的挂牌价格。其实通过酒店官方网站或者旅行社预约的话，都可以享受一定的折扣价格，中档酒店或者旅馆也可以通过交涉得到优惠的价格。特别是加德满都和博卡拉，由于酒店数量过剩，店方会主动提出打折。

酒店优惠的幅度根据季节、人数、住宿的天数等不同，一般中档酒店可以优惠 20%~30%。如果入住是通过拉客人介绍的酒店，由于酒店需要给拉客的人支付一定的回扣，所以比自己直接去入住贵一些。另外有些宾馆一开始定价就很便宜，利润很低，所以也不会有很大的优惠。

COLUMN

厕所的相关考察

尼泊尔有公共厕所吗?

一般来说，在尼泊尔不仅没有公共厕所，就连称之为厕所的地方也几乎没有。在乡村就更没有厕所了，当地人会随便找个地方，像稻田间、附近的河滩等解决，把这些地方当作厕所使用。基于这一传统，尼泊尔无论在家里还是在公共场所对于厕所都有不重视的倾向。虽说如此，在设施齐全的地方或者过着文明生活的城市家庭里还是可以看到很好的卫生间，所以关于厕所这个问题不要产生误解。

外国人住宿的酒店，即使是便宜的旅馆也都有冲水厕所，不过一旦走出户外，你就会发现上厕所确实挺困难的，食堂等地的厕所条件很差，一些应该设有公共厕所的场所，比如车站或者百货商场也都看不到厕所的影子。

尼泊尔式的厕所，可以舀出桶里的水清洗臀部

其实并不是完全没有公共厕所，在加德满都等大城市的市内就有几处公共厕所（绝对没有几十处）。但是这些厕所里面的卫生状况都很差，几乎无法落脚，还不如在外面随便找个地方解决呢。

卫生纸用过之后如何处理?

在尼泊尔并不需要为卫生纸的问题担心，高档酒店或者面向旅游的宾馆等，不仅有冲水厕所，还会提供卫生纸。在便宜旅馆住宿的客人，徒步旅行的人，也不必担心，在杂货店或者超市里都可以买到卫生纸。

使用卫生纸时一定要注意，尼泊尔式的厕所不可以把纸直接扔进厕所，否则厕所马上就会被堵住。在便宜的旅馆等地方，为了防止厕所被堵，都会在厕所里放一个垃圾桶来装用过的卫生纸。还有一点需要特别注意，尼泊尔对卫生纸抱有强烈的不洁感，所以在徒步旅行时，如果在野外上厕所，一定要把用过的卫生纸掩埋起来，以免让人看到。

关于餐饮

尼泊尔的扁豆汤套餐

尼泊尔的家常菜是扁豆汤套餐

尼泊尔人每天吃的食物叫作 Dhal Bhat Talkari。Dhal 指的是扁豆汤，Bhat 指的是米饭，Talkari 指的是各种蔬菜，然后再配上咸菜或泡菜等。在市场中的食堂，巴士旅行途中，或者山间小屋等，不管哪里都能看到这种尼泊尔套餐。

扁豆汤套餐可以自由添加饭菜，有时候吃到一半，就有人过来给添加米饭或者扁豆汤，如果吃饱了就要说“普久（够了）”，以此来谢绝对方。

迪罗的味道很朴素

尼泊尔菜给人的感觉就是辛辣。经常使用的香辛作料有茴香、姜黄、香菜、辣椒、大蒜、生姜等。每家使用不同的配料，做出来的味道也各不相同。最近很多人开始使用一种名为 Garam Masala 的现成的混合香料。

旅行小贴士

游客通过家常菜可以尝到正宗的尼泊尔味道

在尼泊尔旅游期间，如果每天都是在外面的餐厅吃饭，从来没有被尼泊尔人招待在家里吃过饭的话，就不能说已经了解了尼泊尔饭菜的口味。要是有机会被尼泊尔人招待在家中吃饭，一定会是一种难忘的相遇。

就餐时的注意事项

尼泊尔人在宗教上的不洁净观念很强，认为他人使用的餐具，用手和嘴接触过的东西都是脏东西。因此把这样的东西给人是很失礼的事情。另外，用自己使用过的筷子或者叉子把菜分成几份也是不礼貌的；在几个人共饮一壶水的时候，千万不要用嘴去接触水壶。

在尼泊尔，大多数家庭一年之内只有几次吃肉的机会，都是在过节或者结婚仪式或其他特别活动的时候才能吃肉。与印度一样，尼泊尔把黄牛当作神圣的动物，绝不食用。一般食用的肉类是山羊肉、绵羊肉、鸡肉和水牛肉等。巴浑族中有些人连一口肉都不会吃。

不同民族和不同区域的饮食状况

作为小吃食品很受欢迎的藏式饺子

从与印度接壤的德赖平原到喜马拉雅山高原地区之间，在不同的生活环境中生活着尼泊尔的各个民族，他们的饮食习惯也千差万别。

在山村地区米饭是一种奢侈品，扁豆汤套餐中也就只有一种菜肴。一般提供的主食是把稗子、玉米等熬熟，然后捣成粉状用热水搅拌成糊。这种主食在这里被称为“迪罗”，有一种朴素的山野味道。

藏族居民则以糍粑为主食，也可以做成外出携带的方便食品。昆布地区居住的夏尔巴人主要种植土豆，食物以煮土豆、烤土豆饼为主。用谷物、薯类、蔬菜一起炖煮而成的“夏库帕”是夏尔巴式菜肴。

生活在加德满都谷地并拥有自己独特文化的尼瓦尔族人制作的菜肴非常精致，这一点在其他民族中很难看到。特别是举办结婚仪式的时候，还有在节日宴会上，会看到用新鲜的水牛肉馅加入各种香辛料制作的特殊菜肴等。另外，圆形的饺子“momo”也是他们经常吃的食物，这种食物最早是从我国西藏传入的。

点心和小吃

在市场上可以买到印度风味的甜点和萨姆撒（Samosa）等糕点食品。在加德满都和博卡拉的超市里，或者徒步旅行沿线的商店里，都能买到外国产的巧克力和饼干等食品。

面包类

包括烙饼状的食品在内都被称为“罗提”，面包则叫作“泡·罗提”，也经常食用。

面向游客的餐饮

在加德满都或者博卡拉，如果在面向游客的餐厅吃饭，可以品尝到各国的美食。西餐的话，还可以吃到牛排（使用牛肉），不仅量大，而且价格不贵。另外还有高级的印度菜、意大利菜、日本料理等。中餐和藏餐有饺子、汤面、炒面、春卷等。在藏式餐厅还可以品尝到被誉为“梦幻宫廷菜”的火锅。

休息时可以来一杯茶和一个甜甜圈

饮料多种多样

最基本的饮料是水，但是不能饮用生水，矿泉水在哪里都能买得到。在食堂就餐时可以要一杯热水，在徒步旅行途中，即便看到很清澈的河水也不要饮用，因为河水上游可能有村落。

尼泊尔最常见的饮料是茶水（尼泊尔人的发音是“恰”），他们饮茶的方式和印度很像，饮用的是奶茶。但是在酒店或者面向游客的餐厅，如果不说明是尼泊尔茶，上来的可能是普通的红茶，因此点饮料的时候要注意。不加奶的茶被称为“卡罗恰”或者“皮卡恰”。另外还有酥油

街头的茶摊

茶，茶水里加了盐和牛油，是一种藏族人常饮用的茶。

酒类一般是用谷物酿造的蒸馏酒洛克西（尼泊尔语是阿拉克）。藏族人喜欢喝的是在蒸馏酒洛克西的制作过程酿造的醪糟，藏语叫Chang（尼泊尔语叫作Jaar），把发酵成固体形状的醪糟放入容器Thumba中，加入热水，然后用吸管喝，这是一种手工制造的饮料，所以味道也会各不相同，如果操作得当的话，味道会相当不错。另外在喀利河上游的塔库拉地区还出产苹果白兰地。

制造洛克西蒸馏酒的女性

水果

从亚热带低海拔地区运来的水果有香蕉、木瓜、杧果、荔枝等，冬季的水果以橘子为主。色泽鲜艳，汁液丰富，接受外国技术援助种植的苹果和草莓的味道也越来越好。除此之外，还能看到类似山桃或者山梨的水果。

在水果店可以喝到用新鲜的水果制作的果汁

COLUMN

一日两餐再加零食

在一般情况下，尼泊尔人早上起床要先喝一杯热茶，然后工作一会儿之后，在上午晚些时候才开始吃第一顿饭，然后晚上再吃一顿，因此尼泊尔人每天只吃两顿饭。下午有个喝茶的时间，此时会吃一些零食。

零食的种类很多，有煮熟的大豆、玉米、花生、小米、土豆，还有黄豆粉或者炒米，用热茶泡一下吃味道很不错。有些季节还可以烤新鲜的玉米，煮毛豆等。像甜甜圈一样的炸面包圈以及用各种谷物磨成的粉制作的罗提、面包、饼干等也是很好的零食。除此以外，这十年来比较流行的零食是方便面，在山间小屋或者帕提住宿的徒步旅行者，最好也适应每天两餐加下午茶的饮食习惯，早上只喝一杯茶就马上出发。

无论喜马拉雅山脉被云层遮挡的季节，还是低海拔地区大汗淋漓的季节，上午都是一天里天气最晴朗也是最凉爽的时候，这个时间可不能在住宿的地方磨磨蹭蹭不出发。步行2小时后，再开始一天里的第一餐，此时山村里味道质朴的扁豆汤套餐，对于空腹的徒步旅行者来说，真是无比美味。

我觉得徒步旅行中最好的零食是炒米。稻米用水煮过之后晾干，把干燥的稻米再放入大锅里炒，然后去掉稻壳。加德满都谷地的土著尼瓦尔人，在宴席上一定不能缺少这种炒米，泡在甜茶中或者藏族的酥油茶里非常好吃。在街边的茶屋都可以吃到炒米，干燥后的炒米很轻而且容易携带。

吃过一盘炒米之后再出发，浑身都充满了力量，一鼓作气奔向晚上住宿的地方。

炒米套餐

国内交通（巴士）

满载乘客在路上行驶的巴士

尼泊尔人的代步工具就是巴士

尼泊尔的南部是德赖平原，北部是世界上最高的喜马拉雅山脉，这个国家基本没有铁路（只有德赖平原上有一段不长的窄轨铁路），移动时主要靠飞机、步行，或者乘坐巴士。穿梭于山间的巴士之旅算不上舒适和轻松，但是途中可以观赏喜马拉雅山脉的风光，那种景色之美真的是难以言表。

从加德满都出发的长途巴士可以前往博卡拉、德赖平原等方向。此外在巴士道路沿线的主要城镇还有地方巴士运行，这些城镇的周边如果有机动车道的话，还可以选择合乘车（吉普、卡车等）来代替步行。

巴士的种类

巴士的种类如下，即使在相同线路上行驶的巴士，需要的时间和票价也不相同。

地方巴士

■ 地方巴士 Local Bus

短距离运营的巴士，可以随时上下车，乘坐这种巴士非常浪费时间，而且很多车都很破旧，要么没有车窗，要么地板上有破洞。

特快巴士

■ 特快巴士 Express Bus

长途运行的快速巴士，白天行驶的巴士叫 Day Bus。傍晚出发，第二天一早到达的巴士叫 Night Bus。虽然不是很舒服，但是座椅靠背都是可以调节放倒的那种。

旅行小贴士

陆路之间移动时的注意事项

尼泊尔经常实施强制性的总罢工，在此期间除了飞机以外，几乎所有的交通机构都要停止运营，道路封锁也是阻碍巴士运行的一个原因。因此在尼泊尔旅行一定要安排出足够的富余时间，而且要特别留心当地的最新消息。

旅行小贴士

来往于加德满都、博卡拉、奇旺之间的巴士

几乎所有的旅行者在这条线路上旅游都会利用旅游巴士或者豪华巴士，这些车辆都在加德满都的泰米尔区发车，因此非常便利。车票除了可以通过旅行社购买之外，还可以通过住宿的酒店或者旅馆购票。

绿线办公室

Map p.36-B2

住 Tridevimarg Kathmandu

☎（01）4257544

URL www.greenline.com.np

在加德满都—博卡拉、加德满都—奇旺、奇旺—博卡拉之间运行

黄金之旅

Map p.38-B1

住 Durbar Marg

☎（01）4220036

在加德满都—博卡拉、加德满都—派勒瓦之间运行

■ 迷你巴士 Micro Bus

迷你巴士的数量最近在逐渐增加，乘坐这种车比特快巴士价格要贵一些，不过比较舒适，基本在中途不允许上下车，因此路程所需时间也比较短。

迷你巴士

■ 旅游巴士 Tourist Bus

旅行社运营的面向游客的巴士。主要来往于加德满都—博卡拉，加德满都—奇旺，博卡拉—奇旺等旅行者较多的地方。这种巴士直达目的地，中间不停车，而且也不会超出定员，因此比较舒适。根据线路不同，分为大、小巴士，车票可以在旅行社购买。

旅游巴士

■ 豪华巴士 Deluxe Bus

是面向观光游客的高级巴士，由绿线（Green Line）和黄金之旅（Golden Travel）等几家公司运营，票价比旅游巴士贵几倍，乘坐的舒适度还算可以，途中还提供在度假酒店的一次午餐。车票在巴士公司的办事处或者旅行社购买。

绿线巴士

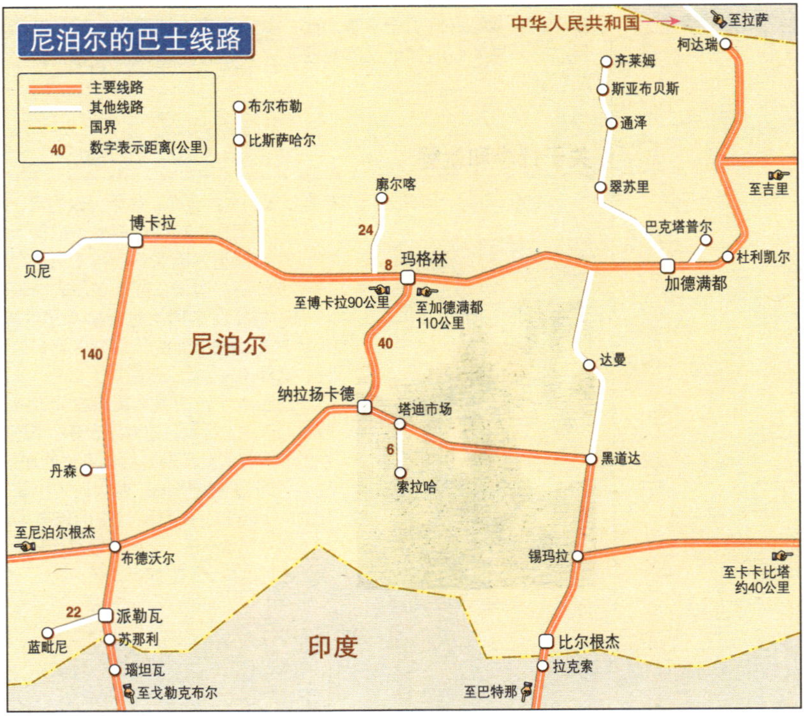

旅行小贴士

关于厕所

在游客较多的加德满都—博卡拉会有比较干净的厕所。除此之外的线路上，厕所其实就是商店后面围起来的一块地方。在乘车当天尽量少喝水，而且要调整好自己的肠胃。

包车

有些人会认为乘坐巴士不仅需要体力还会浪费很多时间，这样的人可以选择包车前往目的地。包车时可以自己跟出租车交涉，也可以通过旅行社或者住宿的酒店来安排包车。从加德满都到博卡拉之间的单程车费根据当时的情况而定，通过旅行社包车的价格一般Rs6500~7500。如果自己跟司机交涉大概为Rs5500~6000。

租赁摩托

加德满都和博卡拉等地可以租摩托车，只要委托酒店就可以租到，费用一天大概Rs400~500。但是发生交通事故的话，处理起来很麻烦。

巴士乘车处在哪里?

尼泊尔公共汽车站叫Bus Park（尼泊尔的发音是“巴斯帕尔克”），在加德满都和博卡拉设有几个公共汽车站，其余的城镇规模都不大，因此车站很容易找到。

在公共汽车站上并没有标注“前往某某方向”的牌子，只能向附近的尼泊尔人询问“在哪里买票（提卡托·汉卡·帕温策）”，对方会告诉你“在那边（乌塔）”。

另外要注意的是，旅游巴士或者豪华巴士都在公共汽车站之外的地方发车。（请参照各城市的乘车事项。）

购买车票的方法

要想乘坐巴士，首先要到公共汽车站或者旅行社去预约车票。来往加德满都—博卡拉的观光游客很多，前往印度方向的人也很多，乘坐这些巴士时应该尽早进行预约。不过预约之后也不能完全放松，如果在巴士即将发车的时候才到达车站，那么自己的座位可能会被其他人强行占领。为了避免这样的麻烦，最好在发车前30分钟到达车站。

其他的长途巴士也可以在售票处购票，但是如果提前几天就进行预约的话，会被告知在出发前一天还要过来确认一次，预约时得到的车票看起来好像草纸一样，上面只标明了座位号。

当天的车票在开车前的40~50分钟开始售票。这个时候的售票处前，购票的人们手里拿着卢比，争先恐后地拥挤在一起。游客看到这些如果灰心的话就买不到票了，一定要打起精神挤进去，才可以买到票。

关于行李和就餐

乘坐巴士时，大件的行李箱等要放到车顶上面，如果可以的话，一定要自己亲自上车顶，用绳子把行李牢牢地捆在车上，确保不会掉下来。在车内特别拥挤的时候，或者在白天车内较热的时候，在车顶上也会挤满了乘客，此时放在顶棚上面的行李最好用钥匙锁好，这样比较安全。

不要把贵重物品放在车顶上的行李中

巴士大多数情况是在斜坡或者弯道较多的道路上行驶，地方巴士等中途还会经常停车，因此即便是距离不远的地方，也会花费很长的时间，就餐时（午餐是10:00~11:00）会在途经村庄的停车场停车，然后开始吃饭，一般以扁豆汤套餐为主，也可以买到小吃或者饮料。

国内交通（飞机）

空中之旅可以有效地利用时间

尼泊尔的国内航空公司

在尼泊尔旅行时，利用巴士几乎可以游遍主要的观光景点，而且可以节省很多费用，但是对于日程安排比较紧的游客来说，乘坐飞机则可以节省时间。另外，住在偏远地区的居民，由于周边没有开通机动车道，飞机也成了他们的代步工具。

截至 2013 年 6 月，运营尼泊尔国内线路的航空公司有尼泊尔航空 RA、尼泊尔佛陀航空 BHA、尼泊尔雪人航空 YT、塔拉航空 TA、希塔航空 ST 五家。

有利用价值的航线

■ 加德满都—博卡拉

这条线路是游客往来最多的线路，各家航空公司合计每天有 20 趟左右的航班。这条线路乘坐巴士单程只需要 7~8 小时，因此乘坐飞机也仅仅是 30~40 分钟。在飞行途中可以从空中欣赏喜马拉雅山脉的风光，就算单程也可以充分享受旅途的快乐。

■ 加德满都—卢克拉、佐莫索姆

乘坐飞机可以大幅度缩减徒步旅行所需要的天数。前往珠穆朗玛峰方向线路的旅行者，可以乘坐加德满都到卢克拉的航班，前往安纳普尔纳峰的佐莫索姆时，可以利用博卡拉到佐莫索姆的航班。不过这些线路会因天气问题，出现几天停飞的情况，为此在安排日程的时候一定要事先留出富余时间。

有用的信息

国内航线单程票价（US$）

■从加德满都出发

山岳观光飞行	182
博卡拉	102
卢克拉	159
派勒瓦	121
比拉德纳格尔	131
贾纳克布尔	101
巴赖普尔	92
巴德拉普尔	164
尼泊尔根杰	166
锡玛拉	84
图姆林塔	117
拉梅恰布	89
拉米丹达机场	115
卢木章塔尔	98
帕普尔	131

■博卡拉出发

前往佐莫索姆	95
马南	124

■从尼泊尔根杰出发

久姆拉	129
锡米科特	166
道尔波	162

※ 费用中包含燃油费

旅行小贴士

网上预约

在航空公司的网站上不仅可以了解最新的飞行时刻，还可以在网上预约机票。

最好乘坐始发航班

尼泊尔国内航线经常因为天气原因而延迟起飞或者停飞。飞机晚点之后，接下来的航班就会被推迟到傍晚才起飞，之后更会因为不能够目视飞行而被取消。另外，在卢克拉或者佐莫索姆等山岳地区，一到下午就会刮大风，此时的航班也大多会被取消。因此最好是预约始发航班的机票，始发航班销售一空的时候，也要购买尽早出发的航班机票。

读者投稿

山岳观光飞行标价是US$182，不过到底能优惠多少要看跟旅行社的交涉情况，需要注意的是有的价格包含从住宿地到机场的往返费用，有的不包含。如果从机场到住宿地不需要用车的话，可以让对方便宜一些（他们也不需要接机等候）如果飞机到达后再申请半日行程的话，也可以给予一定的优惠。

加德满都—婆罗多布尔

从加德满都前往奇旺国家公园参观游览时，为了缩短交通时间，可以乘坐从加德满都飞往婆罗多布尔（纳拉扬卡德）方向的航班。

其他线路

国内航线覆盖了以各个地区的政府机构所在地为代表的所有主要城市，特别是印度边境附近的派勒瓦、尼泊尔根杰、比拉德纳格尔、巴德拉普尔、比尔根杰（锡玛拉 Simara）等城市，还可以与穿越边境前往印度的陆路结合起来。

关于机票的预约和购票

除非是乘坐飞机的旅客特别多的旺季或者线路，一般提前 2~3 天预约都没有问题。当然如果行程已经安排好的话，还是应该尽早购票以确保机位。

机票可以通过航空公司的办事处或者旅行社购买，一些酒店和旅馆提供购票服务，基本上在哪里购票价格都一样，用美元或者其他外币以及信用卡付款（但是有些地方机场购买机票只能使用尼泊尔卢比现金，这一点需要注意。）

办理登机手续和机票的再确认

乘机当天最晚要在飞机起飞前 1 个小时到达机场。首先找到写有所乘飞机航班名称的柜台，然后办理乘机手续和行李托运。同时还需要支付机场建设税 Rs200（2013 年 6 月），在加德满都机场，乘客要到机场大厅的银行支付这笔费用，然后在办理登机手续的时候出示交费收据。

领到登机牌之后前往安检的地方，在这里需要进行手提行李物品和身体的安全检查，携带的刀具、打火机和火柴等危险物品会被没收，因此这些东西最好事先放到托运行李中。候机室内一般都看不到出发航班的指示牌，快到登机时间的时候会有工作人员进行引导。不过工作人员使用的是尼泊尔语和英语，如果感觉不放心的话，可以出示自己的登机

国内线办理登机手续的柜台

加德满都机场候机室

牌来确认。

开始登机之后，会乘坐巴士或者步行前往飞机停靠的地方。座位一般是自由席，尽早赶到飞机内可以找到好的座位。从加德满都飞往博卡拉的时候最好坐在右侧，飞往卢卡拉的时候最好坐在左侧。天气好的时候，可以在飞机内看到喜马拉雅山。

如果返回时也乘坐飞机的话，还要进行机票的再次确认。一定要在指定的日期之前进行确认，也可以拜托酒店或者旅馆的人帮忙确认。

乘坐飞机时的注意事项

国内航线的飞机时刻表有雨季和旱季之分。雨季的时刻表和旱季有很大的不同，特别是前往山岳地区（卢克拉、佐莫索姆等）的航班经常被取消，也就是说雨季飞机是否起飞完全要看天气情况。

另外，飞机晚点一两个小时也是家常便饭，当然这跟尼泊尔人悠然自得的性格有很大的关系，尤其是12月～次年1月加德满都经常被浓雾笼罩，有时起飞时间会被大幅度调整。加德满都谷地的云雾变化无常，即便在泰米尔区附近完全看不到云雾，但是特里布万机场周边却被浓雾笼罩的情况很多见。

万一碰到航班被取消，一般推迟到第二天才可以起飞，此时不要忘记到航空公司的柜台，把机票的日期更改一下，如果不想乘坐推迟的航班而改乘其他航班时，需要在机票上盖上相当于取消的章，然后在购买机票的旅行社退钱。

计划乘坐飞机的旅游者一定要有充分的思想准备，很有可能因为航班取消而耽误几天的时间。为此就需要有灵活的头脑，随时做好改乘巴士的准备。无论雨季还是旱季，谁都不能保证飞机会按照预定时间起飞。

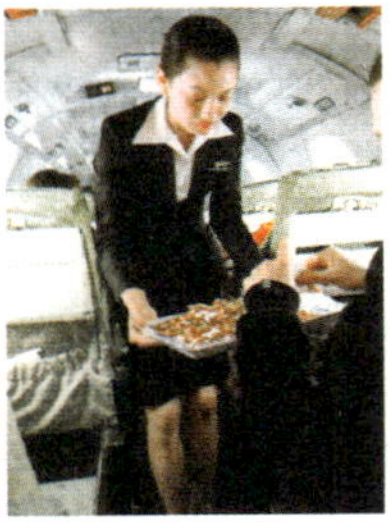

机内只提供糖果和饮料

有用的信息

主要的航空公司

尼泊尔航空（RA）
Nepal Airlines
Map p.42-D2
☎ 4220757
URL www.nepalairlines.com.np

尼泊尔佛陀航空（BHA）
Buddha Air
☎（01）5521015
URL www.buddhaair.com

尼泊尔雪人航空（YT）
Yeti Airlines
☎（01）4465888
URL www.yetiairlines.com

塔拉航空（TA）
Tara Air
☎（01）4465888
URL www.taraair.com

希塔航空（ST）
Sita Air
☎（01）4110503
URL www.sitaair.com.np

旅行小贴士

做好飞机推迟起飞的准备

在手提行李中可以准备书或者杂志来消磨时光。机场里没有餐厅，商店的东西要比市内贵几倍，因此还可以带上一些饼干等以备不时之需。另外由于冬季没有暖气，还应该做好御寒对策。

穿越国境的方法

旅行小贴士

在比尔根杰穿越国境的方法

比尔根杰的巴士总站距离国境大约2公里，可以步行前往，也可以乘坐人力车，首先是进行海关审查，在海关对面有银行。步行大约200米就是国境大门。右侧的小屋是出境审查的地方，再往前100米左右会经过一座小桥，在它的前面面对三岔路口的地方是印度的海关，继续往前走就是印度的入境审查处。接受完审查之后过马路走50米左右，就可以看到拉克索的公交枢纽站。

在苏那利穿越国境的方法

苏那利只有一个小市场，规模非常小。在不到国境大门的地方可以看到海关，它的里侧有银行的办事处。出入境管理处在国境大门旁边的建筑内。盖好章之后穿过大门就是印度。右侧可以看到印度的海关，稍往前左侧是出入境管理处，在这里接受入境审查。

可以出入境的地方

尼泊尔国土的形状几乎是个长方形，南面以及东、西面与印度接壤，北边则与我国西藏自治区接壤。

出入境尼泊尔的外国游客（不包括印度国民）中，有90%以上都会利用尼泊尔唯一的国际机场，即加德满都的特里布万机场。此外还有以下七个地方也对游客开放。与印度之间可以出入境的地点是：东部边境的卡卡比塔，南部边境从东开始有比尔根杰、苏那利、尼泊尔根杰、滕格里，西部边境的马亨德拉讷格尔。而北部与我国西藏之间只有柯达瑞一处可以出入境。往返印度时游客经常穿越的边境城市是比尔根杰、苏那利和卡卡比塔三处，这些地方的交通和住宿都比较便宜。利用其他地点出入境的人大多数是有特殊的事情或者深度游旅行者。

陆路前往印度的3条线路

线路1：从比尔根杰前往巴特那

很早以前这就是一条旅行者熟知的来往于印度和尼泊尔之间的线路。

比尔根杰是位于加德满都南部的德赖平原上的主要城市，从加德满都或博卡拉经由玛格林、纳拉扬卡德、黑道达到这里需要大约9小时。白天的巴士早上7:00左右出发傍晚到达，夜间巴士19:00出发第二天早上到达。傍晚到比尔根杰的人，通常要在边境住上一宿，在比尔根杰、拉克索都有几家便宜的旅馆。

从印度边境的拉克索前往巴特那时，乘坐直达巴士要比火车快，而且也比较方便。途中会经过穆扎法尔布尔，大约6小时就可以到达巴特那。在巴特那可以换乘火车或者巴士前往加雅或加尔各答。

经由巴特那前往菩提伽耶

线路2：从苏那利前往瓦纳拉西

苏那利是位于博卡拉南面的边境城市，距离佛教圣地蓝毗尼很近。从尼泊尔前往印度瓦纳拉西的旅游者经常会利用这条线路。

早上7:00左右巴士从加德满都或博卡拉出发，经由玛格林、纳拉扬卡德之后，大约9小时就可以到达派勒瓦。从这里乘坐合乘的吉普车到苏那利只需10分钟。通常是在派勒瓦或者苏那利的酒店住一宿，第二天一早穿越国境，然后乘坐吉普或者巴士前往戈勒克布尔，路上需要2~3小时，从戈勒克布尔到瓦纳拉西可以乘坐巴

印度教的圣地瓦纳拉西

士，不过如果乘坐从戈勒克布尔出发的火车（1 天 5 趟，需要 5~7 小时）的话，更轻松一些。如果想节约时间的话，也可以 19:00 乘坐从加德满都或者博卡拉出发的夜间巴士，第二天一早到达派勒瓦。

线路 3：从卡卡比塔前往大吉岭

从加德满都前往尼泊尔东部的边境城市卡卡比塔可以乘坐直达巴士。这趟巴士沿着德赖平原东西走向的马亨德拉高速公路行驶，是与印度西孟加拉邦的大吉岭相连的最快也是最经济的线路。但是这条线路的道路状况很差，长时间的颠簸会让人感觉很疲劳。途中会经过玛格林、纳拉扬卡德、黑道达，需要时间大约 15 小时。15:00~17:00 从加德满都出发，第二天一早就可以到卡卡比塔。

下车后可以看到国境前面等待拉客的出租车或者电动人力车，乘坐这些车到印度一侧的西里古里需要大约 1 小时。从西里古里可以乘坐合乘的吉普车或者巴士，到大吉岭需要 2~3 小时。

大吉岭的玩具火车

旅行小贴士

戈勒克布尔的信息

车站前有 20 家左右的便宜的旅馆，如果前往克什那加尔，可以乘坐从车站出发的前往凯西亚村 Kasia 的巴士（每隔 30 分钟 ~1 小时发车），在中途下车（路上需要乘坐大约 2 小时）。

在卡卡比塔穿越国境的方法

下车后朝着边境的方向前行，不久在左侧就可以看到出入境管理处，可以在这里办理出境审查手续，其对面是一家小银行。在印度一侧没有银行，因此一定要在这里兑换一些印度卢比。印度一侧的边境城市叫拉尼根杰。途中需要经过一座长度为 500 米的桥。乘坐合乘的出租车或者电动人力车到西里古里的话，在印度一侧的海关以及出入境管理处也可以停车办理手续。

注意时差

印度和尼泊尔之间有时差，尼泊尔比印度早 15 分钟，从印度入境尼泊尔的人一定要特别注意，为了避免赶不上巴士，最好是表调快 15 分钟。

通过陆路跨越印度国境时的注意事项

关于签证

在持有尼泊尔签证的情况下，想要办理印度签证可以事先在印度驻中国大使馆办也可以到尼泊尔办。如果在尼泊尔办印度签证要 15 天，而且比较难办，所以推荐把尼泊尔和印度的签证都在国内办好再去玩。

货币兑换

边境上都有银行的小型办公室，事实上在国境附近的市场里两国的卢比都是通用的，在酒店和商店可以兑换。兑换汇率一般固定，1 印度卢比 =1.6 尼泊尔卢比。

印度卢比在加德满都的酒店、商店等处也大多能使用，但是尼泊尔卢比在印度是不能使用的，最好在国境处兑换好。

另外需要注意的一点是，有相关法律规定（印度国内）禁止将印度卢比带出境。万一从印度出境时被问到，回答时要注意。要是回答带了很多，恐怕会被没收。

在尼泊尔取得印度签证

印度签证需要到加德满都的印度签证申请中心（Indian Visa Service Centre）去申请。从坎提路往北走，在大使酒店（Hotel Ambasador）处进入向左拐的一条道路，看到左手边的英国大使馆后再往前走 5 分钟左右，右边有一家印度银行就是签证申请中心。从那里往里走，就可以看到印度大使馆的大门，不过签证并不在这里申请。从泰米尔地区过来大约需要步行 15 分钟。

签证的种类和取得签证的方法

以下信息是截至 2014 年上半年的内容，取得签证的方法和费用经常会有变更，一定要确认是最新的信息才行。

过境签证 Transit Visa

仅限于从尼泊尔经由印度前往第三国家时需要。申请时需要印度的离境机票。签证在发行后 15 日内有效，不能延期。申请方法与以下的旅游签证相同。如果经由德里在 72 小时内回国的话，在机场可以获得过境签证，申请签证的费用是 Rs550。

旅游签证

外国人在加德满都的印度签证申请中心取得的签证，基本上是有效期为三个月的单次签证 Single Visa（在印度只能入境一次）。如果据理力争，获得 6 个月有效期的多次签证也不是完全没有可能，不过应该当作例外来考虑，有效期是从发行当日来计算的（也就是说如果拿到签证的一个月以后入境的话，在印度只能停留两个月）。

申请签证时，无论是旅游签证还是过境签证，都必须事先在网上申请。如果不事先申请突然跑到签证申请中心申请的话，对方不会受理。关于在线申请，跟在国内的在线申请程序相同，关于填写事项，印度大使馆可能没有那么好的耐心一一解答，可以在网上搜索旅行社的填写实例作为参照。在网上填好申请表之后要通过网络提交。第二天以后就可以带着照片去签证申请中心去申请签证了（当天不可）。签证申请费是 Rs1450。

有用的信息

从加德满都飞往印度的航班

■**飞往德里**

AL、SG、9W、E6 每天有 1~2 架航班，KB 一周四架航班，票价 US$100~。

■**飞往加尔各答**

AI 每天一架航班。票价 US$140~

■**飞往瓦拉纳西**

AI 一周四架航班。票价 US$171~

■**飞往孟买**

9W 每天一架航班。票价 US$231~

AI:Air India
SG:Spice Jet
9W:Jet Airways
E6:Indigo
KB:Drukair

※ 机票价会有上下浮动

■**印度签证申请中心**

Map p.34-A2
URL www.nepalsbi.com.np/indian_passport
☎（01）4001516
E-mail visa.india@nsbl.com.np

■**申请签证需要准备的资料**

①护照（有效期剩余 6 个月以上）
②签证申请表
③一张照片（宽 5cm× 长 5cm）

■**签证的申请与领取**

申请签证的时间是周一～周五 9:30~12:00，领取签证时间是 16:30~17:15。需要注意的是周六日和印度及尼泊尔的节假日都休息。旺季的时候申请者很多，从早上 8:00 开始门外就排起了长队。9:00 开门，进门以后在一台尼泊尔的触摸式机器前操作，取号等候（取号到 11:30 左右）。

从尼泊尔前往不丹

不丹的旅游签证只签发给参团旅行的游客，因此从尼泊尔前往不丹就必须在加德满都的旅行社参加团队旅游，不过只要交纳官方规定的费用之后，在自己喜欢的地方住多久都没问题。包括住宿、餐费、交通费和导游费等所有费用在内，每人每天的费用在旺季（3~5 月和 9~11 月）大约 US$290，非旺季（6~8 月和 12 月～次年 2 月）大约 US$240。（都是指每人每晚的价格，两名以上的团队也许可以打折）。从加德满都飞往不丹的帕罗机场，不丹皇家航空每周都有两架航班。情况随时变化，请在当地确认。

从 10:00 开始受理签证申请。在窗口出示自己的号码之后，交出所需的资料，在相邻的窗口支付签证申请费，得到一张写有领取签证日期的纸条。过境签证是第二天，旅游签证通常在 7 个工作日以后领取（含周末的话 9 天后领取）。

旅途中的健康管理

努力保持身体健康

由于尼泊尔的卫生状况不太好，还有一些目前我们已经不常见的疾病和地方性疾病，要想远离这些疾病，首先要保持体力，防止感染。

很多人都是在生病之后才开始着急，那么为了不生病，一定要记住以下的注意事项。最好在旅行前阅读了解有关注意事项，在异国他乡，自己的健康只能由自己来保障。不要过分相信自己的体力，平时要经常确认自己的身体状况。

在尼泊尔生病的各种症状和对策

感冒 Cold

尼泊尔冬季（12 月～次年 2 月）由于没有普及暖气设施，非常寒冷，再加上冬季天气干燥很容易感冒，除了准备防寒服和感冒药之外，最好再带上口罩和漱口液。另外，夏季开空调和电扇也很容易感冒，一定要特别小心。

腹泻 Diarrhea

在尼泊尔最容易出现的情况就是腹泻，引起腹泻的原因很多，而且症状也不相同。

①由于饮食不当引起腹泻。因为水土不服、饮食过度引起的普通腹泻，有时还会引起呕吐，大多情况下症状是腹痛和腹泻，一般不会引起发烧，只要吃一些肠胃药、消化药和止泻药，然后吃些容易消化的食物，休息 1~2 天，就可以痊愈。

②细菌性 / 感染性腹泻。细菌性腹泻是由于痢疾杆菌、伤寒菌、副伤寒菌、沙门氏菌、病原性大肠菌、肠炎弧菌、葡萄球菌等进入体内而引起的腹泻。感染性腹泻则是由于感染患者的污物经过某种途径通过口腔进入体内引起的腹泻。记住一定切忌喝生水、吃生食，就餐前一定要洗手，要吃煮熟的食物，这样就可以预防。

症状是：高烧 38℃以上，每天腹泻 10 次以上，大便中有黏液或者血迹，总是拉不痛快等，潜伏期是 1~5 天，入院隔离期是两周半以上。

旅行小贴士

不需要提供黄卡

现在进入尼泊尔不需要进行种痘、霍乱、黄热病等一切的预防接种。因此机场检疫也不需要出示预防接种证明。

关于预防接种

前往尼泊尔的旅行者需要注意的是甲型肝炎、霍乱和狂犬病等。目前这里没有预防接种的义务，要想提前进行预防接种，可以到各地的检疫所进行咨询。

容易生病的季节

雨季前天气闷热很容易生病（4~6 月），此时食物容易腐烂，因此容易引起痢疾和食物中毒等感染症状，在饮食上一定要特别注意。

有用的信息

有关腹泻的建议

如果症状不是很严重的话，可以先吃一些止泻药或者调整肠胃的药，如果情况没有好转就要去医院看病。

①多补充水分。多喝热水、茶、离子饮料、矿泉水、汤类等。

②避免吃肉类或者油腻的食品，尽量吃一些容易消化的食物，吃面包的时候可以把面包放在汤内泡一下再吃。

③充分休息，避免体力下降。

关于饮水的建议

避免喝生水，一定要喝矿泉水或者饮料水（尼泊尔语叫作“卡内帕尼”）。在地方食堂，可以要煮开的水（“乌玛勒口帕尼”）或者汤（“塔托帕尼”）。

关于运动饮料

疲倦或者肚子不舒服的时候补充水分非常重要。跟水相比，与体液接近的离子饮料更容易补充水分，而且可以长时间滋润体内，如果是能够溶于矿泉水的粉末型运动饮料，既不占地方，又携带方便。

加德满都医院·诊疗所→p.44

在医院里用得着的英语单词

发热	Fever
疼痛	Pain
腹痛	Stomachace
腹泻	Diarrhea
食物中毒	Food-poisoning
痢疾	Dysentery
伤寒	Typhoid
破伤风	Tetanus
注射	Injection
预防接种	Vaccination

关于药品

在尼泊尔医院看病，医生会在处方上开药，然后到附近的药店去买药，到了地方也基本能找到药店，可以买到消毒液、外伤药、纱布、内服药、软膏等药品，大多数药品都是印度产的，药力比较强，可能会有副作用或者产生过敏反应，所以最好从国内随身携带一些常用药品。

霍乱 Cholera

由于接触霍乱患者或食用了被带菌者的粪便以及呕吐物污染的食物而受到感染。症状是突然出现强烈的腹泻和呕吐，并不断重复这种症状直至出现脱水和虚脱症状。

腹泻的大便看起来像淘米水一样，随着大便次数的增加而变得越来越稀，颜色发白。但是症状中看不到黏血便。重症症状是由于严重脱水而变得手脚冰凉、嘴唇发紫。一般成人不会发烧，其中有些人的症状只是轻微的腹泻，也有的带菌者完全没有腹泻的症状，潜伏期 5 天以内，很多人 1~2 天内就会发病。

疟疾 Malaria

在尼泊尔的德赖平原一部分地区由于蚊虫的传播而出现疟疾。潜伏期是两周前后，然后大约 1 天会出现头痛、疲倦、呕吐的症状。最后典型的疟疾热发作（怕冷、颤抖、高热、大汗淋漓、解热）等症状开始周期性地出现。在蚊虫较多的雨季前往德赖平原时，一定要穿着长衫和长裤，准备驱蚊剂、蚊香等，尽量避免蚊虫的叮咬。

狂犬病 Hydrophobia

被狗咬后受到感染，神经系统被细菌侵蚀，最终导致全身麻痹而死亡。由于得了该病的人在喝水或仅仅看到水就会感到恐慌，因此又称为“恐水症”。首先要做到尽量不要近距离接触狗，万一被狗咬尽快到医院接受治疗。

细菌性肝炎（甲肝）Hepatitis A

正在潜伏期和发病初期的患者，由于粪便污染食物或者水，进而感染他人，潜伏期 15~45 天，最初是发热，同时伴有食欲不振、身体有疲劳感、肌肉和关节疼痛等症状。由于其症状与感冒很相似，因此很多人不太注意。几天后就会出现黄疸症状，尿液看起来就好像红茶一般呈棕褐色。从发病到入院之间的时间越长就越容易转成重症，疗养时间也就越长，因此应该尽早接受治疗，并遵从医生的指导。

尼泊尔的医疗状况

在加德满都有几家医疗设备很完善的大医院和专门面对外国人的诊疗所。不过地方只有一些健康站或者药店。一旦生病最好尽快返回加德满都进行检查和治疗。医生一般都学过英语，可以用英语进行简单的交流，在向医生说明症状的时候也要尽量用英语。

地方病在尼泊尔是家常便饭的事情，当地医生的诊断力还是可信的，不过其他的疾病，由于药品和设备不足，不可能期待如国内般的治疗。为了应对旅途中万一生病或者受伤的情况，最好购买海外旅游意外伤害保险，这样比较放心。

旅途中的安全对策

尼泊尔的治安相对还算不错，只是近年来由于大量人口流动，进入以加德满都为中心的城市地区，失业人数增加，物价上涨等因素，使得贫富差距越来越大，犯罪率不断上升，治安也出现了越来越恶化的倾向。下面介绍一些在尼泊尔容易发生的纠纷，其实只要自己特别小心，几乎都可以避免。不要忘了在国外旅行的常识是：自己的安全只能自己来保障。

偷盗事件

在人员混杂的市场和巴士车厢内的偷盗事件时有发生，贵重物品一定要贴身存放，此外还要注意不要佩戴贵重或者看上去似乎很贵重的饰品。在市场等地购物时，钱包内只放一些必要的现金就好，美元等现金最好分开保存，千万不要在外人面前暴露。另外，酒店内的偷盗事件也经常发生，所以贵重物品不要放在客房内，行李一定要记得上锁。

毒品

在尼泊尔可以看到公然出售的印度大麻、吗啡、LSD、海洛因等，但其实尼泊尔的法律禁止贩卖这些毒品，因此绝对不要怀着好奇心购买这些东西，有些外国人就是因为携带毒品而被关押在尼泊尔的监狱里。

强制性罢工和游行

在尼泊尔经常实施强制性的罢工，在此期间除了飞机以外，所有其他交通工具都要停止运营，因此乘坐长途巴士的游客很可能会受到影响。遇到这种情况，可以选择改乘飞机，或者是在安排日程时多留出几天的富余时间。另外，在举行抗议游行的地方，游行队伍会投掷石块，警察也有可能放催泪弹，非常危险，所以千万不要靠近。

遇到麻烦后的处理方法

护照丢失时

首先前往驻加德满都的中国大使馆办理护照挂失手续，然后申请新的护照，或者只是为了回国而发行的临时归国证明。这种时候需要的材料有：①当地警察局开具的护照丢失证明或被盗证明；② 2 张照片（长 45mm× 宽 35mm）；③户口本或者复印件；④旅行日程表等可以确认的资料（机票以及旅行社制定的日程表等）；⑤手续费。

为了使补办手续顺利，最好把护照、机票、日程表复印一份，并与原件分开放好。

旅行支票（T/C）丢失时

携带①护照；②丢失或被盗证明（到警察局开具）；③ T/C 发行证明（购买 T/C 时银行给的明细），到 T/C 发行公司的办事处办理再发行手续。当然再发行的 T/C 也一定不要提前把名字签到旅行支票上，而且途中一定要做好使用记录。

旅行小贴士

其他的注意事项

当地人会认为外国人"有钱而没有警戒心"，因此一定要在头脑中保持一定的警惕性。

乘坐长途巴士时，大件行李多半会放在车顶上，这种时候，贵重物品一定要随身携带。

在巴士车厢内（特别是夜间运行的巴士），不要随意食用他人给的饮料或者食品，里面可能放入了安眠药，等游客睡熟之后，小偷就会把行李和贵重物品偷走。

旅行小贴士

不要忘记备份

为了以防万一，可以准备一份护照、T/C 发行证明、机票等的复印件。另外还要准备好照片，以备护照丢失时使用。

旅游警察局

与普通的警察不同，属于不同的组织，是专门用以保护外国旅游者的警察组织，如果遇到纠纷，可以到这里来寻求帮助。

URL www.nepalpolice.gov.np/tourist-police.html

加德满都旅游警察局

Map p.36-D2
☎（01）4247041

博卡拉旅游警察局

Map p.126-C2
☎（061）462761

信用卡丢失时

为了防止恶意使用的情况发生，应该尽早与信用卡发行公司联系。出发前把紧急联络的方式写好，并且与信用卡分开保存。通常信用卡需要在归国之后再重新办理。

加德满都的旅游警察

现金丢失时

现金丢失一定不可能再找回来，只有放弃。有信用卡可以提取现金，当然如果信用卡也一起丢失，在没有任何办法的情况下，可以求助于驻尼泊尔的我国大使馆。

行李丢失时

与现金丢失一样绝对不可能再找回来了，出发前如果正好买了相应的保险，回国后多少可以得到一定的补偿。

机票丢失时

携带①护照；②丢失或被盗证明（到警察局开具），前往航空公司办事处说明情况。有时即便是打折机票也可以重新补发。预先把机票复印件准备好。如果是电子机票即使丢失也没有关系，机票信息都在护照里了。

COLUMN

脱下纱丽的女性们

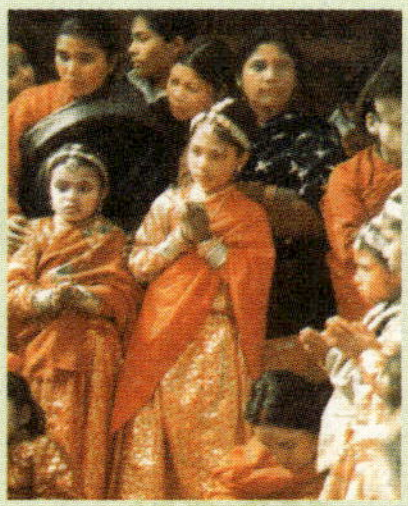
穿着紧身衣和纱丽举行接受仪式的尼瓦尔少女

以前，说到尼泊尔女性的服装，基本就是穿着紧身衣和上衣，裹着纱丽的固定装束。所谓“Cholo”就是尼泊尔女性独特的上衣，是立领，腋下和领口四个地方用绳子系着，是贴身穿的一种短上衣。胸口开得又圆又大，后面或者前面用纽扣系住，布料质地很薄，与衬衫不同。如果在山村，会用 2 米左右的棉布缝制的直筒布裙卢恩吉（lungi）替代 5~6 米长的纱丽，一般跟 Cholo 和衬衫组合在一起穿。

进入 20 世纪 90 年代，以都市里的年轻女性为主开始穿着时髦的“长衫紧身裤”盛装来替代纱丽，本来是西北印度旁遮普邦地区住的锡克教徒女性的民族服装，也被称为“旁遮普女服”。长袖、无领、两边缝合的长上衣（长衫），宽松的下摆，很好地显示出纤细的腰身，下面是一条量身定做的下摆很窄的裤子，与围在胸前从两肩搭到身后的披巾构成三件套。以前已婚女性穿纱丽，未婚女性穿这种旁遮普服。后者因穿起来不费力，也不容易穿坏，而且还可以跨坐在摩托车后座上，行动方便，所以这种旁遮普服就慢慢变成了一种跨越时代的固定装束了。

现在在加德满都等城市地区，已经很少见到穿纱丽的女性了，最多有些中年女性，或者从近郊的农村到城市来，在路边开店卖菜的老年妇女之中，偶尔可以看到穿纱丽的人。十几岁、二十多岁的年轻女性之中，现在很流行穿牛仔裤。这种裤子可以充分显示出苗条的身材，所以很受欢迎。

加德满都一些土著尼瓦尔人的少女，7~9 岁的时候，身穿大红色的纱丽，要跟名为贝尔的果实之间举行象征性的结婚仪式。另外，巴温、刹帝利等山区的印度教少女在 9~11 岁的时候，要举行接受纱丽和 Cholo 的仪式，经过这样的仪式，女性就可以穿纱丽了。只有结婚仪式或者一些特别值得纪念的日子里才穿纱丽，平时都不怎么穿。据说现在自己都不会穿纱丽的女性也在不断增加。男性的传统服装是“Daura · Suruwal（长袖立领长衫 · 下摆窄长裤）”和没有帽檐的小圆帽（托比），不过现在穿这种传统服装的人在城市里也明显地少多了。

穿长衫长裤戴托比帽的男性们

尼泊尔百科

Encyclopedia of Nepal

曼陀罗，唐卡

地形和自然

国土和地形

尼泊尔的国土面积若用距离来表示为：东西距离 885 公里，南北距离 145~241 公里。北部的喜马拉雅山脉和南部的摩诃婆罗多岭之间是复杂的山岳地形。另外，到南面的印度国境之间有一个宽度达 50 公里的地区称为德赖平原。

距今 1 亿多年前印度次大陆与亚洲大陆是分开的，两座大陆之间是一片宽阔的海洋。印度次大陆于 7000 万年前开始与亚洲大陆碰撞，并不断向上推，终于在 2500 万年前到 1000 万年前形成了喜马拉雅山脉。海底成为山顶，而我国西藏地区则成为如今的高原。

喜马拉雅山运动至今还在持续，尼泊尔的国土每年都会有几毫米的上升，并由此产生了地震和滑坡等自然灾害。

丰富的植被

复杂的地形也使尼泊尔拥有了热带到寒带的气候带，这里既有沙漠般的干旱地带，也有多雨的湿润地带，因此植物的种类非常多。

从德赖平原到海拔 1000 米的丘陵地带之间是娑罗双树的森林。这一带曾经是一片密林，里面还曾生息着一些猛兽，但是如今已经被开垦成为一片片的水稻田。

海拔 1000~1500 米附近开始出现橡树类的常绿植物，特别是海拔 2000 米以上可以看到橡树类、樱花树或者瑞香树、山椒树等很多低矮植物和藤蔓植物。从海拔 2500 米开始，橡树类植物逐渐减少，取而代之的是槭树、杜鹃花以及一些针叶树。

森林的界限在海拔 3800 米，超过这一高度的地区就变成了草原，夏季盛开的火绒花非常漂亮。高山植物的花期是 6~7 月的雨季。

动物和鸟类

尼泊尔最常见的动物是豹子和猴子。豹子属于夜行动物因此很难看到，但是在森林中常可以看到猴子的身影。加德满都的斯瓦扬布纳特寺（猴庙）是罗猴的聚集地。

热带动物有犀牛、老虎、各种鹿、鳄鱼等。在河边草地等地方还会看到剧毒的眼镜王蛇，以及长 5 米的蝰蛇。野生象以及野牛等近年来已经很少看到。

中间山地有豪猪、亚洲熊、懒熊等动物，在海拔比较高的地区还可以看到小熊猫。海拔超过 3000 米的高原地区有雪豹、猞猁、麝以及人工饲养的牦牛等。

在尼泊尔包括候鸟在内的鸟类多达 800 种，蝴蝶类有 600 多种，其中大部分都可以在加德满都的自然博物馆看到。

喜马拉雅山上可爱的高山开花植物

生活在德赖平原上的印度独角犀牛

海拔（米）

众神灵居住的冰雪世界

与我国西藏相连接的边境地带是海拔6000~8000米的喜马拉雅山脉，这里能看到海拔8844.43米世界最高峰珠穆朗玛峰。高处的山脉和湖泊被认为是神灵居住的地方而受到人们的膜拜。因此污染环境的行为在这里是绝对禁止的。

喜马拉雅山的前景

超过森林界限的海拔4000米以上地区是冰川地形，这里是一片高原风光。冬季冰雪覆盖变成银白的世界，夏季的季风期高山植物竞相开放，很多游牧民都会到这里的放牧场（卡尔卡）来放牧牦牛。

高原居民生活的地方

喜马拉雅山脉南侧是海拔3000~4000米的连绵山脉，这里居住着以夏尔巴人为主的居民。这些高原居民以农耕、放牧、做买卖为生，在海拔3500米以上的地区种植大麦和荞麦等农作物，这个海拔以下的地区种植小麦和土豆。

梯田相连的山岳地带

喜马拉雅山脉地带和南部的德赖平原之间相连的是中部山岳地带，包括加德满都谷地和博卡拉在内的泊哈尔山岳地带，以及南侧的摩诃婆罗多的陡坡上都被开垦成一片片的梯田，尼泊尔的一大半耕地都集中在这一地区。

亚热带沃土形成的谷仓地带

尼泊尔南部的德赖平原与北印度的恒河平原相连，这里曾经是一片亚热带的森林，现在正逐渐被开垦，已经变成了一片肥沃的谷仓地带。森林的一部分作为国家公园和保护区而被保留下来，是野生动物的乐园。

历史和年表

从古代到马拉王朝时代

尼泊尔的历史大致可以分为古代的李查维王朝（4~9 世纪前后），中世纪的马拉王朝（13~18 世纪），以及近代的沙阿王朝（18 世纪～现代）三个阶段。

李查维王朝是最古老的王朝，曾经统治过加德满都谷地，昌盛时期是 7~8 世纪。在《唐书》中曾有记载，这一时期"宫殿有七层楼，屋顶装饰着珠宝，并且还有铜质的喷泉"。印度教、佛教与土生土长的宗教共存，加德满都郊外的布达尼尔干塔池塘边现存的毗湿奴卧像就是这一时代的作品。11~14 世纪，在西尼泊尔的格尔纳利河流域，印度系的卡斯玛拉王朝在印度和我国西藏之间的贸易往来中繁荣发展起来，一度势力从西藏以西扩展到印度的加瓦尔地区，但是很快就被分裂成了小的王国。

加德满都谷地马拉王朝的名字最早出现于 1200 年。这一时期正是伊斯兰教势力席卷印度，佛教逐步被排挤的时期。加德满都谷地接纳了从印度逃亡到这里的印度人以及文化，他们与我国西藏地区进行商贸交流，并进行以佛教为核心的文化交流。佛教和印度教在这里并存，相互影响，并促进了独特的"尼瓦尔"文化的发展。

1484 年马拉王朝被分裂成加德满都、勒利德布尔（帕坦）、巴克塔普尔三个王国。如今保留下来的旧王宫、寺院以及古老的民宅等几乎都是马拉时代后期的建筑。

沙阿王朝和拉纳家族的独裁统治时代

16~18 世纪的尼泊尔西部被数十种势力控制，成为群雄割据的状态。其中最强的势力是普利特维·纳拉杨·沙阿所控制的廓尔喀势力。

分裂后的加德满都谷地的三个王国，在政治和军事上都开始弱势化，终于在 1769 年被沙阿王朝消灭。

此后的沙阿王朝不断扩大其版图，西部延伸至现在印度北方邦以北的库马盎、加华尔地区，东部则一直延伸到锡金（原为锡金王国，现为印度共和国锡金邦）。18 世纪后期还曾入侵我国西藏，但是遭到当时清朝政府的反击，为此一直到 1912 年尼泊尔都要向清朝进贡。在其向南和向西的扩张中，因为触碰到英国的东印度公司的利益，所以在 1814~1816 年尼泊尔与英国军队之间产生了军事冲突（英尼战争）。

尼泊尔在这次战争中以失败告终，领土被迫割让，并不得不接受英国人的进驻。虽说如此，由于尼泊尔人的骁勇善战，使尼泊尔并没有沦为英国的殖民地，而是保持了一定的独立性。1846 年，忠格·巴哈杜尔·拉纳依靠英国支持对政敌进行了大屠杀，致使国王变成傀儡，而自己则牢牢地掌握了权力，为此后将近一个世纪的拉纳家族的独裁统治打下了基础。

从国王制度的复辟到民主化时代

1951 年反拉纳势力帮助特里布万国王恢复王权的统治，促使拉纳独裁统治走向终结。尼泊尔持续 130 年的闭关锁国政策被打破，开始实行政党统治。但是由于内阁交替频繁，政权一直没有安定。1955 年继承王位的马亨德拉国王于 1960 年发动政变，掌握了整个权力，并开始实行国王亲政的无党派评议会制度。

布达尼尔干塔的毗湿奴卧像

2009 年 2 月老王宫成为博物馆开始对外开放

1972 年比兰德拉国王继承王位，同时也继承和延续了无党派评议会制度。1979 年，尼泊尔爆发了全国规模的反政府运动。次年针对是否继续延续无党派评议会制度进行了全民投票。其结果是 54.8% 的民众支持继续这一体制，而支持政党体制的人则达到 45.2%。虽然无党派评议会制度艰难地存续下来，但是不得不加以改革，并导入了直接选举制。

1990 年比兰德拉国王下令废除无党派评议会制度，同意实行君主立宪的多党议会制，并颁布了新宪法。在宪法中表明了主权在民，并公开认可尼泊尔是一个多民族的国家。

尼泊尔历史年表

公历（年）	主要事件
4~9世纪前后	李查维王朝（加德满都谷地）
11~14世纪	卡斯·马拉王朝（西尼泊尔）
1200~	马拉王朝（加德满都谷地）
1484	马拉王朝分裂（加德满都谷地）
16世纪	小王国分立时代（尼泊尔中、西部）
1742年	廓尔喀王朝的普利特维·纳拉杨·沙阿国王即位
1769年	廓尔喀王朝占领加德满都谷地（马拉三王国灭亡）
1792年	入侵我国西藏时遭到大清帝国的反击，后开始向清朝进贡，直到1912年才停止
1806年	兼并库马盎，加华尔地区
1814年	英尼战争爆发（~1816年）
1846年	王宫大屠杀事件。拉纳家族的独裁统治开始（~1951年）
1951年	特里布万国王进行的王权复辟
1953年	埃德蒙·希拉里、丹增·诺尔盖（尼泊尔夏尔巴人向导）第一次登上珠穆朗玛峰
1955年	马亨德拉国王即位（~1972年）。加入联合国
1956年	加德满都—印度的第一条机油车道修建完成
1959年	国王政变。马亨德拉国王废除宪法开始亲政
1960年	实行无党派评议会制，国王的权力得到强化
1972年	比兰德拉国王即位（~2001年）
1973年	加德满都—博卡拉的道路修建完成
1979年	爆发全国规模的反政府运动
1980年	全民投票，无党派评议会制最终取得艰难的胜利
1986年	开始出现电视台
1989年	不断出现反政府游行
1990年	实现民主化，无党派评议会制废除，实行君主立宪的多党议会制
1996年	尼泊尔共产党开始武装斗争
2001年	王宫事件（比兰德拉国王一家被杀害），贾南德拉国王继承王位
2002年	贾南德拉国王解散议会，实行亲政
2005年	贾南德拉国王通过军事政变掌握所有的权力
2006年	贾南德拉国王宣布恢复议会制。尼泊尔共产党（毛主义）和政府均达成停战协议，包括尼泊尔共产党（毛主义）在内的8个政党组成临时议会，制定了临时宪法
2008年	实施制宪议会选举，尼泊尔共产党（毛主义）成为第一大党，王权被废除，尼泊尔成为联邦民主共和国

政治和经济

从王权制到共和制

经过1990年的民主化运动，尼泊尔从无党派评议会制变成了君主立宪制。1996年尼泊尔共产党(毛主义)的武装斗争爆发。

2001年6月比兰德拉国王一家包括王室成员在内被枪杀，之后认定是事后死亡的王太子所为(很多尼泊尔民众对于这一公开结论表示怀疑)。

此后，尼泊尔共产党(毛主义)的活动更加活跃化，在各地开始和罢课，与国王军队展开斗争。他们以尼泊尔中西部为据点，在国内的地下势力逐渐扩大。

比兰德拉国王之后继承王位的是其弟贾南德拉国王，他针对尼泊尔共产党(毛主义)采取了强硬的态度，于2002年解散议会，事实上在此时他已经开始直接统治国家。2005年2月又进一步发动了武装政变，解除了首相的权力，自己掌握了整个国家的政权。此后颁布了紧急状态令，限制基本人权，并对新闻报道实施审查。

追求民主主义，反对国王独裁的政党与国王之间的沟壑越来越深，此时政党和尼泊尔共产党(毛主义)开始摸索联合的方法，并于2005年11月达成了实施制宪议会选举等12项共识。之后便开始举行各种抗议活动，目的就是夺取国王的权力。他们在全国范围内开展抗议集会以及总罢工，政府虽然颁布了外出禁止令，逮捕了很多相关人士，并且不断采取各种强硬措施，但是反对国王的支持层面越来越扩大，参加抗议行动的人员也在不断地增加。

2006年4月国王发表声明，宣布恢复2002年以来已经被解散的议会，事实上这可以说是国王战败的宣言，从此开始朝着好的方向发展。

议会恢复之后废除了国王的政治和军事权力，并决定尼泊尔从印度教国家改变成为世俗国家，“尼泊尔共产党(毛主义)是恐怖组织”的定义被废除，并宣布对尼泊尔共产党(毛主义)无限期停战等。和平的进程在急速发展中。2006年11月议会的7个政党和尼泊尔共产党(毛主义)之间达成了历史性的共识，设置了包括尼泊尔共产党(毛主义)在内的8个政党组成的临时议会，并制定了临时宪法。

2008年4月开始实施制宪议会选举，同年5月28日第一次会议后宣布建立联邦民主共和国，废黜国王。

2009年5月3日，尼泊尔共产党在尼泊尔共产党(联合马列)等主要盟党抵制的情况下，在内阁会议上决定解除军队参谋长卡特瓦尔的职务，引发各方强烈反应。尼泊尔共产党(联合马列)等盟党退出政府。亚达夫总统留任被政府解职的军队参谋长。4日，尼泊尔共产党主席普拉昌达辞去总理一职。23日，尼泊尔共产党(联合马列)领导人马达夫·库马尔·尼帕尔当选总理。25日，尼帕尔宣誓就职。

值得期待的经济发展

20世纪50年代消灭疟疾运动以后，南部的德赖平原上，人们开始开拓森林，耕种稻田，使这里成为了谷仓地带。在与印度的边境附近的一些小镇上还开始兴起小规模的工业。

中部的山岳地带除了以加德满都和博卡拉为中心的商业地区以外，还不断发展农业山村，耕种稻田，饲养家畜，并开展玉米和小米等农作物的耕种。

高海拔的山岳地区曾经是翻越喜马拉雅山进行交易的很重要场所。如今，这里的徒步旅行等旅游业发展很快，而且还开始发展种植荞麦、大麦等高原农业。尼泊尔有80%的人居住在农村，农业产值占据了国民生产总值的4成。由于持续的经济低迷，促使以年轻的尼泊尔人为主的一大批人前往马来西亚、卡塔尔、沙特阿拉伯等国家去打工。

旅游业是尼泊尔服务产业中的代表，在进入21世纪后由于政局不稳一度衰退，2006年政府和毛主义停战之后顺利恢复发展。2005年乘坐飞机前往尼泊尔参观的外国人大约28万人，2012年达到了大约60万人，今后还可以期待更大幅度的增加。

COLUMN

针对尼泊尔的援助现状

到尼泊尔旅游时你会发现在这里的城镇或乡村居住的人们，脸上都洋溢着和蔼可亲的笑容，他们诉说着自己的贫困，以寻求人们的援助。无论是学校建设、奖学金、教员工资，还是对水管和水井的修建，医疗诊所的药物供给以及电力方面，这里都需要得到帮助。

援建的校舍

建设一座有 6 个教室的小学校需要6万~12万元人民币，当然具体花费要根据规模和修建质量来决定，不能一概而论。根据村民们需要帮助的程度不同，花费也会有些差别。每个学生每学期的奖学金都不同，到高中毕业为止在购买笔和书本等方面的费用是 360 元 ~720 元人民币。

尼泊尔曾经受到英国入侵，因此多少有点类似欧美国家，是一个用合同进行规范的社会。很多人也许会认为不会发生欺诈的事情，因此抱着满腔的热情到这里来建设学校，放心地拿出钱来帮助他们，但是有时会发现钱被拿走以后，很长时间都没有土地登记和学校建设的情况，此时如果没有合同的话，即便通过法律手段也很难胜诉，就只有哭的份儿了。在尼泊尔外国人不准购买土地，只有以尼泊尔人的名义才可以购买，所以自己买的房屋很有可能成为当地人的财产。吃过这种苦头之后到大使馆寻求帮助的人和团体并不少见。

当然也有很多非政府的援助团体根据整个村庄的需要进行扎实的援建，并取得了一定的成果。当地的浅水井水含砷，威胁健康，因此针对村民们对饮水安全的需要，一些国家的中小学生会捐出自己存钱罐里的钱来帮助他们建设深井，为减少疾病做出贡献。

外国人的援助活动大多数都集中在方便组织和管理的加德满都周边，但是也有一些援助组织会到未通汽车的偏远山区，帮助漏雨的学校重新建设。

农业方面，组织尼泊尔培育苹果、草莓等高品质的作物，在农业技术比较落后的山间地带，帮助当地人自给自足，增加生产的技术指导。

活动还包括募集年会费和捐款，出售尼泊尔的产品来援助尼泊尔人民。这里的物价很便宜，个人也可以进行援助。例如利用徒步旅行的机会认识一些贫困儿童，解决他们的学费和服装费。

尼泊尔国家预算的 20%（约 30 亿元人民币）都来自联合国和发达国家的的援助，但是这些援助有很多没有办法直接让贫困层受益。不过一些友好组织的行动方式与此完全不同，其扎实的行动方式将会更令人期待。

学校和教育现状

学校和教育情况

尼泊尔的教育制度是2年学龄前教育（幼儿园）、5年初等教育（小学，从5岁开始）、3年中等前期教育（初中）、2年中等中期教育（高中），然后参加全国统一的毕业认定考试（SLC=School Leaving Certificates）。小学、初中、高中的10年教育之后，与国际标准还差2年的教育程度，因此作为过渡还需要进行2年的中等后期教育或是2年的大学预科课程。此后才可以进入高等教育院校（普通大学3年，医学院5年，硕士课程2年，博士课程3年）。（在新教育制度方案中，大约4年，医学·技术系再加上1~2年，硕士课程2年，博士课程3年，硕士跟博士和之前一样。）

尼泊尔全国共有6所大学，各大学都有旗下的私立院校。与预算很少的国立大学不同，私立大学虽然授课费用较高，但是教育环境充实，因此广受欢迎。有些学生虽然学籍在国立大学，但是还会跑去老师热心教授、就业率比较高的私立大学听课。

教育的实际情况和存在的问题

2008年4月，通过制宪议会选择，废除了国王制度，联邦民主共和国诞生了。新政府决定全部免除一直到8年级（初中）为止的学费和教科书费用，另外对于低收入家庭，女子和少数民族教育也将给予一定的经济援助，每年给予400卢比的奖学金。结果2010年的就学率小学达到了95.1%，中学70%，高校52%，就学率上升，但是小学的教室空间却明显不足。

山里也有规模很小的小学

2008年7月~2009年6月，教育部的预算是389.8亿卢比。2011年教育预算占国家预算的17.1%，2012年7月~2013年6月是639.2亿卢比，大约占国家预算的16.5%。但是大部分的费用只用于支付教员的工资，并没有学校建设和维修费用。学校建设和维修还要依赖于外界的援助，甚至一些教员的工资也要依赖于此。

尼泊尔的教育差距、贫富差距（公立学校与私立学校的不同）、地方和城市的差距可以从学校的水平和教育水平中反映出来。地方性学校，如果大多数教师都不是本村人的话，则教员整体都比较热衷于教育，但是如果本村出身的教员所占比率较高的话，那么教员的出勤率或者授课时间就会大幅度减少。虽然外出务工为村民提供了更多工作机会，但是从教育方面来看却起到了反作用。因此最近不仅是在城市里，就连在山区村庄，热衷教育的私立学校正在逐年增加。

本来打算经过过渡措施从2012年开始实施12年制教育，不过由于国会的议而不决还在维持现状。对于以背诵为主的考试SLC，世界银行等各方面提出了批评和修改意见。不仅仅是把10年级学生毕业时的SLC考试延后到12年级毕业时再考，而是从背诵入手对教育进行改革。政府虽然希望通过教育的经济援助实现机会均等的目标，但是从大学和研究生院校毕业的学生，有很多因为没有相关产业而出现就业困难的情况。再加上由于种姓制度的差别等，对于政治、经济、教育和就业也有一定的影响，也成为人才外流的一个重要原因。

解决课题以及展望未来

尼泊尔政府接受亚洲开发银行的支援开始配置理科实验器材，使初等和中等教育比较落后的理科教育得到充实和改善，但是关于实验方面的教育却基本没有进行。为了提高学习成绩，把重点放在对老师的研修培养上，保证留级学生减少，提高毕业率。但是如果老师动不动就不上课的陋习不加以改正的话，提高教育水平是一件很困难的事情。不过，在尼泊尔针对儿童和成人的非官方教育——识字教育的成果还是取得了一定的进展。

政府制订的国家未来计划是进一步提高农业、旅游业、草药业、小规模工业四项支柱产业的发展。为了摆脱国家的整体贫困，积极培养青年学习农业和林业技术，并增加实践机会，实现自给自足。可是尽管这样，年轻人仍然在逐步远离农业，为此政府着力树立一些受过教育而没有离开农村的模范典型人物，希望教育和农业可以共存。作为农业国家的尼泊尔，农学系和森林学系的大学生却只占大学生整体的0.8%（2009年10月）。尼泊尔不是要从农业国向工业国家发展，也不是要发展大型机械化农业，而是要通过农业实现经济自立，让人们获得稳定的收入，所以提高农业技术是非常重要的一个课题。政府的国家展望计划有望通过教育、通过具体的课程安排来逐步实现。

对教员的培养也是课题之一

COLUMN

死记硬背填鸭式教育的尼泊尔学校

我的女儿在尼泊尔出生，在尼泊尔的私立学校上学。说到私立，我有一种比较特殊的感受，在尼泊尔的城市里，私立学校比公立学校还要多，现在社会上有这样一种趋势，哪怕有些力不从心，也要把孩子送到私立学校学习。虽说都是私立学校，不过在设施、授课内容、学费方面也是有各种档次，我家孩子上的学校价格还算便宜，是一所规模较小的私立学校。

这是一所当地孩子上学的普通学校，授课的内容都是关于学习的科目，音乐、家政课、体育、美术等课程完全没有！而且除了国语课是用尼泊尔语讲课之外，其他的科目全都是用英语讲课。虽然才刚上小学，可是每天的作业要做2~3个小时，学习、学习、再学习。作业经常是照抄三页教科书的内容。简直就是填鸭式的死记硬背的教育方式。因为作业太多，我向老师提出过抗议，学校方面却说："有的家长还希望留更多的作业呢！"听了这话，我真是吃了一惊。

如今的尼泊尔，让人感觉教育的热情快速高涨，似乎要通过让学生们学习，考个好成绩来让国家尽快崛起。但是我认为今后最大的课题是如何提高教育的质量。应该让孩子们在快乐中学习，作为家长，我真诚地希望尼泊尔的教育应该朝着这个方向发展。

在山路上走着去上学的孩子们

民族及其生活状况

在尼泊尔的小学教科书上，可以看到这样的句子："尼泊尔王国是一个由36个加特组成的花园。""加特"原有的意思是"出身相同的人构成的集团"，有些时候这一词的意思与"民族"、"种族"的意思很接近。总之这句话坦率地表明了尼泊尔民族的多样性。

尼泊尔人使用的语言大致可以分为印欧语系和藏缅语系两大系统。这种语言分类从文化背景以及传统的居住地区等要素来看，可以归纳为以下的5个集团，按照人口多少排序为：山地的印度教徒、北印度系南部低地居民、藏缅语系山地居民、尼瓦尔族、藏族高原居民。

下面简单介绍一下各个集团的性格以及所包含的民族和种姓等。

山地的印度教徒

尼泊尔国家的官方语言尼泊尔语（印欧语系）就是山地印度教徒自己的语言。这些人从印度迁移至此，最初在尼泊尔的西部生活，如今已经发展到尼泊尔的全国。现在他们已经占据全国人口的一半左右。但是这其中也分为几个种姓。

种姓分为巴浑（婆罗门教的祭司种姓）、沙提（王侯、军人的种姓）、卡米（打铁匠种姓）、达马伊（裁缝种姓）和萨尔基（皮匠和修鞋匠种姓）。

各个种姓都有自己专门的职业，但是以此为生的人越来越少，大多数人还是以农业为生。各个种姓的农民都是利用耕牛进行水稻耕田，没有灌溉的地方则以大麦和杂粮为主要的农作物。

巴浑族

沙提族

北印度系南部低地居民

北印度系南部低地居民主要居住在被称为德赖的南部低地地区。这一集团使用的是迈蒂利语和比哈尔语等，是尼泊尔语以外的印欧语系。大多数人出身印度的恒河平原，据说其中的一大部分都是近200~300年移居于此的人。他们保留的印度习惯要远比山地的印度教徒多。而且现存的多数种族中还保留着对肉类和酒类的饮食规定，以及结婚方面的严格规定。

迈蒂利语人

在奇旺国家公园周边经常可以看到的塔鲁族居民是德赖平原上的原住民，他们与从印度迁移至此的人们在生活习惯上有着很大的差别。

德赖地区在工业等产业方面都比较发达，农业以大规模种植水稻为主。

藏缅语系山地居民

其中包含的民族有塔芒族、拉伊族、林布族、古隆族、马嘉尔族、切庞族、塔克利族等。各个民族都有自己的语言，这些语言都属于藏缅语系。主要生活在中间山地（泊哈尔）地区。各个名族的传统居住地区分别是：塔芒族在加德满都周边，拉伊族和林布族在尼泊尔东部，古隆族在博卡拉周边，马嘉尔族在尼泊尔中部的喀利河周边，切庞族在加德满都的西南，塔克利族在尼泊尔中部的塔库河周边。

在这些民族中，拉伊族、林布族、马嘉尔族等居住在海拔 1000 米左右的地带，以种植玉米和小米等农作物为主。塔芒族、古隆族、塔克利族则生活在海拔更高的地带，除了种植各种农作物，饲养羊等牲畜以外，还靠做生意为生。其中塔克利族人最喜欢做生意，而且他们的生意越做越大，有些人甚至会到城镇去开餐饮店。

古隆族

塔芒族

这一集团的人各自都有固有的信仰，并且这些信仰也受到了印度教和藏传佛教的强烈影响。其中马嘉尔族受到印度教的影响特别明显，而一部分塔芒族则受到藏传佛教的深刻影响。以廓尔喀雇佣军而闻名的士兵就属于藏缅语系的山地居民，他们中的很多人为了赚钱而走出农村来到城市。

尼瓦尔族

为加德满都谷地的都市文明做出特殊贡献的民族就是尼瓦尔族，他们有自己的语言——尼瓦尔语，也属于藏缅语系。“尼瓦尔”的名字从前是指加德满都谷地，“尼泊尔”一词就由来于此。在加德满都谷地居住的各种人在很长一段时间内都被称为“尼瓦尔人”。这一族人分为 30 多个种族，宗教方面则是印度教徒和佛教徒混合存在。

尼瓦尔族

尼瓦尔人的经济生活是在加德满都谷地种植水稻作物、经营商店，另外一大特征就是从事建筑、金属手工艺和雕刻等带有公益色彩的工作。

藏族高原居民

藏族高原居民使用的语言相当于藏语的方言，也属于藏缅语系。其文化特点带有很强的藏族色彩。他们传统的居住地区是在海拔 3000 米以上的尼泊尔北部高原上，距离我国西藏很近，而且宗教信仰也是藏传佛教。这一集团的人当中包括作为喜马拉雅山登山脚夫而闻名的夏尔巴人。

藏族高原居民从很早以前就开始种植大麦、荞麦等农作物，发展牦牛和普通牛等的畜牧业，在连接印度和中国的贸易交流中也曾经起了很重要的作用。珠穆朗玛峰地区的徒步旅行线路沿线上的夏尔巴人生活区，其主要收入来源于当向导和脚夫，如今他们的生活有了很大的改观。

另外，居住在中西部的人们生活状态还很保守，保留着很浓厚的藏族色彩。

在这里我们以走马观花的方式介绍一下尼泊尔民族，关于各个民族的说明也只是粗略的示意图，其中还有很多的民族没有介绍到。

在尼泊尔旅游的时候一定可以接触到各种民族，其中也许就会碰到我们没有介绍到的民族呢，请大家好好找一找。

文化和艺术

我们可以看到的尼泊尔美术初期的杰作是石像雕刻，这些作品制作完成于4~9世纪的李查维王朝时代。在加德满都谷地内就保留了很多非常美丽的小作品，其中最具代表性的是位于布达尼尔干塔的巨型毗湿奴神的卧像。

此后到了马拉王朝时代，尼瓦尔人受到周边各种文化的影响，在寺院、王宫、民宅等建筑上面充分发挥才能，完成了很多非常具有尼泊尔特点的建筑和雕刻。另外，他们制作金、银、青铜等的金属技术也很发达，替代石象的金属雕像就是由尼瓦尔人制作出来的，在寺院里到处都可以看到金属的装饰物。巴克塔普尔的手工艺者在利用木材和石材等方面具有传统的优势，而帕坦的手工艺者制作金属手工艺品的技术至今都很值得夸耀。

这些艺术才能虽然随着马拉王朝的灭亡而开始逐渐衰退，但是此后手工艺者又开始把这些技术用于旅游纪念品等的制作。近年来加德满都谷地开始对文化遗产进行修复，这些传统艺术将再次得到发扬光大。

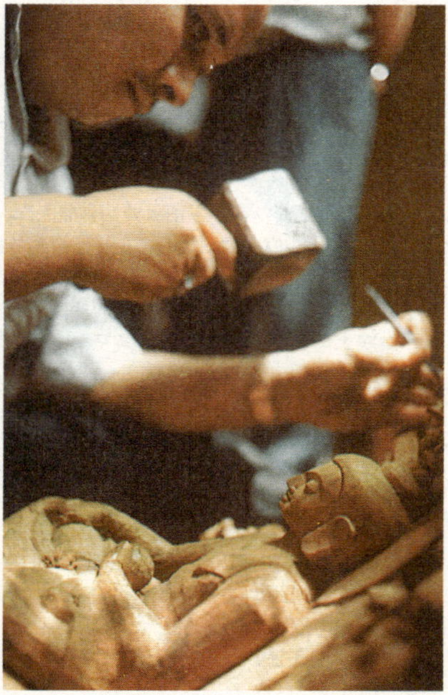

正在雕刻佛像的尼瓦尔工匠

绘画

画唐卡的藏族画家

尼瓦尔人的绘画历史始于11世纪前后，当时的人们开始在椰树叶制作的经书上面描绘宗教画。15世纪以后开始使用纸张，出现了很多运用简单的小模型技法绘出的优秀作品。

18世纪引进了西藏的佛画技法（唐卡），画家们开始为宗教信仰发挥自己的特长。如今在旅游纪念品商店出售的绘画作品大多数是临摹品，真正的作品可以在帕坦或巴克塔普尔的美术馆内欣赏到。在帕坦和巴克塔普尔至今还居住着很多尼瓦尔画家，他们都属于斯特拉卡尔种族。加德满都谷地以外也有很多默默无闻的手工艺者，为了继承和发展地区传统而努力着，有些艺术家在现代绘画作品中加入了传统的具象画和抽象画。

文学

尼泊尔的各个民族所拥有的传承文学是由“讲述者”口头流传下来的。直到17世纪，才开始有用文字写下的诗歌和文学作品，而且会写文字的只有一小部分诗人。到了19世纪，帕努帕格德、莫迪·拉姆·帕德、雷克纳特·鲍迪亚卢等著名诗人都非常活跃。如今尼泊尔人的识字率在逐渐上升，广播、电视也开始普及，促使剧作家和小说家不断发表作品。1990年民主化之后这一倾向更为显著。

著名的文学作品中第一个可以列举的就是达亚曼·尚姆谢尔·拉纳的作品，他创作的3部历史长篇小说《白虎》、《善意的努力》、《巴桑堤》非常有名。尤其是《白虎》受到的评价特别高。女作家帕里加特也得到了很高的评价，而且年轻的女作家和诗人也在不断地涌现。以莫提拉克舒米·乌帕西卡女士写的《结束的时候》为代表的女作家短篇集被翻译成了外国文字，在国外引起了很大的反响。除此之外还有被翻译成外国文字的社会现实小说和恋爱小说等。

音乐

音乐对于尼泊尔人来说是人生的伴奏，也可以说是最重要的大众艺术。走在城镇的道路上，从早到晚都可以听到音乐和歌声。在山间，不知从哪里会传来竹笛之声，还有孩子们的歌声。

音色淳朴的萨朗吉琴

流浪音乐家弹奏着萨朗吉琴（木头雕刻的朴素的弦乐器）从一个村庄走到另一个村庄，向人们诉说着神灵的故事，以及有关人类的各种故事。现在这种流浪音乐家已经越来越少了，他们用音乐这种娱乐方式来给人们的生活增添快乐。祭祀的时候，笛声、鼓声、铙钹的乐队音乐震撼着人们的心灵，早晚寺院里也不时传来赞美众神灵的宗教音乐。

在参观博达哈大佛塔和斯瓦扬布纳特寺的时候，参拜村里的寺院，听到了庄重的藏式宗教音乐，让人感受到了灵魂深处的一种震撼。也许什么时候可以看到伴随着轻快的扎木年（像六弦琴一样的乐器）音乐边唱边跳的藏族游吟诗人呢。

舞蹈

各个民族都有自己独特的民族舞蹈。在祭祀的节日里到处都可以看到载歌载舞的人们。居住在加德满都谷地的尼瓦尔族人的传统古典舞蹈非常有名。在巴克塔普尔经常可以看到戴着假面具的舞蹈。如果不是在酒店里看舞蹈节目，而是能够在旅途中欣赏到当地特色的舞蹈，那么这种舞蹈可能会让人对尼泊尔产生一种心灵上的感应，那将是一种令人难忘的体验。

巴克塔普尔的假面舞蹈

建筑和街景

令人震撼的旧王宫建筑

在加德满都谷地，除了中心区的加德满都旧王宫以外，在帕坦和巴克塔普尔也可以看到旧王宫建筑。红砖墙壁和建筑物所围绕的中央庭院是王宫建筑的特点，如今保留下来的还有其他十几处，有些地方还可以看到寺院建筑以及市民集中住宅等。特别是帕坦的旧王宫与它前面的寺院建筑群相辅相成，在这里参观会给人带来很大的震撼。游客可以坐在近处的石级上自由地欣赏其错落有致的空间设计。对于建筑感兴趣的人来说，这将是一段非常幸福的时刻。

尼泊尔的寺院建筑

在加德满都谷地、昌古纳拉扬及其周边村落等，经常可以看到令人感到熟悉而亲切的两重、三重建筑的寺院屋顶。在帕坦的坎贝士瓦神庙和巴克塔普尔的尼亚塔波拉神庙还可以看到相当气派的五重塔的塔式建筑。为了保护外墙免遭雨水的侵蚀，屋檐探出很远，使其造型看起来很漂亮。从中既可以看到瓦砖屋顶，也可以看到金色的金属板屋顶。可以看到的平面形状不仅有正方形的，还有长方形和八角形的。

此外，涂成白色的纺锤形石塔也很值得参观。正殿上耸立着高塔，它的下面供奉着印度教的林伽等。帕坦旧王宫广场上的黑天神庙内的走廊非常气派。此外，在帕坦的大觉寺内装饰着无数的佛像，也很令人震撼。

佛塔

位于尼泊尔南部的蓝毗尼是释迦牟尼的诞生地，因此成为著名的朝圣地。佛陀的遗骨舍利就供奉在佛塔的下面，成为教徒朝拜的对象。号称世界最大的佛塔——博达哈大佛塔。佛塔是一座涂成白色的半球形建筑，上面用金色涂料描绘成了莲花的图案。人们可以站在基座上，但是不能用手去触摸。斯瓦扬布纳特（猴庙）位于一座山丘上，从这里可以俯视加德满都谷地。在其占地范围内既有尼泊尔佛教的寺院，又有藏传佛教的寺院，甚至还可以看到印度教的神像。

在佛塔的半球体上部是一个四方形建筑，四面都绘有可以洞察世界一切的佛眼，并且还绘有“第三只佛眼”。眼下面的鼻子部分其实是用尼泊尔的数字“1”来表示的，这是在教导众生和谐一体。再往上是法轮、华盖和直指天空的小尖塔。佛塔的四周都悬挂着随风飘扬的经幡可以向上天送去自己的祈祷。佛塔从基座往上每一个部分都代表了不同的元素，即分别代表了地、水、火、风、天。在各地还可以看到小型的石造佛塔，上面都有精美的雕刻。在古都帕坦的老城区，东、西、南、北四角由用土堆成的佛塔镇守，据说这是阿育王建造的，但是从形式上或者历史性的考证来看应该是后人建造的。

坎贝士瓦神庙

大觉寺

斯瓦扬布纳特寺（猴庙）

石造佛塔

朝圣者歇脚用的建筑

最适合晒太阳的帕提

在广场和街角经常可以看到为朝圣者歇息而修建的建筑，这些建筑也非常值得参观。其中有为城市中的老年人歇脚而修建的小屋（帕提），为朝圣者准备的 2 层建筑的住宿场所，还有一些四面透风的亭子式的建筑等。有些地方已经成为儿童嬉戏的地方，使城市街景充满了宽松舒适的氛围。加德满都旧王宫前广场上的加德满达普就是其中最大的建筑，加德满都的名字也由来于此。

佛教寺院建筑

为修行的僧人修建的回廊式的寺院建筑也很值得参观。从狭窄的入口进入中央庭院，就好像进入了一种寂静的空间，如果屋顶上有箭楼的话，那么下面应该就是最尊贵的地方。

民宅和街景

在巴克塔普尔和吉尔蒂布尔都可以看到中世纪的街景。民宅建筑的一层都被改建成商店或者工房，二至三层是卧室和起居室。顶层也是最神圣的地方，即炉灶所在的厨房，这里只有家人和最亲近的人才可以进入。在帕坦可以看到集中住宅群，被公认为是最美的建筑，拥有四角被围起来的中央庭院。穿过一个中央庭院之后，眼前又会出现一个中央庭院，整体空间令人眼花缭乱。窗框上可以看到精美的雕刻，中间供奉的是这座建筑物的象征。

在吉尔蒂布尔还保留着这样的古老街景

尼泊尔寺院建筑

迦久尔

位于屋顶上的尖形装饰物，神灵从天而降的标志。其形式有金色的宝钟、宝瓶、法轮、宝珠等各种组合。如果屋顶上是圆轮的形状代表寺院的本尊是毗湿奴神。湿婆神神庙的屋顶上面装饰着湿婆神的武器——三股叉。

照片：昌古纳拉扬神庙（→p.109）

多巴迦

从屋顶上垂到屋檐下的带状装饰。象征着神佛降临的道路。

东达尔

斜插的方板用于支撑屋檐，上面雕刻着与寺院中供奉的神灵相关的各种神兽以及神像等。

托纳拉

位于大门上半圆形的板子，上面雕刻着佛像或者神兽等，正中央是这座寺院供奉的神或佛的雕像。

宗教和信仰

印度教和佛教

尼泊尔曾经是世界上唯一一个以印度教为国教的国家，但是2006年5月尼泊尔国会宣布尼泊尔从一个以印度教为国教的国家转变成“世俗国家”。

根据2001年的国情普查（每10年进行一次）结果可以看出，印度教徒大约占尼泊尔人口的80.9%，佛教徒大约占10.8%，伊斯兰教徒大约占4.3%。但是在一些民族中印度教徒和佛教徒混在一起（有的人既信仰印度教也信仰佛教），因此很难用数字来表示。

沙提族主要是以王族为代表的在历史上一直处于统治阶层的民族（占总人口的15.8%）。巴浑族（占总人口的12.7%）的种姓是婆罗门祭司，他们总称为“山地印度教居民”，以尼泊尔语为母语。在尼泊尔南部的德赖平原上居住的是北印度系的居民，使用迈蒂利语和比哈尔语等作为母语，这些语言属于印地语的方言；其中大部分人也属于印度教徒，并且形成了印度文化特有的种姓社会。

塔鲁族（占总人口的6.8%）是德赖平原的原住民，与北印度系的人在人种上就不同（最有力的说法是他们属于蒙古族），据说他们曾经拥有自己固有的语言，但是如今他们与周边的人说的是同一种语言。从宗教上可以看出固有的祖先崇拜，但是目前逐步在向印度教转化。

在露天小店销售向神像或者众神供奉的鲜花

各个民族不同的宗教

以夏尔巴人（0.7%）为代表的居住在喜马拉雅山脉高海拔地区的民族，把藏语系语言作为母语，其信仰是藏传佛教。

位于山岳中间地带的共有数十个山岳民族，他们以藏缅系语言为母语，都拥有固有的信仰，但是从中也可以看出多少受到印度教或佛教的影响。

另外，加德满都谷地都市文明的缔造者尼瓦尔人（5.5%）中自古就是印度教和佛教并存，并保留着独自的种姓制度。

居住在尼泊尔东部的拉伊族（2.8%）和林布族（1.6%）除了拥有祖先崇拜和精灵崇拜以外，也可以看到印度教的影响。居住在加德满都谷地周边山区的塔芒族（5.6%）以藏传佛教为主体，也有印度教和萨满教徒等存在。

居住在安纳普尔纳峰连绵山脉的南侧山坡上的是古隆族（2.4%），这里传统的万物有灵论和萨满教浑然一体，藏传佛教的色彩也很强烈。他们也有自己的种姓制度，因此也可以看到印度教的影响。马嘉尔族（7.1%）大多数分布在中西部的山岳地带，信仰婆罗门教，实行火葬，有种姓制度等，正在逐渐向印度教转化。居住在北部的马嘉尔族既有佛教徒，也保留着固有

演唱宗教歌曲的佛教徒

信仰的浓厚色彩。

塔克利族（0.06%）的故乡在安纳普尔纳峰和道拉吉里峰之间流淌的喀利河上游，是人口不足 1 万人的少数民族，传统上信奉藏传佛教，但是随着他们以商业目的向各地发展，也开始遵从印度教的礼仪和习惯。

支撑人们生活的信仰

尼泊尔位于印度和我国之间的狭窄空间内，在这里印度教和佛教并存，人们的日常生活与这些宗教有着很深的渊源。

宗教在尼泊尔语中叫“Dhama”（达摩），汉译佛典把其翻译成“法”，根据具体状况，所含的意思多少有些细微的差别，其包含的意思有宗教、善行、德、本性、规范、真理、教理、正确的教导……

当有人问你“你的宗教信仰是什么”的时候，如果你回答说“没有”，那么这种回答在尼泊尔人看来就相当奇怪，对方一定会万分惊讶而紧蹙眉头。

印度教的神庙中有一些禁止异教徒进入，当然宗教设施原本就不是参观的对象，而是人们表达信仰的地方。因此当遇到可以进入参观的寺院时，一定要遵从当地人的习惯，首先脱掉鞋子，然后右肩朝向佛塔按顺时针方向进行参拜。经过允许后才可以进行拍照或者摄影。

每天必不可少的礼拜

在尼泊尔可以看到的崇拜对象

在尼泊尔，信仰之心已经深深地融入人们的日常生活，因此在这里随处可以看到祈祷的情景。漫步在城镇中，寺院和佛塔随处可见，在道边一块小小的石头也许就跟神有着关联。在这里我们介绍几个经常可以看到的崇拜对象。

林伽 Linga

在梵语中是“象征”的意思。模仿男性生殖器雕刻而成，它作为湿婆神的象征而受到人们的崇拜。女性生殖器的象征叫“尤尼”，形状是圆形或方形。

佛塔 Chodrten

是指藏传佛教中的佛塔。供奉着刻有六字真言的嘛呢石。经过佛塔时要顺时针参拜（右肩朝向佛塔）。

转经筒 Mani

内部装着印有经文的纸，旋转一次转经筒与诵经一遍有同样的功德。除了在佛塔或寺院周边可以看到转经筒以外，还有一种拿在手里的转经筒。

经幡 Tarchog

在藏族居民居住的村庄、藏传佛教寺院，以及山口处的嘛呢石堆上都可以看到飘扬的经幡。这是一种五色的祈祷旗，上面印有经文等内容。

关于尼泊尔的神佛

据说尼泊尔有 330 万位神灵，这里就是一座神灵之国，除了众多的寺院之外，在街角和山道等处都可以看到供奉的神灵。在这里我们介绍的是旅途中经常可以看到的神和佛。

Art：Lok Chitrakar

Text:Masahiro Ariga

湿婆和雪山神女 Shiva Parvati

湿婆是宇宙毁灭之神，手中拿着三股叉，额上有第三只眼睛，充满了男性能量，在尼泊尔是最受崇拜的神灵。湿婆神的坐骑是一头牛，因此在印度教的世界中牛被神化。湿婆的妻子是雪山神女，也被称为喜马拉雅山之女。

印度教的神灵

在印度教中存在种姓制度，它是一种社会等级划分非常强烈的宗教。印度教的神灵非常世俗化，可以看到创造宇宙的神灵午睡的姿态等，而且在其他的宗教中很难看到和听到的传说也非常多。

毗湿奴 Visnu

宇宙守护神。印度教的主神之一。史诗《罗摩衍那》中的主人公罗摩王子，以及美男子黑天神等都是其化身。据说梵天诞生于毗湿奴的肚脐，而湿婆诞生于额头，因此毗湿奴也是两位神灵的生身父母。

梵天 Brahma

宇宙创造之神。印度教的主神之一。据说梵天曾经拥有 5 个头，这样可以经常看到美女娑罗室伐底。但是在一次与湿婆发生口角的时候，被情绪失控的湿婆砍掉一个头，因此现在人们看到的梵天是一位四头四臂的神灵。

娑罗室伐底 Sarasvati

知识和艺术女神。坐骑是白天鹅，弹奏着古乐器。其智慧、美貌和高尚的品格让梵天一见钟情，强行娶为妻。他们的儿子摩奴是人类的始祖。娑罗室伐底也是佛教的护法神，被称为辩才天女。

鸠摩罗 Kumara（童天）

是战神，他统率天神军队击退了恶神军队。据说是湿婆与恒河女神（雪山神女的妹妹）的儿子，象头神的兄弟。别名还有塞犍陀、六面子等，坐骑是孔雀。

迦楼罗 Garuda（金翅鸟）

因其勇猛和果敢，从毗湿奴那里得到了不死之身。有时也是毗湿奴的坐骑。印度尼西亚国营航空公司的名字就是 Garuda，可见其在东南亚各国有很高的人气。又译为迦卢荼、揭路荼、希米。

吉祥天女 Lakshmi

幸运之神。沉溺于眼花缭乱的宝石，是一位非常美丽的女神。地位、名誉、财富、美丽等人类认为的所有的成功都由其掌管，在尼泊尔深受欢迎。吉祥天女是毗湿奴的配偶。音译拉克。

杜尔迦 Durga（难近母）

是湿婆的妻子雪山神女的化身之一。拥有十只手，打败了谁都打不过的魔王，是一位美丽的降魔女神。为此每年的秋季都会有祭祀她的节日，供奉她的神庙内会有很多参拜的人，都想要沾女神力量之光。

黑拜拉布 Kala Bairav

毁灭世界和制造杀戮的恐怖之神。湿婆在与梵天辩论是谁创造世界的时候，突然情绪失控，化身为黑拜拉布而砍掉梵天的一个头颅。

黑天神 Krisna

是一位美男子，很受女性的欢迎。据说满月之夜会通过笛声来引诱村中的少女，所有的女性都很陶醉于这一传说。在叙事诗《摩诃婆罗多》中他是维护正义的战士，品格高尚，足智多谋。音译克里希纳、克里须纳。

象头神 Ganesha

经商之神。湿婆和雪山神女的儿子。入浴中的母亲吩咐儿子不允许任何人经过这里，老实的他因阻止父亲而被愤怒的父亲砍下了头颅。清醒过来的湿婆情急之中把路边的象头给儿子接上。音译迦尼沙、甘尼许。

佛教中的佛

很多佛都是我们所熟知的，可以看到一些密宗里的佛。这些佛通过灵机应变的弘法，来教诲人类洗净心灵，规范生活。

十一面千手观音

Sahasrabhuja Avalokitesvara

拥有十一张颜面，可以看到人间的一切，拥有千只手可以把处于任何痛苦中的人都解救出来。面容和蔼可亲，保护所有的人。厌恶以自我为中心的思想，所以在本尊的面前要心灵纯洁。

文殊菩萨 Manjusri

是一位拥有高智慧的菩萨。传说在太古时期到访曾经是一片湖泊的加德满都，用手中利剑把南方的山脉劈开，湖水流走后形成了人类可以居住的加德满都谷地。是尼泊尔创造天地神话中的主角。

释迦牟尼 Shakyamuni

佛教的始祖。历史上确有其人，是净饭国的王子，公元前565年出生在蓝毗尼，成人之后大彻大悟。他所传播的佛教智慧一直流传至今。

金刚萨埵 Vajrasattva

金刚萨埵把从大日如来处学到的佛法传扬到人间。是密宗中的第二祖，是密宗极为推崇的圣尊。

财源天母 Vasudhara

掌管丰收和繁荣的菩萨。在加德满都深受佛教徒的喜欢。她的发冠上镶满了宝石，与宝生如来的形象很类似。手中拿着经书、谷物、装满水的壶、宝石。

大黑天 Mahakala

立于尸体之上，呈愤怒形，掌管生死的黑暗神。会教训那些不遵从佛法的人。

弥勒佛 Maitreya

56.7 亿年后世界末日来临之际将会降临人间，救助人类。也被称为未来佛。在此之前一直在兜率天内修行。现代天文学认为太阳系的寿命大约还有 60 亿年，也许到那时弥勒佛真的会降临人间。

药师如来 Bhaisajya Buddha

左手拿着药罐，守护生病和将要死亡的人。阿弥陀佛居住在西方，而药师如来则是“东方净琉璃世界”的教主。

五智如来

走在帕坦或巴克塔普尔的大街上，经常会看到在住宅大门上面描绘着五体佛像。大日如来、不空成就如来、宝生如来、阿閦佛、阿弥陀佛这五尊如来的形象表现了密宗的本质，密宗是大乘佛教的一个宗派，因为不能用语言和文字来说明其佛教教义，因此被称为密宗。藏传佛教就属于密宗。

阿閦佛 Akshobhya

右手接触地面结触地印，释尊在菩提树下得道之后，为了镇魔而结此印。此形表示不动心，破除烦恼。居住在东方妙喜世界。

大日如来 Vairocana（毗卢遮那）

密宗的教主。代表宇宙中的一切。星、月、山、水、人生、感情等所有都是大日如来的一部分。只有大日如来才具有五智，为了教化众生，会化身五佛。

阿弥陀佛 Amitabha

拥有救人于苦难的能力，居住在这一世的西方极乐世界。只要暗诵“南无阿弥陀佛”就可以无条件地往生西方净土。

不空成就如来 Amoghasiddhi

大日如来的智慧化身。掌管着人类的五感“看、听、闻、味、触”。据说感情丰富的人智慧也丰富。不空即“没有失败”的意思。

宝生如来 Ratnasambhava

使人产生菩提之心的佛。结施愿印，呈宝物从指间洒向人间形态。居住在南方无量世界。

历法和年历

历法是生活的基础。尼泊尔使用的不是我们使用的公历，而是有自己独特的历法。如果不清楚这一点的话，在当地的休息日里前往政府机关或公司就一定会扑空，还有可能错过各种有趣的祭祀活动。所以了解尼泊尔的历法就可以了解当地人的生活节奏而且可以增强感受性，甚至还可以读懂它们的宇宙观。

尼泊尔的新年从 4 月份开始

尼泊尔官方使用的是维克拉姆历（Vikram），即太阴太阳历。每年的元旦固定在阳历的 4 月中旬。每个月的天数在 29 天到 32 天。太阳历的一年是根据黄道十二宫上的太阳运行来决定的，因此与阳历的不同大致是固定的，相差约 4 个半月。

但是尼泊尔历不仅有维克拉姆历，还有太阴历。尼泊尔的传统节日几乎都是按照太阴历来进行的。而且太阴历的历法遵从于月亮的活动，一个月大约有 29.53 天，一年只有 354.4 天。每一天的长度也不同。这样算下去的结果会出现与伊斯兰历一样的现象，那就是季节和月份没有办法固定。尼泊尔解决这一问题的方法是在每 3 年左右加入一次闰月，叫作 adhika。

白分和黑分

太阴历的每个月分为两个部分。从新月的前一日（阴历初一）开始到十五日的满月称为白分（Sukla paksa），从十六日到暗夜被称为黑分（Krsna paksa）。太阴历和太阳历的长度也不一样，有时会出现连续两天是太阴日的时候，有时到下一次月亮出来的时候就会被挤掉一天以上的时间。前者中把第二天称为余日（或闰日），后者中被挤掉的一天称为欠日（tithi）。

尼泊尔的日历

在普通的日历上面都会标有太阳历日期（gate）和月亮的形状，以及阳历日（tarikh）、主要的节日和祭祀日的日期等。只要不是查找更细节的日期，这种日历表明的信息已经很充分了。翻阅更加详细的各种节日，就好像是把人们带入尼泊尔文化无限的迷宫当中一样，非常有趣。

翻页的日历叫 Pancanga，上面有当年的历法、节日、占星术等各种信息。这种日历也叫 Patro，4 月左右快到尼泊尔新年时，在书店以及街头就可以买到。日历上的文字是梵文和尼泊尔文并用，一部分日历上还标有尼瓦尔文。如果对文字有一定程度的了解，解读日历应该很有意思。

但是最麻烦的事情就是代表各种星座以及神灵、节日名称等的固有名词，最初看起来一窍不通，很难理解。掌握了单词还要增加一定程度的语法知识，这也需要付出一定的努力。最后就是占星术，非常难以理解，大约到此只好是举手投降了。这一部分需要到学校去跟老师学习，当然即使不了解这一部分的知识，也并不会妨碍我们查阅祭礼活动。只要读懂这本日历，就证明你已经闯过了尼泊尔文化探险的第一关。

尼泊尔历和藏历

在尼泊尔使用的历法不仅有尼泊尔历（维克拉姆历），这是一个多民族的国家，因此这里的历法种类也很多。主要居住在加德满都谷地的尼瓦尔人就是用自己的尼瓦尔历，每年的 10~11 月出现新月的那一天才是他们的新年。尼瓦尔有着强烈的民族意识，他们认为尼泊尔历并不是国家性的官方历法。最近每到新年来临的时候，就会看到尼瓦尔人举行的各种公开表演。

还有一个不能忘记的历法是居住在尼泊尔的藏族居民使用的藏历，这种历法也非常复杂。从历史上看藏族曾经使用过好几种的历法，如今保留下来的只有旧历（农民的正月）和新历（王族的正月）。一般情况下使用的是新历，其新年在 2 月下旬到 3 月初，也是用太阴太阳历。大约每 3 年当中有 1 年是 13 个月。

藏历中也有十二地支之分，年和月也会用

天干地支来表示。人们会根据出生的年月日来判断性格，占卜人们之间的性格是否合得来。中国、东南亚一些国家、日本都使用相同的天干地支，用同一个动物来命名每年的属相，给人一种连带感。

旧历似乎是跟农业历法相吻合的历法，比如如果说到大麦的收获季节就是新年前后。不过各地似乎不太一样。如果到达尼泊尔边境的话，也许会遇到这样的历法。

节日和传统活动

尼泊尔人非常喜欢举行各种祭祀活动。在加德满都谷地自古以来就有来自各地的人在此居住，也带来了他们自己的祭祀节日。在这里除了可以看到全体都参加的祭祀活动之外，也有很多祭祀活动并不是所有人都参加。大多数尼泊尔的节日都带有强烈的宗教色彩，例如印度教信徒在春天会举办洒红节，秋天会举办杜尔迦·普贾节（十胜节）、灯节等，这些节日都是与印度相同的节日。不仅如此，那些在印度已经被逐渐遗忘的节日，却在尼泊尔很好地保留下来，其中包括举行竖立旗杆仪式的因陀罗节，以及佛教信徒的各种节日等。古代佛教文化在这里得到传承，是一笔非常宝贵的财富。

除了印度教信徒和佛教信徒的节日以外，扎根在这片土地上的民俗宗教也有其固有的节日。有些节日乍一看好像是印度教或者佛教性的节日，实际却是与当地神灵有关的节日。这样就使一座寺院或一个节日有了两三个名字，相互重合的现象很多。

节日中除了以上宗教节日以外，还有农耕礼仪、与天文历法相关的日子，人生阶段的节日等。有以个人和家庭为单位进行的活动，也有地区性、全国性的活动等，总之这里的节日活动种类非常丰富。最近由于人们的生活形态和意识形态发生变化，有些节日举行的活动与从前相比也发生了很大的变化。

节日中的日期大部分是按照太阴历来计算的，与我们所熟悉的公历日子并不对应，每年都会有变化。下面介绍几个在尼泊尔最有趣的节日。

毕斯基（庇斯凯特）节 Bisket Jatra

是巴克塔普尔春天里最大的节日，日期是尼泊尔历的除夕和新年元旦两天（4 月 13 日、14 日左右）。每当这个时候，在城外空地上会竖起一根高十几米的长木柱。木柱上有两条代表蛇的长幡垂下来。上面的横木代表了手，整个木柱则代表了神。

Bisket 还含有“世纪之幡”的意思，在尼瓦尔人的语言中意思是“杀死蛇”，也有一种解释认为其象征着旧的一年中积攒的邪气。在此节日期间还会举行女神崇拜的花车巡游，尼泊尔人内在的激情在此可得以窥见。

在巴克塔普尔周边，每年的 4 月还会举办其他的女神节日，可见其城市特征就是女神崇拜。

麦群卓拿节 Machhendranath Jatra

又译为马琴德拉纳特节。在雨季的 4~5 月举行的祈雨节。传说从印度来的超能力瑜伽大师把掌握下雨的那迦（蛇神）关了起来，致使人间 12 年没有下雨，百姓深受干旱之苦。此时观音的化身麦群卓拿神变成了黑蜂钻进罐中为尼泊尔祈祷，不久大雨从天而降。在加德满都和帕坦的人们为这位神灵修建了寺院，每年还会举行花车游行。此后在朔巴和纳拉等一些村

巨大的花车在帕坦的街道上巡游

庄也修建了供奉麦群卓拿神的寺院。最盛大的场面要数在帕坦举办的红麦群卓拿节。顺便说一下，在加德满都观音都被涂成了白色。

巨大的车轮承载着花车，上面竖立一根高高的柱子，咯吱咯吱地向前行进，看上去是如此壮观，游客从中可以感受到人们向大自然发出的祈求是如此虔诚。在帕坦还举办镶嵌着宝石的服装展览，据说这些宝石都是蛇神送给人们的，通过这种活动也可以令人们回味历史。

佛祖诞辰 Buddha Jayanti

对于尼泊尔佛教信徒来说最值得夸耀的事情就是佛祖释迦牟尼诞生于尼泊尔。尼泊尔历的 Baisakh 月（4 月或 5 月）的月圆之日是佛祖的诞辰，此时在尼泊尔的佛教中心斯瓦扬布纳特寺可以看到很多烧香拜佛的人。入口旁的小屋内演奏着宗教音乐，乐声非常欢快，充满了喜悦之情。在佛教信徒较多的帕坦举办的活动更为声势浩大。藏传佛教信徒也会举办祝福活动。另外，在佛祖诞生地蓝毗尼也非常热闹。

金庙的本尊被抬出来，在帕坦的街上巡游

因陀罗节 Indra Jatra

失去了过去光芒的诸神之王因陀罗从天上来到地上盗取鲜花，不幸在加德满都谷地被俘。为了抵消自己的罪过，他答应人类会给他们送去丰收。因陀罗节在公历 9 月举行，共有 8 天的时间。节日以加德满都为中心，此时可以看到被捆绑的因陀罗的雕像。

旧王宫的广场上竖立着一根巨大的木柱，木柱脚下摆放着因陀罗金色的神像。在这里人们祈祷祖国和人民的和平和繁荣。

因陀罗节的构成非常复杂，除了以上的活动以外，在旧王宫广场还会看到真人表演的毗湿奴神的十个化身，在小镇上还会举办举着竹蛇游行的祭祖活动、佛像的开龛活动，以及扮作鬼神和神灵进行舞蹈表演等的活动。这其中最盛大的活动是库玛丽活女神的花车游行，游行将会持续三天，非常热闹。

德赛节 Dasain

又称宰牲节。这一秋季节日是尼泊尔全国最大的节日。德赛节犹如中国春节，主要举办的活动有 10 天，因此在 Dasain 中包含了 10 的意思，因此而得名为十胜节。第一天人们在家中最神圣的房间内，把沙子放入平罐中，然后撒入大麦的种子。每天浇一次水，在第十天把长出的黄色麦芽拔出来，装饰在头发上面，以此作为从女神难近母那里得到的恩惠。

第七天在加德满都的旧王宫以及通迪凯尔广场会举行接受神灵之力的仪式，以及士兵进行的驱魔仪式等。此时总统也要参加活动。

第九天的早上家家户户都会宰羊，向神灵供奉之后就把羊做成熟食。在城镇或者乡村的寺院、兵营、中心广场等处都会献上水牛和羊的祭品，以此来祈祷战斗女神难近母的胜利。

第十天是胜利之日。人们从长辈那里接受祝福的提卡，此时所有的人都回到自己的家中，穿上新衣服，与家人一道享受有很多肉的大餐。祈愿可以增强生命力，祈愿谷物可以得到丰收。

这一节日原本是印度教的节日，但是在尼泊尔的佛教信徒以及藏族人之间也很流行，因此就变成了全国性的节日，就像我们春节一样。

全家人一起接受祝福的提卡

灯节 Tihar

又称光明节。以被称为 Diwali 日的那一天为中心举办的热闹的收获节。此时人们把象征财富的吉祥天女迎接至家中，祈求带来富足和繁荣。在家中的窗户上，大门口装饰好花环、灯饰等，就可以把女神引入到自己的家中。夜晚，亲戚和朋友们还会聚在一起用扑克牌等玩

点燃灯火迎接女神

赌博游戏。

节日的第一天会向乌鸦献上食物，第二天和第三天分别向狗和财富女神献上食物以及花环，进行礼拜。

第四天和第五天在家中最神圣的地方——厨房的地板上用黄色或红色的色粉描绘出曼陀罗的图案，并奉上鲜花、水果、栗子等，祈求每个家庭成员长寿和平安。第五天根据姐姐把弟弟从死神那里解救出来的美丽传说，会给男性施以女性的守护力量（男子接受提卡）。

另外，从第四天开始也进入尼瓦尔人的新年。灯节中包含着几个要素，相互之间的关联很难说清楚，即便与这一节日没有关系的亲戚和朋友也会相互往来，非常热闹。夜晚孩子们会燃放烟花，唱歌，在城中游逛。偶尔还有爆竹在眼前爆开，周围的人立刻散开，这种时候一定要注意自己的安全。

施力·潘查密节 Shri Panchami

是掌管祭祀学问和艺术的女神娑罗室伐底的日子。此时学校会放假，学生们会向女神祈祷，希望自己的学习成绩可以提高。有趣的是一些年轻人会到斯瓦扬布纳特寺内供奉的文殊菩萨面前，把他当作知识女神娑罗室伐底来朝拜。从这一天开始，春天慢慢地来了，天气变得越来越好，此时登上山丘去郊游也是很好玩的一件事情。又译春节。

湿婆节 Shiva Ratri

在尼泊尔信仰印度教湿婆神的人最多，这一天就是湿婆神降临的夜晚，此时人们会聚拢到神庙周边进行朝拜。

举行大祭的日子是 Falgun 月的中旬（2月中旬左右），以祭祀湿婆神为中心的帕斯帕提那神庙内挤满了人，沿路可以看到很多的露天摊位，摆放着从各地带来的稀有物品。此时也可以看到很多从印度而来的朝圣者，其中有一些是全身赤裸的苦行僧。

从印度过来的朝圣者们

尼泊尔的节日

日　程	主要的活动，括号内是举办地（没有地名表示在各地都会举办）★公共假日
4月	尼泊尔新年、庇斯凯特节和柱倒节（巴克塔普尔）★
	拉姆·纳瓦米节★
	民主主义之日
5月	国际劳动节
	玛塔·提尔塔沐浴节=母亲节，钦纳玛斯塔花车巡游（昌古纳拉扬）
	红麦群卓拿节 寺院花车游行（帕坦）
	佛祖诞辰=斯瓦扬布纳特寺举办的月圆节，乌巴乌里节★
	共和制纪念日★
6月	库马路节的第六天=城市节=进入雨季
	古尔·普尔尼马节

日　程	主要的活动，括号内是举办地（没有地名表示在各地都会举办）★公共假日
8月	冈塔卡尔纳罗刹节
	贡拉达摩节开始=佛教徒持续一个月的节日
	纳嘉·潘查密节=蛇神祭
	潘恰当=佛教徒的布施日（帕坦）
	贾奈·普尔尼玛节（圣线节）、坎贝士瓦节（帕坦）
	神牛节（加德满都谷地★）
	黑天神诞生日★
9月	父亲节
	蒂吉妇女节（仅限于女性和教育机构★）
	利希·潘查密节（仅限女性★）
	儿童节
	竖立因陀罗旗柱（加德满都）
	活女神库玛丽花车巡游（仅限加德满都谷地★）
10月	安置平罐节=十胜节的第一天★
	普尔帕提日★　　　［（9~10月：德赛节（十胜节★）］
	第十天胜利日=提卡日★
11月	祭祀吉祥天女日=灯节★
	祭祀神牛日★　　　（10月中旬：灯节）
	兄弟姐妹之间接受提卡★
	恰特·帕尔巴节★
	毗湿奴神苏醒日（此时的布达尼尔干塔很热闹）
12月	悉达结婚日（贾纳克布尔）
	达内湿瓦拉节=尤玛丽之满月日，乌达乌里★
	圣诞节★
	塔姆·罗萨尔★
1月	玛格·桑科朗提节★
	殉国者纪念日★
	索纳姆·罗萨尔节★
2月	施力·潘查密节、娑罗室伐底的诞生日（仅限教育机构★）
	民主纪念日★
	湿婆节★
3月	夏尔巴族新年★
	国际妇女节★
	洒红节满月日（德赖平原地区以外★）
	洒红节满月日（仅限德赖平原地区★）
	赛马节（仅限加德满都谷地★）
4月	查伊特·德赛节
	拉姆·纳瓦米节★

※ 除以上节日之外，还有伊斯兰教的斋月节大概在8月上旬，祭牲节大概在10月中旬，具体时间请以当地时间为准。

旅行中有用的尼泊尔用语

关于尼泊尔语

尼泊尔是一个多民族的国家，因此其语言状况也显得非常复杂。大致上可以分为两大类：一类是南部的印欧语系的语言；一类是北部的藏缅语系的各种方言。

尼泊尔语（Nepali）是以北印度的帕哈里语（Pahari）为母语，与印地语等周边各种方言有着很多的共同点。尼泊尔语是尼泊尔的官方用语，在行政、教育、新闻和报纸、广播等方面都使用这种语言。

在尼泊尔全国会讲尼泊尔语的人超过了80%，因此尼泊尔语成为唯一可以与说不同语言的其他集团沟通的用语。

尝试说尼泊尔语

在外国游客较为集中的加德满都、博卡拉，甚至在山中徒步旅行线路的沿线上，都会碰到很多可以讲英语的人。因此在这里旅游不必太担心。但是我们也不应该把不会讲尼泊尔语当作理所应当的事情，学会一点尼泊尔语可以拉近我们与当地人之间的距离。

即便不能马上掌握，只要不断努力，就会从当地人那里学会最简便的表达方式，旅游生活因此会得到更多的启发。

文字和语法

尼泊尔语与印度语一样采用的是“天城体”书写方式，基础是由10个元音文字和33个辅音文字构成。语序和汉语不同，所以对想学尼泊尔语的人来说是一种挑战。

方便且实用的语句

●蒂诺斯　दिनोस ।

“请”的意思。在购物时、请求别人为自己帮忙时都可以加上“蒂诺斯”，是很常用的一个词。

例：提卡特·蒂诺斯（请给我一张车票）

टिकट दिनोस ।

●普久　पुग्यो ।

在肚子吃饱后可以用“普久”一词，还有针对别人的不断纠缠，对于单调的事情已经感到反感时也可以使用这个词。与我们平时说的“不要”意思接近。

●罗库　रोक् ！

想让巴士、人力车等紧急停车时可以使用这个命令词，意思是“停”。也可以说“罗库诺斯”रोक्नोस ।（请停车）。

●加乌　जाउ ！

“加诺斯”（请出去）的命令形式。针对乞丐的纠缠以及闯人房间的不速之客可以使用这个词。意思是“滚开”。

●奥嚯/呃嚯？　ओहो ！/ ए हो ？

表示惊讶时的用词，意思是“哎呀”、“真的吗”。

●哈久尔　हजुर ।

意思是“是”。被叫到名字的时候应答的词，或者针对别人的讲话表示同意的用词。词尾语调上扬时表示反问。

●拉姆罗·策　राम्रो छ ।

“好的”。在表现“漂亮、可爱、棒、精彩”等时都可以使用。其否定形式是“拉姆罗·策伊纳”राम्रो छैन ।。

●提克·策　ठीक छ ।

肯定对方时的用词，意思是“是的，可以”。其疑问形式的意思是“可以吗”。

●策辛查　चाहिन्छ ।

“需要、想要”。需要什么东西或找什么东西时可以用。在购物时想要找到自己要买的东西时也可以使用这个词。

例：玛因巴提·策辛查（我想要蜡烛）

मैनबत्ती चाहिन्छ ।

●恰辛达伊纳　चाहिन्दैन ।

策辛查的否定形式。“不要”的意思。在对方向自己推荐物品时，若不需要就用这个词。表达“没必要”时可以用“帕尔达伊纳”पर्दैन ।。

问候语以及基本会话

●你好。Hello./ 再见。Goodbye.

नमस्ते । , नमस्कार ।

发音分别是：纳玛斯特 / 纳玛斯卡尔

相遇和分别时都可以用“纳玛斯特”一词。对老师和长辈要用“纳玛斯卡尔”。

●谢谢。Thank you.

Genniyabado

धन्यवाद ।

●是。Yes.

Ho

हो ।

●不是 No.

Hoyina

होईन ।

●你好吗？ How are you?

Tapayinlai kosuto ca?

तपाईंलाई कस्तो छ ?

●我很好。 I'm fine.

Malayi sangcayi ca?

मलाई सन्चै छ ।

●我的名字是 ××。 My name is ××.

Me ro na mu ×× ho

मेरो नाम सातो हो ।

●你叫什么名字？ What's your name?

Tapainko namu ke ho

तपाईंको नाम के हो ?

●我 22 岁了。 I'm twenty two years old.

Mo baisu balusa ba en

म बाइस वर्ष भएँ ।

●不知道。 I don't understand.

Mo bujina

म बुझिन ।

●请再说一遍。 Please say it again.

Peli bang no su

फेरी भन्नोस ।

●请慢点说。 Please speak slowly。

Pisutalai bang no su

बिस्तारै भन्नोस ।

●会说英语吗？ Do you speak English?

Tapain angureji bolunufunca

तपाईं अंग्रेजी बोल्नुहुन्छ ?

●这个用尼泊尔语怎么说？ What do you call this in Nepali?

Esulai nepali ma ke bang ca

यस्लाई नेपाली मा के भन्छ ?

●再见吧。 See you again.

Peli betaunla

फेरी भेटौंला ।

在酒店

●今晚有房间吗？ Do you have a room for tonight?

Ajya latokoragi euta kota ca

आज रातकोलागि एउटा कोठा छ ?

●一晚多少钱？ How much for a night?

Eku latoko kati?

एक रातको कति ?

●能让我看一下房间吗？ May I see the room ?

Kota heluna sakinca?

कोठा हेर्न सकिन्छ ?

●还有更便宜的房间吗？ Isn't there a cheaper one?

Yo bangda sasuto kota ca yina ?

यो भन्दा सस्तो कोठा छैन ?

●住两个晚上。 I'll stay for two nights.

Mo doyi lato basu cu

म दुइ रात बस्छु ।

●有热水吗？ Is hot water available ?

Tato pani aun ca?

तातो पानी आउँछ ?

●没有热水。 The hot water isn't running.

Tato Pani aundaina

तातो पानी आउँदैन ।

●请再给我一床毛毯。 Please give me one more blanket.

Aluko euta kamubalu dinosu

अर्को एउटा कंबल दिनोस ।

●可以换一间房吗？ Could you give me a different room?

Aluko kota dina sakunu fu n ca
अर्को कोठा दिन सक्नुहुन्छ ?

●我想延住一晚。 I want to stay one more night.
Mo ajyayi eku lato basuna qiahantsu
म अझै एक रात बस्न चाहन्छु ।

●早一天出发。I'm leaving one night earlier .
Mo eku lato agali nayi jiangcu
म एक रात अगाडि नै जान्छु ।

●请结账。 Check out , please.
Check out galidisu
चेक आउट गरीदिनोस ।

在餐厅

●我能看下菜单吗? May I see the menu?
Menu dekaunosu
मेन्यू देखाउनोस ।

●有扁豆汤套餐吗? Do you have Dalbhat?
Dalu bato ca?
दाल भात छ ?

●推荐菜品是什么? What is your special?
Ya hangko supexialu kana ke ho?
यहाँको स्पेश्यल खाना के हो ?

●这个菜叫什么? What kind of dish is this?
Yo kasuto kishimuko kana ho?
यो कस्तो किसिमको खाना हो ?

●请给我和那个一样的菜。 Please give me the same dish as that.
Malayi qiahi jiasutai kana dinosu
मलाई त्यही जस्तै खाना दिनोस ।

●我想吃尼泊尔菜。 Iwant to eat Nepalese food.
Mo nepali kana kana ca hang cu
म नेपाली खाना खान चाहन्छु ।

●我可以结账了吗? May I have the check ?
Mo bilu pauna sakucu ki?
म बिल पाउन सक्छु कि ?

●找错钱了。 You give me wrong change.
Tapayinle galuti qien ji dinubayo
तपाईंले गल्ती चेन्ज दिनुभयो ।

在城里步行时

●我要去帕坦。 I want to go to Patan.
Mo patan jiana cahangcu
म पाटन जान चाहन्छु ।

●步行可以到那里吗? Can I walk there ?
Mo teyahang sangma hidela jiana sakucu?
म त्यहाँ सम्म हिडेर जान सक्छु ?

●从这里走到帕坦需要多长时间? How long does it take to walk from here to Patan?
Yahang bata hidela patan sangma kati mineto zati laguca?
यहाँ बाट हिडेर पाटन सम्म
कति मिनेट जति लाग्छ ?

●这是哪里? Where am I now?
Yo kun ta wun ho?
यो कुन ठाउँ हो ?

●我迷路了。 I'm lost.
Mayi bato bulen
मैले बाटो भुलें ।

●卫生间在哪里? Where is the toilet ?
Q ialupi kahang ca?
चर्पी कहाँ छ ?

●可以给你照相吗? May I take a picture of you?
Tapayinko fouto kitsuna sakucu?
तपाईंको फोटो खिच्न सक्छु ?

购物时

●这个多少钱? How much is this?
Esuko kati payisa?
यस्को कति पैसा ?

●太贵了。 It's too expensive.
Delayi mahanggo bayo
धेरै महँगो भयो ।

●能给我打折吗? Could you give me a discount?
Alikati sasuto ma dinosu na?
अलिकति सस्तो मा दिनोस न ।

●我可以试一下吗？ Can I try this on ?

Mo yo laga ela heluna sakucu?

म यो लगाएर हेर्न सक्छु ？

移动中

●售票处（车站）在哪里？ Where is the ticket office (bus stop)

Tikato afeisu basu sutapu kahangca?

टिकट अफिस （ बस स्टप ） कहाँ छ ？

●去博卡拉的车几点发车？ What time will the bus leave to Pokhara?

Pokalajiane basu kati baje jiangca?

पोखराजाने बस कति बजे जान्छ ？

●下一趟车几点发车？ What time will the next bus leave?

Aluko basu kati baje jiangca?

अर्को बस कति बजे जान्छ ？

●到博卡拉多少钱？ How much to Pokhara?

Pokala sangmalayi kati laguca

पोखरा सम्मलाई कति लग्छ ？

●请给我一张车票。 One ticket, please.

Ewuta tikato dinosu

एउटा टिकट दिनोस् ।

●这辆车去博卡拉吗？ Does this bus go to Pokhara?

Yo basu pokala jiangca?

यो बस पोखरा जान्छ ？

●这个座位有人吗？ Is this seat taken ?

Yo shito kali ca?

यो सीट खाली छ ？

●下一站在哪里停车？ Where is the next stop ?

Aluko sutapu kahang ho?

अर्को स्टप कहाँ हो ？

●到了博卡拉能告诉我一声吗？ Will you let me know when we arrive at Pokhara?

Pokalama pugepachi malayi batayi dinosu hayi

पोखरामा पुगेपछि मलाई बताई दिनोस है ।

生病・纠纷

●请帮我叫医生。 Please call a doctor.

Dakutalu bolawunosu

डाक्टर बोलाउनोस ।

●我感冒了。 I have a cold.

Malayi luga rageko ca

मलाई रूघा लागेको छ ।

●我发烧了。 I have a fever.

Malayi joro ca

मलाई ज्वरो छ ।

●我肚子疼。 I have a stomachache.

Melo peto dokeko ca

मेरो पेट दुखेको छ ।

●我头晕。 I feel dizzy.

Malayi lingata ragyo

मलाई रिंगटा लाग्यो ।

●我病倒了。 I fell sick.

Malayi bangta laguca

मलाई बान्ता लाग्छ ।

●救命！ Help !

Guhalu

गुहार ！

●小偷！ Robber !

Cho-lu!

चोर ！

●护照丢了。 I lost my passport.

Melo pasupoluto halayo

मेरो पासपोर्ट हरायो ।

●请给我开一张丢失证明。 Please make out a theft (lost) report.

Ewuta choli baeko (halaeko) lipoluto banayidinosu

एउटा चोरी भएको （ हराएको ） रिपोर्ट बनाइदिनोस ।

●怎么了？ What's the matter?

Ke bayo?

के भयो ？

单词词汇

中 文	发 音	尼泊尔语
数 字		
0	senne	०
1	eku	१
2	doyi	२
3	tin	३
4	qialu	४
5	pangqi	५
6	ca	६
7	sato	७
8	ato	८
9	nowu	९
10	dasi	१०
11	egala	११
12	bara	१२
13	tela	१३
14	choda	१४
15	pangdola	१५
16	sola	१६
17	satala	१७
18	atala	१८
19	wennayisi	१९
20	bisi	२०
21	ekayisi	२१
22	bayisi	२२
23	teyisi	२३
24	chobisi	२४
25	paqisi	२५
26	cabisi	२६
27	satayisi	२७
28	atayisi	२८
29	wunantisi	२९
30	tisi	३०
35	payintisi	३५
40	chalisi	४०
45	payintalisi	४५

中 文	发 音	尼泊尔语
50	paqiasi	५०
60	sati	६०
70	satali	७०
80	axi	८०
90	nabe	९०
100	ekusae	१००
150	ekusaepaqiasi	१५०
200	doyisae	२००
1000	ekuhajiaer	१०००
10000	Dasi hajiaer	१००००
时间・日期・星期		
早上	bihana	बिहान
下午	diwenso	दिउँसो
傍晚	beluka	बेलुका
夜里	lato	रात
昨天	hijo	हिजो
今天	ajia	आज
明天	boli	भोलि
1小时	ekugangta	एक घंटा
30分钟	adagangta	आधा घंटा
星期日	aitabal	आइतबार
星期一	somubal	सोमबार
星期二	mangalubal	मंगलबार
星期三	Budabal	बुधबार
星期四	bihibal	बिहीबार
星期五	sikulabal	शुक्रबार
星期六	sanibal	शनिबार
方 向		
东	puerba	पुर्व
西	pasiqimu	पश्चिम
南	dakuqin	दक्षिण
北	wutalu	उत्तर
右	dayang	दायाँ
左	bayang	बायाँ
正前方	shida	सीधा

中　文	发　音	尼泊尔语
这边	yata	यता
那边	wuta	उता
地形・地理		
镇	nagal	नगर
村	gawen	गाउँ
池塘	pokali	पोखरी
山地	pahalu	पहाड
喜马拉雅	himal	हिमाल
河	pokali	खोला ，नदी
道	bato	बाटो
场所・建筑		
巴士站	Basi sitapu	बस स्टप
公园	park	पार्क
警察局	tana	ठाना
医院	asipatal	अस्पताल
邮局	fulakuada	हुलाक अड्डा
寺庙	mandil	मन्दिर
颜　色		
白	seto	सेतो
黑	karo	कालो
红	lato	रातो
蓝	niro	नीलो
黄	pahero	पहेंलो
绿	hariyo	हरियो
棕	kairo	खैरो
身　体		
头	tawuko	टाउको
眼	anka	आँखा
手	hato	हात
足	kuta	खुट्टा
胸	qiati	छाती
腹	peto	पेट
心脏	muto	मुटु
家族・人		
父亲	buwa	बुवा

中　文	发　音	尼泊尔语
母亲	ama	आमा
哥哥	dayi	दाइ
弟弟	bayi	भाइ
姐姐	didi	दिदी
妹妹	bahini	बहिनी
丈夫	rogune	लोग्ने
妻子	siwasini	स्वास्नी
最小的男孩	kanqia	कान्छा
最小的女孩	kanqi	कान्छी
朋友	sati	साथी
吃　饭		
就餐	kana	खाना
水	pani	पानी
热水	tatopani	तातो पानी
零食	talkali	तरकारी
水果	parpul	फलफूल
点心	mitayi	मिठाई
肉	masi	मासु
鸡蛋	pul	फुल
鱼	maqia	माछा
扁豆	dal	दाल
米饭	bato	भात
盐	nun	नून
糖	qini	चिनी
牛奶	dodo	दूध
形容词		
热	garamu	गरम
冷	jiaro	जाडो
大	toro	ठूलो
小	sano	सानो
长	ramo	लामो
短	tsuoto	छोटो
高	mahnggo	अग्लो
矮	otsuo	होचो
贵	mahango	महँगो

中　文	发　音	尼泊尔语
重	galungo	गह्रुँगो
轻	haluko	हलुको
多的	delayi	धेरै
少的	alikati	अलिकति
好吃	mito	मीठो
甜的	guliyo	गुलियो
咸的	nuniro	नुनिलो
辣的	piro	पिरो
热的	tato	तातो
冷的	qiso	चिसो
早（时间）	qiangdo	चाँडो
晚（时间）	diro	ढिलो
快（速度）	qito	छिटो
慢（速度）	bisitalayi	बिस्तारै
动　词		
去	jiasi	जानु
来	aunu	आउनु
走	hidonu	हिंड्नु
回	falkanu	फर्कनु
看	helunu	हेर्नु
听	sennu	सुन्नु
说	bangnu	भन्नु
写	lekunu	लेख्नु
吃	kanu	खानु
喝	piunu	पिउनु
给	dinu	दिनु
睡	sitonu	सुत्नु
起床	utonu	उठ्नु
住	basinu	बस्नु
等	palkanu	पर्खनु
会见	betonu	भेट्नु
做……	galnu	गर्नु
能……	sakunu	सक्नु
疑问词		
什么	ke	के
什么样	kasito	कस्तो

中　文	发　音	尼泊尔语
怎么+动词	kasari	कसरी
多少	kati	कति
哪儿	kahang	कहाँ
何时	kahile	कहिले
谁	ko	को
哪个	kun	कुन
为什么	kina	किन
其　他		
灯	bati	बत्ती
蜡	mayinbati	मैनबत्ती
火柴	salayi	सलाई
电器	biziri	बिजुली
雨	pani	पानी
钱	bayisa	पैसा
钥匙	qiabi	चाबी
伞	cata	छाता
纸	kagazi	कागज
药	ausadi	औषधी
鞋子	zita	जुत्ता
床单	tangna	तन्ना
衬衫	kamizi	कमीज
宗教	dalma	धर्म
住所	degana	ठेगाना
香皂	sabun	साबुन
烟	choroto	चुरोट
地图	nakusa	नक्शा
信	qiti	चिठी
卫生间	qialpi	चर्पी
年龄	umel	उमेर
明信片	positokaldo	पोस्टकार्ड
生病	rogu	रोग
全部	sabayi	सबै
毯子	kamubal	कंबल
虫	kila	किरा
行李	samang	सामान
假货	nakal	नक्कल

旅行中的关键词

按照英文字母排序

A

Achar

用盐、油、柠檬、香辛调料腌渍过的蔬菜或水果。种类繁多，也有瓶装产品，是扁豆汤套餐不可缺少的配菜。

Anchal

专区。尼泊尔分 14 个专区。萨加玛塔峰等喜马拉雅山脉的高峰，格尔纳利河等河流，蓝毗尼等圣地名称都被用作专区名。

B

Bahun（巴浑人）

拥有山地印度教信徒中最高等级的种姓，即祭司种姓。但是实际上如今从事祭祀职业的只有一小部分，大多数务农。

Bar pipal（孟加拉菩提树）

气根一直垂到地上，称为支柱根，一棵树就可以成林，非常不可思议。是圣树。

Besar（姜黄）

与生姜的形状类似，根茎呈深黄色，磨成粉后使用。尼泊尔菜肴中不可缺少的调味料之一。

Bhainsi（母水牛）

雄性叫兰格。牛乳中的乳脂肪含量很高，是制作奶茶、奶制品不可欠缺的。在印度教信徒中，地位高的种姓是不吃水牛肉的。

Bhatti（帕提）

街边的简易住宿设施，兼营茶屋，酒屋或者食堂。很多地方的帕提都不挂招牌，但是在食架上摆放着很多不锈钢的餐具，一看就知道是帕提。

C

Chang（醪糟）

用大米、小米、大麦等各种谷物酿制而成。煮熟的谷物中加入酒曲，放置几天，然后加水搅拌饮用。Chang 是藏语发音，尼泊尔语是 Jaar。

Chautara（乔塔拉）

街边的休息场所。用石头堆砌的平台，有台阶，可以把沉重的行李放下来休息。平台周围一般都种植一对印度菩提树和孟加拉菩提树，形成树荫。

Chiura（炒米）

稻米用水煮过之后晾干，把干燥的稻米再放入大锅中炒，然后去掉稻壳。加德满都谷地的土著尼瓦尔人，在宴席上一定不能缺少这种炒米。还可以作为携带方便的食品。

Cholo（乔罗）

是尼泊尔女性独特的衣服，穿在上身。立领，腋下和领口有四处是用绳系住的。这种衣服一定要合身，长度要稍短一些。外面再披上纱丽。

Chowk

周围有住宅环绕的中间庭院。或是市场的十字路口。十字路口在名称中一般都带 Chowk。

Chura（手镯）

大多数是用色彩艳丽的玻璃制成的。几个手镯戴在腕上，走起路来发出叮当的响声，是尼泊尔女性发明的优美音色之一。

Chyatri（沙提人）

尼泊尔语就是他们的语言。与巴浑人一样都属于山地印度人中的高地位种姓。沙提人虽然是指武士阶层，但是如今大部分人都在山村地区从事农业生产。

D

Dal

各种豆馅儿的总称。种类很多，是尼泊尔扁豆汤中不可缺少的食材。

Dalbhat

扁豆汤套餐，是尼泊尔最典型的菜肴，内容包括：扁豆汤、主食、炒菜、咸菜等。在食堂等地方吃扁豆汤可以随意自取。

Danfe（帝王雉）

生息于喜马拉雅山山麓的高原地带，羽毛的色彩非常美丽，是尼泊尔的国鸟。

Dasain（德赛节）

是尼泊尔最大的秋季节日，此时印度教徒之间会相互祝福。节日从新月之日开始，第十天接受"提卡"是节日的中心时刻，然后一直延续到满月的时候。每年的举办日期都会不同。

Daura Suruwal

尼泊尔男性的传统正装。Daura 是指长袖立领的长上衣，右前襟有四个地方用绳子系住。Suruwal 是指下摆窄，腰部相对宽松，缠腰带的裤子。

Devanagari

天城体书写方式，由元音和辅音组成的表音文字。尼泊尔语、印地语、梵语等都采用这种文字。

Dhaniya（香菜）

经过干燥之后磨成粉末的香料。其独特的香味有些人非常喜欢，有些人则讨厌。

Dharma（达摩）

是佛教和印度教中的重要概念，其含义包括：宗教、正确的教法、善行、德、规范等。翻译佛典中把它翻译成"法"，佛教称其为"佛法"。

Doko

粗竹笼，编织成圆锥梯形。搬东西的时候要与 Namlo（见下文）一起使用。

G

Ganga

发源于喜马拉雅山流入孟加拉湾的圣河。不光是发源于印度的干流恒河，经过尼泊尔的支流都被称为圣河。

Ghiu

牛奶发酵后做成的酸奶经过搅拌分离出乳脂肪，即黄油。把黄油中的水分煮尽就成为了 Ghiu。

Gundruk

蔬菜经过自然发酵及干燥制成的容易保存的食品。可替代扁豆汤或在制作豆粥时使用。

Gurkha

沙阿王朝祖先的根据地，是尼泊尔中部的一座城市。准确的拼写是 Gorkha（廓尔喀），但是外面的人称其为古尔喀（Gurkha），这种叫法一直延续到尼泊尔统一之后。英军把尼泊尔的雇佣军称为"古尔喀连队"。很多人都曾把古尔喀这个称呼误认为是一个民族或者一个种姓名称。

Gurung（古隆族）

主要分布在安纳普尔纳峰的南坡上。该民族使用藏缅语系的语言，深受藏传佛教的影响。

H

Himalaya（喜马拉雅山脉）

梵语中 hima 的意思是"雪"，alaya 的意思是"住所"，合起来就是"雪域"的意思。尼泊尔语叫 Himal。

Haat

在一定的日期举办的定期市场。举办定期市场的城镇和乡村平时很冷清，但到了举办日，广场上就排满了各种露天摊位。

Hankri（念咒师）

通过念咒文等得到神的帮助，消除缠附在病人身体上的恶魔或咒语等。

J

Jira（小茴香）

磨成粉末之后使用，是尼泊尔菜肴不可或缺的香料之一。

Juka（蚂蝗）

在喜马拉雅山脉的中部山岳地带经常可以看到这种软体动物。蚂蝗会分泌出一种防止血液凝固的液体，使人体被它吸血数小时后还会不断流血。没有疼痛感，大多数情况是在看到流血之后才注意到。

K

Kacchar

公驴与母马的杂交种，即骡子。在徒步旅行的山路上经常可以看到骡子的运输队，此时一定要紧贴山壁一侧进行躲避，以防被它们身上的巨大行李撞到山崖下面。

Khir

把大米等谷物加到牛奶里煮成粥，再加入砂糖、调料、坚果等。在举办祭祀活动或祝福活动时经常会制作这种粥。

Khukuri

中间稍稍弯曲的片形弯刀，用于宰杀牲畜等，用途广泛，是山村生活不可或缺的必需品。作为尼泊尔的象征，在国徽、军队和警察的级别徽章上，以及货币上都可以看到这种弯刀的图案。Khukuri 也是香烟和朗姆酒的商品品牌。

Kodo（小米）

磨成粉状制作迪罗、煎饼状的罗提等食物。小米还是制作烧酒等的原料。

Kurta Suruwal

原本是印度旁遮普邦的锡克教徒的女性服装，因此也被译为旁遮普女装。Kurta 是指不带领子的宽松长上衣，Suruwal 是指下摆很窄的裤子，一般胸前围着一条大围巾，以上三件组成了这套女装。

L

Laliguras（红色的杜鹃花）

是尼泊尔的国花。常绿高木，生长在海拔2000~3000米以上的绿色山脉上，3~5月大朵的红色鲜花竞相开放，美丽的景色令人惊叹。

Lungi（筒状卷裙）

宽1米，长1.8米左右，木棉布，尼泊尔女性把它缝制成筒状。

M

Magar（马嘉尔族）

分布于尼泊尔的中西部，是藏缅语系的山地民族。有些地区的马嘉尔族人已经忘记了自己民族的语言，而把尼泊尔语当作自己的母语。

Mandala（曼陀罗）

用几何学来表现佛教的思想和宇宙观。绘在唐卡上等，帮助人们冥想或集中精神。人们有时会用色彩鲜艳的沙子在大地上描绘曼陀罗的图案，仪式举行完毕后便废弃了。

Mt Everest

埃佛勒斯特峰（珠穆朗玛峰的西方曾用名）。英文名称来源于当时大英领地的印度测量局长官的姓氏。我国使用藏语音译的"Qomolangma"（珠穆朗玛峰），而在西方国家仍使用"Mt Everest"。

N

Namlo

背竹筐（Doko）时用的绳子。顶在额头上的一部分相对比较宽。是尼泊尔山地运输不可缺少的东西。

Nanglo（竹簸箕）

挑出谷物中的杂质，筛选谷物时都需要用到它。是家庭的必需品。

Newar（尼瓦尔族）

是构建加德满都都市文明的民族，语言属于藏缅语系。尼瓦尔人内部也分种姓，信仰方面是印度教和佛教并存。

P

Pan

蒌叶，土蒌藤、扶留藤、蒟酱。藤蔓植物，叶子呈心形。用这种植物的叶子把槟榔果等包成三角形状，是南亚最常见的食物。有健胃、清新口气等药效。

Phuli

女性左鼻孔上戴的鼻环。

Pipal（印度菩提树）

属于常绿高树。悉达多·乔达摩（后来得道成佛）就是在菩提树下成道的，因此这种树被公认为圣树。分布很广，从喜马拉雅山山麓到德赖平原整个地区都可以看到这种树。

Puja

印度教信徒为神灵举行的礼拜仪式、供养、各种工作等。每天在家里面进行简单的供奉，主要是供花和供水。在寺院和祭祀期间会举行盛大的活动。形式各种各样。

R

Raksi（烧酒）

可以以各种谷物和水果等为原料，但是用小米和大米酿制的烧酒品质最好，把发酵的酒酿蒸馏后就可以得到烧酒。藏语叫阿拉库。

Rama（罗摩）

叙事诗《罗摩衍那》中的主人公，是毗湿奴神的化身。《罗摩衍那》的故事已经超越了印度教的范围，在亚洲一带广为流传。

Rickshaw（人力车）

是一种三轮自行车，它的后面设有两个座位，在尼泊尔经常可以看到这种交通工具。特别是德赖地区的城镇，由于交通不发达，因此人力车成了人们重视的代步工具。

Roti（罗提）

把小麦、大麦、大米、小米、玉米、荞麦等谷物磨成粉，加水调成面团之后烤制或煎炸，是没有经过发酵的面包类食品的总称，可以看到像甜甜圈一样的炸面包圈等罗提。

S

Sal（娑罗双树）

佛祖涅槃时就横卧在娑罗双树下，传说当时树上开满了鲜花。双叶花卉科，分布在喜马拉雅山脉脚下。

Sherpa（夏尔巴人）

故乡在珠穆朗玛峰南麓，属于藏族。夏尔巴也是对"喜马拉雅山登山和徒步旅行的向导"的统称，因此有很多被称为夏尔巴的人其实并不是夏尔巴族的人。

Sindur

印度教信徒的女性把头发分成中分，已

婚女性会在头发的中缝处涂上红颜色，这就是Sindur。这种红颜色与举行祭礼和仪式时使用的红粉不一样，而未婚者和寡妇不涂。

Sisnu（荨麻）

茎和叶的一边带刺，刺里面含有蚁酸。接触这种草之后就会感到一阵麻痛。徒步旅行中很多人都会对此有体验，被刺到一回之后，大多数人在步行时都会变得十分小心。

Stupa

佛舍利塔。本来是指埋葬有佛祖舍利的佛塔，现在也指埋葬着宝石和贵重金属、经文和经卷的佛塔。

Surje（太阳）

太阳，或指太阳神苏利耶。在佛教中他是保护世界的 12 神（12 天）之一的日天，也被称为宝光菩萨。

T

Tamang（塔芒族）

分布在加德满都谷地周边的藏缅语系的山地民族。以藏传佛教为主体，也有自己固有的宗教，还受到印度教的影响。

Tanka（唐卡）

藏传佛教中的卷轴状佛画。一般供奉在寺院或者家庭的祭台上，是冥想和朝拜的对象。图案包括几何形图案的曼陀罗、高僧围绕着的佛陀等。

Tarai（德赖平原）

沿着喜马拉雅山最南端的丘陵到印度国境之间宽度在 30~45 公里的沼泽性低地，东西走向。覆盖着亚热带性的密林，里面生息着豹子、独角犀牛、老虎等大型野生动物。这一地区的疟疾曾经非常肆虐。随着人们不断开拓，现在这里已经成为尼泊尔的谷仓地带。

Tatopani

Tato 是热的意思，pani 是水的意思，因此这个词的意思就是指热水或者温泉。很多村庄都叫 Tatopani，说明村里都有温泉。

Thakali（塔克利族）

居住在喀利河上游地区，人口 1 万左右，属于藏缅语系的少数民族，经营街道上的旅馆或在城市中从事各种商业性活动，因此虽然人口不多，但是旅游者接触他们的机会却比较多。

Tibetan Tea（酥油茶）

茶叶蒸后经过发酵制成砖茶，把这种茶叶和酥油、盐（有时候也加奶）放在一起煮开。

Tihar（灯节）

德赛节之后举办的秋季节日。属于印度教节日。主要活动内容是兄弟从姐妹那里接受提卡。在新月之夜祭祀吉祥天女，并装饰灯饰、蜡烛等。

Tika（提卡）

印度教信徒额头上有一个印记，表明接受神的恩惠等。红色粉末用水调成颜料之后抹在额头上，也有其他颜色的印记。其中还有塑料的，贴在额头上好像首饰一样。

Topi

尼泊尔男性戴的无帽檐的小圆帽。有黑白两色的，也有用红黄绿等各种颜色的线编成的彩布制成的帽子。尼泊尔男性在穿着正装的时候一定要佩戴这种小圆帽。但是在都市中已经越来越少见了。

Tsampa（糌粑）

煮熟的青稞麦磨成粉。藏族人经常食用，可以加入盐和酥油调成粥状，也可以做成饭团子状。尼泊尔语叫作“萨图”。

Tukpa

藏族风味的汤面。里面加了丸子、面条、米、荞麦等各种食物。

V

Vikram Sambat

尼泊尔历。尼泊尔的正式历法从公历公元前 57 年开始。使用的是太阳太阴历。4 月中旬是尼泊尔的新年。一个月有 29~32 天。学校和政府机构的休息日是周六。

Y

Yak（牦牛）

高原性动物。冬季在海拔 3500 米以上的地方也可以看到它们的身影。野生牦牛是被猎杀的对象，种群面临灭绝，家养的牦牛主要用于搬运物品、农耕等。牦牛奶可以制作奶酪等乳制品。肉和内脏等可以食用，皮毛等可以做成衣料，牛角和牛骨可以加工成各种制品，牛粪可以当作燃料或者肥料。Yak 是藏语对牦牛的称呼，尼泊尔语叫曹姆利。

策　　划：高　瑞　翟　铭
统　　筹：北京走遍全球文化传播有限公司　http://www.zbqq.com
责任编辑：王欣艳
封面设计：中文天地
责任印制：冯冬青

图书在版编目（CIP）数据
尼泊尔/日本大宝石出版社编著；张咏志，霍春梅译.
-- 北京:中国旅游出版社，2015.1
（走遍全球）
ISBN 978-7-5032-5133-7

Ⅰ.①尼… Ⅱ.①日… ②张… ③霍… Ⅲ.①旅游指南—尼泊尔 Ⅳ.①K935.59

中国版本图书馆CIP数据核字（2014）第283895号

北京市版权局著作权合同登记号　图字：01-2014-1146
审图号：GS（2014）5229号　本书插图系原文原图

书　　名：尼泊尔

原　　著：大宝石出版社（日本）
译　　者：张咏志　霍春梅
出版发行：中国旅游出版社
（北京市建国门内大街甲 9 号　邮编：100005）
http://www.cttp.net.cn　E-mail: cttp@cnta.gov.cn
营销中心电话：010-85166503
制　　版：北京中文天地文化艺术有限公司
经　　销：全国各地新华书店
印　　刷：北京金吉士印刷有限责任公司
版　　次：2015年1月第1版　2015年1月第1次印刷
开　　本：889毫米×1194毫米　1/32
印　　张：11
印　　数：1-10000册
字　　数：415千
定　　价：72.00元
I S B N　978-7-5032-5133-7